KCA 한국상담학회 상담학 총서 __ 02

상담철학과 윤리 ^{2판}

Philosophy of Counseling and Counseling ethics

김현아 · 공윤정 · 김봉환 · 김옥진 · 김요완 · 노성숙
박성현 · 방기연 · 임정선 · 정성진 · 정혜정 · 황임란 공저

학지사

〔 2판 발간사 〕

2013년 상담학 총서가 출간된 후 어느덧 5년이라는 시간이 흘렀다. 1판 발간 당시에는 상담학 전체를 아우르는 상담학 총서 발간에 대한 필요성을 절감하며 한국상담학회 제6대 김성회 회장과 양명숙 학술위원장이 주축이 되어 학술위원회에서 13권의 총서를 발간하기로 하고 대표 저자 선생님들과 여러 간사의 헌신적인 노력으로 상담학 총서를 출간하였다. 이를 계기로 상담학 총서는 상담의 이론뿐 아니라 상담의 실제 그리고 반드시 알아야 할 상담학 연구 등 다양한 영역의 내용을 포괄하여 상담학이 독립된 학문으로 자리 잡을 수 있도록 기초를 다졌다. 이러한 첫걸음은 상담학에 대한 독자의 균형 있고 폭넓은 이해를 도와 상담학의 정체성을 확립하는 디딤돌이 되었다.

이번에 발간되는 상담학 총서는 앞서 출간된 『상담학 개론』 『상담철학과 윤리』 『상담이론과 실제』 『집단상담』 『부부 및 가족 상담』 『진로상담』 『학습상담』 『인간발달과 상담』 『성격의 이해와 상담』 『정신건강과 상담』 『심리검사와 상담』 『상담연구방법론』 『상담 수퍼비전의 이론과 실제』의 개정판과 이번에 새롭게 추가된 『중독상담학 개론』 『생애개발상담』으로 구성되어 있다. 이처럼 여러 영역을 아우르는 총서는 상담학을 접하는 다양한 수요자의 특성과 전문성에 맞추어 활용될 수 있다는 장점이 있다. 각각의 총서는 상담학을 처음 공부하는 학부생들에게는 상담의 이론적 기틀 정립에 도움을 주고 있으며, 대학원생들에게는 인간을 보다 깊이 이해하고 상담학의 체계적인 연구 방법을 배울 수 있도록 한다. 또한 전문 상담자들에게는 상담의 현장에서 부딪힐 수 있는 다양한 어려움과 문제점을 해결할 수 있도록 구체적인 방안을 제공하는 실용서로 자리매김하고 있다. 이처럼 상담학 총서의 발간은 상담학의 학문적 기틀 마련과 전문 상담자의 전문성 향상이라는 학문과 실용의 두 가지 역할을 포괄하고 있어 상담학의 발전에 크게 기여하였다고 자부한다.

최근 우리 사회는 말로 표현하기 힘든 여러 가지 사건과 사고로 심리적인 어려움을 겪었고, 소통과 치유의 필요성은 날로 커지고 있다. 이에 따라 상담자의 전문성 향상에 대한 목소리가 높아지고 있으나, 이러한 때에도 많은 상담자는 아직도 상담기법만 빨리 익히면 성숙한 상담자로 성장할 수 있을 것이라 생각하여 기법 배우기에만 치중하는 아쉬움이 있다. 오랜 시간과 정성으로 빚어 낸 전통 장의 깊은 맛을 손쉽게 사 먹을 수 있는 시중의 장맛이 따라갈 수 없듯이, 전문 상담자로서의 전문성을 갖추기 위해서는 힘든 상담자의 여정을 견뎌 내는 시간이 필요하다. 선배 상담자들의 진득한 구도자적 모습을 그리며 성숙한 상담자가 되기 위해 노력하는 많은 분께 상담학 총서가 든든한 버팀목이 되었으면 한다.

1판의 경우 시작이 있어야 발전이 있다는 책무성을 가지고 어려운 난관을 이겨 내며 2년여의 노력 끝에 출판하였지만 좀 더 다듬어야 할 필요성이 제기되고 있었다. 이에 쉽지 않은 일이지만 편집위원들과 다시 뜻을 모아 각각의 총서에서 시대적 요구를 반영하고 새롭게 다듬어야 할 부분을 수정하며 개정판을 준비하였다. 개정되는 상담학 총서는 기다림이 빚는 우리의 장맛처럼 깊이 있는 내용을 담기 위해 많은 정성과 애정으로 준비하였다. 그러나 아직 미흡한 점이 다소 있을 수 있음을 양해 바란다. 부디 이 책이 상담을 사랑하는 의욕적인 상담학도들의 지적·기술적 호기심을 채워 줄 뿐 아니라 고통에서 벗어나 치유를 이루어야 하는 모든 사람에게 하나의 빛이 되기를 기원한다.

바쁜 일정 중에서도 함께 참여해 주신 여러 편집위원과 간사님들 그리고 상담학 총서의 출판을 맡아 주시고 물심양면으로 지원해 주신 학지사 김진환 사장님과 최임배 부사장님을 비롯하여 더 좋은 책이 될 수 있도록 그 많은 저자에게 일일이 전화와 문자로 또는 이메일로 꼼꼼한 확인을 마다하지 않은 학지사 직원 여러분께도 진심으로 감사를 전한다.

2018년 7월
한국상담학회 제9대 회장 천성문

[1판 발간사]

    대화와 상호작용을 통해 도움을 주고받는 것이 상담이라고 정의한다면, 상담
은 인류의 시작과 함께 시작되었다고 볼 수 있다. 그러나 우리나라에서 현대적
개념의 상담이 시작된 것은 1952년 미국 교육사절단이 정신위생이론을 소개한
이후부터라고 할 수 있을 것이다. 1953년 대한교육연합회 내부기관으로 중앙교
육연구소가 설립되었고, 이 기관의 생활지도연구실을 중심으로 가이던스, 카운
슬링, 심리검사가 소개되면서 상담에 대한 관심이 대단히 높아졌다.

    상담에 대한 이러한 관심은 주로 교육학과나 심리학과를 중심으로 시작되어
그 밖의 분야까지 확산되었다. 1961년 중·고등학교 교도교사 100여 명이 '전국
중·고등학교 카운슬러 연구회'를 창립하였고, 이 연구회가 발전하여 1963년의
'한국카운슬러협회' 창립으로 이어졌다. 그리고 심리학회에서 1964년에 창립한
임상심리분과회의 명칭을 1974년에 '임상 및 상담심리분과회'로 변경하면서 상
담심리가 그 이름을 드러냈다. 상담학이 교육학이나 심리학 등 특정 학문의 하
위 학문으로 머물러 있는 한 발전이 어렵다는 공감대 아래, 2000년에 그 당시 이
미 학회 활동을 하고 있던 대학상담학회, 집단상담학회, 진로상담학회 등이 주
축이 되어 상담학의 독립화와 전문화 및 대중화를 목표로 한국상담학회를 창립
하게 되었다.

현재 한국상담학회의 회원만 1만 4000명이 넘는 등 상담의 대중화는 급물살을 타고 있다. 이러한 추세와 더불어 많은 대학에서 상담학과를 신설하고 있고, 전문상담사를 모집하는 기관도 늘어나고 있다. 그러나 아직도 상담학을 독립된 학문으로 인정하지 않는 사람들이 많고, 전문상담사들이 수혜자들의 요구 수준을 완전히 충족시키지 못하고 있다는 지적이 있다. 이러한 문제에 대해 한국상담학회에서는 수련 시간을 늘리고 전문상담사의 전문적 수준을 높이는 등 전문상담사의 자격관리를 철저히 함은 물론 상담학의 이론적 틀을 확고히 하려는 노력을 여러 방면에서 계속해 왔다.

그 노력 중 하나가 상담학 총서 발간이다. 우리나라에 상담학이 도입된 지 60년이 넘었고, 최초의 상담 관련 학회인 한국카운슬러협회가 창립된 지 50년이 다 되었지만 어느 기관이나 학회에서도 상담학 전체를 아우르는 총서를 내지 못한 것에 대해 전문상담인들의 아쉬움이 컸다. 상담학 총서 발간에 대한 필요성은 제4대 회장인 김형태 한남대학교 총장께서 제의하였으나, 학회 내의 여러 사정상 그동안 이루어지지 못하고 있던 차에 본인이 회장직을 맡으면서 학술위원회에 상담학 총서의 발간을 적극적으로 요구했다.

이에 따라 양명숙 학술위원장이 주축이 되어 학술위원회에서 13권의 총서를 발간하기로 하고 운영위원회의 위임을 받아 준비에 들어갔다. 가급적 많은 회원이 참가할 수 있도록 하기 위해 자발적 참여자를 모집하였고, 이들이 중심이 되어 저서별로 대표 저자를 선정하고 그 대표 저자가 중심이 되어 집필진을 변경 또는 추가하여 최종 집필진을 완성한 후 약 2년간에 걸쳐 상담학 총서의 발간을 추진했다. 그 사이 13권 각각의 대표 저자들이 여러 번의 회의를 했고, 저자들이 교체되는 등의 많은 어려움도 있었다. 그러나 양명숙 학술위원장을 비롯하여 학술위원이자 총서 각 권의 대표 저자인 고홍월, 김규식, 김동민, 김봉환, 김현아, 유영권, 이동훈, 이수연, 이재규, 임은미, 정성란, 한재희 교수와 여러 간사의 헌신적인 노력으로 상담학 총서를 출간하게 되었다. 이에 관련된 모든 분께 감사드린다.

상담학 총서 중 일부는 이전에 같은 제목으로 출판되었던 것도 있지만 처음

출판되는 책들도 있다. 처음 시도된 분야도 있고, 다수의 저자가 참여하다 보니 일관성 등에서 부족함도 있을 것이다. 그러나 시작이 있어야 발전이 있기에 시작을 하였다. 이후 독자들의 조언을 통해 더 나은 책으로 거듭나기를 기대한다. 이번 상담학 총서 발간은 상담학의 발전을 위한 하나의 초석이 될 것으로 확신한다.

끝으로, 상담학 총서의 출판을 맡아 주시고 물심양면으로 지원해 주신 학지사 김진환 사장님과 최임배 전무님을 비롯하여, 더 좋은 책이 될 수 있도록 그 많은 저자에게 일일이 전화로 문자로 또는 메일을 통해 꼼꼼하게 확인하는 것을 마다하지 않은 학지사 직원 여러분께 진심으로 감사드린다.

2013년 2월
한국상담학회 제6대 회장 김성회

[2판 머리말]

한국상담학회 두 번째 상담학 총서인 『상담철학과 윤리』(2판)를 개정하여 출간하게 되었다. 흔히 상담 전문가가 되고자 하는 사람들은 상담의 기법이나 접근방법을 수련하는 데 많은 시간을 할애한다. 하지만 정작 상담자로서 자신이 하고 있는 상담에 대한 철학이나 상담현장에서 부딪히는 윤리적 딜레마를 어떻게 이해하고 처리해 나가야 할지를 간과할 때가 많다. 이에 이 책의 저자들은 그동안의 상담강의나 상담실제 경험을 바탕으로 상담학의 근원을 보다 쉽게 이해하고, 상담자로서 한 차원 더 높은 윤리의식을 가질 수 있도록 하는 데 도움을 주고자 하였다. 자칫 무겁고 어려울 수 있는 '상담철학'과 '상담윤리'라는 두 분야를 독자들이 조금 더 이해하기 쉽도록 장마다 많은 예시를 제시하고, 최근의 상담동향을 반영하고자 하였다.

이전 초판본과는 달리 개정을 거치면서 동양철학적 접근에 대한 재조명과 SNS나 새롭게 부각되고 있는 다양한 상담 장면에서의 윤리적 이슈를 추가하고 최근에 발간된 상담윤리 연구의 동향분석 결과나 수퍼비전 윤리 연구 결과를 반영하였다. 또한 수퍼비전이나 집단상담 및 다문화적 역량에 관한 각종 윤리규정의 개정사항이나 최근 전 세계적으로 이슈화되고 있는 미투 현상으로 인해 상담자가 윤리적으로 대처해야 할 성보호 관련 법적규정의 변화된 추세를 반영하고, 세월호 사건을 포괄한 한국사회의 재난상황에서 상담자의 자격과 법적 한계를 제시함으로써 한국상담학회가 나아가야 할 방향성을 제시해 보고자 하였다.

'상담철학과 윤리'는 현시대에서 필요한 것이기도 하지만, 상담철학과 관련해서는 처음으로 시도되는 분야이고 어렵게 느껴지는 주제여서 막상 책을 어떻게 구성해야 할지 막막하였다. 하지만 학회 회원 중 각 분야의 전문가 총 12명의 집필진이 바쁜 일정 가운데 흔쾌히 시간을 내 주시고, 성심성의껏 집필해 주셨다. 전체적인 균형을 위해 여러 번의 회의를 거쳐 때로는 소중하게 보내 주신 글을 변경할 때도 있었고, 독자들의 이해를 돕기 위해 더 쉬운 예시를 요구하기도 하였다. 그럴 때마다 작은 의견도 묵묵히 수용하고 반영해 주셔서 송구스러울 따름이었다. 그동안의 이러한 모든 과정이 상담학 발전에 조금이나마 보탬이 되고자 하는 집필진들의 진심 어린 마음이 아니었나 싶다.

이 책의 구성은 크게 '상담철학'과 '상담윤리'라는 두 가지 주제를 기본으로 하고 있다. 그중 제1부는 '상담철학'이라는 주제를 가지고 상담철학과 정신분석, 인지적, 실존주의, 인본주의적 상담접근의 철학적 배경, 유·불·도교의 수도론을 포함한 동양철학적 접근과 상담이 주는 의미를 다루고 있다. 제2부는 '상담윤리'라는 주제다. 먼저 상담윤리를 이해하기 위한 기초로서 상담윤리의 필요성과 연구동향, 상담자의 윤리적 의사결정모델, 상담자 윤리와 법, 상담자 윤리의 현안에 대해서 다루고 있다. 그런 다음 제3부에서는 상담 장면에 따라 상담윤리가 어떻게 적용되는지 상담 수퍼비전, 상담연구 윤리, 집단상담 윤리, 부부 및 가족상담 윤리, 학교상담 윤리에 대해서 다루고 있다. 마지막 제4부에서는 '학회의 상담윤리 현황과 미래'라는 틀 아래 한국상담학회 윤리강령과 실제, 최근의 상담윤리를 다문화상담/사이버상담/상담기관 운영 차원에서 다루고 있다.

이 책은 상담학을 접하는 사람들이 갖추어야 할 인문학적 소양으로서의 상담철학에 대한 기본적인 이해와 함께 상담자 스스로 윤리적 태도와 실천에 이를 수 있도록 기여할 것이다. 그러나 여러 명의 저자가 공동 집필을 하다 보니 다소 내용이 중복되어 다루어지기도 하였다. 또한 '상담철학과 윤리'의 적용에 초점을 맞추는 과정에서 한국상담학회의 공식적인 입장보다는 각 저자의 개인적 소견이 포함되어 있을 수도 있다. 하지만 이 책의 저자들은 책의 완성도를 조금 더 높일 수 있도록 책이 발간된 이후에도 독자들의 질문사항이나 내용적인 측면에 많은 관심을 기울이고, 보완할 점을 살펴 다음 기회에 기꺼이 반영할 수 있도록 노력하겠다.

　마지막으로, 역대 학회장님과 학회 회원들의 의견을 놓치지 않고 반영하여 전승시켜 주신 한국상담학회 6대 회장 김성회 교수님과 2판의 개정작업을 위해 힘써 주신 8대 회장 천성문 교수님을 비롯하여 그동안 한국상담학회 총서 출간 총괄을 하시느라 너무 많이 애써 주신 학술위원장 왕은자 교수님께도 깊은 감사의 말씀을 드린다. 뿐만 아니라 이 책이 나올 수 있도록 물심양면 지원을 아끼지 않으셨던 학지사 김진환 사장님과 최임배 부사장님, 마지막까지 꼼꼼한 교정으로 『상담철학과 윤리』(2판)의 편집을 담당해 주신 이영민 선생님께도 고마움을 전한다.

2018년 9월
대표 저자 김현아

[1판 머리말]

　한국상담학회 두 번째 상담학 총서인『상담철학과 윤리』를 출간하게 되었다. 흔히 상담 전문가가 되고자 하는 사람들은 상담의 기법이나 접근방법을 수련하는 데 많은 시간을 할애한다. 하지만 정작 상담자로서 자신이 하고 있는 상담에 대한 철학이나 상담현장에서 부딪히는 윤리적 딜레마를 어떻게 이해하고 처리해 나가야 할지는 간과할 때가 많다. 이에 이 책의 저자들은 그동안의 상담강의나 상담실제 경험을 바탕으로 상담학의 근원을 보다 쉽게 이해하고, 상담자로서 한 차원 더 높은 윤리의식을 가질 수 있도록 하는 데 도움을 주고자 하였다. 자칫 무겁고 어려울 수 있는 '상담철학과 윤리'라는 두 분야를 독자들이 조금 더 이해하기 쉽도록 각 장마다 많은 예시를 제시하고 최근의 상담동향을 반영하고자 하였다.

　'상담철학과 윤리'는 현시대가 필요로 하기도 하지만, 상담철학과 관련해서는 처음으로 시도되는 분야이고 어렵게 느껴지는 주제여서 막상 책을 어떻게 구성해야 할지 막막하였다. 하지만 다행히도 상담학회 원로 교수님이신 이장호 교수님, 상담철학 전공 노성숙 교수님이 집필에 동참해 주셔서 참으로 든든하였다. 학회 회원 중 각 분야의 전문가 총 12명의 집필진이 바쁜 일정 가운데 흔쾌히 시간을 내 주시고, 성심성의껏 집필해 주셨다. 전체적인 균형을 위해 여러 번의 회의를 거쳐 때로는 소중하게 보내 주신 글을 변경할 때도 있었고, 독자들의 이해를 돕기 위해 더 쉬운 예시를 요구하기도 하였다. 하지만 그럴 때마다 작은 의견도 묵묵히 수용하고 반영해 주셔서 송구스러울 따름이었다. 그동안의 이러한 모든 과정이 상담학 발전에 조금이나마 보탬이 되고자 하는 집필진들의 진심 어린 마음이 아니었나 싶다.

이 책의 구성은 크게 '상담철학'과 '상담윤리'라는 두 가지 주제를 기본으로 하고 있다. 그중 제1부는 '상담철학'이라는 주제를 가지고 상담철학에 대한 기본 개념, 동서양 상담철학의 접근방법을 다루고 있다. 제2부는 '상담윤리'라는 주제다. 먼저 상담윤리를 이해하기 위한 기초로서 상담윤리의 필요성과 연구동향, 상담자의 윤리적 의사결정모델, 상담자 윤리와 법, 상담자 윤리의 현안에 대해서 다루고 있다. 그런 다음 제3부에서는 상담 장면에 따라 상담윤리가 어떻게 적용되는지 상담 수퍼비전, 상담연구 윤리, 집단상담 윤리, 부부 및 가족상담 윤리, 학교상담 윤리에 대해서 다루고 있다. 마지막 제4부에서는 '학회의 상담윤리 현황과 미래'라는 틀 아래 한국상담학회 윤리강령과 실제, 최근의 상담윤리를 다루고 있다.

이 책은 상담학을 접하는 사람들이 갖추어야 할 인문학적 소양으로서의 상담철학에 대한 기본적인 이해와 함께 상담자 스스로 윤리적 태도와 실천에 이를 수 있도록 기여할 것이다. 그러나 여러 명의 저자가 공동 집필을 하다 보니 다소 내용이 중복되어 다루어지기도 할 것이다. 또한 '상담철학과 윤리'의 적용에 초점을 맞추는 과정에서 한국상담학회의 공식적인 입장보다는 각 저자의 개인적 소견이 포함되어 있을 수도 있다. 하지만 이 책의 저자들은 책의 완성도를 조금 더 높일 수 있도록 책이 발간된 이후에도 독자들의 질문사항이나 내용적인 측면에 많은 관심을 기울이고, 보완할 점을 살펴 다음 기회에 기꺼이 반영할 수 있도록 노력하겠다.

마지막으로, 역대 학회장님과 학회 회원들의 의견을 놓치지 않고 반영하여 전승시켜 주신 한국상담학회 6대 회장 김성회 교수님을 비롯하여 그동안 한국상담학회 총서 출간 총괄을 하시느라 너무 많이 애써 주신 학술위원장 양명숙 교수님과 조은주 조교께도 깊은 감사의 말씀을 드린다. 뿐만 아니라 이 책이 나올 수 있도록 물심양면 지원을 아끼지 않으셨던 학지사 김진환 사장님과 최임배 전무님, 마지막까지 꼼꼼한 교정을 맡아 주신 '상담철학과 윤리' 편집을 담당해 주신 김연재 선생님께도 고마움을 전한다.

2013년 3월
대표 저자 김현아

[차례]

제1부 상담철학

제3부 상담 장면에서의 상담윤리

제4부 학회의 상담윤리 현황과 미래

제1부

상담철학

제1장

상담철학과 다양한 상담적 접근의 철학적 배경

| 노성숙 |

　오늘날 상담에 대한 많은 수요는 현대인의 삶에서 상담의 긴밀한 필요성을 잘 보여 준다. 그런데 과연 우리는 상담자로서 혹은 내담자로서 '상담'을 무엇이라고 생각하며, 또한 '상담'에 대해 어떤 태도를 취하고 있는가? 오늘날 상담이 필요한 이유는 과연 무엇이며, 상담에 대한 연구는 어떤 방식으로 진행되어야 할까? 상담철학은 이와 같이 상담에 대한 가장 근본적이고 포괄적인 성찰이며, 상담에 대한 학문, 즉 상담학에 대한 학문적 의미를 그 근원부터 탐구한다.

　이 장의 제1절에서는 상담철학을 개괄적으로 정의하고자 한다. 우선적으로 상담철학을 철학상담과 구분함으로써 그 용어가 지닌 의미를 명확히 하고, 상담학의 학문적 정당성, 즉 상담학을 하나의 고유한 학문으로서 만들어 주는 조건 및 방법론이 무엇인지에 대해 알아보고자 한다. 나아가 상담자 스스로에게 상담철학이 지니는 의미를 탐색하게 함으로써 상담에 임하는 근본적인 태도 및 상담자의 가치관, 인간관, 세계관의 의미에 대해 생각해 보도록 한다.

　제2절부터 제4절까지는 상담철학이 '상담 그 자체'에 대해 가장 근원적이고도 종합적인 성찰이자 '상담을 위한 철학'이라고 할 때, 기존의 상담적 접근이나 심

리치료 및 상담이론에 전제된 철학적 자양분, 즉 철학적 원리, 사상적 배경과 핵심개념의 내용이 무엇인지에 대해 고찰하고자 한다. 우선적으로 제2절에서는 정신분석의 무의식, 본능과 쇼펜하우어 사상에서 의지의 연관성을 밝혀 본다. 제3절에서는 상담의 인지적 접근, 즉 벡의 인지치료와 엘리스의 합리정서행동치료의 근원적 배경이 되는 소크라테스의 대화에 대해서 알아보고자 한다. 나아가 제4절에서는 상담의 실존주의적 접근이 태동하게 된 문제의식을 밝혀 본 뒤, 실존주의 심리치료와 인간중심치료의 근간이 되는 실존주의 사상을 하이데거의 사상을 중심으로 고찰하고자 한다.

1. 상담철학이란 무엇인가

1) 상담철학과 철학상담의 구분

상담철학과 철학상담은 모두 오늘날 새롭게 부상되고 있는 분야이며, 이제 막 소개되고 있기 때문에 적지 않은 혼동이 생겨나고 있다. 따라서 양자를 구분하고 그 내용을 명확히 할 필요가 있다. 먼저 상담철학(philosophy of counseling)이라는 분야를 살펴보자. '상담철학'은 상담에 대한 철학이자 상담을 위한 철학적 성찰이라고 할 수 있다. '상담철학'을 이해하기 위해서는 이와 유사한 '-철학'이라는 용어들에 주목해야 한다. 특정학문이나 분야에 '-철학'이라는 용어가 합성될 경우, 우리는 그 용어들을 어떻게 이해하는가? '상담철학'과 유사한 예를 들면, '사회철학' '정치철학' '예술철학' '과학철학' '심리철학' '스포츠철학' 등의 용어들이 있다. 그런데 '사회학' '정치학' '예술' '과학' '심리학' '스포츠' 등의 각각 개별학문 및 개별분야가 존속함에도 불구하고 왜 구태여 '-철학'이라는 용어를 합성하여 새로운 학문분야를 만들어 내는가?

여기서 우리는 철학이라는 학문이 지닌 '보편학'이자 '기초학'으로서의 독특함을 엿볼 수 있다. 각각의 개별학문들, 예를 들어 '사회학'이나 '심리학'은 '사회'나

'심리'라는 경험세계의 한 부분에 국한하여 그 경험세계를 다루며, '사회' 및 '심리'라는 자신의 대상을 특정한 하나의 관점 아래에서 그리고 특정한 방법론에 입각해서 접근한다. 그런데 개별적인 사회현상이나 심리현상들만이 아니라 '사회 그 자체' '심리 그 자체'에 대해 총괄적으로 묻고자 하거나 '사회학 및 심리학은 과연 어떻게 가능한가?' '그 학문적 정당성을 어디에서 찾을 수 있는가?'를 계속해서 메타적으로 묻고자 한다면, 그것은 이미 각각의 개별적인 경험과학의 영역을 넘어서는 질문이 되고 만다. 왜냐하면 사회학이나 심리학은 그 각각의 학문이 이미 주제화하고 있는 개별대상들, 즉 '사회현상'과 '심리현상' 등을 전제로 출발하는 학문이기 때문이다.

이와 유사한 접근방식으로, 상담학은 이미 '상담'에 대한 제반현상을 탐구하는 학문이라고 할 수 있으며, '상담철학'은 '상담학'의 학문적 가능성에 대한 질문과 함께 '상담학'이 전제로 하고 있는 '상담 그 자체'를 규정하는 근원적인 특성, 상담이 전제로 하고 있는 가치관, 인간관, 세계관 등을 다루는 분야라고 할 수 있다. 따라서 '철학'이라는 용어들의 각 분야와 마찬가지로 '상담철학'은 '상담' 및 '상담학'의 토대와 의미를 근원적으로 탐구하는 '철학'의 한 분야로 자리매김해야 한다. 즉, 상담에 대한 메타적이고 이론적인 성찰로서 '상담철학'은 상담에 근간이 되는 전제들, 학문성, 상담의 가치관, 인간관, 세계관 등에 대한 철학적 탐구인 것이다.

이에 반해 최근 철학상담(philosophical counseling 혹은 philosophy counseling)을 상담철학과 혼동하는 경우가 많지만, 이는 전혀 다른 의미를 지닌다. 최초의 철학상담자로는 소크라테스(Socrates)를 들 수 있는데, 오늘날 새롭게 부상한 철학상담은 1981년 최초로 독일의 아헨바흐(Achenbach)에 의해서 '철학실천(Philosophische Praxis)'이라는 이름으로 창안되었다(Achenbach, 2010). 독일에서 가장 저명한 '철학사전'에 '철학실천'이라는 항목으로 소개된 바에 따르면, 철학상담은 전문적으로 감행되는 '삶에 대한 철학적인 조언'(Marquard, 1989: 1307)이며, 고대철학에서 '삶의 방식(Lebensform)'으로서의 철학이 지니고 있었던 삶에 대한 실천적 측면을 적극적으로 되찾으면서(Hadot, 2002), 아헨바흐에게서 새롭게 시작되었다. 독일에서 시작된 철학상담은 유럽에서 네덜란드, 프랑스, 스페인, 이탈리아, 노르웨이 등으로 확산되었고, 캐나다와 미국(Lahav, 1995)에서의 활발한 전개과정을 거쳐서 최근 우리나라에까지 전해졌다(노성숙, 2010).

국내에서 철학상담에 대한 관심을 최초로 이끌어 낸 사람은 김영진이다. 그는 철학적 병이 육체적 병이나 정신의학적 병과는 달리 다양한 가치판단이 개입되는 병이라고 보고, 이 병을 진단하고 그에 따라 적절한 치료와 처방을 하는 철학의 새로운 분야를 '임상철학(clinical philosophy)'이라고 불렀다(김영진, 1993).

최근 국내에서는 철학상담에 대한 관심과 연구가 활발히 진행되고 있으며, 철학치료만이 아니라 '인문치료' 또는 '인문상담'(이혜성, 2015), 즉 인문학을 통합한 형태의 치료 및 상담에 대한 관심들이 꾸준히 늘어나고 있다. 특히 우리나라에 철학상담을 널리 대중화시킨 데에는 매리노프(Marinoff)의 영향이 매우 크다. 그의 책은 미국에서만이 아니라 유럽의 여러 나라 및 우리나라에도 번역되면서 많은 호응을 얻었으며, 일상에서 부딪히는 문제들에 대해 철학자를 찾아가 상담할 수 있는 가능성을 쉽게 전달하고 있다(Marinoff, 1999, 2004).

이와 같이 볼 때, 철학상담은 기존의 정신치료와 심리상담에 대한 '대안'으로 생겨났으며, 전통적으로 철학에 속하는 내용과 형식을 바탕으로 하는 철학함이자 오늘날 새롭게 '철학함을 실천하는 풀뿌리 운동'으로 자리매김하고 있음을 알 수 있다(노성숙, 2009). 따라서 상담에 대한 근원적인 철학적 성찰을 토대로 하는 '상담철학', 그리고 고대에 삶의 방식으로서의 철학을 오늘날 새롭게 표방하면서 철학함을 실천하려는 '철학상담'의 내용적 차이에 유념할 필요가 있다.

2) 상담학의 학문적 정당성과 상담연구에 대한 성찰: 양적 연구와 질적 연구

상담철학을 '상담학'의 학문적 정당성에 대한 성찰이라고 할 때, 우리는 먼저 상담학을 하나의 고유한 학문으로 만들어 주는 조건 및 방법론이 무엇인지에 대해 진지하게 묻지 않을 수 없다. 무엇보다 '상담학의 발전이 상담의 실천과 상담

연구의 통합을 통해서 이루어질 수 있다.'는 주장과 함께 '과학자-임상가 모델 (scientist-practitioner model)'(이동혁, 유성경, 2000)은 상담학의 정체성을 논하는 데 매우 핵심적인 것으로 자리잡고 있다. 왜냐하면 상담학은 단순히 심리에 대한 자연과학적, 인과적 설명에 만족하지 않고, 그 학문적 성과를 실제 상담에서의 실천과 연관시키는 데에서 그 학문적 특성을 찾아야 하기 때문이다. 그렇다면 상담연구와 상담의 실천 사이에 놓인 균열의 통합은 실제로 얼마나 이루어져 있는가? 그 통합과정을 어떻게 이룰 것이며, 이를 어떻게 하면 제대로 평가할 수 있는가?

기존의 상담학은 경험과학으로서 사회과학의 한 형태를 취하고 있으며, 그 학문적 정당성을 '과학성'에 두고, 양적인 연구를 통해서 원인-결과도식에 입각한 과학성을 입증하고자 했다. 따라서 상담심리학의 연구동향을 살펴볼 경우에도 연구내용, 사용도구, 피험자, 통계분석방법, 참고문헌 등에 초점을 맞추어 분석하고 있다(조성호, 2003: 811-832). 또한 상담학의 연구동향에 대한 기존의 연구는 연구유형, 표집의 크기, 피험자 특성, 측정도구, 연구주제의 영역의 분류를 중심으로 이루어졌다(이재경, 2001: 123-140).

이와 같이 기존에 이루어진 상담 관련 연구를 검토하는 방식에서 재차 얻을 수 있는 결론은, 기존의 상담연구가 주로 양적 연구에 치중해 있으며, 되도록 객관적으로 연구대상 및 변인을 선정하고, 측정도구, 실험설계, 연구유형, 통계처리 등을 집중적으로 분석하고 있다는 점이다. 양적 연구는 실험을 통한 데이터와 수치자료에 의거하여 변인들 사이의 인과관계를 측정하고 통계로 처리하여 분석하는 데 초점을 맞춘다. 따라서 상담학의 양적 연구는 객관적이고 중립적인 외부인의 관점을 지녀야 하며, 경험적이고 실증적이며 과학적인, 즉 가설검증적이며 통계적인 방법에 의거하여 자신의 '과학성'을 증명하기 위해 노력해 왔다.

그런데 앞서 살펴본 것과 같이, '상담학의 발전이 상담의 실천과 상담연구의 통합을 통해서 이루어질 수 있다'고 할 경우, 문제는 상담학이 과연 양적 연구에만 머물 수 있을지에 있다. 이러한 의구심을 바탕으로 최근 상담에 대한 양적 연구를 보완하여 자료수집 방법과 자료분석 방법에서 질적 연구의 필요성이 점차 높아지고 있으며, 질적 연구의 장점을 활용하려는 움직임들이 나타나고 있다(이용숙, 1999: 87-126). 상담의 실천과정에서 생겨나는 내담자의 내면에서 일어나는 질적인 변화과정에 대해서 양적 연구는 그 의미를 충분히 파악해 낼 수 없는 제한성을 지닐 수밖에 없기 때문이다. 객관적, 통계적, 가설검증적, 기술적인 면만을 강조하는 양적 연구방법의 패러다임과는 다르게, 질적 연구는 주관적인 측면에 대한 통찰, 발견, 해석에 중점을 둔다. 즉, 인간행동이 일어나는 맥락, 행위 주체자의 주관적 체험 그리고 그 체험의 의미 등에 관심을 기울임으로써 인간의 변화에 대한 풍부한 자료와 해석을 제공한다(연문희, 박남숙, 2001: 245). 그리하여 질적 연구는 실험적으로 검증하거나 수치로 측정할 수 없는 실체와 과정의 질적 측면을 면밀하게 드러내고자 노력한다(곽영순, 2009; Denzin & Lincoln, 2000).

질적 연구방법에서는 우선적으로 '내적 체험'과 '의미'가 필수적인 관심사이며, 후설(Husserl)의 현상학적 관점으로 인해 연구자는 외부 관찰자가 아닌 참여자로서 상호주관성(Intersubjektivität)에 근거한 해석학적 '이해'를 추구한다(유혜령, 2009: 40). 또한 연구의 질문이나 주제는 통제적이거나 조작 가능한 변인들로 진술되기보다는 주어진 상황 속에서 복잡성을 지닌 그대로 탐구될 수 있도록 기술된다. 서술적 자료들이 주로 사용되며, 수집된 자료 역시 통계적 절차가 아닌 다양한 맥락적 이해와 해석을 통해서 다루어진다. 이처럼 질적 연구자는 연구결과보다 연구과정 자체에 지대한 관심을 가지며, 연구자 스스로 내부자적 관점에서 연구대상자들의 일상적인 삶 속에서 생겨나는 구체적인 의미를 총체적으로 파악하고 해석하고자 부단히 노력한다. 현상학의 창시자 후설에게서 '생활세계(Lebenswelt)'라는 개념은 매우 중요한 위치를 차지하는데, 생활세계는 객관적 학문 이전에 이미 그 안에 살아가고 있는 인간들의 직접적인 삶의 경험과 존재 의미를 구성하고 있기 때문이다. 따라서 후설은 생활세계의 주관적인 것과 학문적 인식의 객관적인 것을 대비시키고, "구체적인 생활세계는 학문적으로 참된 세계를 기초 지우는 토대"(Husserl, 1962: 134)라고 주장했다.

특히 로저스(Rogers)를 중심으로, 상담 및 심리치료의 변화과정에서 내담자의 변화와 성장을 가져오는 요소에 대한 탐색은 상담에 대한 질적 연구의 중요성을 인식하게 했으며, 나아가 이를 양적으로 측정할 수 있는 척도를 개발하는 계기를 마련하도록 했다. 그런데 상담 및 심리치료에서 "상담의 성과나 치료적 요인을 규명하기 위해서는 상담과정에서의 내담자 개개인의 체험수준의 변화와 같은 내적인 변화에 대한 질적인 탐구과정이 필수적"(연문희, 박남숙, 2001: 260)임을 주목할 필요가 있다.

아직까지도 우리나라 상담학의 최근 동향에서는 양적 연구가 압도적인 우세를 드러내고 있지만, 유럽에서처럼 상담에 대한 성과연구를 시작으로 상담과정에 대한 관심이 점차 증가하고 이에 대한 연구가 활발해지고 있으며, 상담자와 내담자의 관계 및 내담자의 내적 체험에 대한 질적 연구가 점차 활성화될 것으로 기대된다. 물론 양적 연구와 질적 연구가 지닌 각각의 장점을 결합한 절충적 연구들도 늘어나고 있지만, 과연 어느 정도까지 양자를 절충할 수 있을지에 대해서 학문적 논의를 거치는 과정이 필수적으로 뒤따라야 할 것이다. 특히 상담학이 상담의 실천과 상담연구의 통합을 목표로 한다면, 상담의 실천과정에서 변인이나 통계처리로 드러날 수 없는 내담자의 체험이 지니는 총체적 의미와 내적 변화과정에 대한 질적 연구는 앞으로 상담학의 이론연구와 실천의 통합에 많은 기여를 할 수 있을 것이다.

3) 상담자의 가치관, 인간관, 세계관으로서의 상담철학

상담자 각자에게 "당신의 상담철학이 무엇입니까?"라는 질문을 한다면, 과연 어떻게 답변할 수 있을까? 이 질문은 상담자 스스로 상담에 대해 근본적으로 어떻게 이해하고 있으며, 그 이해에 입각하여 상담에 대해 어떤 태도를 취하는지를 묻는 것이다. 상담자는 내담자에 따라 각기 다른 상담이론과 기법 등을 적용할 수 있으며, 한 내담자를 마주하고도 각 회기마다 상담이론과 기법을 달리 할수 있다. 그럼에도 상담자는 자신의 상담에 근간이 되는 상담이론과 기법에 정

통해야 할 뿐 아니라, 상담자로서 자신이 바탕으로 하고 있는 가치관과 그 가치에 기반이 되는 인간관과 세계관에 대해서도 꾸준한 관심을 가지고 있어야 한다. 나아가 자신이 전제로 하고 있는 가치관, 인간관, 세계관이 내담자와의 상담관계에 어떤 영향을 미치고 있는지에 대해 늘 자기탐색과 자기성찰을 게을리 하지 않아야 한다. 이러한 맥락에서 오늘날 상담윤리에 대한 관심이 증대되고 있는 현실은 상담철학의 필요성을 대변해 주는 중요한 한 국면이라고도 해석할 수 있다.

이러한 맥락에서 스페리(Sperry)는 상담과 심리치료에서 오늘날 가장 큰 영향력을 행사하고 있는 윤리적 관점을 다음의 세 가지로 요약했다(Sperry, 2007: 10-11). 첫 번째 관점은 상담의 윤리와 전문적인 실천이 연관되거나 통합된다고 간주하지 않는 것이다. 이러한 관점에서 윤리적인 사유의 초점은 윤리적인 규칙, 규약이나 윤리적인 법적 기준들이며, 위기를 잘 다루는 것이 윤리적 행위의 목표다. 이 관점을 취하는 대부분은 수련생이나 초보 상담자이며, 이들에게서 상담자 개인의 윤리와 전문가로서의 윤리는 명확하게 구분된다.

두 번째의 관점은 첫 번째의 관점과 세 번째의 관점의 중간에 위치하며 세 번째의 관점으로 이행해 가는 가운데에 있다. 이들은 윤리적인 기준들과 규칙들을 따르고자 노력함과 동시에 자기성찰, 맥락적 숙고, 자기배려(self-care) 등에 대해서도 기꺼이 숙고하고자 한다. 이 관점에서는 인지와 정서의 부조화에서 벗어나고자 하며, 적어도 개인으로서의 가치와 전문가로서의 가치를 통합하려는 관심을 지닌다.

세 번째의 관점은 상담윤리와 전문가로서의 실천이 통합되어 긴밀하게 연관된다. 여기서는 덕과 가치들이 윤리적 규범들, 기준들, 규칙들과 함께 중요하게 숙고된다. 또한 자기배려의 가치도 매우 중시되며, 위기를 다루는 것이나 예방적인 가치교육 등이 개인적인 차원만이 아니라 전문적인 차원의 발달과 함께 통합적으로 이루어진다. 특히 이 관점에서는 윤리적인 감수성(ethical sensitivity)이 필수적이며, 상담자 개인의 차원과 전문가 차원의 윤리적 원리들 사이의 통합도 필수적이다.

1970년대 말과 1980년대 초반에 상담자 교육과 실천은 주로 첫 번째 관점에서 이루어졌다. 이에 반해 오늘날 대부분의 상담자들은 두 번째와 세 번째 사이의 관점을 취하면서 활동하고 있으며, 한 걸음 더 나아가 세 번째 관점을 취하면서 다문화적 측면과 영적인 차원을 치료에 활용하려는 통합적인 상담의 형태도 생겨나고 있다. 최근의 연구들에 따르면, 상담의 대가들은 대체로 세 번째 관점을 취하며, 성장에 근거를 두고 긍정적인 윤리의 모델을 지니고 있고, 개인의 삶과 전문가로서의 실천을 통합한 모습을 잘 보여 준다(Skovholt & Jennings, 2004).

이와 같이 상담에서의 윤리가 지닌 세 관점 사이의 지각 변동에서도 알 수 있듯이, 오늘날의 상담자들은 각 개인으로서의 윤리와 전문가로서의 실천을 통합하고자 시도하며 이를 위해 많은 노력을 기울이고 있다. 그 노력의 일환으로 다음의 질문들이 생겨난다. 우선적으로 상담자로서 나는 어떻게 하면 한 개인으로서의 삶과 윤리 그리고 한 전문가로서의 삶과 윤리 사이의 균열을 극복할 수 있을까? 무엇보다 앞서서 "인간과 전문가가 사실상 분리될 수 없는 통합된 실체"(Corey, 2010: 18)라는 점을 자각해야 하지 않을까? 이를 위해 코리(Corey)의 조언대로, "상담자라면 자신의 가치관, 태도, 신념을 철저히 탐구하고 자기 자신에 대한 인식을 늘리도록 노력하는 것이 중요하다"(Corey, 2010: 6).

그렇다면 이제 상담전문가이자 한 인간으로서 나는 과연 어떤 가치관, 태도, 신념을 전제로 해야 하며, 어떻게 하면 그 제한점을 인식하는 것에만 그치지 않고 계속해서 성장해 갈 수 있을까를 묻지 않을 수 없다. 상담자의 자기성찰은 자기인식의 수준을 높일 수 있으므로 상담자의 전문성을 위해 필수적이기 때문이다. 그런데 이러한 상담자 개인의 차원에서 시작된 자기성찰에서 상담전문가로서의 삶에 대한 질적인 성장은 과연 어디에서 시작될 수 있을까?

상담자에게 상담철학은 상담자 개인으로 하여금 상담에 대한 자기인식과 자기이해를 탐색하도록 할 뿐 아니라 각 개인을 뛰어넘는 '인간'으로서 공통적인 것들에 대한 생각, 즉 '인간관' 그리고 자신이 살고 있는 환경, 의미연관성으로서의 생활세계, 삶의 근본방향성 등을 설명해 주는 '세계관'을 검토하도록 함으로써 상담자가 내담자와 함께 성장하는 삶을 살아갈 수 있도록 도울 수 있다. 따라서 상담자가 자신의 '가치관'을 검토하도록 하는 상담윤리만이 아니라 기존의 상담이론의 틀을 넘어서서 자신의 인간관과 세계관을 검토하고 또한 새롭게 학습해 가는 자기성찰의 작업은 내담자와 함께 상담자가 성장할 수 있도록 하는 매우 귀중한 밑거름이 될 것이다. 예를 들어, 얄롬(Yalom)은 정신역동이론에서 제공하는 지혜보다 더 위대한 지혜의 관점에서 내담자들에게 접근했다고 말했는데, 그가 다양한 철학사상과 위대한 문학작품으로 얻은 지혜는 자신과 내담자들을 이해하는 데 큰 도움이 되었다고 고백했다(Yalom, 2008).

이와 같이 삶의 가치, 인간과 세계에 대한 폭넓은 이해를 섭렵하는 철학적 자기성찰은 상담자가 한 개인으로서의 삶과 전문가로서의 실천 사이에 놓인 균열을 근원적인 차원에서 통합하도록 할 뿐 아니라 단순한 상담기법을 뛰어넘는 상담의 '예술적' 차원에 더욱 잘 접근할 수 있도록 도울 수 있다. "여러 치료 접근이 다양한 치료기법을 사용한다 해도 대부분의 치료는 어느 정도 동등하게 효과가 있으며, 모든 상담 상황에서 모든 내담자에게 효과가 있는 단 한 가지 치료유형은 존재하지 않는다."(Hill & O'Brien, 2001: 30) 따라서 상담기법을 통합시키고 안전하게 활용하는 숙련된 상담자가 되기 위해서는 단순히 '올바른' 치료법을 모방하려는 경향에서 벗어나 자신의 잠재적 역량을 발휘하여 자신만의 치료방식을 개발할 필요가 있다.

코리는 "상담자가 태도와 기술을 배우고 성격역동과 치료과정에 대한 지식을 습득할 수는 있지만 대부분의 상담효과는 예술의 산물"이라고 말하는데, 왜냐하면 "치료는 숙련된 기술자가 되는 것 이상"이며, "상담자란 내담자와 좋은 관계를 형성하고 유지할 수 있고, 자신의 경험과 반응을 이용할 수 있으며, 내담자의 욕구에 맞는 기법을 적용시킬 수 있어야" 하기 때문이다(Corey, 2010: 7). 얄롬도 심리치료가 하나의 '예술'임을 인정했다(Josselson, 2007: 22). 그는 심리치료를 과학적 원리와 객관적인 분석을 초월한 예술이라고 간주하면서, 말로 표현할 수 없는 것들과 치료적인 만남에서 일어나는 예술적 풍요로움과 철학적 깊이의 중요성을 강조했다.

그리고 그는 철학자들의 사색과 문학작품들에서의 인간에 대한 다양한 경험들이 내담자와의 깊이 있는 만남을 촉진시킬 수 있다고 믿었다. 이와 같이 그의 상담철학은 문학, 철학, 정신의학, 의학의 경계를 넘나들며, 통합된 가치관, 인간관, 세계관에 기반하고 있음을 알 수 있다. 따라서 상담자로서 우리는 자신이 상담에 대해 이미 지니고 있는 철학적 전제들을 검토하고 이를 이해하는 작업과 더불어 내담자와 상담자 자신을 함께 성장시킬 수 있는 인간에 대한 깊은 이해를 지니도록 노력해야 한다. 거기에 각 상담이론에 근간이 되는 다양한 가치관, 인간관, 세계관에 대해 더욱 열린 자세를 취하고 이를 적극적으로 습득하고 활용함으로써 자신의 상담철학의 깊이를 더해 가야 한다. 이를 위한 첫걸음으로 다음 절들에서는 주요 상담이론과 함께 그 상담적 접근에 기반이 되는 철학자들의 가치관, 인간관, 세계관 등을 고찰하고자 한다.

2. 정신분석적 접근과 쇼펜하우어의 인간관과 세계관

1) 정신분석에서의 '무의식' 개념을 통해 본 인간관과 세계관

정신분석적 접근의 주요 내용은 정신적인 삶 속에 있는 무의식적이고 억압된 측면들, 즉 "비합리적인 힘, 무의식적 동기, 생물학적 본능적 충동"(Corey, 2010: 65)이다. 그것들 대부분은 내담자의 생후 6년 동안에 생성된 것으로, 이 기간에 인격이 형성되고 행동에 원초적인 동기를 부여하는 요소들이 마련된다. 한 인간의 인격체가 되는 구조적 기반은 원초아(Es), 자아(Ich), 초자아(Über-Ich)로 이루어지는데, 건강한 개인에게는 이것들 모두가 '정상적인' 상태로 나타난다. 정신분석의 초점은 정상적인 인격 발달에서 일탈에 맞춰지는데, 이때 정상적 발달의 기준은 성 심리발달 단계의 성공적인 해소 및 통합에 근거한다. 정신분석에 의거한 상담의 가장 핵심이 되는 것은 내담자로 하여금 갈등에 빠지도록 하는 무의식적 혹은 억압적 힘의 정체를 파악하고 그것의 원인을 해독하는 작업, 즉 '무의식적 동기를 의식화하는 것'이다. 따라서 상담자는 내담자의 '의식적인'

현상 아래에 감추어져 있는 진정한 '무의식적인' 의미를 해석하기 위해 부단히 노력하지 않을 수 없다.

그런데 프로이트(Freud) 정신분석의 핵심을 이루는 '무의식'의 존재는 과연 어떤 것인가? 그는 이전의 철학적 입장에서 의식적인 현상만이 정신이고, 의식적이지 않은 것은 신체적 또는 물리적 특성으로 존재한다는 철학적 입장을 반박하는 가운데 자신의 입장을 전개한다. 프로이트에 따르면, 어떤 표상이 의식에 나타나진 않지만 의식에 영향을 미치거나 혹은 나중에 어떠한 형태로 의식에 나타날 때, 그 표상은 '잠재적인 상태로' 또는 '무의식적으로' 존재한다(Freud, 1912: 29).

프로이트는 이러한 잠재적 표상 또는 무의식의 존재에 대해 충분히 증거를 확보할 수 있다고 말하면서, '최면 후 암시(post-hypnotic suggestion)'라는 실험의 예를 든다. 피실험자는 최면에서 깨어난 후 정상적인 상태로 돌아오고 나서 어떤 정해진 시간에 그가 최면 중에 받은 명령을 수행하는데, 그의 의식에는 의사의 지시, 명령, 최면상태에 대한 기억 등이 남아 있지 않다. 이러한 예에서 알 수 있듯이, 프로이트에 따르면 인간의 행위는 비록 인간에게 의식되지 않는다고 하더라도 잠재되어 있는 거대한 무의식에 의해 이끌린다.

프로이트는 무의식에 여러 본능적 충동들이 있다고 보았는데, "그와 같은 원초적 본능들을 '자아본능' 혹은 '자기 보존 본능'과 '성적 본능', 이렇게 두 그룹으로 구분해야 한다."(Freud, 2003b: 110)라고 주장했다. 물론 후기 저서에서 그는 '무의식'을 '원초적 자아(Es)'라고 규정하고, 인간의 본능을 '죽음본능(Thanatos)'과 '삶의 본능(Libido)'으로 나눈다. 그런데 프로이트에게서 삶의 본능인 리비도 개념은 "단순히 생물학적 의미의 성적인 '본능(Instinct)'이 아니라 자아보존의 욕구 이외의 모든 쾌락 욕구를 표현하며, 단순히 일시적인 성적 '충동'이 아니라 지속적인 성적 에너지"(주성호, 2007: 176), 즉 성욕(Sexualität)을 나타내는 충동(Trieb)을 의미한다. 그런데 이와 같이 정신분석의 핵심을 이루는 프로이트의 '무의식'과 '성욕'이라는 것은 과연 어디에서 유래한 개념일까? 프로이트는 '자기에 대한 묘사(Selbstdarstellung)'에서 쇼펜하우어(Schopenhauer)가 감정의 우위와 성욕의 중요성 및 억압을 먼저 깨닫고 있었다고 말했다(Freud, 2006: 263).

2) 쇼펜하우어의 '의지'개념을 통해 본 인간관과 세계관

쇼펜하우어는 프로이트에 앞서서 '본능'과 '무의식'의 차원에 대해 성찰한 바 있다. 그의 대표작인 『의지와 표상으로서의 세계』는 바로 이러한 새로운 철학적 통찰을 잘 대변해 준다. 프로이트의 '무의식'과 '자아'개념은 쇼펜하우어에게서 각각 '의지'와 '지성' 혹은 '오성'개념과 유비적 관계에서 해석될 수 있다. 쇼펜하우어의 이러한 개념들은 그의 고유한 인간관과 세계관에 기초해 있다. 그는 세계를 '의지로서의 세계'와 '표상으로서의 세계'로 나눈다. 후자의 세계는 '표상들', 즉 감각적 존재자들의 마음속에서 일어나는 감각지각들 더미의 현상세계를 말한다. 이러한 표상은 물질적인 대상에게서 얻어지며, '오성'에 의해 좌우되는 '충족이유율(der Satz vom zureichenden Grund)', 즉 공간, 시간, 인과관계들에 의해 형성된 법칙에 종속되어 있다.

그런데 쇼펜하우어 철학의 독특성은 우리가 흔히 경험하는 '표상'의 세계, 즉 인식론적인 세계가 단지 원초적인 '의지'의 세계를 객관화한 데 불과하다는 통찰에 있다. 그에 따르면, '의지(Wille)'는 세계 및 인간의 근간을 이루는 가장 핵심적인 것이며, 그 의지가 오히려 이차적으로 드러나는 것이 우리가 흔히 경험하고 살아가는 '표상'의 세계다. 따라서 의지의 세계야말로 표상으로 이루어진 세계의 배후이자 참된 세계라 할 수 있다. 의지는 그것을 바로 그 자체이도록 하는 어떤 힘인데, 쇼펜하우어는 이러한 의지를 현상적 차원에서는 지각할 수 없다고 주장했다. 왜냐하면 그 의지는 충족이유율에 의한 것이 아니기 때문이다. 쇼펜하우어에 따르면, 의지는 개별화의 원리인 시간과 공간의 밖에 존재하는 근원적인 일자(一者)이자 원초적인 의지(Urwille)이며, '삶에로의 맹목적 의지(der blinde Wille zum Leben)'이다.

이러한 '의지'에 대한 이해 및 '의지의 형이상학'은 쇼펜하우어가 헤겔(Hegel)과 동시대를 살았지만 그 당시 주류를 이루었던 헤겔의 이성철학과 대비를 이루며, 데카르트(Descartes) 이래로 '지성'을 강조했던 주지주의에 반대되는 입장이라고 할 수 있다. 이처럼 그는 주지주의를 내세우며, 의지와 지성의 위치를 새롭게 정립한다. 그에 따르면, "내면적으로나 심리학적으로 의지는 뿌리이고 지성은 맨 위에 비교될 수 있다. 그러나 외형상으로나 생리학적으로 보면 성기가 뿌리이고 머리는 꼭대기다"(Schopenhauer, 2006a: 592).

이러한 쇼펜하우어의 사상은 '성애의 형이상학(Metaphysik der Geschlechtsliebe)'을 통해 더욱 발전되는데, 우리는 그 안에서 프로이트와의 긴밀한 연관성을 엿볼 수 있다. 프로이트는 쇼펜하우어에게서 충동의 변증법, 즉 삶에의 의지인 에로스(Eros)와 삶을 부정하려는 의지인 타나토스(Thanatos)의 변증법을 배웠다고 말한다(김정현, 1998: 131). 그의 '리비도' 개념은 쇼펜하우어의 '삶에의 의지'와 밀접한 연관성을 지닌다. 왜냐하면 쇼펜하우어도 역시 삶에로의 맹목적 의지가 가장 두드러지게 드러나는 현상이 성욕(die Begierde des Geschlechts)이라고 주장하기 때문이다.

쇼펜하우어는 『의지와 표상으로서의 세계』에서 다음과 같이 말했다. "성충동은 삶에의 의지의 핵심이며, 따라서 모든 욕구가 집중된다. 그렇기 때문에 나는 바로 이 텍스트에서 성기를 의지의 핵심이라고 명명했다. …… 성충동은 삶에의 의지의 가장 완벽한 표시이며, 그것이 가장 분명하게 표현된 형태다."(Schopenhauer, 2006a: 596-597) 쇼펜하우어에 따르면, 각 개인들이 성애에 의해 서로에게 이끌려서 성충동을 표현하는 행위를 하는데, 이는 사실상 '종의 유지를 위한 충동'의 각 단계라고 할 수 있으며, 결국 그 안에 삶에의 의지가 가장 완벽하게 드러난다. 다시 말해, 각 개인의 성애에 이끌린 행위는 종을 유지시키는 것이자 그 가장 밑바닥에 놓인 삶에의 의지에 따른 것이다.

그런데 쇼펜하우어는 성애에 따른 에로스의 행위만을 말한 것은 아니었다. 그는 인간이 삶에의 의지를 표출하는 방식으로 성애만이 아니라 잔인하고 파괴적인 성향도 지니고 있다고 주장했다. "현존의 계속되는 고통에 의해 더욱 분노를 일으키게 된 삶에의 의지는 그 자신의 고뇌를 낯선 자가 일으킨 것이라고 함으로써 덜어 내고자 한다. 그러나 이러한 방식에서 그 삶의 의지는 점차로 본래적인 악과 잔인함으로 전개되었다."(Schopenhauer, 2006b: 195) 이와 같이 쇼펜하우어는 인간이 본성적으로 악하고 잔인한 부분을 지니고 있으며, 그에 따라 자기에게나 타인에게 파괴적인 행동을 하고 괴로워하면서 그것을 즐기기도 한다고 본다. 삶에의 의지가 이와 같이 파괴적인 충동으로 표출되는 것은 프로이트가 말한 타나토스적 충동과 매우 유사하다고 할 수 있다. 그렇다면 과연 이와 같이 파괴적인 충동에 휘둘릴 때, 그것에서 어떻게 벗어날 수 있는가?

쇼펜하우어에 따르면, 개인들이 성충동에 따른 성애의 행위 또는 파괴적인 행동을 하는 이유는 단순히 각 개인의 현상적인 차원에서 개별적인 원인이 있기보다는 더 근원적으로 인간 모두에게 있는 '삶에의 의지'에서 비롯된다. 그런데 이러한 인간관과 세계관에 따르자면, 의지가 '현상의 세계'에 객관화되어 드러날 경우 다양한 유기체, 즉 이 사람, 이 개, 저 고양이 등의 형태를 띠겠지만, 의지 그 자체는 하나이며 분할되어 있지도 않다. 또한 의지는 공간과 시간, 인과적 관계에서도 자유로우며, 목표나 목적 혹은 방향도 없는 순수하고 완전한 투쟁 그 자체일 뿐이다. 따라서 인간은 살아 있는 한, 욕망 그 자체로서 투쟁하고 갈망하는 힘이자 활동 그 자체인 의지에게서 벗어날 수도 없고 피할 수도 없다. 그 의지가 일으키는 충동에 휩싸여 단지 그것을 충족시키려 노력하는 가운데, 결핍과 박탈을 겪고 그 충동들이 충족되는 순간에도 권태와 포만감을 겪도록 운명 지어져 있을 뿐이다. 많은 사람들이 쇼펜하우어를 염세주의로 평가하는 이유가 바로 여기에 있다.

그러나 쇼펜하우어는 자신의 입장을 단순히 결정론으로 단정 짓는 데 그치거나 아무런 처방책을 내놓지 않은 데 머물지 않았다. 그는 프로이트에 앞서 인간 삶의 행위들을 움직이는 근원적인 충동을 성애적 차원과 파괴적 차원에서 검토할 뿐 아니라, 다양하고 개별적인 '현상'의 세계의 근거인 '의지'의 세계를 밝혀내고 난 뒤, 인간 모두에게 해당될 수 있는 존재론적인 차원에서 성충동과 죽음의 충동을 벗어날 수 있는 윤리적, 미학적, 종교적 길을 모색한다. 특히 그가 각 개인의 충동에 사로잡힌 에로스에서 동정(Mitleid)의 윤리학, 인간애(Menschenliebe)의 실천을 이끌어 내고자 노력한 점은 훗날 아들러(Adler)의 심리치료에서 도덕적인 인식과 타인에 대한 배려행위에 대한 요구로 발전된다(김정현, 1998: 140).

이와 같이 볼 때 쇼펜하우어의 '의지의 형이상학'은 오늘날 상담 및 심리치료 이론들이 등장하기에 앞서서, 특히 프로이트의 정신분석에서 핵심적 개념들인 '무의식' '원초아' '리비도와 타나토스' 등에 대한 이론에 앞서서 철학적인 인간 관, 세계관, 가치관에 입각하여 그 지적인 자양분을 매우 심도 있게 제공했음을 알 수 있다. 물론 다양한 '현상'들의 지성적 세계에서 발생되는 여러 고통의 근 원지가 '의지'라는 형이상학적이고 근원적인 힘이라고 할 경우, 각 개인들이 겪 는 고통을 극복할 수 있는 구체적인 치유방안은 과연 무엇이며, 오늘날 정신분 석적 상담이론과 어떻게 대비될 수 있는지에 대해서는 앞으로의 연구들에서 더 욱 상세히 다루어야 할 것이다.

3. 상담의 인지적 접근과 소크라테스 대화

1) 인지치료에서의 소크라테스 대화와 합리정서행동치료에서의 논박

인지치료(cognitive therapy)와 합리정서행동치료(rational emotive behavior therapy)는 전통적 행동치료에서 유래한다. 이 치료들은 한편으로 조작적 조건 형성과 모델링, 행동 연습과 같은 행동적 기법들을 사고의 주관적 과정과 내적 대화에 적용하면서도, 다른 한편으로 '인지의 재구성'에 초점을 맞춤으로써 행 동치료에 새로운 확장을 가져왔다. 우선적으로, 인지치료의 핵심내용을 고찰해 보면 다음과 같다. 벡(Beck)은 인간의 행동을 '정상적인 것'과 '병적인 것'으로 구 분하지 않고 연속적인 것으로 보았으며, 진화론적 이론체계를 적용하여 증상을 포함한 모든 행동을 적응이라는 맥락 속에서 이해하고자 했다(Beck, 1991). 그의 인지치료는 정보처리모델에 근거하는데, 이 모델은 "위계적으로 이루어져 있는 인지적 구조뿐만 아니라 적절한 정보를 선택적으로 받아들이거나 걸러 내는 인 지적 기제"(Weishaar, 2007: 118)를 가정하고 있다.

벡에 따르면, 인지적 구조는 여러 단계로 나뉜다. 우선적으로 가장 자각하기 쉬운 인지인 의도적인 사고(voluntary thoughts), 자각이 어려운 자동적 사고(automatic thoughts), 더 깊은 수준에서의 개인의 가정과 가치관(assumptions and values), 자각이 가장 어려운 깊은 수준에는 인지도식(schema)이 있다. 인지도식은 구조화된 원리(organizing principles)라 할 수 있으며, 이 원리는 개인의 세계관, 자기에 대한 신념, 타인과의 관계에서 작동된다. 이는 핵심신념들의 연결망(Segal, 1988), 암묵적인 신념(Beck, 1987)으로 간주된다. 이 신념들은 그것과 연관된 특정한 생활사건에 의해 촉발되어 활성화될 때까지 드러나지 않은 채 잠복한 상태로 존재하지만, 일단 촉발되어 활성화될 경우 매우 강한 감정을 수반하게 된다.

그런데 이러한 인지도식은 어린 시절의 학습경험에 의해 형성된다. 인지치료에서는 심리적인 문제가 어린 시절에 뿌리를 두고 있다고 하더라도 그것이 반복적으로 영속되는 이유는 현재 재학습되기 때문이라고 주장한다. 즉, 개인이 새로운 정보를 조작해 내는 방법에 특정한 편파(bias)가 영향을 주기 때문이다. 이러한 편파가 체계적으로 일어나고 인지적 전환(cognitive shift)을 가져오는데, 그 안에 인지적 취약성(cognitive vulnerabilities)이 들어 있다. 인지치료는 인지도식의 활성화를 통해서 다른 체계로의 변화를 유도하고자 한다. 인지가 정서, 동기, 행동을 유발한다고 보기 때문이다.

한편, 엘리스(Ellis)는 애초에 합리적 사고와 심리적 적응의 연관성에 관심이 많았으며, 처음에는 자신의 접근법을 '합리적 치료(Rational Therapy)'라고 칭하다가, 정서적 문제의 발생과 치료에 사고의 역할을 강조하기 위해서 '합리적 정서치료(Rational-Emotive Therapy: RET)'로 바꾸었고, 1993년 치료에서 행동적 기술과 숙제의 활용을 강조하기 위해 '합리정서행동치료(Rational Emotive Behavior Therapy: REBT)'로 재차 달리 명명했다(Yankura & Dryden, 1994: 44).

엘리스는 인간이 세계를 이해하기 위해 노력하는 선천적인 경향성을 지니고 있다고 전제하며, 그 경향성 속에서 되도록 행복하고 편안한 삶을 유지하기 위해 자신, 타인, 주변 환경에 대한 가설을 발전시킨다고 보았다. 그 가설이 곧 '신념'인데, 그 신념은 각 개인에게서 삶의 토대를 이루는 철학을 구성한다. 엘리스는 심리적 혼란과 건강을 위해 합리적인 신념과 비합리적인 신념을 구분했다. "합리적 신념은 인간의 복지와 만족, 행복에 기여하는 것으로 여긴 반면, 비합리적 신념은 상당한 정서적 혼란 및 역기능적인 행동의 일화를 유발하는 것으로 본다."(Yankura & Dryden, 2011: 70) 후자는 절대적이고 엄격한 요구로 구체화되며 '해야 한다' '반드시 그래야 한다' '~하는 것은 당연하다'와 같은 형태로 표현되는 반면, 전자는 개인의 선호, 요구, 욕망, 희망을 반영한다. 합리적 신념은 주로 논리적 일관성을 지닌 반면에, 비합리적 신념은 거의 경험적으로 현실과 일치하지 않는 것으로 검증된다.

그런데 엘리스는 바로 그 비합리적 신념이 강렬한 정서를 일으키고 행동으로 이어지게 되며, 다른 인식과정이나 인식 그 자체에 큰 영향을 미친다고 주장했다. 특히 그는 비합리적 신념과 건강하지 않은 부정적 정서 사이에 구체적인 연관성이 있다고 보고, 이를 ABC 모델로 제시했다. A는 개인에게 영향을 주는 사건이나 상황에 대한 그 자신의 지각 및 추론으로서 '선행사건(activation event)'이며, B는 특정한 선행사건에 대해 개인이 지니는 합리적 및 비합리적 신념을 통칭하는 의미의 '신념(belief)'이고, C는 개인이 B에서 특정한 신념을 지님으로써 경험하게 되는 '정서적 결과(emotional consequences)'와 '행동적 결과(behavioral consequences)'를 말한다(Ellis, 1977; Ellis & Harper, 1975). 또한 엘리스는 ABC 모델에서 개인이 지녔던 초기의 정서적 문제에 대해 연속해서 이차적인 정서적 문제가 생겨날 수 있다고 보고, 더 나아가 A, B, C 상호 간에 더욱 복잡한 상호관계가 성립될 수 있음을 밝혀냈다.

엘리스는 개인이 지닌 신념과 그에 대한 평가에서 개인의 정서가 나온다는 기본 가설에서 출발했다. "상담과정을 통해서 내담자는 과거에 학습되고 자기구조화되어 현재에도 스스로 주입하여 유지하는 비합리적 신념들을 규명하고 논박하기 위한 도구를 찾는 기술을 배운다. 내담자는 비효과적 사고방식을 효과적이고 합리적인 인지로 대체하며, 그 결과로 자신이 처한 상황에 대한 정서적 반응을 변화시키게 된다."(Corey, 2009: 291) 따라서 상담의 강조점은 감정표현보다는 그 근간에 놓인 사고와 행동의 연관성에 있다. 상담자는 '논박'을 통해서 비합리적 신념이나 인지왜곡을 수정한다. 즉, 일종의 '교사' 역할을 수행하면서 대화과정에서 논박을 통해 내담자로 하여금 새롭게 사고전략을 짜고, 현실의 문제상황에 직면하여 다르게 행동할 수 있도록 돕는다.

오늘날 상담의 인지적 접근을 대표하는 벡의 인지치료와 엘리스의 합리정서치료의 핵심원리와 내용에 따르자면, 정서적인 혼란이나 심리적으로 건강하지 못함의 이유는 인지적 왜곡, 비합리적 신념에서 비롯된다. 따라서 벡은 내담자의 정서반응을 유발하는 개인적 관념인 '자동적 사고'를 이용하여 내담자가 생각하는 주요방식을 변화시키고, 그의 인지도식을 재구성하도록 도왔다. 그리고 엘리스는 신념, 정서, 행동이 상호작용을 하고 서로 중첩되지만 그 근간에 비합리적 신념이 역기능적인 정서 및 행동의 바탕이 된다고 보았다. 그리하여 내담자의 비합리적 신념을 논박함으로써 비합리적 신념을 합리적 신념으로 변화시키도록 돕는 데 집중했다.

벡의 인지치료나 엘리스의 합리정서치료는 인지와 정서의 상호작용과 인지의 중요성에 기반하고 있는데, 이들의 철학적 배경과 사상적 자양분의 시발점으로 우리는 소크라테스의 사상에 주목하지 않을 수 없다. 이미 벡은 인지치료자가 인지적 변화를 촉진하기 위해 질문을 하는 방식을 지칭하기 위해서 '소크라테스 대화(socratic dialogue)'라는 용어를 사용하였다(Weishaar, 2007: 182). 또 엘리스가 말하는 비합리적 신념에 대한 '논박'도 역시 소크라테스 대화를 연상시키기에 충분하다. 엘리스는 고대 그리스와 스토아 철학자들, 특히 에픽테투스(Epictetus)와 아우렐리우스(Aurelius)의 사상에 심취한 바 있으며, 특히 에픽테투스가 "인간은 어떤 사물이나 일 때문에 혼란을 겪는 것이 아니라 그것을 대하는 자신의 관점 때문에 혼란을 겪는다."라고 말한 것을 자신의 합리정서행동치료의 기본 원칙으로 삼았다. 그런데 에픽테투스는 소크라테스에게서 영감을 받아서 그의 철학을 계승하면서, "나를 나이게끔 해 주는 것은 무엇일까?"의 문제의식에서 '자아문제'에 집중한 철학자임을 주목할 필요가 있다. 그렇다면 여기서 우리는 인지치료나 합리정서행동치료 등의 인지적 접근을 좀 더 근원적으로 이해하기 위해 이러한 접근의 바탕이 되는 소크라테스 대화 및 논박에 대해서 고찰해야만 한다.

2) 소크라테스 대화에 나타난 인간관과 가치관

소크라테스는 "검토(성찰)되지 않은 삶(ho anexetastos bios)은 인간에게 살 가치가 없다."(Platon, 2003)라고 외치며, 고대 그리스 아테네 광장에서 많은 젊은이, 현인과 함께 대화를 나누었다. 그가 질문을 하고 대화를 나누던 활동을 '엘렝코스(elenchos)'라고 하는데 이는 두 측면, 즉 논리적 측면과 윤리적 측면으로 나누어서 고찰할 필요가 있다. 흔히 전자는 논박술(refutation), 후자는 산파술(midwifery)이라고 불린다.

먼저 논박의 측면에서 소크라테스 대화를 분석해 보자면, 문제를 제시하는 쪽은 그의 대화상대자이며, 소크라테스는 그들에게 끊임없이 물음을 던짐으로써 그들이 뭔가 안다고 생각하면서 갖고 있는 믿음들을 '테스트'한다. 여기서 그는 무엇보다도 그 믿음들이 가진 비일관성, 서로 모순됨을 드러냄으로써 그들이 자신의 무지를 깨닫는 과정을 돕는 역할을 한다. 따라서 소크라테스 대화에서 대화상대자들은 그들이 가지고 있던 삶의 전제들에서 결론을 이끌어 내는 과정에서 스스로의 모순을 동반하는 추론을 하게 되며, 이로써 무지의 지를 고백하고 결국 난국(aporia)에 빠지게 된다.

그런데 이 난국은 단순히 파국을 의미하는 것만은 아니다. 왜냐하면 난국에 처한 대화자들은 평소에 이미 알고 있다고 생각한 삶의 진리를 실제로는 알지 못하고 있음을 깨닫게 되며, 이와 동시에 계속해서 자신의 삶을 검토하고, 다시 검토하려는 새로운 지적 욕구를 가지게 되기 때문이다. 소크라테스는 대화자들이 이처럼 삶을 탐구하고 성찰하면서 살도록 촉구했다. 대화자들은 대화과정에서 단순한 의견과 지식의 차이를 깨닫고, 참된 지식을 갈망하면서 진실한 의견과 신념을 계속 검토해 나아갔다. 그런데 소크라테스가 논박을 할 경우, 그의 최대의 관심사는 대화자의 삶을 구성하고 있는 신념, 가치관, 믿음을 테스트하여 그 상대자의 영혼의 부조화, 즉 영혼 속에 일관되지 않는 모순을 제거하는 데 있다. 따라서 소크라테스 대화는 소피스트처럼 대화자가 논박을 통해서 단순히 논쟁에서 이기는 데에만 초점이 있지 않고, 대화자의 의견과 그의 삶 사이에 놓인 연관성이 중요하며, 그리하여 대화자의 영혼을 치유하는 것을 궁극목표로 한다.

여기서 우리는 소크라테스 대화, 즉 엘렝코스의 두 번째 측면인 산파술(midwifery)의 면모에 좀 더 관심을 가지지 않으면 안 된다. 대화자는 소크라테스와 같은 위치에서 함께 대화를 나누는 활동을 통해서 논박에 의한 무지의 자각을 한 뒤, 참된 앎과 새로운 진리를 스스로 산출해야 한다. 이러한 산파술의 가장 기본적인 조건은 '솔직함(parrhēsia)' '생각하는 것을 그대로 말하기' '정직성에 바탕을 둔 신뢰'다. 소크라테스의 엘렝코스는 개인의 가치를 둘러싸고 이를 '시험'하고 '평가'할 수 있는 객관적인 면과 동시에 '수치심' 및 '치욕' 등의 주관적인 면을 함께 지닌다. 왜냐하면 대화를 통해서 대화자가 주장하는 윤리적 덕목과 가치관을 검증하려는 탐구과정에서 소크라테스에게 논박당한 사람은 자신의 신념이 논박당하는 것에 대해 수치심과 분노를 느낄 수밖에 없을 것이기 때문이다. 그런데 이 과정은 소크라테스와 함께 탐구하고 성찰하려는 사람들이 자신의 영혼의 정화를 위해서 반드시 거쳐야 하는 통과의례와 같은 것이다(김유석, 2009: 77-78).

소크라테스 대화에서의 논박은 결국 대화자가 주장하고 있는 명제 그 자체를 겨냥하는 것이 아니라 그 명제를 주장하는 대화자 자신을 향하고 있다. 즉, 대화자의 윤리적 신념, 태도, 나아가 그 신념 위에서 영위해 온 대화자의 삶 자체를 논박하는 것이다. 따라서 논박의 진정한 효과는 대화자의 논리적 오류를 지적하는 데서 그치는 것이 아니라, 그가 참이라고 믿어 왔던 것이 거짓으로 드러남으로써 그 자신의 영혼이 겪게 될 충격인 수치심과 분노에까지 이른다. 따라서 소크라테스 대화를 통해서 우리는 한 개인의 가치를 입증하기 위한 실천적 활동과 그로 비롯된 심리상태를 모두 경험하면서 이를 직면하고 검토하게 된다.

이와 같이 볼 때 소크라테스 대화가 지니는 산파술은 '영혼을 이끌어 가는 기술(psychagogia)'(남경희, 2007: 67)이며, 그것의 궁극적 의미는 진리발견을 위한 방법에 있음을 알 수 있다. 대화자에게 논박으로 인한 무지의 자각은 그 자체로 아직 새로운 진리를 발견한 상태는 아니며, 새로운 진리는 논박 이후 이제 막 스스로 산출하지 않으면 안 되는 국면에 놓이게 된다. 소크라테스 대화는 대화자가 자신의 무지함을 자각하여 그릇됨을 없애고 난 뒤, 소크라테스와 동등한 위치에서 상호 문답함으로써 참된 앎과 진리를 산출하기 위한 것이다. 논박은 지적이고 논리적인 검증방법이자 비판적 방법의 일환이라고 할 수 있는데, 한편으로 논리적 검토를 통해서 가상의 지혜를 벗겨 내어 무지함을 일깨우도록 하며, 다른 한편으로 지적인 독단을 정화시켜서 지적인 충동, 호기심, 지에 대한 사랑의 이념을 고취시키도록 이끈다. 이로써 대화자는 지혜에 대한 사랑의 길로 들어설 수 있게 되며, 자신의 진리를 발견하기에 이른다.

그런데 여기서 진리는 신비스런 사적인 영역에 있는 것이 아니라 광장처럼 공적인 영역에서 누구나 함께 탐구하고 검증할 수 있는 것이다. 그것은 자유로운 토론의 과정을 거쳐 누구나에게 보편적으로 접근될 수 있는 것이며, 인간답게 살기 위해서 필수적인 지식의 형태를 띤다. "검토하지 않은 삶은 살 가치가 없다."라는 소크라테스의 말을 뒤집어 보자면, 모든 사람들이 자신의 삶을 검토해야 하며 그럴 능력과 자격이 충분히 있다는 것이다. 소크라테스에게 인간이란 영혼을 지닌 존재이며, 영혼의 주된 기능은 이성적 능력을 발휘할 수 있고, 이를 통해 삶의 가치와 규범을 추구할 수 있는 데에 있다.

소크라테스 대화는 한편으로 삶의 논제들을 단지 논리적 측면, 즉 논리구조, 논박적 지식의 성격, 오류추리의 문제 등을 통해 검토하려는 작업과 다른 한편으로 대화자의 신념과 태도를 성찰함으로써 영혼의 정화에 도달하는 윤리적 목표를 이루기 위한 산파술적인 측면을 지닌다. 그런데 소크라테스에게서 이 두 측면은 서로 긴밀하게 연관되어 있기 때문에 한 측면만을 추상해 내는 것은 거의 불가능하다. 후자의 목표 없이 단순히 논박만을 성취하는 것은 소피스트의 논쟁술 및 수사학과 다를 바가 없다. 따라서 소크라테스 대화는 단순히 논리적인 탐구방식이나 절차만을 중시하는 데에 그치지 않고, 대화자의 삶의 근간에 놓인 철학적 방식과 태도가 지니고 있는 윤리적이고 실존적인 측면에 더 큰 초점이 있다. 즉, 이 대화는 내담자의 삶에 기반이 되는 윤리적 태도, 신념, 가치관을 검토함으로써 내담자 삶의 실존적인 변화를 가져오는 것을 목표로 한다. 그렇기 때문에 대화자의 문제나 신념의 참, 거짓의 여부를 논리적으로 검토하는 데 머물지 않고, 그러한 논리적 검토를 통해서 그 문제나 신념의 바탕이 되는 대화자의 삶을 근본적으로 성찰하려 한다. 이를 통해 대화자의 올바른 삶, 진정한 행복을 위한 '영혼에의 배려'(Platon, 2003) 및 '영혼의 정화'를 궁극적으로 이루려는 것이다. 논박은 이러한 산파술의 실존적 측면에 맞닿을 때에야 비로소 힘을 가질 수 있다. 다시 말해, 소크라테스의 대화에서 논리적 차원은 산파술로 이루려는 윤리적 목적에 종속된다고 볼 수 있다. 소크라테스는 대화자들의 삶 그 자체를 철저하게 검토하고 비판함으로써 누구보다도 그들의 삶을 윤리적으로 좀더 훌륭하게 만들기 위해 고심한 상담자였다.

지금까지 인지치료나 합리정서행동치료 등 상담 및 심리치료의 인지적 접근에 가장 근원적으로 바탕이 되는 소크라테스 대화에 대해 알아보았다. 소크라테스 대화가 대화참여자들 각자로 하여금 무지의 지를 자각하고, 동등한 위치에서 서로 문답함으로써 참된 앎과 진리를 산출하기 위한 것임을 감안해 본다면, 벡이 왜 그토록 질문을 중요시했으며 그의 내담자와의 '협동적 경험주의(collaborative empiricism)'를 주장했는지 충분히 이해할 수 있다. 그러나 그가 신념을 철학적으로 논박하기보다는 "내담자의 인지를 실증적으로 검증하는 치료방법을 도입"하여 "인지적 변화를 유도하기 위해서 행동적 기법을 통합"(Weishaar, 2007: 292)하는 과정은 소크라테스가 윤리적이고 실존적인 측면에서의 산파술을 강조하는 입장과는 분명하게 구분되는 지점이라고 할 수 있다.

또한 엘리스가 자신의 합리정서행동치료에 핵심기법으로 쓰고 있는 '비합리적 신념을 논박하기'는 소크라테스에게서 유래하고 에픽테투스가 계승한 부분이라고 할 수 있다. 그러나 이러한 논박을 통한 그의 목표와 도식화 및 학문적 정당성의 주장은 소크라테스와 매우 큰 차이를 보인다. 엘리스의 목표는 내담자의 신념이 "① 비논리적이고, ② 현실을 왜곡하며, ③ 정서적 혼란과 자기 파괴적 행동을 유발시키기 때문에 유용하지 않다는 것을 보여 주는 것"(Yankura & Dryden, 2011: 112)이라는 점을 명시하고 있기 때문이다. 그러나 앞서 고찰한 대로 소크라테스 대화에서의 논박은 윤리적인 명제 또는 주제와 연관되어 있으며 산파술과 연결됨으로써만 그 의의를 지닌다는 점을 돌이켜 본다면, 엘리스의 합리정서행동치료는 인지적 논박에 많이 치중되어 있음을 알 수 있다. 그리고 사고, 감정, 행동 간의 관계를 매우 단순화시켜 ABC라는 틀 안에서 내담자들의 부적응적 감정과 행동을 제한적으로 검토하도록 강조하고 있음도 드러난다. 더욱이 엘리스가 합리적 신념의 생물학적 토대를 실증적으로 증명하고자 한다는 점에서 소크라테스와의 거리감은 더욱 커질 수밖에 없다.

이와 같이 볼 때 오늘날 상담 및 심리치료의 인지적 접근에서 '소크라테스 대화'에 대한 관심이 새롭게 대두되었을 뿐 아니라 핵심기법으로 많이 사용되고 있음은 매우 고무적인 일이라고 할 수 있다. 그러나 과연 소크라테스 대화가 단지 '행동치료'의 일환으로서 인지-정서의 관계에서 인지의 우선성에 따른 행동의 변화를 염두에 둔 실증주의 및 구성주의의 접근으로 제한될 수 있을지, 애초에 소크라테스 대화가 지닌 산파술로서의 중요성과 윤리적이고 실존적인 측면에 대한 성찰이 과연 오늘날 상담과 심리치료에 어떤 의미를 지닐지에 대해서는 앞으로 좀 더 많은 관심과 상세한 논의가 뒤따라야 할 것이다.

4. 상담의 실존주의적, 인본주의적 접근과 인간이해

1) 실존주의상담의 태동과 실존에 입각한 인간관

실존주의상담(existential therapy)과 인간중심상담(person-centered therapy)은 1960년대와 1970년에 걸쳐서 정신분석과 행동치료에 대한 대안적인 상담접근을 모색해 가는 가운데 전개되었다. 프랭클(Frankl)은 의료만으로 해결될 수 없는, 소위 '임상을 뛰어넘는 문제들(meta-clinical problems)'이 단순히 신경증적인 징후라기보다는 인간들이 지닌 철학적 문제임을 인식한 뒤 실존주의 철학을 적극 수용하여 '로고테라피(Logotherapie)'를 창안했다. 이를 통해 그는 정신분석이나 행동치료가 지닌 한계를 넘어서고자 했다. 프로이트의 정신분석은 신경질환을 어떤 정신역동의 결과로 보고 이에 대해 다른 정신역동을 가동시키는 반작용을 시도함으로써, 즉 일종의 건강한 감정전이의 관계를 통해서 내담자를 치료한다. 반면에 행동치료는 신경증을 특정한 학습, 조건화 과정의 탓으로 보고 신경증에 대한 재학습과 조건변화를 통해서 치료한다.

그런데 프랭클은 정신분석이 신경증의 가면을 벗겨 내었고, 행동치료가 신경증을 비신화화하는 데 기여한 점은 충분히 인정하지만, 양자는 여전히 환원주의적 시도를 함으로써 그 한계를 벗어나지 못하고 있다고 비판했다. 그가 보기에, 인간의 현실은 단순히 조건화의 과정이나 조건반사에 의한 결과로만 이해될 수 없으며, 특히 인간들의 '의미를 향한 소리 없는 절규(the unheard cry for meaning)'를 귀담아 듣지 않는다면, 현대사회의 집단신경증(mass neurosis), 사회원인성 신경증(sociogenic neurosis)은 결코 치료될 수 없을 것이다(Frankle, 2005: 10-15).

프랭클에 따르면, '실존적인 공허(existential vacuum)'(Frankle, 1970: 83) 혹은 '실존적 좌절'은 정신질환의 징후가 아니라 오히려 인간으로서 이룰 수 있는 성과이자 성취라고 할 수 있다. 프랭클의 로고테라피는 인간에 대한 근본적인 세 개념에서 출발한다. 첫째로, 그는 이전의 정신의학이나 심리학의 결정론적인 입장에 반대해서 '자유의지(freedom of will)'를 중시하며, 인간은 어떤 조건에 처하든지 자신의 태도를 결정할 수 있는 자유가 있다고 본다. 둘째로, 인간의 의지는 곧 의미를 찾기 위해 고군분투하는 것, '의미를 찾으려는 의지(will to meaning)'다. 셋째로, 인간이 찾는 의미는 결국 다름 아닌 '삶의 의미(meaning of life)'와 가치를 말한다. 이러한 로고테라피는 삶의 의미를 탐색하는 과정에서 인간의 자유와 선택을 중시하는데 이는 실존주의 사상과 깊은 연관이 있다. 프랭클은 실제로 쉘러와 하이데거의 철학사상에서 많은 영향을 받았다고 말한 바 있다.

실존주의상담이 적극적으로 등장하기에 앞서서 메이(May)는 유럽의 실존주의적 인간이해에 입각하여 당대의 정신분석 및 기존의 정신의학을 비판했다. 그는 정신치료 및 심리치료를 담당하고 있는 사람들이 "진료실이나 상담실에서 이론적인 공식으로는 도저히 진정시킬 수 없는 불안을 겪고 있는 위기에 처한 개인들의 순수한 실재에 직면했을 때", 자신들이 인간을 이해하는 방법에 큰 결함이 있음을 경험한다고 고백한 뒤, 이는 "과학적 연구로 극복할 수 없는 문제"라고 보았다(May, 1983: 37). 메이보다 한 발 앞서서 이미 여러 정신의학자들이 정신치료나 정신분석에 전제된 인간관의 한계와 난점을 자각하고 있었다.

메이는 문화적이고 사회적인 차원에서 실존주의와 정신분석이 공유하고 있는 시대적 배경을 좀 더 근원적으로 파고들어가 검토하기 시작했으며, 기존의 치료에 전제된 인간관을 폭넓게 비판하고 나섰다. 그는 인간을 주관이나 객관의 양자택일로 볼 것이 아니라, 실제 살아 있고 실존하는 인간으로 보아야 한다는 실존주의의 통찰에 동의하면서, 정신분석의 한계를 넘어서서 자신만의 '실존 심리학(existential psychology)'에 근거한 치료를 새롭게 구상했다. 그의 실존주의상담은 인간을 '인간다운' 존재로 만드는 것을 이해하는 데 기초한다. 그에 따라 좀 더 깊고 폭넓은 '존재론적' 차원에서 인간을 이해할 수 있도록 하며, "심리치료를 기술적 이성과 동일시하려는 경향에 저항하는 운동"(May, 1983: 87)의 일환으로 전개되었다.

나아가 메이, 프랭클 등에게 많은 사상적 영향을 받은 얄롬은 실제 자신의 치료과정 속에서 실존적 통찰력의 중요성을 깨닫고, 프로이트주의자들의 정신역동과는 달리 실존적인 정신역동을 고안하기에 이르렀다. 그는 인간존재의 '깊은 구조'에 내재되어 있는 궁극적인 관심을 네 가지, 즉 '죽음' '자유' '소외' '무의미'로 구분했다. 그리고 나서 이러한 네 가지 궁극적 관심이 실존적 정신역동의 본체를 이룬다고 보았고, 이와 연관된 '실존주의적 심리치료(existential psychotherapy)'를 제안했다(Yalom, 2007).

이상에서 살펴본 프랭클, 메이, 얄롬 등의 정신의학자이자 치료자들은 단지 기존의 의학적 지식과 프로이트의 정신분석이 성취해 온 작업의 의미를 전적으로 무시하려고 시도한 것이 아니라, 그러한 작업의 문제점들을 밝혀내고 내담자들에게 더욱 잘 다가갈 수 있는 상담접근에 관심을 가졌다. 왜냐하면 정신분석이 애초에 틀에 박힌 의료사업에 대항해서 비판적인 저항으로 시작되었지만, 이와 반대로 "인간들을 매우 의심스럽게 만드는 치유기술, 효과적이고 고도로 전문화된 치유기술의 명령에 복종하게 되었으며, 그러한 진보의 결과로 현대의 의학이 인간을 하나의 퍼즐조각들로 파편화시키거나 혹은 부분들로 분석적인 해체를 감행하는 지경"(Achenbach, 2010: 152)에 이르렀기 때문이다. 이러한 비판적 맥락에 맞서서 얄롬은 "인간은 그 자신의 부분들의 합보다 더 위대하다."라고 명시적으로 주장했다.

그런데 앞서 언급한 정신의학자들보다 먼저 실존주의 사상, 특히 하이데거(Heidegger)의 철학을 의료에 적용시킨 스위스의 빈스방거(Binswanger)나 보스(Boss)의 '현존재분석(Daseinsanalyse)'도 주목할 필요가 있다. 이외에 영국에서도 쿠퍼(Cooper)는 기존에 통용되어 온 정신 질병의 개념과 치료에 비판적 태도를 취했으며, 반 도젠(Van Deurzen)은 '심리상담과 치료의 새 학파(The New School of Psycho Therapy and Counseling)'를 구성하고, 영국에서 전통적 치료에 대한 대안으로 실존주의적 접근을 보급하기 위해 지대한 공헌을 했다.

이들 모두는 인간을 부분들로 파편화시키는 '의학적'이고 '심리적인' 표준과 기술만으로는 인간이 겪는 심리적 장애 혹은 심리적으로 유발된 신체적 장애들을 근원적으로 치료할 수 없다는 사실에 실제로 직면한 당사자들이었다. 물론 이들 각자가 기존 치료의 한계를 극복하기 위해 채택한 구체적인 해결책들은 조금씩 다르게 나타난다. 그럼에도 이들 모두는 기존의 의학적, 심리학적 방법론이나 그에 기반하고 있는 전문기법이 환원주의적이고 결정론적인 인간관을 전제로 하는 데에 근본적인 문제점이 놓여 있다는 점을 비판한 바 있다. 이러한 비판적 인식을 토대로 이들은 기존 치료의 제한성을 벗어나고자 노력했으며, 기존의 의학이나 심리학적 지식을 넘어서는 인간이해, 즉 좀 더 근원적이고 포괄적인 철학적 인간이해를 필요로 하기에 이르렀다.

그렇다면 이들이 필요로 했던 새로운 인간이해에서 핵심을 이루는 '실존'의 개념은 과연 어떤 의미를 지니는가? 우선적으로 실존(existence)이라는 개념은 '부각되다, 드러나다'의 뜻을 지닌 라틴어 동사 'ex-sistere'에서 유래한다. 원래 라틴어로 'existentia'인 실존은 'essentia'인 본질과의 대비를 통해서 정의되어 왔다. 전통 철학에서 '본질'은 '무엇이-있음(Was-sein), 즉 정의 안에서 또는 개념 안에서 파악되는 한 사물의 무엇임'을 뜻하며, 이는 '사물이 변하는 소용돌이 속에서도 변하지 않고 머물러 있는 필연적인 것, 초개체적·보편적인 것'을 말한다. 이에 반해 '실존'은 '한 사물이 있다는 그 사실(Daß-sein), 그 사물이 우연하게 실제적으로 눈앞에 있음(Vorhandensein)과 실제로 있음(Wirklichsein)'을 뜻한다. 그런데 여기서 주목해 볼 점은 실존주의 사상이 전통철학, 특히 전통적 형이상학에 대한 반대 움직임으로서 등장했다는 것이다. 즉, '실존'개념은 '본질'개념에 대항하여 논쟁적으로 강조된 의미를 지닌다. 이러한 맥락과 연관해서 사물이 아닌 오직 인간에게만 '실존'이라는 말을 쓸 수 있고, 인간이 실존을 '가지고' 있는 것이 아니라 실존으로 '존재하고' 있다는 사실을 인식하는 것이 무엇보다 중요하다(Zimmermann, 1977: 5)고 할 수 있다.

이제 '본질 대 실존(essentia vs. existentia)'의 개념적 대비를 인간에게 적용시켜 볼 경우, 우리는 인간에 대해 두 가지 구별되는 진리에 관심을 두게 된다. 한편으로 우리가 '본질'만을 인간의 진리로 받아들일 경우, 그 진리는 영원히 변치 않고 머물러 있는 어떤 것이다. 그로 인해 인간은 그 영원을 향한 '상승'의 과정을 중시하게 되고, 시간과 시간적인 존재자들을 극복함으로써 그 영원성의 진리에 도달하고자 주력한다. 그 과정에서 진리의 교사나 전달자는 그저 상승을 위한 어떤 시간적인 동기유발의 기능을 수행하면 될 뿐이며, 이들 역시 역사적으로 구체적인, 지금 여기의 존재로서 중요성을 띨 필요는 없다. 이와 같은 본질의 진리는 마치 일반적인 과학법칙과 유사하다. 알기 쉬운 예를 하나 들자면, 사과 3개와 5개를 더하는 것과 실제로 존재하지 않지만 그림책에 나오는 금화 3잎과 5잎을 더한 진리는 똑같으며, 어느 교사나 전달자가 어디에서 가르치든 그 진리는 변함이 없다. 또한 논리학에서 삼단논법도 본질의 진리에 대한 하나의 예가 될 수 있다. "모든 인간은 죽는다. 소크라테스는 인간이다. 소크라테스는 죽는다." 이러한 삼단논법은 대전제와 소전제에서 도출되는 결론을 포함하는데, 여기서의 진리도 역시 시공간을 초월해서 어디서나 타당성을 지니는 것으로 주장된다.

그런데 그와 같이 영원하고 불변하는 본질의 진리를 안다고 하더라도, 그것이 과연 '지금 여기(hic et nunc)의 나', 더욱이 '죽어야 하는 유한자로서의 나'에게는 어떤 의미가 있는 것일까? 톨스토이(Tolstoy)가 『이반 일리치의 죽음』이라는 작품에서 탁월하게 묘사한 바와 같이, 주인공 이반 일리치(Ivan Illich)도 삼단논법을 배운 적이 있다. 그러나 그는 모든 인간이 죽고, 소크라테스만이 아니라 자신이 죽는다는 사실, 즉 인간의 본질에 해당하는 진리를 안다고 해서 그것이 지금 여기서 죽어 가는 나에게 아무런 도움이 되지 않는다고 고백했다. 이처럼 실존의 진리는 이전에 인간이 추구했던 '본질'의 진리를 비판하면서 강조된다. 죽어야 할 존재로서 유한한 인간에게 영원한 진리는 단절되어 있고 먼 반면에, 실존의 진리는 각 개인들로 하여금 그 자신의 시간을 초월하지 않고 오히려 역사적 요청을 떠맡으며 시간 안으로 들어감으로써 도달될 수 있기 때문이다. 역사적 요청은 다름 아닌 각 개인이 만나게 되는 결단의 순간이며, 실존하는 존재로서의 개인에게 '지금 여기', 즉 시간과 공간 속에서 주어진 이 순간에 실재하는 존재의 역동성은 그 무엇보다 중요하다. 그 역동성 속에서는 흔히 이론적 작업이나 본질의 진리가 전제로 하고 있는 주체와 객체로 분리될 수 없는, 즉 생생하게 살아 있는 체험이 담겨 있기 때문이다.

2) 하이데거의 인간관과 세계관: 현존재와 세계-내-존재

실존주의 사상을 전개한 주요 철학자로는 키에르케고르, 하이데거, 사르트르, 부버 등을 들 수 있다. 이 중에서도 하이데거는 이전의 실존주의 사상을 전체적으로 종합했을 뿐 아니라 자신만의 독자적인 존재론을 전개했으며, 이후 실존주의에 입각한 심리치료에 많은 반향을 일으켰다. 따라서 그의 견해를 중심으로 '실존'의 개념을 좀 더 심도 있게 이해해 보고자 한다. 그가 실존개념을 전개했던 『존재와 시간』에서의 '현존재분석론(Daseinsanalytik)'은 인간에 대한 새로운 이해와 세계관을 담고 있다. 이는 실제로 빈스방거, 보스, 프랭클, 메이 등에게 직접적으로 전수되면서 매우 큰 영향을 끼쳤다. 이들은 이전의 정신치료나 심리치료 및 상담에 근간이 되어 온 생물학적 이론이나 심리학적 이론 혹은 기계론적 이론을 통해서는 더 이상 인간을 온전히 이해할 수 없다는 비판적인 문제의식을 지니고 있었다. 따라서 하이데거의 '현존재분석론'과 그에 입각한 실존이해를 바탕으로 새로운 치료 및 상담의 방향전환을 꾀하고자 노력했다.

하이데거에 따르면, 인간은 다른 존재자와 달리 자신의 존재에 대한 물음을 지닌다. 그는 『존재와 시간』에서 이러한 존재물음을 지닌 존재자를 '현존재(Dasein)'라고 칭하고, 그 현존재를 분석함으로써 존재의 의미와 진리를 해명하고자 시도했다. 현존재는 인간에 대한 존재의 관련성을 강조하기 위해 고안된 용어라고 할 수 있다. 그렇다면 현존재는 자신의 존재와 어떻게 관련되는가? 하이데거는 현존재의 존재와의 연관성을 이중적 계기, 즉 '피투성(被投性, Geworfenheit)'과 '기투(企投, Entwurf)'로 설명했는데, 이는 인간의 실존이 지니는 제한성과 가능성을 동시에 보여 준다.

우선적으로 피투성은 내가 존재하고 있으며, 존재하지 않는 것이 아니라는 사실(Daß ich bin und nicht nicht bin)을 말한다. 이는 모든 규정 이전에 그 어떤 규정으로도 환원될 수 없는, 무조건적으로 자신이 존재하고 있다는 현사실성(Faktizität)을 의미한다. 그런데 이와 같이 자신의 존재를 현사실로 인정함으로써 깨닫는 지점은 잘 돌아가고 있던 익숙한 일상의 세계가 갑자기 멈춰 섰을 때다. 바로 일상이 잘 돌아가지 않는 그 때, 이미 세상에 '내던져져 있는 자신의 존재'를 부인할 수 없이, 그야말로 '있는 그대로의 현사실'로 인식하게 된다. 사르트르(Strtre)의 『구토』의 주인공인 로캉탱처럼 일상에서 떨어져 나오는 왠지 모를 구토의 체험, 실연의 상처나 그로 인한 고독감, 권태, 절망 등은 자신이 원치 않았던 세상에 내던져져 있다는 사실에 대한 피투성의 존재체험을 잘 보여 준다. 이와 같이 피투성의 현사실에 의한 존재체험은 그 자체로 경험되기보다는 오히려 모든 구심점이 완전히 무너져 버려서 친숙했던 주위세계는 물론 그 자신마저도 낯설게 되는 계기를 통해서 잘 드러난다.

그러나 다른 한편에서 현존재의 실존은 개인들로 하여금 이와 같이 낯선 현사실이나 내던져 있음 안에서 자신의 모든 것이 이미 다 규정된 채 그저 살아가도록 내버려 두지 않는다. 절망 속에서조차 인간은 다른 존재가 되고 싶어 하며, 자신이 원하는 바로 인해 고통스러워한다. 즉, 처해진 자신의 현실적인 상황을 피할 수 없다고 인식함과 동시에 그 처해진 상황 속에서의 자신의 모습과는 달리 되기를 원하는 소망에 관여함으로써 자신만의 삶의 과제를 떠안고 그것을 실현하기 위해 투신한다.

여기서 우리는 현존재가 자신의 본래적 존재를 드러낼 수 있거나 또는 자신의 본래적 존재를 하나의 가능성으로 안고 그 가능성과 관계할 수 있다는 사실에 주목할 수 있다. 이를 하이데거는 현존재의 '존재해야 함(Zu-sein)' '존재가능(Seinkönnen)' 또는 '기투'라고 표현하는데, 이 가능성은 단순히 현존재가 지닌 기능이나 속성이 아니라 현존재가 각기 그 자신의 가능성을 마주하고 있으며, 그 자신의 존재 자체의 가능성을 이행해 나가고 추구해야 할 과제로 삼고 있다는 의미를 말한다. 이와 같이 볼 때 현존재로서의 실존은 하이데거의 표현에서처럼 '피투된 기투(geworfener Entwurf)'(Heidegger, 1972: 148), 즉 그 어느 하나로만 환원될 수 없는 이중적 측면을 지니고 있음을 알 수 있다.

하이데거가 말하는 현존재의 실존을 규정하는 또 하나의 독특한 근본구조는 세계와의 연관성에 있다. 인간은 기투함으로써, 즉 가능성을 지닌 실존에로의 이행과정 속에서 나름대로 세계와 특정한 관계를 맺고 있기 때문이다. 즉, 현존재는 이미 그 자신을 오직 세계와의 관련 안에서만 실존하는 것으로 의식한다. 현존재의 세계 관련성은 그가 실존하는 데 매우 중요한 구성요소다. 왜냐하면 실존의 이행은 어떤 세계 밖의 존재자가 나중에 추가적으로 세계 안으로 들어가면서 관련을 맺는 것이 아니라, 오히려 나의 가능성들에 상응하거나 그것을 부인하는 나 스스로의 세계 관련성에 따른 규정이며, 이 규정이 하나의 상황을 구성하기 때문이다. 실존은 순수 이론적인 관찰과는 달리 항상 어떤 '상황' 속에서 이행되며, 실존은 이 상황에서 벗어날 수가 없다. 만약 벗어난다고 하더라도 또 하나의 다른 상황 안에 놓이게 된다. 실존이 어떤 상황에 얽매여 있다는 이 사실은 실존의 유한성에 대한 또 다른 표현이다. 현존재의 유한성은 소위 '한계상황' 속에서 가장 두드러지는데, 가장 극단적인 한계상황은 다름 아닌 죽음이다.

하이데거는 현존재의 실존이 비 본래적으로 혹은 본래적으로 자신과 관계 맺는 양상을 '세계-내-존재(In-der-Welt-sein, Being in the world)'라는 개념을 통해서 설명한다. 여기서 '내존재(In-sein)'란 어떤 세계 인식이나 지각에 의해 설정되는 것이 아니라 오히려 그러한 것의 전제로서의 세계와 친숙해 있음, 세계에 가까이 있음, 세계 안에 있음을 말한다. 인간이 세계 안에 공간적으로 '포함되어 있다.'는 의미도 아니며, '세계 없는 주체로 존재하다가 세계, 대상들과 관계 맺기 위해 자신의 내적 영역에서 빠져나온다.'는 의미도 아니다. 세계는 어떤 인식대상으로 표상된 외연적 물체 또는 존재자의 총체가 아니며, 현존재 자체의 근본구조 내지 존재구성 틀로서 "현사실적 현존재가 현존재로서 '그 안에서 살고 있는' 그것"이다.

슈트라우스(Straus)가 "강박증 내담자를 이해하기 위해서 우리는 그의 세계를 먼저 이해해야 한다."라고 말했을 때, 이는 특정한 유형의 내담자뿐만 아니라 모든 인간에게도 폭넓게 적용된다. 왜냐하면 함께 존재한다는 것은 같은 세계 내에 '함께 현존재로서 존재한다(Mitdasein)'는 것을 의미하며, 안다는 것은 같은 세계라는 의미와 목적의 맥락을 통해서 안다는 것을 의미하기 때문이다. 따라서 실존을 통한 인간이해에서 중요한 것은 한 개인을 '세계-내-존재', 즉 그의 목적연관성 및 의미연관성의 세계 안에 있는 존재로 이해하는 것이다.

그런데 이와 같이 '세계-내-존재'로서 실존적 인간을 재발견하려는 노력은 심리치료나 상담에서 왜 중요한 것일까? 메이에 따르면, 세계는 세 가지 양태를 띤다. 첫째, 환경세계(Umwelt, world around)는 생물학적 세계, 환경세계를 의미한다. 이 세계에서 인간은 생물학적 욕구, 충동, 본능을 지닌 존재이며, 적응과 순응을 중요시하며 살아간다. 그런데 실존주의 사상가들은 인간에게 환경세계가 실존의 유일한 양태처럼 취급하거나, 인간경험을 환경세계에만 적용될 수 있는 범주들로 획일화시키는 것은 인간을 너무나 지나치게 단순화시키는 오류를 범하고 있다고 주장했다. 둘째, 공동세계(Mitwelt, with world)를 들 수 있는데, 이는 자기 자신과 같은 부류의 존재로 이루어진 세계, 동료들과의 세계, 인간의 상호연관성, 관계성의 세계를 말한다. 여기서 세계는 세계 안에 있는 인간들의 상호 관계성에 의해 형성되는 의미구조를 포함하고 있으며, 관계성의 본질은 서로의 만남(encounter) 속에서 인간이 상호적으로 변화된다는 데 있다. 셋째, 자기세계(Eigenwelt, own world), 자기 자신과의 관계에 대한 세계가 있다. 이 세계는 자기의식과 자기관계성을 전제로 하며, 오직 인간에게만 독특하게 나타나는 세계의 양태라 할 수 있다. 메이는 현대인이 자신의 세계와 더불어 공동체 경험을 잃어버리고 말았는데, 이는 단순히 대인관계의 부족이나 동료 간 의사소통의 부재가 문제인 것이 아니다. 오히려 주객분열이 극단화됨으로써 자아와 세계가 양극화되었고, 이는 자기세계의 상실로 이어졌기 때문이다.

따라서 '세계-내-존재'로서 인간을 이해하는 것은 인간의 자아와 세계가 항상 변증법적으로 연관되어 있다는 사실에서 출발해서 상호 연관된 존재로서의 인간과 자기세계의 중요성을 일깨운다. 그 가운데 "세계는 인간이 그 안에 존재하고, 참여하며 창조하는 의미 있는 관계구조"라 할 수 있다(May, 1983: 126-132). 세계는 우리가 받아들이거나 적응해야만 하는 정적인 대상이 아니다. 한편으로 세계는 과거의 사건들에 의해 영향을 받기도 하지만, 다른 한편으로 미래의 가능성에 열려져 있다. 그러므로 극단적 유한성, 한계상황인 죽음에 직면해서도 인간은 의미와 목적의 총체적 연관성인 '세계-내-존재'로서 현존재이며, 그에 따라 자신의 세계를 새로이 구축할 수 있는 잠재력과 미래의 가능성을 지닌 실존적 존재임을 알 수 있다.

이와 같은 하이데거의 '세계-내-존재'에서 한 걸음 더 나아가, 빈스방거의 '현존재분석(Daseinsanalyse)'은 '세계기투(Weltentwurf)'라는 개념으로 내담자를 이해하는 데에서 출발한다. 빈스방거는 내담자를 단순히 기계론적이고 유물론적인 입장이 아닌 인간학적 입장에서 바라보려고 했다는 것은 매우 고무적인 일이며, 내담자를 단순히 객관화된 관찰대상으로서가 아니라 '현존재'라는 구조 전체로, 즉 내담자의 세계 그 자체와 함께 총체적으로 접근하고자 했다는 사실은 최근 인간중심적 상담 및 철학상담의 입장에서 매우 환영받을 일이다. 그는 정신분석에서 현존재분석으로 패러다임 전환을 감행함과 동시에 정신분석의 주요 주제였던 신경증적 불안을 넘어서서, 특히 조현병 내담자의 세계이해에 매우 많은 관심을 가지고 치료에 임했다(노성숙, 2011: 70).

3) 실존주의상담과 인간중심상담에서의 실존주의적 인간이해

실존주의 사상은 빈스방거, 보스, 프랭클, 메이, 얄롬 등의 정신분석 및 실존주의상담의 토대가 되었으며, 특히 하이데거의 '현존재' '실존' '세계-내-존재'의 개념은 기존의 정신의학과 심리치료의 인간이해에 획기적인 방향 전환의 토대를 마련했다. 그런데 이러한 실존주의적 인간이해는 비단 실존치료에만 영향을 미쳤을까? 로저스, 매슬로 등으로 대표되는 '인본주의 심리학' 및 '인간중심적 상담'도 역시 기존의 정신치료나 심리치료, 즉 과학적 실증주의에 기반한 행동주의나 정신분석학이 전제로 하는 '인간이해'에 진정으로 인간을 인간답게 만드는 가장 중요한 것들이 빠져 있음을 강력하게 비판하고 나섰다. 특히 로저스는 인간과 모든 유기체에 대한 근본적인 신뢰에 근거하여, "인간은 자기 자신을 이해하고, 자기 개념, 기본적인 태도, 자기 주도적인 행동을 변화시킬 수 있는 방대한 자원을 자신 안에 갖고 있으며, 상담분위기 조성이 제공되기만 한다면 그 자원을 일깨울 수 있다."(Rogers, 2007: 131)라고 주장했다. 그는 인간의 성장을 촉진하는 상담분위기 조성을 위한 세 조건을 다음과 같이 말했다. 첫째, 진정성(genuineness), 진실성(realness), 일치성(congruence), 둘째, 무조건적인 긍정적 관심(unconditional positive regard), 셋째, 공감적 이해(empathic understanding)다. 로저스의 이와 같은 새로운 접근법은 기존의 지시적 상담과 달리 '비지시적 상담' '내담자-중심치료' '인간중심상담'이라는 이름으로 많은 사람에게 새로운 상담과 치료의 기반을 마련하는 데 기여했다.

이와 같이 로저스의 인간중심상담은 그야말로 '인간을 중심에 둔 치료'로서 실존주의와 공통적인 토대를 지닌다. 즉, "내담자의 주관적인 경험을 존중하고,

긍정적이고 건설적이며 의식적인 선택을 할 수 있는 내담자의 능력을 신뢰한다."라는 면에서 실존주의 사상과 매우 큰 유사점을 지니고, "자유, 신택, 가치, 개인의 책임능력, 자율성, 목적, 의미" 등의 개념을 강조한다(Corey, 2010: 177). 이와 같은 공통점에도 불구하고 실존주의 심리치료와 인간중심상담의 차이점을 지적해 본다면, 다음과 같다. 한편으로 실존주의상담은 자기 정체성을 창조하기 위한 선택을 강조하고 선택에 앞서서 느끼는 불안을 매우 중요시한다. 이에 반해 인간중심상담은 인간의 타고난 잠재력을 강조하고 불안을 별반 중요시하지 않으며, 인간 스스로의 가능성이 실현되는 과정에 대해서도 매우 낙관적인 견해를 지닌다. 물론 이러한 강조점의 차이가 있기는 하지만, 실존주의 심리치료나 인간중심상담은 기존의 정신분석, 행동주의의 환원론에 대항하는 인간관을 토대로 한다는 점에서 매우 근본적인 공통점을 지니며, 바로 그 지점에 전통 철학의 본질주의에 대항하는 '지금 여기의 실존'으로서의 인간이해가 깊숙이 자리 잡고 있음을 알 수 있다.

최근 상담윤리에 대해서는 많은 논의들이 진척되고 있는 데에 반해서 각 상담자의 뿌리를 이루는 상담철학에 대한 교육과 논의가 적은 것은 매우 안타까운 일이다. 왜냐하면 상담철학이야말로 각 상담활동에서 '상담'을 규정하는 근간이자 상담자로 하여금 상담의 전문성을 이끌어가는 토대가 될 수 있기 때문이다. 이러한 맥락에서 이번 장에서는 '상담철학'을 '상담에 대한 철학적 성찰'이라는 폭넓은 의미로 확대하여 다층적으로 해석해 보았다.

상담철학은 철학의 한 분야로서 한편으로 이론적인 측면에서 상담학에 대한 학문적 정당성을 문제시하고 이를 논의할 수 있다. 다른 한편으로 실천적인 측면에서는 상담자 개인이 상담에 대해 지니고 있는 철학적인 견해를 의미하기도 한다. 특히 후자의 경우, 상담철학은 모든 상담자에게 해당되는 필수적인 것이며, 모든 상담활동에 전제가 되는 철학적 자기성찰이라고 할 수 있다.

그렇다면 상담자에게 상담철학은 자신이 적용하고 있는 심리치료나 상담이론의 전제를 아무런 반성 없이 그대로 수용하면 되는 것일까? 아니면 각 상담자마다 달리 지닐 수 있는 상대적인 견해에 불과한 것일까? 이러한 질문들에 답하기 위해서 이번 장에서는 상담철학을 인간관, 세계관, 가치관이라는 관점에서 재조명해 보고, 이를 기존의 심리치료 및 상담이론과 철학적 사상의 접점을 통해 고찰해 보았다. 이처럼 각 상담적 접근에 전제된 철학적 자양분과 배경을 검토함으로써 상담자는 자신이 지니고 있는 상담이론의 철학적 근간을 되돌아보며, 그에 따라 자신의 상담활동의 깊이를 더해 갈 수 있을 것이다. 그런데 각 상담이론과 철학사상의 접점을 살펴보는 과정에서 현대의 심리치료 및 상담이론들과 대비를 보이는 철학적 입장들과 논쟁점들이 새롭게 대두되기도 했다. 따라서 앞으로 이러한 논쟁점들에 대해 좀 더 심도 있는 학제 간의 생산적인 논의들이 생겨나기를 기대해 본다.

무엇보다 이러한 '상담철학'에 대한 논의의 중요성은 상담자가 자신의 상담이론과 상담활동에서의 구체적인 실천 사이에 놓인 간극을 메우고 통합해 가는 과정을 돕는 데에 있다. 상담자 각자가 자신의 상담철학, 즉 자신의 인간관, 세계관, 가치관을 계속해서 새롭게 성찰해 나갈 때에, 비로소 내담자를 더욱 깊이 있게 이해할 수 있게 되고 근원적으로 치유할 수 있는 길이 열릴 것이라고 희망해 본다.

---

* 이 글의 일부는 필자의 『현대 상담이론 및 심리치료적 접근의 철학적 배경』(철학연구, 2012: 209-243)을 기초로 수정, 보완을 거쳐 수록한 것이다.

제2장
동양철학적 접근과 상담

| 박성현 |

　이 장에서는 동양철학의 정수라고 할 수 있는 유불도 삼교의 인간관과 수도론을 중심으로 하여 동양철학이 상담에 줄 수 있는 현대적 함의에 대해 간략히 살펴보고자 한다. 우리가 배우는 현대 상담이론들은 서구의 문화적 사상적 토대와 깊은 연관성 속에서 발전해 왔다. 이러한 이유로 현대 상담학을 배우는 상담학도들은 부지불식 간 서양 문명에서 성립, 발전되어 온 인간과 마음에 대한 특수한 관점을 보편적인 것으로 받아들이게 된다. 한국을 포함한 동아시아 문명은 오랜 인문주의적 전통 속에 인간에 대한 대긍정의 철학과 수준 높은 마음 수양의 방법을 발전시켜 왔다. 동양철학이 제시하고 있는 인간의 도덕적 자기 실현의 가능성과 실천 기술은 상담자의 성숙과 훈련에 새로운 전망을 보여 줄 수 있다.

1. 상담에서 동양철학이 왜 필요한가?

상담자가 준수해야 할 윤리에는 여러 가지가 있겠으나, 그 중 가장 근본적인 덕목은 내담자가 고통에서 벗어나도록 돕는 역량을 키우는 일일 것이다. 많은 연구들은 상담접근방법이나 상담기술의 차이보다는 상담자가 누구인가가 상담의 성과와 관련이 깊다는 결론을 내리고 있다(Luborsky, McLellan, Diguer, Woody, & Seligman, 1997; Huppert, Bufka, Barlow, Gorman, Shea, & Woods, 2001; Wampold, 2001). 일찍이 융(1976)은 치료자 자신이 가장 중요한 치료의 도구이며, 치료자의 인격이 가장 중요한 치유 요인이라고 설파한 바 있다(이죽내, 2005). 로저스(1980) 또한 상담자가 내담자에게 제공하는 일치성, 무조건적인 존중, 공감적 이해와 같은 관계의 질이야말로 상담의 필요충분조건이라고 했다. 상담의 도구로서 상담자 자신의 인격을 성숙시키기 위해서는 끊임없는 자기성찰의 노력이 필요하다. 상담자는 자기 자신을 이해한 만큼 내담자를 이해할 수 있고, 자신이 성장한 만큼 내담자를 성장시킬 수 있기 때문이다(이장호, 정남운, 조성호, 2005). 상담자들이 흔히 경험하는 역전이 문제는 상담자가 자신의 문제를 충분히 성찰하지 못한 결과라는 것은 잘 알려진 사실이다.

자기성찰을 통한 인격도야의 노력과 더불어 효과적인 상담자는 내담자가 속한 사회와 문화에 대한 깊은 이해가 요구된다. 내담자가 경험하는 심리적 고통은 많은 경우 그가 속한 사회에서 부여하는 이상적(理想的) 인간형 혹은 이상성(異常性)의 기준에 영향받게 된다. 이러한 이유로 상담의 접근 또한 문화적 맥락에 따라 달라질 수 있다. 사실상 우리가 배우고 행하는 대부분의 심리치료 접근법들은 서구의 문화적 역사적 맥락과 가치기준에 터하여 형성된 '문화화(culturalization)'의 결정물이라고 볼 수 있다(조긍호, 2008). 프로이트가 창시한 정신분석만 하더라도 유대 기독교 문화의 가치가 반영되어 있다. 유대 기독교적 전통에서는 마음속에 숨겨 놓은 죄를 고백함으로써 영혼의 고통에서 벗어난다는 관념과 실천이 있어 왔다. 정신분석의 교조인 무의식의 의식화는 유대 기독교 전통에 뿌리를 두고 있는 영혼 정화 의례의 비종교적 변형으로 볼 수 있는 것이다(Harrington. 2008). 마츠모토(2000)는 심리치료는 문화적 산물이어서 문화적 맥락을 반영할 뿐 아니라, 문화적 가치를 재생산하고 있으며, 결코 탈가치적인 것이 될 수 없다고 주장했다. 즉, 모든 심리치료는 특정 문화 맥락과 도덕적 가치 체계에 구속되어 있다는 것이다(조긍호, 2008).

우리 상담자들이 이 시대에 동양철학을 다시 살펴야 하는 이유는 동양철학이 여전히 한국 문화와 가치 체계의 기저를 이루고 있고, 동양철학의 진수는 자기 성찰, 즉 자기수양의 정신에 있기 때문이다. 서구의 과학기술과 개인주의 사조가 한국인의 문명과 정신을 지배하고 있는 현대화된 이 시점에 고태적인 동양철학을 뒤지는 것이 무슨 의미가 있겠느냐는 자조와 비판이 있을 수 있다. 그러나 우리가 유불도(儒佛道)로 대표되는 동양철학을 새롭게 조명해 보아야 할 이유는 다음과 같다.

첫째, 최근 문화에 대한 다원주의적 접근이 강조되고 있다. 즉, 현대 서양의 가치가 보편적이며 동양의 전통 가치는 지엽적이고, 심지어는 열등하다는 식의 문화 접근을 비판하고 문화의 개별성과 특수성을 강조하는 문화 이해가 강조되고 있는 것이다. 이러한 비판의식은 동양에 있어 근대화는 곧 서구화인가라는 반성을 불러일으킨다. 서구의 근대화는 14세기 이래 르네상스와 종교개혁, 17세기 이래 유럽의 자유주의와 18~19세기 계몽주의 운동, 산업혁명, 과학혁명을 거쳐 발달된 서양적 기본 가치(예, 민주주의, 개인주의, 과학주의, 이성주의 등)를 말한다. 이러한 서양적 가치들이 19세기 이래 서구 제국주의의 서세동점(西勢東漸)에 따라 밀려들어 오면서 전통적인 동양적 가치에 대한 멸시와 배척의 분위기가 팽배하기도 하였다. 그러나 최근 들어 우리나라를 필두로 한 동아시아 국가들의 놀라울 만한 경제적 성장과 정치적 안정은 동양적 가치에 대한 재조명의 계기가 되었다. 전반적으로 동양의 가치체계는 서구 문명의 어마어마한 도전 속에서 동양인들이 겪어 온 근대화의 과정을 견뎌 낼 수 있었을 뿐 아니라 동양적 특색을 지닌 근대화의 정신적 기초(근면, 절약, 성실, 청렴, 교육열 등을 생각해 보라.)가 되었다(Yu Ying Shih, 1989).

둘째, 자기성찰적이고 내향적인 동양의 가치는 서구적 현대화의 과정에서 노정된 인간 소외의 문제에 대한 대안이 될 수 있다. 서양의 근대사는 신의 지배에서 벗어나 인간의 합리적 이성을 통해 가치의 근원을 확보하려는 세속화(secularization)의 과정이었다. 이러한 세속화 역사에서 문예부흥을 통한 인문주의의 부활과, 개인의 발견을 통한 인간 존엄성의 확보는 가장 중요한 전환점이자 인류 문명에 대한 기여라고 할 수 있다. 그러나 종교와 과학, 형이상학과 유물론, 자아와 세계, 신체와 정신의 이원론적 분열로 인해 서양의 근대는 인간 이성을 통한 새로운 유토피아의 환상과 전통적 가치 근원의 상실이라는 양극단을 헤매며 극심한 혼란을 경험하게 된다. 니체의 "신은 죽었다."라는 선언은 서양 근대인들의 가치의 근원 및 공동체의 붕괴로 인한 상실감을 반영한다. 인간 소외로 인한 허무주의와 불안을 우려했던 실존주의자들은 근대의 서구인들을 '공허한 선택의 자유만이 남겨진 인간(사르트르)' '과학적 기술의 상비 예비군으로 전락한 인간(하이데거)'의 모습으로 그린다.

프롬(Fromn, 1957)은 이러한 세기의 질병은 인간의 기계화로 인해 인간이 자신과 사회와 자연에게서 소외당하는 현실에 의해 비롯된다고 진단한다. 물질문명의 가치가 정신문명의 가치를 압도하게 되고, 정신적 가치 근원이 되었던 종교의 권위가 약화됨으로써 서양인들은 집단적인 정신적 공황 혹은 진공상태를 경험하게 되었다는 것이다. 프롬(Fromm, 1957)은 소외로 고민하는 사람들에게 있어 치유는 증상을 없애는 것이 아니라 자신의 본성과 일치되는 삶을 살게 하는 것이라고 말한다. 이를 위해서는 자신의 본성을 자각해야 하며, 본성의 자각을 통해 소외로 인한 내면적 생명의 상실을 극복해야 한다. 이러한 이유로, 프롬이나 호나이(Horney)와 같은 인본주의적 정신분석학자들은 동양의 도(道)와 선(禪)에 큰 관심을 갖게 되었다. 위잉스(Yu Ying Shih, 1989)는 현대 서양의 위기를 동적이지만 정적이지 못하고, 발전은 있지만 그침이 없고, 부유하지만 편안하지 못하고, 혼란스러워 안정됨이 없다고 설파한다. 이러한 시대에 그침[止], 정함[定], 고요[靜], 평안[安]과 같은 동양적 가치는 분명 재조명될 필요가 있는 것이다.

마지막으로, 우리가 동양의 가치체계를 연구해야 할 이유는 동양적 가치 체계는 화석화된 과거의 잔재가 아니라 현재에도 살아 숨 쉬며 현대 한국인들의 일상적 삶에 투영되고 있기 때문이다. 일반적으로 한 사회의 문화는 외부 세력의 도전에 따라 끊임없이 변화한다. 그러나 문화의 여러 층위에 있어서 변화의 속도와 변화의 질은 다르다. 물질적, 제도적 측면의 문화는 외부의 충격에 의해 그 형식과 기준이 상대적으로 쉽게 바뀐다. 우리 사회의 서구화된 물질적 기반과 민주공화정과 같은 제도적 측면을 보면 쉽게 이해가 갈 것이다. 반면, 풍습이나 사상과 같은 한 사회에 오랜 기간 응축된 문화는 쉽게 변화하지 않는다.[1] 물론, 동양적 사상과 가치를 검토할 때는 현대적 맥락에서 그러한 가치들이 상담과 상담자에게 어떤 새로운 의미를 제공할 수 있을 것인가를 생각해야 한다. 전통적 가치체계가 자각적 반성 속에 온고이지신(溫故而知新)하지 않으면 현대적 의의를 획득하기도, 새로운 창조성을 획득하기도 어렵기 때문이다.

지금까지의 논의를 정리하자면, 우리나라의 상담자들이 동양적 가치체계에 대해 공부해야 할 이유로는 동양적 가치의 핵심에 자기성찰, 자기수양의 정신이 있기 때문이며, 동양적 가치야말로 서구 문명의 충격으로 인한 현대화의 병폐, 즉 인간 소외의 문제에 대한 해결 대안이 될 수 있기 때문이다. 다음 장에서는 동양적 가치를 담보하고 있는 세 가지 전통, 즉 유학, 불교, 도가사상의 수도론을 조명하여 보고 그것이 상담과 상담자에게 어떠한 의미를 줄 수 있는가를 분석해 보고자 한다.

---

1) 이와 관련하여 윤이흠, 박무익, 허남린(1985)의 흥미로운 연구가 있다. 이 연구에서 조사 대상자 가운데 자신을 '유교인'이라고 응답한 사람은 0.5%에 지나지 않았다. '개신교인' 26.25%, '천주교인' 5.0%, '불교인' 19.25%에 비하면 비교할 수 없는 수치다. 그러나, 불교인의 100%, 천주교인의 90%, 개신교인의 76.6%, 무종교인의 93.8%가 유교적 신념(예, 충효, 수신제가, 인의예지 등)과 유교적 관행(예, 가족이나 문중 행사 참여 등)에 참여하고 있었다. 30여 년 전의 연구이기는 하나 전통적 풍습과 가치의 끈질긴 생명력을 실증해 주는 결과다.

2. 유·불·도의 수도론

동아시아의 전통 문화와 가치를 담고 있는 세 가지 철학은 유학, 불교, 도가라고 할 수 있다. 상담이라는 학문 및 실천 체계에 대한 동양 철학의 함의를 다루는 것이 이 글의 목적이므로, 이 글에서는 유불도 삼교의 중심을 흐르는 공통적인 가치 체계와 수도론을 정리한 후 이것이 상담에 주는 현대적 의의를 제안해 보고자 한다. 유불도의 핵심 사상을 논하기 전에 우선 유불도 삼교가 우리나라를 포함한 동아시아 문명권에서 어떠한 역할을 했는가를 간략히 논의할 필요가 있다. 유불도 삼교 중 동아시아 문명권(중국, 한국, 일본, 대만, 홍콩, 베트남 등)의 문화와 가치에 가장 큰 영향을 준 사상은 유학이라고 할 수 있다. 유학은 중국의 선진시대(춘추전국시대) 공자를 시조로 맹자와 순자가 기틀을 다진 철학이다. 중국의 경우 유학은 한나라 이후 관학으로 승격되어 송대의 신유학, 청대의 고증학을 거쳐 현대 신유학에 이르기까지 2,000년이 넘는 시간 동안 중국의 정신사와 정치 체제는 물론이거니와, 일상의 도덕과 의례를 지배해 왔다(조긍호, 2008). 한국의 경우 고려 광종(재위 949~975) 때 과거제도의 도입으로 관학의 지위를 얻은 유학은 조선(1392~1910)의 국학이자 국교로서 한국인의 정신과 삶의 관행의 뿌리를 이루고 있다.

유학이 동아시아 문명권의 제도 종교 혹은 관학으로서 세속의 삶에 직접적인 영향력을 발휘했다면, 불교는 인도에서 건너온 외래 사상으로서 동아시아인들에게는 낯설었던 해탈과 초월적 세계의 이상을 제시하였다. 인도의 불교는 중국의 도가와 습합되어 선불교라는 동아시아 특유의 수행체계를 형성하게 된다. 도가는 무위자연(無爲自然)의 사상으로서 유학의 유위적인 치인과 치세의 철학에 대한 비판철학의 기능을 맡게 된다. 대체적으로 유학이 동아시아 인민들의 세속적, 일상적 삶의 질서를 책임졌다면, 불교와 도교는 인간세를 초월한 해방과 자유의 세계를 제시하였다(Yasuo Yuasa, 1994).

유불도의 동아시아 철학은 수도(修道)를 근본으로 하고 있다. 수도와 유사한 표현으로는 수양(修養), 수행(修行), 수신(修身), 수기(修己), 극기(克己) 등이 있다. 수도란 지적, 사변적 논증이 아니라, 자신의 마음과 몸을 닦아 인간 본성 혹은 덕성의 진리를 드러나게 하는 지행합일(知行合一)의 철학이다(이죽내, 2005). 장자(莊子)는 "참된 사람이 있은 연후에야 참된 앎이 있다(有眞人以後有眞知)." 라고 하여 수도정신의 최종 목표는 인격의 완성임을 천명하고 있다.

1) 유학의 수도론

유학은 인간의 사회적 존재 특성을 기반으로 하여 성립된 사상 체계다. 인간의 사회적 존재 특성이란 인간 존재란 사람과 사람 간의 관계적 상황 속에서만 정의될 수 있다는 의미다. 이로 인해 유학은 인간관계에서의 사회성과 도덕성을 인간 파악의 근본으로 삼게 된다. 유학 사상의 핵심은 인간이 인간된 까닭을 도덕적 존재로서의 인간의 사회성에서 찾으며, 사욕을 넘어선 존재 확대의 이상적 모형을 군자(君子)로 설정한다. 유학사상의 수도론은 기본적으로 자기 자신이 덕성의 주체이자, 덕성의 잠재력을 보유하고 있는 존재라는 명확한 인식을 근거로 하여, 이기적인 욕구와 감정을 억제하고 절제하여 타인을 배려하고 사회적 책무에 헌신하는 일을 근간으로 한다(조긍호, 2008).

공자의 핵심 사상인 인(仁)의 본질에 관해 논어(論語)에서는 "자기를 극복하고 (克己), 예로 돌아가는 일(復禮)"이라고 정의한다. 극기는 자기의 인격을 닦는 일이며, 복례는 사람들과의 관계에서 예를 실천하여 사회관계의 조화와 통일을 이루는 것을 말한다. 공자는 도덕적 완성의 모델인 군자(君子)의 특징을 "자기의 인격을 닦아 삼가게 되고(修己以敬), 다른 사람들을 편안하게 하며(修己以安人), 사회적 책무를 다한다(修己以安百姓)."고 말한다. 이와 같이 공자의 철학에서 자신의 인격을 닦는 것은 사회적 관계체와 도덕적 주체로서의 완성을 향한 가장 기초적인 일이 된다. 공자가 강조한 극기(克己)나 수기(修己)에서 극복하고 닦아야 하는 것은 사적이고 이기적인 지향에서 나오는 욕구나 감정이다. 논어에 나오는 아래의 인용문은 공자가 부귀에 대한 추구, 언행일치의 태도에서 벗어난

교언영색(巧言令色), 자기를 내세우고 자랑하려는 자기중심적 정서를 특히 경계했다는 것을 보여 준다(조긍호, 2008).

> "군자는 도를 도모하지 먹을 것을 도모하지 않는다. 군자는 도를 걱정하지 가난함을 걱정하지 않는다."

> "사람들이 나를 알아주지 않더라도 성내고 원망하지 않는다면, 또한 군자답지 아니하겠는가?"

공자의 수기(修己)의 방법은 배움(學)이라고 할 수 있다. 공자가 말한 배움은 외적 대상에 대한 객관적 지식을 얻는 데 있지 않고 자기를 돌아보고 반성하여 도덕적 완성을 향해 나아가는 것을 의미한다.

맹자는 사람의 마음속에 인의예지(仁義禮智)의 도덕적 본성이 내재해 있다고 본다. 이러한 도덕성의 네 가지 기초를 사단(四端)이라고 한다. 따라서 사람은 누구나 스스로에게 이미 갖추어져 있는 선단(善端)을 인식하고 그 마음을 보존하여[存心] 본성을 기르는 것[養性]을 수도의 방법으로 제시한다. 존심(存心)과 반대되는 방심(放心) 혹은 실심(失心)은 감각적 욕망에 이끌려 불선(不善)의 행동을 하게 되는 마음이다. 맹자는 존심의 방법으로서 전심치지(專心致知)와 반신(反身)을 들고 있다. 전심치지(專心致知)는 마음과 뜻을 한결같이 하여 끊임없이 노력하는 것을 말한다. 반신(反身)은 자기를 돌아보는 일로서 모든 책임을 자기 자신에게 돌이켜 자기 개선의 계기로 삼는 마음가짐을 의미한다. 맹자는 이루상(離婁上) 편에서 다음과 같이 말했다.

> "내가 남을 사랑하는데도 그가 나에게 친근해지지 않으면 내 스스로의 인(仁)이 부족하지 않은지 반성해야 하고, 사람을 다스리는데도 잘 다스려지지 않으면 내 지혜가 모자라지 않은지 반성해야 하고 …… 어떤 일을 행함에 있어 그에 상응하는 결과를 얻지 못할 때는 모두 자기에게 돌이켜 그 까닭을 찾아보아야 한

다. 자기 몸이 바르고 나서야 천하가 나에게 돌아오는 것이다."

공자의 손자인 자사(子思)의 작품으로 알려진 중용(中庸)에서는 하늘이 부여한 인간 심성의 본질을 중(中)이라 하고, 그 현상을 화(和)라고 한다. 즉, 희로애락이 발하지 않은 상태가 중(中)이며 희노애락이 때에 맞게 발해서 절도에 맞는 것이 화(和)다. 이러한 심성의 작용을 따르는 것이 도(道)이고 도(道)를 닦는 것이 교(敎)다. 중용에서는 교(敎)의 구체적 방법으로 신독(愼獨)을 들고 있다. 중용 1장은 신독에 관해 다음과 같이 말한다.

"도는 잠시도 떠날 수 없으니 떠날 수 있다면 도가 아니다. 그러므로 군자는 그 보이지 않고 들리지 않는 곳을 삼가고 두려워하나니 어두운 곳보다 더 드러나는 곳은 없고 미세한 일보다 더 뚜렷해지는 일은 없다. 그 때문에 군자는 그 내면을 삼가 살핀다."

신독이란 홀로 있을 때조차 자기 내면의 은밀한 뜻을 살펴 도리를 벗어나지 않는 마음가짐을 말한다. 중용에서는 군자가 소인과 다른 까닭은 남들이 보지 못하는 것을 볼 수 있기 때문이라고 말한다. 자신의 내면에 대해 삼가고 살피는 태도야말로 군자를 군자답게 하는 것이다.

송대 신유학의 창시자인 주희(朱熹)는 수도의 방법으로 거경궁리(居敬窮理)를 말하였다. 여기에서 경(敬)은 한 가지 일에 정신을 집중하여 흩어지지 않은 상태(主一無適), 항상 마음이 또렷이 깨어 있는 상태(常惺惺)를 말한다. 퇴계 이황은 경(敬)에 관해 칠정(七情)이 때에 맞게 발현되도록 조절하는 마음의 기능으로 설명한다(김종호, 이죽내, 2005).

맹자는 자기 반성이야말로 군자가 되는 과정의 핵심이며 삶에서 경험하는 좌절과 시련이야말로 하늘이 주신 자기 반성의 기회가 된다고 말한다.

"그러므로 하늘이 장차 어떤 사람에게 큰 임무를 내리려 하면, 반드시 먼저 그 마음과 뜻을 괴롭게 하고, 그 신체를 수고롭게 하며, 그 몸을 굶주리게 하고, 그 가산을 궁핍하게 하며, 그가 하는 일을 어그러지게 만든다. 이는 그들에게 시련을 주어 마음을 분발시키고 인내성을 키워서, 그들이 하지 못하던 것까지도 할 수 있도록 능력을 증대시켜 주겠다는 배려인 것이다. 사람은 언제나 잘못한 후에야 고칠 줄 알고, 마음이 막히고 생각이 빗나가야 비로소 분발하게 되는 법이다."

유학의 이상적 인간형인 군자는 자기수양을 통한 도덕성의 완성을 통해 인간관계에서의 인화를 도모하고 사회적 책무를 완수하는 존재다. 이러한 군자의 이상은 대학에서 격물(格物) 치지(致知) 정심(正心) 성의(誠意) 수신(修身) 제가(齊家) 치국(治國) 평천하(平天下)의 사상으로 나타난다. 이는 자기완성에서 관계완성으로 이어 사회완성으로 나아가는 존재확대의 길이라고 할 수 있다(조긍호, 2008).

2) 불교의 수도론

불교는 고통에서의 해방이라는 원대한 목표를 가르치는 종교로서 매우 다양한 수행체계를 갖추고 있다. 불교는 모든 중생(깨닫지 못한 유정의 존재)의 해탈을 목표로 하기 때문에 비정상적 성격(abnormal personality)의 형성보다는 정상적인 인격(normal personality)의 근본적 분석에 더 관심을 둔다. 불교의 인간관은 오온설(五蘊說)로 대표된다. 오온은 다섯 가지의 무더기라는 의미로 인간 존재를 구성한다고 여겨지는 색(色, 몸체), 수(受, 느낌), 상(想, 지각), 행(行, 동기, 욕구), 식(識, 의식, 분별)을 말한다. 오온설의 핵심은 법유무아(法有無我)로서 오온의 연기적 현상(法)만 존재할 뿐, 실체적 혹은 형이상학적 주체(我)는 허구라는 뜻이다.

불교는 오온에 대한 세밀한 관찰을 통해 유아론(有我論)은 관찰 불가능하고 비경험적인 비합리적 신념이며, 자아에 대한 애착이 고통을 발생시킨다고 본다. 붓다는 의식은 고정된 실체가 아니라 변화하는 현상이며, 어떤 조건아래서 생기고 조건이 사라지면 의식도 사라진다는 상호의존적 관점을 제시하였다. 의식은 대상을 향해 지향되어 있으며 의식자체로서 존재하는 것이 아니라 '~에 관한 의식'이라는 의식의 연기성을 설파하였다.

불교에서는 의식이 형성되는 과정을 감각기관인 안(眼), 이(耳), 비(鼻), 설(舌), 신(身), 의(意)의 육근(六根)이 감각대상인 색(色), 성(聲), 향(香), 미(味), 촉(觸), 법(法)의 육경(六境)의 조건하에서만 안식(眼識), 이식(耳識), 후식(鼻識), 설식(舌識), 신식(身識), 의식(意識)의 육식(六識)이 발생할 뿐 스스로 존재하는 의식이란 없음을 논증하고 있다. 의식 작용의 연료는 탐(貪, 쾌락의 대상에 대한 사랑, 집착), 진(瞋, 불쾌의 대상에 대한 회피, 파괴), 치(痴, 쾌락과 불쾌의 대상이 실체가 있으며, 쾌와 불쾌를 느끼는 주체가 실체가 있다고 보는 무지)의 삼독(三毒)이다. 불교는 연기적인 의식 작용을 자아로 오인하는 심리적 배경에는 쾌락의 대상을 유지하거나 불쾌의 대상을 파괴하려는 집착이 작용하고 있다고 말한다.

불교는 인간의 고통의 원인과 치료에 대한 이론을 사성제(四聖諦), 즉 네 가지 성스러운 진리인 고집멸도(苦集滅道)로 표현한다. 첫 번째 진리인 고성제(苦聖諦)는 고통에 대한 현상적, 심층적 수준의 분석을 제공하고 있다. 붓다는 고통의 세 가지 성격에 대해 말한다. 고고성(苦苦性)은 생로병사, 이별, 실패, 근심과 같은 일상의 삶에서 일어나는 괴로움을 의미한다. 괴고성(壞苦性)은 행복의 느낌과 조건이 영원히 지속되지 않는 현실이 주는 고통으로서 변화로 인하여 발생하는 괴로움을 말한다. 행고성(行苦性)은 조건 지어진 존재로서의 괴로움을 말한다. 존재를 구성하는 오온 자체가 무상하다는 조건에서 오는 근본적인 괴로움이다.

두 번째 진리인 집성제(集聖諦)는 고통의 원인에 대한 분석이다. 붓다는 고통의 뿌리로 세 가지의 동기를 제시했다. 탐, 진, 치의 삼독(三毒)이 그것이다. 이 중 가장 근본적인 고통의 원인은 사물과 현상이 실재하는(즉 상호의존적이며 무상하며 무아인) 방식에 대한 근원적인 무지다. 고통을 발생시키는 기본적 동기는 고통을 피하고 행복을 추구하고자 하는 욕구인데, 이러한 강박적 회피나 강박적 추구 행동은 고통과 행복의 느낌이 조건에 의해 발생함을 모르는 무지(무상無常에 대한 무지)와 그러한 느낌을 겪는 주체와 그러한 느낌을 일으키는 객체가 있다는 무지(무아無我에 대한 무지)에 의해 일어난다.

세 번째 진리인 멸성제(滅聖諦)는 고통이 소멸한 상태에 대해 이야기한다. 멸성제는 고통에서 행복으로 불쾌에서 쾌로의 정서적 변화라기보다, 고통의 발생과 소멸, 행복감의 발생과 소멸에 대한 연기적 이해를 통한 평정심의 회복 상태를 의미한다. 따라서 고통에서 행복으로의 양극적 차원의 변화가 아니라 고통과 행복을 초월하는 차원의 변화를 추구한다.

네 번째 진리인 도성제(道聖諦)는 고통의 소멸의 방법으로서 불교의 수도론에 해당한다. 붓다는 고통의 조건을 보면 고통이 사라진다는 체험을 증명하였는데, 이를 위해서는 苦를 조건 짓는 집착과 갈애에 대한 자각 능력이 핵심이 된다. 불교는 탐독(욕심, 질투, 시기, 애착, 의심 등)과 진독(성냄, 파괴, 분노, 실망 등)의 해소를 위해 지법(止法)수행(사마타)을, 치독(심리적 현상의 원인과 조건에 대한 무지)의 해독을 위해 관법(觀法)수행(위빠사나)을 제시한다.

지법[定]은 마음을 대상에 집중함으로써 산란한 정서 상태를 정화시키는 기능을, 관법[慧]은 몸과 마음의 변화를 관찰함으로써 고(苦)의 본성에 대한 통찰을 얻는 기능을 하게 된다. 인식작용에서 고통의 발생과정을 설명한 12연기의 과정에 대한 역관(逆觀)이 위빠사나의 주요 작업이 된다. 특히 촉(觸, 대상에의 접촉) → 수(受, 느낌, 감정의 발생) → 애, 증오(愛, 憎惡, 애착심 혹은 증오심) → 취, 사(取, 捨, 애착하는 대상을 유지하고자 하는 집착, 증오하는 대상을 파괴하거나 회피하려는 행동) 과정에 대한 관찰이 심리치료적으로 중요한 의미를 갖는다(윤호균, 1999).

위빠사나(vipassana)는 빠알리어의 위(vi)와 빠사나(passana)의 복합어로서, vi는 '여러 가지'의 의미를 갖는데, 특히 불교에서는 고(苦), 무상(無常), 무아(無我)의 세 가지 자연적 성품을 뜻한다. passana는 '꿰뚫어 본다'는 뜻이다. 위빠사나를 쉽게 풀이하면 '자신의 몸에서 일어나는 정신적-신체적(물리적) 현상의 성격을 정확하게 이해하려는 노력'을 말한다. 위빠사나 수행의 핵심을 sati라고 하는데 서양에서는 mindfulness로 우리나라에서는 마음챙김으로 번역되어 사용된다. sati는 '기억하다'라는 의미를 지닌 동사어근에서 파생된 명사다. 하지만, 마음의 기능으로서의 sati는 '과거를 기억하는 기능'이라기보다는 '마음의 현전(presence of mind)' '현재에 대한 주의집중' '분명한 알아차림' '충분히 깨어있음' '주의 깊음' 등을 의미한다. 위빠사나 명상에서 오직 하나의 가장 중요한 본질은 '자연스럽게 나타나는 현상들에 대해서 마음을 챙기고 관찰하는 것'이라고 할 수 있다. 위빠사나 수행은 불교의 초기경전 중 대념처경(Maha Satipatthana Suttanta)에 자세히 설명되어 있다.

> "비구들이여 이 도는 유일한 길이니, 중생들의 청정을 위하고, 근심과 탄식을 다 건너기 위한 것이며, 육체적 고통과 정신적 고통을 사라지게 하고, 옳은 방법을 터득하고, 열반을 실현하기 위한 것이다. 그것은 바로 네 가지 마음챙김의 확립이다. 무엇이 네 가지인가? 몸에서 몸을 관찰하며 머문다. 세상에 대한 욕심과 싫어하는 마음을 버리면서 근면하게, 분명히 알아차리고 마음챙기는 자 되어 머문다. 느낌에서 느낌을 관찰하며 머문다. 세상에 대한 욕심과 싫어하는 마음을 버리면서 근면하게, 분명히 알아차리고 마음챙기는 자 되어 머문다. 마음에서 마음을 관찰하며 머문다. 세상에 대한 욕심과 싫어하는 마음을 버리면서 근면하게, 분명히 알아차리고 마음챙기는 자 되어 머문다. 법에서 법을 관찰하며 머문다. 세상에 대한 욕심과 싫어하는 마음을 버리면서 근면하게, 분명히 알아차리고 마음챙기는 자 되어 머문다."

이상의 대념처경의 경전 내용에 의하면, 위빠사나 수행은 몸, 느낌, 마음, 법의 네 가지 대상에 대해 욕심이나 싫어함과 같은 평가적, 판단적 태도를 버리고, 집중된 주의력과 지속적 알아차림의 작용에 의해서 욕망과 고뇌를 벗어나게 하는 것임을 알 수 있다. 비판단적인 마음과 명확한 알아차림, 집중된 주의력 등이 위빠싸나 명상의 핵심원리라고 할 수 있다. 대념처경에서 sati는 감관의 문을 지키는 문지기로 비유되며, 감관의 문을 통해 일어나고 사라지는 몸과 마음의 현상을 감지하는 것으로 정의된다. sati는 몸(동작, 호흡 등), 느낌(괴로운 느낌, 즐거운 느낌, 괴롭지도 즐겁지도 않은 느낌), 마음(탐욕, 성냄, 의심, 위축, 산란 등), 법(사 성제 등)을 대상으로 한 것으로서 현상의 '일어나고 사라지는 법'을 따라가며, 보면서, 머무는 것이다(박성현, 2006).

최근 위빠사나 수행은 마음챙김(mindfulness) 명상으로 서양에 소개되었고, 인지행동치료와 결합되어 다양한 마음챙김 기반 치료 프로그램이 개발, 연구되고 있다. 이러한 경향은 불교 수행이 몸과 마음의 고통을 치유하기 위해 몸과 마음에서 일어나는 현상을 직면하고 관찰하려는 경험주의적인 태도를 갖고 있기 때문에 가능한 현상일 것이다.

3) 도가의 수도론

도가의 수도 방법으로서 노자는 치허수정(致虛守靜), 즉 마음을 비우고(致虛) 고요함을 지킬 것(守靜)을 말한다. 장자는 심재(心齋), 좌망(坐忘) 등으로 노자의 치허수정의 수도를 보다 구체적으로 설명하고 있다(이죽내, 김상헌, 2005). 심재는 마음을 비운다는 노자의 치허(致虛)와 동일한 의미다. 심재(心齋)와 대비되는 마음의 상태를 장자는 성심(成心)이라고 한다. 성심(成心)은 장자 제물론(齊物論)에 나오는 말로, 일반적으로 '굳은 마음' '고정관념' '편견' 등으로 해석된다. 장자는 성심을 이분법적 가치체계로 보고, 성심에 사로잡히면 심리적 문제인 고통에 이른다고 보았다. 성심이야말로 인간의 괴로움을 만들어 내는 이분법적 구별의 근원이자 타자와의 소통을 단절하는 원인이기 때문이다(고은희, 박성현, 2015). 장자, 인간세(人間世) 편에서 공자는 폭군 위왕(衛王)에게 나아가 입신하려는 안회에게 '심재하라'고 한다. 심재가 무엇이냐는 물음에 장자는 심재에 이르는 방법을 자세히 답한다.

"먼저 마음을 하나로 모으라. 귀로 듣지 말고, 마음으로 들어라. 다음엔 마음을 하나로 모으라. 기(氣)로 들어라. 귀는 고작 소리를 들을 뿐이고, 마음은 고작 사물을 인식할 뿐이지만 기(氣)는 텅 비어서 무엇이든 받아들이려 기다린다. 도

(道)는 오로지 빈(虛) 곳에만 있는 것. 이렇게 비움이 곧 마음의 재(心齋)니라."

장자는 오직 심재(心齋)해야, 즉 마음을 비워야 만물의 변화를 가져올 수 있다고 말한다. 명예나 실리를 좇는 대신 '마음을 버리는 것(心齋)'이 '사람 사는 세상(人間世)'에 참여하는 마음가짐이라는 것이다.

장자는 대종사(大宗師) 편에서 공자와 안회의 대화를 빌어 좌망(坐忘)의 뜻을 밝히고 있다. 안회가 "심재(心齋)를 실천하여 제 자신이 더 이상 존재하지 않게 되는 것. 이것을 비움(虛)이라 하는 것입니까?"라고 묻자 공자는 '그렇다'고 답한다. 후에 안회는 심재(心齋)를 실천하여 자신을 잊는 좌망(坐忘)의 상태에 이른다. 성심(成心)이란, 선과 악, 아름다움과 추함, 다수와 소수, 옳고 그름 등 인위적으로 분별하는 굳은 마음이다. 이에 대응하여 심재(心齋)는 마음을 비워 인위적인 태도를 삼간다는 의미다. 결국 성심(굳어진 마음)을 잣대로 삼지 않고 성심을 버리는 것이 곧 심재다. 장자는 심재(心齋)와 좌망(坐忘)을 통해 '분별없는 마음, 차별 없는 마음'에 이를 것을 주문하는 듯하다(고은희, 박성현, 2015).

노장사상에서 수도를 통해 도달하고자 하는 이상적 인간은 진인(眞人), 지인(至人), 신인(神人), 선인(仙人), 성인(聖人) 등으로 표현된다. 진인(眞人)에 대해 장자 대종사(大宗師) 편에서는 다음과 같이 말하고 있다.

"어떤 이를 진인이라고 하는가? 옛날의 진인은 역경을 당해도 억지로 피하지 않고, 성공했다고 하여 우쭐거리지 아니하고 아무 일도 꾀하지 않았다. 이와 같은 이는 비록 잘못을 해도 후회하지 않고, 잘 되어도 자랑하지 않는다. …… 옛날의 진인은 삶을 기뻐할 줄 모르고 죽음을 싫어할 줄도 모른다. 그 태어남을 기뻐하지 않고 죽음을 거역하지도 않는다. 무심히 자연을 따라가고 무심히 자연을 따라올 뿐이다. 그 태어난 시초를 모르고 죽은 뒤의 끝을 알려고 하지 않는다. 삶을 받으면 그것을 기뻐하고 죽으면 먼저 있던 곳으로 되돌아가는 것으로 여긴다. 이런 경지를 가리켜 분별심으로 도를 해치지 않고 그저 자연의 도를 따름이라 한다. 이런 경지에 있는 사람을 진인이라고 한다."

장자는 소요유(逍遙遊) 편에서 지인(至人), 신인(神人), 성인(聖人)의 특성에 관해 다음과 같이 말하고 있다.

> "지인(至人)은 무기(無己)하고 신인(神人)은 무공(無功)하고 성인(聖人)은 무명(無名)하다."

여기서 무기(無己)란 자아가 없다는 의미로서 장자 제물론(齊物論) 편에 나오는 상아(喪我)와 같은 의미다. 상아(喪我)란 자아를 잊어버려 주객이 혼연 일체를 이룬 상태를 말한다. 무공(無功)은 남에게 좋은 일을 하고도 공이 있다고 여기지 않는 것이며, 무명(無名)은 자신의 이름을 내는 것을 잊는 것이다(이죽내, 김상헌, 2005).

3. 동양철학이 상담에 주는 의미

지금까지 동아시아의 전통적 철학인 유학, 불교, 도가의 핵심 가치와 수도론을 간략히 살펴보았다. 유불도 삼교 공히 수도의 핵심에는 자기 내면의 성찰이 있으며, 내면 성찰을 통해 인간 본성에 내재된 덕성을 꽃피우는 것을 수도의 목표로 삼고 있다. 이러한 이상을 실현한 존재를 유학에서는 군자, 불교에서는 붓다, 도가에서는 진인 등으로 표현한다. 위잉스(Yu Ying Shih, 1989)는 이와 같은 동양문화의 특징을 내향 초월형 문화로 정의한다. 동양은 인간세계를 초월한 가치의 근원[예, 천(天), 도(道)]을 상정하나, 초월적 근원에 대한 관심보다 인간 내면 혹은 현상세계에 내재화된 초월적 가치에 더 큰 관심을 가진 인문주의적 특징을 지니고 있다는 것이다. 동양철학에서는 성속(聖俗) 간의 절대적 경계가 없다. 유교는 개인의 내향적 수양을 통해 자기 초월의 길이 가능함을 보여 준다. 맹자는 "그 마음을 다하는 자는 그 본성을 알 수 있고, 본성을 알면 하늘을 알게 된다."라고 말한다. 불교, 특히 동아시아의 선종(禪宗)은 '마음이 곧 부처(心卽佛)'

라고 하며 평상심이 바로 도라고 가르친다. 이는 가치의 초월적 근원이 현실세계와 분리된 서양문화와 대비된다.

동양철학은 인간의 초월적 가치 자각 능력에 대한 신뢰의 바탕하에 인간 존엄성에 대한 개념이 공고하게 확립되어 있다. 논어에서는 "자신이 원하지 않는 것을 남에게 베풀지 말라."라는 기소불욕 물시어인(己所不欲 勿施於人)이야말로 인간됨의 근본 태도라고 했고, 맹자는 "사람은 모두 요순과 같은 성인이 될 수 있다."라고 했으며, 선종은 "한순간 부처가 될 수 있다."라고 말한다. 동양철학은 인격의 최고 수준의 성장 가능성이 모든 사람에게 내재되어 있음을 천명하고 있는 것이다. 동양철학에 의하면 인간은 도덕적 완성의 잠재력이 있는 존재일 뿐 아니라 스스로의 힘으로 이를 실현할 수도 있는 존재다. "자신에게 의지하고 자기 자신에게 구할 뿐 남에게 의지하지 않는다(依自不依他)."라는 선가(禪家)의 말은 인간 존재의 자족(自足) 능력과 가치 자각 능력에 대한 대긍정을 표현하고 있다.

결론적으로, 유불도 삼교는 인간을 도덕적 완성의 잠재력을 지닌 존재로, 자기 정화와 자기 초월의 역량을 보유한 존재로 본다. 이러한 잠재력의 실현을 위한 유불도 삼교의 수도론은 공히 자기의 마음에 대한 깊은 성찰과 자각을 통해 자기를 비움으로써 분별과 망념, 자기중심적 욕망과 감정을 극복할 것을 요청한다. 유학의 신독(愼獨) 불교의 지관(止觀) 도가의 심재(心齋)는 모두 자력에 의해 우리 모두가 성인군자, 부처, 신인과 같은 자기실현자가 될 수 있음을 말하고 있는 것이다.

유학에서 말하고 있는 전심치지(專心致知)와 반신(反身)의 수양은 상담자들이 배우고 익혀야 할 중요한 삶의 태도라고 생각된다. 상담자는 인간의 고통을 치유하는 전문가로서 그리고 가장 중요한 치유의 도구인 인격의 완성을 도모하는 존재로서 마음을 다해 성실한 노력을 기울이는 자세가 필요하다. 또한 상담관계에서 발생하는 문제들을 내담자의 저항이나 전이로 귀인하기 전 자신의 내담자에 대한 존중, 수용, 판단하지 않음 등의 태도에서 소홀함이 없었는가를 돌아보아야 한다.

불교 수행의 핵심인 sati, 즉 마음챙김의 수행은 상담자의 깊은 집중력과, 분별판단하지 않는 주의력을 개발하는 데 도움이 될 것이다. 상담자는 내담자의 마음을 살피기 전에 스스로 자신의 내적 경험들에 대해 수용적이고 개방적인 태도로 주의를 기울이고 있는가를 살펴보아야 한다. 도가철학이 상담자들에게 주는 교훈은 장자가 제시한 심재(心齋) 그리고 좌망(坐忘)의 마음가짐이다. 귀로 듣지 말고 마음으로 들어야 하며 여기서 더 나아가 마음을 모아 기(氣)로 들으라는 심재(心齋)는 상담자가 자신의 분별심을 완전히 끊고 자기를 잊은 채 온전히 열린 마음으로 내담자의 심정을 듣는 태도다. 이러한 태도는 내담자의 고통을 침습적이지 않은 방식으로 공감하고 반영할 수 있게 할 것이다.

상담과 상담자에 관한 공공연한 진실 중 하나는 상담자가 자신을 치유한 만큼 내담자를 치유할 수 있다는 사실이다. 이런 의미에서 상담자의 자기 치유는 상담자의 매우 중요한 윤리 과업이라고 할 수 있다. 동양철학의 수도론은 내면의 수양을 통해 인격의 완성과 고통에서의 해방을 도모한다. 상담자가 동양철학을 배우고 익혀야 할 이유가 여기에 있다. 최근 서양 심리치료자들의 동양에 대한 연구와 배움의 열풍은 동양철학이 담고 있는 이와 같은 실천적 기풍에 기인할 것이다.

제2부

상담윤리의 기초

제3장
상담자 윤리 개요

| 김봉환 |

상담과정 속에서 상담자들은 종종 윤리적인 갈등에 봉착할 때가 있다. 과연 어떤 상담이 내담자에게 효과적이면서도 윤리적인 상담이 될 수 있을 것인가? 상담자 윤리의 정립과 중요성이 인식되고 있는 가운데, 이 장에서는 우선 상담자 윤리의 개념에 대해 살펴본다. 또한 상담자 윤리의 필요성에 대해 언급하고, 상담자의 역할과 전문성, 상담자의 가치 등과 연관하여 상담자 가치와 내담자 가치의 조화에 대해서 알아볼 것이다. 그리고 상담 관련 분야인 의료와 복지 분야의 윤리현황을 살펴보면서 상담전문가들의 윤리적 판단에 참고할 수 있도록 구체적인 지침을 제시한다. 마지막으로, 우리나라 상황에 맞는 상담윤리는 어떤 것인지를 알아보고 우리나라 상담윤리의 연구현황과 최근 연구동향에 대해 살펴본 다음, 실제 상담에서 활용될 수 있는 상담윤리 결정모델을 다룬 연구 등을 소개한다.

1. 상담윤리의 개념

윤리란 인간의 품행과 도덕적 의사결정에 관한 철학에 속해 있는 규율이다. 정신건강 전문가들은 윤리를 다른 사람들과의 관계에서 보여야 할 품행이나 행위의 기준(Levy, 1974), 또는 전문직 실천기준이나 합의된 규정에 따른 수용 가능한 선한 행위의 실천(Cottone & Tarvydas, 2003)으로 정의하기도 한다. 상담윤리는 상담자들이 상담을 수행하는 과정에서 선한 목적을 이루고, 비윤리적 행위를 하지 않도록 도와주기 위한 것으로, 상담자에게 무엇이 필요한 행동이며 어떠한 행동을 하지 말아야 하는지 말해 준다. 상담은 "대인관계의 문제를 가진 사람을 돕는 활동과 대인관계과정"으로 정의되는바(Corey, 1984), 상담자는 이러한 활동에서 다양한 종류의 윤리적 갈등에 직면하게 된다. 상담자는 상담과정에서 알게 된 내담자의 비밀을 어떻게 취급할 것인지, 상담자로서 어떤 역할을 수행하는 것이 성실한 상담자의 모습인지 끊임없이 고민하게 된다. 관계 속에서 이루어지는 것이 상담이기에 이러한 윤리적 행동의 기준은 매우 중요하다. 선진국의 경우, 비윤리적 사고를 예방하기 위해 다양한 법적, 제도적 장치가 마련되어 있음에도 부정적 사례가 발생되고 있다. 이는 상담자 역시 인간이므로 완전하지 않으며 부, 명예, 권력, 사랑 등 다양한 욕구를 가지고 있기 때문이다. 따라서 기본적인 윤리관이 확립되지 않은 채 상담을 실시할 수 있는 직업인으로서만 내담자를 대한다면, 결국 내담자들에게 위해를 가하는 경우가 발생할 수밖에 없을 것이다.

상담자 윤리의 핵심은 상담자가 상담 서비스를 제공하기에 충분한 능력이 있는가, 즉 상담자가 내담자의 어려움을 감소시키기 위한 태도와 기술을 가지고 있는가 하는 점이다. 상담에서의 윤리성을 유지하는 것이 간단해 보이지만, 사실상 효과적인 상담을 제공하기 위한 윤리적 행동은 간단하지 않다. 때로는 상담자가 내담자의 존엄성을 존중하여 인생에 대한 선택권을 자유롭게 행사하도록 두는 것이 내담자의 이득을 해치는 결과로 나타나기도 한다. 내담자의 비생

산적인 결정에 상담자가 영향력을 끼침으로써 이러한 선택을 막는 것이 바람직한 것인가? 상담자가 자기의 영향력을 적절히 사용한다는 것을 어떻게 알 수 있을 것인가? 만일 청소년내담자와의 비밀유지 약속을 부모나 교사가 이해하지 못한다면, 내담자와의 신의를 지키는 것이 상담자에 대한 일반인들의 신뢰를 높여 주고 있는가? 이렇듯 다양한 상황에서 평면적인 원칙에만 근거한 판단을 내리는 것은 오히려 상담윤리와 멀어지는 길이기도 하다. 웰펠(Welfel, 2006)은 이러한 상담전문가의 직업윤리에 대하여 다음과 같이 네 가지 차원을 포괄한다고 설명하였다.

- 효과적인 상담치료에 활용할 수 있는 충분한 지식, 기술, 판단력을 가진다.
- 인간의 존엄성과 내담자의 자유를 존중한다.
- 상담자의 역할에 내재해 있는 힘을 책임감 있게 사용한다.
- 상담자 집단 전체에 대한 일반인의 신뢰감을 촉진하는 방식으로 행동한다.

윤리기준은 전문가의 품행과 책임에 대해 기본 틀을 제공하는 지침이다. 전 세계적으로 정신건강 전문가들이 모이는 학회들(상담, 심리학, 정신의학, 사회복지 등)은 자신들의 전문적 활동에 대한 폭넓은 지침을 제공하는 윤리강령을 구비하고 있다. 상담전문가 조직에서도 상담자들의 윤리적 의사결정을 하도록 돕기 위한 윤리규정이 있다. 이러한 규정에는 회원들이 수행해야 할 행동규칙을 명시하고 있고, 이러한 규정들은 회원들에게 기대되는 바를 담고 있으며 모든 회원들은 규정위반행위에 대하여 책임을 져야 하는 의무를 가지고 있다. 우리나라의 한국상담학회와 한국상담심리학회에서도 전문가 자격시험에 윤리규정이 포함되도록 하여 전문가의 윤리적 행위에 대한 사회적 중요성을 알리고 있다. 이러한 윤리규정은 전문가집단에게 흔히 일어날 수 있는 일들에 대하여 전문가집단이 내린 가장 좋은 판단을 대표한다. 그러므로 현명한 상담자는 이를 숙지하고, 보다 책임 있는 행동을 하기 위해 노력한다. 하지만 이러한 규정이 갖는 한계점도 분명히 존재하고 있다.

- 규정 대상으로 하는 상황과 대상이 광범위하므로 포괄적으로 서술되어 있다.
- 최신 상담이슈들을 모두 담을 수는 없으며, 언제나 예상하기 어려운 새로운 문제가 발생하기에 이러한 문제들은 윤리규정만으로는 해결하기 어려운 경우가 있다.
- 상담 관련 소송의 증가가 예상되므로, 전문가 자신을 보호하기 위하여 규정을 완화시키는 경향이 있는데 이는 엄밀한 내담자의 복지보호에서 절충적 입장으로 변화된 것이라 할 수 있다(Gabbard, 1994). 예를 들어, 과거 APA규정에서는 모든 내담자와의 성적인 관계를 금지했으나, 현재는 이전 내담자와 만난 지 2년이 지난 후, 제한된 조건하에서 성적인 관계가 허용된 바 있으며, 이는 전문가 보호를 위한 윤리규정의 완화경향을 보여 주고 있는 것이다.

현재 우리나라에 마련되어 있는 상담 관련 학회의 윤리규정들은 APA, ACA 등 미국의 관련학회 규정에서 거의 벗어나지 못하고 있으므로 그 적용에도 한계가 있다고 볼 수 있다. 또한 상담의 이론적 배경이 서구적 가치에 기반을 두고 만들어진 것이므로 우리의 현실과 맞지 않는 부분이 있고, 상담의 현실 역시 다른 어느 나라와도 같을 수가 없기에 상담윤리나 그 적용에도 우리나라 문화의 실정에 맞는 기준이 필요하다. 이를 보완하기 위해 한국의 상담현장에 맞는 다양한 윤리규정의 적용 사례집 등이 편찬되는 것이 필요하다. 이는 비록 규정으로 정해진 상담윤리강령 등이 있다고 하더라도 현실의 복잡함을 그대로 반영할 수는 없기에 상담자는 윤리규정을 알고 있는 것도 중요하지만, 상담자 자신이 윤리적인 모습을 갖추고 창조적 문제해결능력을 배양하는 것이 필요하기 때문이다. 이를 위해서는 우선 상담자 양성과정에서부터 윤리에 대한 인식을 확립하고 정례적인 학회의 보수교육 등에서도 이러한 부분을 꾸준히 인식시키는 것이 중요하다. 창조적 문제해결능력은 단순한 의무감이나 책임감이 아닌 내담자의 당면문제를 현실적으로 파악하고, 이를 돕는 과정에서 상담자로서의 전문성을 발휘하여 상황에 맞게 문제를 해결하는 능력이다. 따라서 상담자로서 전문성 향상을 위해 끊임없이 노력하고, 내담자의 문제해결을 돕는 과정에서 보람과 만족을 느낄 때 비윤리적 사고나 행동이 사라질 수 있을 것이다.

2. 상담윤리의 필요성

1) 상담자의 역할과 윤리

책임 있는 전문상담자는 상담에 적합한 자질과 공인된 수련과정 및 자격을 보유하고 있어야 하며, 내담자와의 상담을 성공적으로 이끌어내기 위해 노력을 통해 올바른 상담을 수행할 수 있다. 상담자들은 중요한 개인들의 문제를 해결하기 위한 기능과 역할을 가지고 있으며, 상담이 효율적으로 이루어지도록 하기 위해 내담자에게 정당한 요구를 할 권리도 가진다. 상담자들은 내담자의 고통을 경감시키고, 함께 문제를 해결할 수 있다는 자신감을 가지고 있을 때 성공적인 상담을 이끌어 낼 수 있다. 이렇듯 상담자의 역할을 성공적으로 수행하기 위해서는 결정이나 행동의 기준이 될 수 있는 윤리기준이 필요하다. 이러한 전문가 윤리를 규정짓는 방법으로 크게 원칙 윤리(principle ethics)와 덕 윤리(virtue)의 두 가지를 들 수 있다(Meara, Schmidt, & Day, 1996). 원칙 윤리는 전문가들이 경험하게 되는 상황에 대하여 윤리적인 행위기준과 규칙을 제공하여 이를 지키도록 하기 위한 것이다. 상담자의 원칙 윤리는 상담자의 전문적 활동인 상담, 연구, 교육, 수퍼비전, 컨설팅 등의 모든 영역에서 상담자가 잠정적으로 경험하게 되는 윤리적 상황들을 가정하고, 그 상황에 맞는 윤리기준을 제공하려 한다. 이러한 원칙 윤리는 교육이 쉽고 특정 상황에서 윤리기준이 명확하다는 장점이 있어 널리 활용되어 왔다. 하지만 원칙 윤리의 바탕이 되는 가치관이 남성적, 서구적, 개인주의적 세계관에 근거하고 있다는 점과 모든 상황에 대한 윤리기준을 제공하는 것은 불가능하다는 점이 한계점으로 지적되어 왔다.

이에 '무엇을 해야 하는가?'를 제시하고 있는 원칙 윤리의 대안으로 제시되고 있는 것이 '어떤 사람이 되어야 하는가?'를 보여 주는 덕 윤리이다. 덕 윤리에서는 이상적인 상담자의 특성을 제시하고, 이러한 모습에 가까워질 때 윤리적 상담이 가능해진다고 보고 있다. 이상적인 상담자의 덕을 기술한 논문에서(Meara, Schmidt, & Day, 1996), 이상적인 상담자의 특성은 분별력(Prudence), 존중(Respectfulness), 명민함(Discernment), 자비(Benevolence), 성실성(Integrity)의 다섯 가지로 제시되었다. 덕 윤리는 이상적인 상담자의 특성을 제안하고 있다는 점에서 의미가 있지만, 각각의 항목들이 중복되는 측면이 있고, 상담자에게 이러한 덕이 있는가를 평가하기 위한 기준이 명확하지 않다는 단점이 지적되고 있다.

그렇다면 실질적으로 상담자의 역할에 대한 윤리기준이 되고 있는 전문가협회의 윤리강령은 어떠한 이념을 바탕으로 하고 있을까? 우리나라에서는 1980년 한국카운슬러협회에서 공식적으로 '한국카운슬러 윤리요강'을 발표한 이후로 한국상담학회(2002), 한국상담심리학회(2005) 등이 계속해서 학회의 윤리강령을 제정하여 사용하고 있다. 미국심리학회의 상담자 윤리강령(American Psychological Association: APA, 2002)의 기본이 되는 다섯 가지 철학적 이념은 한국상담심리학회(2005)의 윤리강령에도 반영되어 있다. 다섯 가지의 이념은 다음과 같다.

- 복지의 증진과 무해성의 원칙(Beneficence and Nonmaleficence)이다. 이는 상담자가 내담자를 돕기 위해 노력해야 하며 해를 끼쳐서는 안 됨을 의미한다. 상담자는 자신의 연구, 교육, 상담이 특정 집단에 해를 끼칠 수 있는지를 항상 경계해야 하며, 특히 상담자 자신의 돕는 능력의 유지와 향상에 민감해야 한다.
- 신의와 책임의 원칙(Fidelity and responsibility)이다. 이는 상담자로서 내담자와의 신뢰로운 관계를 형성하고, 자신의 역할에서 책임과 의무를 다하는 것을 의미한다.

- 진실성(Integrity)의 원칙이다. 이는 상담자가 상담 관련 교육, 연구, 상담의 실제에서 정직하고 믿을 수 있게 행동할 것을 요구한다.
- 공정성(Justice)의 원칙이다. 이는 상담 서비스에 대한 접근이나 혜택이 모든 사람들에게 공정하게 제공되도록 노력해야 한다는 것이다. 상담자는 서비스의 과정이나 질에서 모든 집단에게 공정한 수준을 유지해야 한다.
- 인간의 권리와 존엄에 대한 존중(Respect for people's right and dignity)이다. 상담자는 모든 인간의 존엄성을 인정하고, 개인의 사생활, 비밀보장, 스스로 자기결정에 대한 주도권을 존중해야 한다.

이와 같은 상담자의 역할에 대한 다섯 가지 철학적 바탕은 보다 구체적인 윤리규정의 바탕이 되고 있다. 따라서 이러한 철학에 대한 이해는 다양한 윤리적 갈등상황에서 전문가로서 판단하는 기준이 될 수 있을 것이다.

이렇듯 상담자들의 윤리적 판단을 돕기 위한 윤리규정이 제공되고 있지만, 실제 상담 장면에서의 윤리적 결정에는 상담자 개개인의 윤리발달정도가 영향을 미치게 된다. 상담자의 윤리적 판단은 추상적 사고의 복잡성과 자아발달에 의해 영향을 받게 되며, 외부에서 주어진 규정에 의존하는 단계에서 자신의 전문적 판단에 따르는 방향으로 발달해 간다. 스페리(Sperry, 2005)는 이러한 상담자의 윤리발달 과정에 대하여 4단계의 발달단계를 가정하였으며, 각 발달단계에 있는 상담자들이 윤리적 문제를 질적으로 다른 방식으로 처리할 것이라 보았다.

- 1단계는 초심 상담자들이 윤리적 의사결정에서 경직된 특성을 보이는 단계로, 윤리규정에 이의를 제기할 수 없다고 여기고, 각 상황에 맞는 규정을 알고 싶어 하는 단계다. 보통은 어려운 상황에 대해 자문을 쉽게 구하지만, 간섭을 싫어하고 윤리규정에 무관심한 상담자들의 경우는 자문을 받지 않는다.
- 2단계는 1단계보다 조금 더 유연해지는 특징을 보이며, 윤리규정과 법을

하나의 지침으로 보는 경향이 있다. 이들은 윤리적 요구가 내담자의 복지를 존중하기 위한 것임을 알고 이를 지키고자 하지만, '무엇이 가장 내담자에게 이득이 되는가?'에 대하여 자신들의 의견과 윤리적·법적인 규정이 갈등을 일으키는 경우, 이를 피하기도 한다.

- 3단계는 2단계보다 더 유연해지고, 좀 더 넓은 관점에서 윤리규정을 바라볼 수 있게 된다. 즉, 윤리규정을 그대로 받아들이기보다는 검토해야 할 대상으로 보고, 대안을 만들고 권리와 책임 간에 균형을 맞추는 결정을 내린다. 특히 자신의 삶에서도 개인과 전문가로서의 균형을 맞추려 한다.
- 4단계는 윤리규정과 법 규정을 알면서도 이를 뛰어넘는 전문적 판단을 하는 단계다. 이들은 무해성만이 아닌 자기인식의 단계에 이르게 되며, 건강한 관계를 세우고 유지하는 것을 윤리적 감수성과 유능한 상담의 핵심으로 간주한다.

즉, 높은 발달수준에 도달한 상담자는 윤리적인 도전에 직면하여 용기 있게 행동하며, 높은 수준의 전문성과 윤리적 감수성 모두가 반영된 전문상담자로서의 철학을 통합해 나간다고 보았다. 한 연구에서는 상담자들이 법을 따를 경우, 내담자에게 도움이 되기보다 해가 된다고 생각해서 법을 의도적으로 무시한 적이 있었던 경우가 57%에 해당하였다(Pope & Bajt, 1988). 이를 통해 전문가로서의 윤리적 판단이 법 규정과의 갈등을 일으키는 경우가 상당히 많이 발생함을 알 수 있으며, 상담자들의 윤리의식의 중요성을 보여 주고 있다.

2) 상담자의 전문성과 윤리

사회적 책임의식, 전문적 지식과 기술, 타인의 요구에 대한 봉사, 자신보다 내담자의 요구를 우선시하기, 역량의 기준 등은 전문직과 비전문직을 구분 짓는 특징들로서 이에 비추어 상담자는 전문직이라 할 수 있다. 상담자들은 상담 서비스를 제공하고, 전문적인 상담을 제공하기 위한 역량의 기준, 윤리강령, 실무지침 등을 제공하는 전문단체에 가입되어 있으며, 전문가 훈련과 자격증 또는 면허증은 이러한 전문적인 서비스를 제공하는 데 필요한 전문적 기술과 최소한의 역량을 갖추었음을 보여 준다. 전문성이 부족한 상담은 내담자와의 신의에 어긋나며, 내담자에게 해를 줄 가능성이 크기에, 상담전문가에게 전문성을 갖추어야 한다는 점은 가장 중요한 윤리적 의무라 할 수 있다. 이러한 상담자의 전문성은 지식(Kowledge), 기술(Skill), 근면함(Diligence)의 3가지 요소로 구성된다.

- 지식이란 역사, 이론, 자신의 연구 분야에서 교육받는 것을 의미하고, 현재 자신의 한계를 인식하는 것이다.
- 능력은 실제 상담에서 내담자에게 성공적으로 적용할 수 있는, 기본적으로 상담에서 갖추어야 할 임상적 기술과 개별 상황에 맞게 치료적으로 개입할 수 있는 기법적 기술을 포함한다.
- 근면함은 내담자의 요구에 대한 일관되고 신중한 관심을 의미하며, 전문가가 내담자를 돕기 위해 기꺼이 열심히 일하고, 상담자로서 내담자를 돕기에 부족함을 발견할 때 다른 적합한 상담자에게 연결(refer)할 수 있음을 의미한다(Welfel, 2006).

전문가의 면허증이나 자격증은 능력의 전문성의 요소 중 하나인 지식요소에 해당하며, 적절한 학위나 전문성의 수준이 부족한 사람과 그렇지 않은 사람을 구분지어 준다. 전문가 조직은 능력을 엄격하게 측정할 수 있는 기준을 제공하고, 치료적 판단과 기술을 직접적으로 평가하기 위하여 자격증 제도를 운용하여 왔다. 상담 관련 학회에서도 다양한 자격증 제도를 운용하고 있으며, 우리나라의 경우 청소년상담사는 국가자격증으로 운영되고 있다. 학회의 자격증은 대체로 관련 전공의 학위, 학위 후 임상 경험, 수퍼비전 경험 등을 기본 요건으로 한다(한국상담심리학회, 2005; 한국상담학회, 2007; 한국청소년상담원, 2007). 이러한 상담자 자격증은 상담자로서의 역량에 대한 최소한의 기준을 충족하였음을 나타내고 있을 뿐, 상담자의 유능성을 보증하는 것은 아니다. 상담능력은 보유하고 있는 역량이 아니라 개인의 전문적 수행을 말한다. 사람이 일을 수행할 능력을 가지고 있을지라도, 능력은 일 그 자체를 수행할 때 판단된다(Jensen, 1979). 정신건강 전문가가 모든 내담자에게 이상적 수준의 기술과 근면함을 수행할 수는 없다. 모든 상황에서 완전하게 동일수준의 이상적인 수행을 기대할 수는 없기 때문이다. 이보다는 내담자에게 이득이 되는 적당한 서비스가 제공될 수 있는 정도가 더 현실적인 출발선이라고 할 수 있다. 따라서 자격증 취득 이후에도 상담자들은 개인분석, 수퍼비전, 보수교육 등을 통하여 상담자의 정신건강과 전문역량을 유지하기 위해 지속적으로 노력을 기울여야 한다.

상담능력의 유지를 위해, 상담자들은 자신을 먼저 돌보지 않으면 내담자를 보살피고 돌볼 수 없다는 전제하에 자기보호를 중요한 윤리적인 지침으로 지킬 필요가 있다. 외적 스트레스에 직면했을 때, 상담자의 소외는 소진의 위험을 증가시킨다. 그러므로 상담자는 자신의 정서적 상태와 스트레스 수준을 점검하고, 소진, 대리외상, 손상을 막기 위한 부가적인 행동을 취함으로써 내담자에게 해를 끼치는 위험을 피하려는 노력을 해야 한다(Baker, 2003; Tippany, Kress, & Wilcoxon, 2004). 상담자들의 '일방적인 돌봄' 행위는 직업상의 위험요소로 작용할 수 있는데(Skovholt, 2001), 브렘스(Brems, 2000)는 이러한 상담자들의 소진을 예방하기 위한 자기보호 방법을 전문적 측면과 개인적 측면으로 나누어 제시하였다.

ooo 표 3-1 상담자의 소진을 예방하기 위한 자기보호 방법

전문적 측면에서 자기보호 전략	개인적 측면에서 자기보호 전략
• 지속적 교육 • 자문과 수련감독 • 전문가 집단과 지속적 연결망의 형성 • 조력범위설정과 스트레스 관리전략 활용	• 건강한 개인 생활습관 • 친밀한 관계에 대한 관심 • 여가 활동 • 이완과 집중 • 자기 탐색 및 인식

상담자는 전문적인 것과 개인적 삶의 균형에 초점을 두고 스트레스의 부정적

영향을 줄이기 위해 노력해야 한다. 또한 상담자는 만능이라거나 언제나 도움을 제공해야 한다는 생각이 불가능함을 받아들이고 인간으로서의 한계를 인식해야 한다. 상담자 자신이 취약해졌거나 정서적인 어려움을 느끼고 있다면, 동료들이나 수퍼바이저에게 도움을 구하는 것이 필요하다. 상담자가 심각한 수준으로 소진된 경우가 아닐지라도 개인상담을 병행하는 것이 도움이 된다. 임상가의 3분의 2 이상이 상담을 하면서 상담을 받고 있는 것으로 조사된 바 있었는데, 이것이 내담자에 대한 공감을 느끼는 데 도움이 되었음을 일관성 있게 보고하고 있다.

3) 상담자 가치와 윤리

상담자는 상담과정 전반을 통하여 내담자를 대하는 방법, 상담에서의 기법, 내담자 문제의 해결책 등 다양한 결정을 해 나가야 하는데, 그 과정에는 여러 가지 가치가 내재되어 있고, 때로는 어떠한 가치에 더 우선순위를 두어야 하는가를 결정해야 하기도 한다. 가치란 사람이나 사람을 다루는 방법에 대하여 전문직 종사자가 가지고 있는 신념을 의미하는 것으로(Levy, 1976), 상담에서 상담자가 가지고 있는 가치관과 윤리의식은 내담자에게 절대적인 영향을 미치게 된다. 상담윤리에 관한 여러 연구에서도 상담자의 개인적 또는 전문적 가치체계에 의해 성격 및 변화이론을 선택하고, 상담기술을 선택하고, 목표를 설정하고 전략을 수립하며, 상담결과에 대한 평가 등 상담의 전체과정에 영향을 주는 것으로 나타났다(Richards, Rector, & Tjeltveit, 1999). 또한 상담의 궁극적 목표는 내담자가 스스로 자신의 문제를 해결해 나갈 수 있는 힘을 기르는 것이므로 상담 자체가 도덕적일 필요가 있다. 성공적인 상담을 위해서는 상담자의 건전하고 올바른 윤리의식이 기반이 되어야 한다.

상담에서 바람직한 상담자의 가치 활용에 대한 견해는 크게 세 가지 유형으로 나누어 볼 수 있다.

- 정신역동적 전통에서 기인한 가치중립적 상담을 중요시하는 견해다.
- 상담자가 더 지혜롭고 전문적이라는 믿음에 근거하여 적극적으로 더 나은 가치를 가르치고 영향을 미쳐야 한다고 보는 상담자의 가치를 강조하는 견해다.
- 상담과 심리치료는 가치에 근거한다고 보는 견해다.

최근에는 이들 중, 상담자의 가치가 상담에 영향을 미친다는 점을 인정하는 견해가 우세하며, 대부분의 상담 관련 학회에서 이러한 관점을 받아들이고 있다. 상담자의 가치는 윤리적 갈등상황에서의 대처방식에도 중요한 영향을 미치는데, 상담자들은 윤리적 갈등상황에서 기존의 윤리지침을 참고하기는 하지만, 반드시 지침에 의해서만 판단을 내리는 것은 아니다. 상담전문가들은 공식적 윤리규정과 법규에 어긋나지 않으면서도 개인적 가치와 실제 상황적 요인들을 더 고려하는 경향을 보이는 것으로 밝혀졌다. 가치에 근거한 접근에서는 상담자가 완전히 가치를 배제할 것이라고 기대하지 않으며, 상담자의 가치를 내담자에게 받아들이도록 하지도 않는다. 다만, 상담자 자신의 배경, 욕구, 가치가 어떻게 상호작용하는지 이해하고, 이러한 것들이 미치는 영향에 대해 개방적이고 솔직하며 그리고 가능한 한 객관적이면서도 편견이 없도록 해야 한다고 보는 견해다. 가치에 근거한 접근의 입장에 따르면 상담자들도 자신의 가치에 의해 살아가는 인간이므로 이를 벗어날 수 없다. 특히 내담자의 문제가 윤리적 가치에 따른 선택이 중요한 경우라면, 상담자 자신이 이에 미치는 영향을 인식하고, 내담자에게도 이를 알리는 것이 필요하다. 예를 들어, 종교적인 이유로 동성애를 혐오하는 상담자가 성적 정체성의 혼란을 겪고 있는 내담자를 상담하게 된다면 이러한 상담에 미칠 자신의 가치관의 영향력을 인식하는 것이 매우 중요할 것이다. 자신도 모르는 사이에 내담자가 죄의식을 느끼도록 하거나 내담자의 자율적 선택이 어렵도록 영향력을 행사할 수 있기 때문이다.

그렇다면 상담자들이 가지고 있는 가치는 무엇일까? 한 연구에서는 '정신이 건강한 삶은 어떤 모습이고' '상담 중 상담과정에 대한 평가에서 중요한 사항은 무엇인가?'에 대한 질문을 통해, 상담자들이 공유하고 있는 가치를 찾아내려 시도했는데, 여기에는 자율성, 존재감과 자존감, 대인 간 의사소통의 민감성, 자기통제와 책임, 결혼, 가족, 다른 관계에 대한 헌신, 추구하는 가치가 있고 의미 있는 목적을 가지기, 일에서의 만족감 등이 해당되었다(Jensen & Bergin, 1988). 또한 상담자들은 각기 상담이론과 서로 다른 지향점을 가지므로 서로 다른 특정한 철학이나 가치를 가지게 된다(Remley & Herlihy, 2005). 예를 들어, 인지행동주의에서는 새로운 합리적 신념과 가치를 강조하며, 현실요법에서는 개인적 책임과 개인적 삶의 질을 강조한다. 따라서 상담자가 특정 상담이론을 얼마나 굳게 믿느냐는 내담자들의 가치와 철학에 직접적으로 영향을 미치게 된다(Cottone & Tarvydas, 2003). 이에 따라 상담자 윤리에서는 이론적 지향에 따른 특정한 가치를 다루기 위해 상담자들이 지켜야 할 윤리적 행동을 명시하였다. 이러한 행동에는 사전 동의 절차를 통하여 상담자의 이론적 지향이나 신념을 내담자에게 알리고, 지속적으로 상담자의 가치가 상담과 치료과정에 어떤 영향을 미치는지 명확히 이해할 수 있도록 하기 등이 포함된다.

이렇게 상담자이기 때문에 갖게 되는 가치 이외에도, 인간으로서 상담자 개인이 가지고 있는 개인적 가치들이 존재한다. 상담자는 자신의 가치가 무엇인지 정확히 알고, 이것이 상담과정에 어떻게 영향을 주는지도 명확하게 인지하고 있어야 한다. 그렇지 못하면 내담자가 진정 자신이 원하는 결정을 내리고 자신을 이해하는 것을 방해할 수 있게 된다. 상담자가 적극적으로 자신의 가치를 내세우지 않더라도 특정 반응에 대하여 좀 더 미소를 짓거나 좀 더 자세히 듣기를 원하는 등 지각하지 못하는 여러 언어적, 비언어적 반응을 통해 상담의 방향이 바뀌기도 하고 내담자의 선택에 영향을 주기도 한다. 강진령 등(2008)은 상담에서 자주 접하는 가치 관련 문제들에 대하여 몇몇 학자들의 제안을 참고하여, 우리나라의 상담자들이 가치를 점검해 볼 수 있도록 다음과 같은 목록을 만들었다.

ooo **표 3-2 상담자의 가치 점검 목록**

• 낙태	• 혼외 성관계	• 죽음
• 성 정체성	• 배우자 폭력(학대)	• 자살
• 산아제한	• 양육권 소유	• 안락사
• 불임/무자녀	• 입양	• 외국인과의 결혼
• 일상적이지 않은 성행위	• 아동학대/방치	• 정직하지 못함/거짓말
• 혼전 성관계	• 자녀 훈육	• 물질 오용
• 혼전 임신	• 성형수술	• 종교적인 신념

상담자는 상담을 진행하는 과정 내내 가치와 관련된 윤리적 문제를 경험하게 된다. 상담자와 내담자 간의 가치갈등은 피할 수 없는 것이므로 내담자와의 가치갈등을 어떻게 극복할 것인지 알고 있는 것이 매우 중요하다. 내담자와의 가치갈등상황에 대해서 상담자들이 어떻게 대처해야 하는가에 대한 국내외 상담 관련 학회 윤리규정(한국상담학회, 2007; ACA, 2005; APA, 2002 등)에서 밝히고 있는 주요 원칙은 내담자에게 상담자의 가치를 받아들이도록 강요하지 않고, 자율성을 존중해 주어야 한다는 점이다. 자신의 가치를 내담자에게 강요하는 상담은 다양성을 인정하지 않는다는 점과 자신의 가치에 근거해 스스로 선택할 수 있도록 하는 자율성을 훼손한다는 점에서 윤리적이지 못하다(Richards, Rector, & Tjeltveit, 1999). 이는 내담자가 자신이 어떻게 살 것인지에 대한 관점과 신념을 스스로 결정해야 한다는 의미다. 비록 여러 가지 정서적, 행동적 어려움을 겪고 있을지라도, 내담자는 상담자를 찾아오기로 결정했다는 점에서 아직 스스로를 위한 결정을 내리고 자신의 삶을 책임질 수 있다는 것을 보여 주고 있다. 그러므로 내담자의 자율적인 결정이라고 보기 어려운 예외적인 경우를 제외하고는 내담자가 자신의 자유와 자율성을 포기하도록 해서는 안 된다. 내담자의 자율성을 존중한다는 것은 소극적 의미에서는 '충고하지 않는다'와 같은 윤리규정을 따르는 것이나, 적극적으로는 내담자에게 자신이 가진 가치가 문제해결에 어느 정도 도움이 되는지 직면한다거나 내담자의 자율성을 향상시켜서 자율적인 결정을 돕는 것도 포함된다고 할 수 있다.

내담자에게 자신의 가치를 강요하는 것과는 달리, 상담자가 자신의 가치를 표현하는 것은 오히려 상담에서 뜻하지 않은 상담자 가치의 영향력을 최소화하기 위해 필요한 과정으로 인식되고 있다. 이를 위해서 상담자는 개방적이고 솔직한 태도를 가지고, 상담관계를 해치지 않은 상태로 자신의 가치를 전달하는 것이 필요하다. 이러한 상담자의 태도는 내담자와의 신뢰관계 형성에 도움이 될 뿐 아니라 자신의 가치에 대한 탐색과 점검을 촉진시켜 줄 수 있다. 또한 상담자는 다양한 내담자들과의 가치갈등에 대처할 수 있어야 한다. 특히 다른 문화적 배경을 가진 내담자를 상담하기 위해서는 기본적인 공감능력뿐만 아니라 문화에 따라 다르게 메시지를 해석할 수 있는 숙련된 기술을 습득해야 할 것이다. 그리고 상담에서 겉으로 드러난 내담자의 문제 속에 내재된 가치는 무엇이고, 어떻게 해서 그러한 가치들을 가지게 되었는지를 밝히고, 그 가치들을 선택한 것을 내담자가 책임질 수 있도록 돕는 등 내담자의 가치를 상담과정에 적절히 활용할 수도 있다. 하지만 상담자가 감당할 수 없을 정도의 가치갈등이라면 다른 상담자에게 의뢰하는 것이 더 윤리적일 수도 있다. 상담자의 가장 큰 도구는 자신이므로 상담자는 자신의 가치가 무엇인지를 잘 알아야 하며, 이러한 가치가 내담자와 잘 조화를 이룰 수 있도록 노력해야 한다.

🖉 사례

1. 만난 지 얼마 되지 않은 내담자가 자신의 친구를 소개해 주겠다고 하였다. 상담자도 누군가 만나고 싶다고 느끼던 시점이고, 내담자의 외모도 호감을 주는 인상이었다. 상담자가 소개를 받아도 괜찮을 것인가?

2. 청소년내담자가 자신의 여동생이 삼촌에게 성추행을 당했던 기억이 있다고 상담 중에 이야기하였다. 하지만 여동생은 잠결이라서 정확하지는 않다고 표현했는데, 상담자가 내담자의 가족문제에 개입해도 되는 것인지, 아니면 그냥 넘어가는 것이 비윤리적인지 판단이 쉽지 않았다. 여러분이라면 어떻게 하겠는가?

3. 가족상담 전문가인 M교수는 최근 성치료가 필요한 부부의 사례를 의뢰받았다. 성치료의 경험은 없으나 워크숍과 전문서적을 통한 기본적인 지식은 습득하고 있는 상태였다면, M교수가 성치료를 수행할 수 있다고 보는가?

4. 상담전문가로 일해 온 지 5년째인 K는 새터민 대학생인 P의 진로상담 요청을 받았다. K는 상담을 하면서 P가 최선을 다해 공부를 하지도 않고, 적극적으로 취업에 대한 준비를 하지도 않는다는 사실을 알게 되었고, 상담에서 이를 심리적인 문제로만 다루었다. 내담자가 자신과 다른 문화적 배경을 가지고 있다는 점을 인식하였다면, 어떻게 달리 접근할 수 있었을 것인가?

3. 상담 관련 분야의 윤리현황

한국상담학회, 한국상담심리학회, 한국가족치료학회 등의 대표적인 상담 관련 학회에서는 상담자들이 일반적으로 준수해야 할 윤리규정에 대해 명시하고 있다. 상담 관련 분야인 의료와 복지 분야에서 명시하고 있는 윤리규정의 내용은 다음과 같다.

1) 의료 분야

상담과 관련된 대표적인 의료 분야의 윤리규정으로 의사윤리강령(제정 1997. 4. 12.)을 들 수 있다. 여기에서는 의사윤리강령 중 의사의 일반적인 의무와 권리, 환자와 의사의 관계, 동료 보건의료인들과의 관계, 의사의 사회적 역할과 임무, 시술과 의학연구 등 다섯 가지 분야를 살펴보아, 정신보건 분야의 전문직인 상담전문가들이 내담자들과 자신을 보호하고 윤리적 판단을 하는 것을 돕고자 한다.

① 의사의 일반적 의무와 권리

• 의사는 세상에서 가장 고귀한 사람의 생명과 건강을 보전하고 증진하는 숭고한 사명 수행을 삶의 본분으로 삼는다.

• 의사는 그러한 숭고하고 명예로운 사명을 인류와 국민에게서 부여받았음을 명심하여 모든 의학 지식과 기술을 오직 인류와 국민의 복리 증진을 위하여 사용한다.

• 의사는 환자를 인종과 민족, 나이와 성, 직업과 직위, 경제상태, 사상과 종교 등을 초월하여 성심껏 돌보며 의료 혜택이 온 인류와 국민에게 공정하고 평등하게 베풀어지도록 최대의 노력을 기울인다.

• 의사는 어떤 상황에서도 최고의 의학실력과 윤리수준으로 의술을 행함으로써 의사로서의 품위와 명예를 지킨다.

• 의사는 의학적으로 인정받은 시술만을 행하며, 시험적인 시술인 경우에는 반드시 관련 기구의 공식적인 승인을 거친 뒤에 행한다.

• 의사는 자신의 양심과 전문적 판단에 따라 자유롭게 환자를 진료할 수 있어야 하며, 본연의 사명을 수행함에 있어 국가와 사회로부터 법률 등에 의하여 보호받을 권리가 있다.

• 의사는 국민의 건강을 위하여 최선의 의료 환경 조성을 국가와 사회에 요구할 수 있어야 하며, 자신의 의료행위에 대하여 국가와 사회로부터 정당하고 적절한 대우를 받을 권리가 있다.

② 환자와 의사의 관계

• 의사는 환자를 질병의 예방 · 진료 · 재활과 의학연구의 대상으로서가 아니라 인격을 가진 존엄한 존재로 대한다.

• 의사는 환자와 국민을 수동적인 의료수혜자가 아니라 국민건강권과 의사의 진료권 확보 등 의료 환경의 개선을 향하여 함께 노력하는 동반자로 인정한다.

• 의사는 환자의 생명과 건강을 으뜸으로 여겨 진료 등에 최선의 노력을 기

울인다.

- 의사는 서로 신뢰하고 사랑하는 환자와 의사의 관계를 이루도록 최선의 노력을 다한다.
- 의사는 환자가 자신의 의사를 자유롭게 선택할 권리와 담당 의사의 진료방법에 대하여 알 권리를 인정하고 존중한다.
- 의사는 환자의 질병상태와 예후, 수행하려는 시술의 효과와 위험성, 진료비 등에 대하여 환자나 보호자에게 신중·정확·친절하게 알림으로써 환자의 권리를 보호하고 환자의 적극적인 역할을 제고하여야 한다.
- 의사는 직무를 통하여 알게 된 환자의 비밀을 철저히 지킨다. 학술적인 논의나 질병의 파급을 방지하기 위한 경우 등에도 환자의 신상에 관한 사항은 공개하지 않는다.
- 의사는 응급환자를 적극적으로 돌보아야 한다. 의사는 응급환자를 적절히 진료할 수 있는 시설 등을 국가와 사회에 요구하여야 하며 국가와 사회는 그와 같은 의사의 정당한 요구를 충족시켜야 한다.

③ 동료 보건의료인들과의 관계

- 의사는 모든 동료 보건의료인들을 서로 아끼고 존중한다.
- 의사는 모든 보건의료인들이 수행하는 직무의 가치와 내용을 인정하고 이해하여야 하며, 상호 간에 민주적인 직무관계를 이루도록 최선의 노력을 다한다.
- 의사는 환자의 진료를 포함하여 모든 의료행위를 수행함에 있어 동료 보건의료인들과 협조하여야 하며, 자신의 능력이 미치지 못할 경우 언제든지 그 능력을 갖춘 다른 의사에게 의뢰하여야 한다.
- 의사는 의학적으로 인정되지 않은 시술을 행하는 경우를 제외하고는 동료 보건의료인들의 의료행위에 대하여 비난하지 않는다.
- 의사는 동료 보건의료인들이 의학적·윤리적 오류를 범하는 경우 그것을 알리고 바로잡아야 한다.

④ 의사의 사회적 역할과 임무

• 의사는 지역사회, 국가, 인류사회와 그 구성원들의 생명 보전, 건강증진, 삶의 질 향상을 위하여 최선의 노력을 다한다. 의사는 이를 위하여 인권, 환경, 노동조건 등에 대한 감시자가 되어 그 개선을 위하여 노력하여야 하며 바람직한 사회복지제도의 확립에 앞장서야 한다.

• 의사는 국가와 사회의 의료비 남용과 낭비를 없애기 위하여 노력하는 동시에 적절한 의료비용이 보장되지 못함으로 인하여 환자와 국민의 생명과 건강이 위협받는 상태를 방지하여야 한다.

• 의사는 정당하지 않은 방법으로 경제적 이득을 취하여서는 안 된다. 의사는 특히 적절한 진료비 이외의 금품이나, 치료약제와 진료기구의 선택과 이용에 관련된 부당한 대가를 받아서는 안 된다. 또한 의사는 순수한 목적의 사회봉사를 제외하고는 진료비와 관련하여 의료질서를 문란하게 하여서는 안 된다.

• 의사는 어떤 방법으로든 환자를 위한 의료정보제공 이외의 목적으로 광고를 하여서는 안 된다. 의료정보제공의 목적이더라도 과장 광고, 동료 의료인들을 비방하는 광고, 저속한 광고를 하여서는 안 되며, 새로운 시술법 등을 광고하는 경우에는 반드시 사전에 관련 기구의 심의를 거쳐야 한다. 의사는 의사 또는 의사 아닌 사람과 단체가 국민건강을 해치는 사실을 전파하거나 광고를 할 때에는 이를 지적하고 바로잡아야 한다.

⑤ 시술과 의학연구 등

• 의사는 수태된 때부터 온전한 생명으로 여겨 그 생명의 보전과 건강증진에 최선을 다한다. 의사는 산모의 생명과 건강, 인간으로서의 존엄성을 지키기 어렵거나 태아가 현존 의술로 개선 불가능한 치명적 결함을 가지고 있는 경우를 제외하고는 임신 중절술을 하지 않는다. 의사는 의학적인 경우를 제외하고는 태아의 성 감별을 하지 않으며 설사 그 사실을 알았다고 하더라도 누구에게도 알리지 않는다.

- 의사는 죽음을 앞둔 환자의 육체적·정신적 고통을 줄이는 데 최선을 다하며, 이들이 자신의 죽음을 긍정적으로 받아들여 품위 있는 죽음을 맞이할 수 있도록 모든 필요한 도움을 주도록 노력한다.
- 의사는 태아를 비롯하여 사람의 몸 또는 그 장기와 조직 등 일부를 매매 대상으로 삼는 반인간적 행위에 관여하거나 협조하지 않으며, 그러한 부도덕한 행위를 감시·적발·고발하는 데에 앞장선다.
- 의사는 의학연구를 사람의 생명과 건강을 보전하고 증진하는 목적으로만 수행하여야 하며, 단순한 학문적 호기심 충족이나 사리 추구를 위한 연구는 하지 않는다. 의사가 새로운 연구 방법 등을 사용할 때에는 사전에 관련 기구의 충분한 심의를 거쳐야 한다.
- 의사는 태아를 비롯하여 사람 또는 그 일부 장기나 조직을 대상으로 연구를 하는 경우 그 방법, 내용, 위험성 등을 피검자나 그 보호자에게 충분히 알리고 승인을 받아야 하며 피검자나 보호자에게 실비 이상의 보상을 하지 않는다. 또한 의사는 사회경제적 약자들을 부당하게 의학연구의 대상으로 삼지 않으며 그와 같은 행위에 대한 감시자로서의 역할을 다한다.
- 의사는 사람을 대상으로 연구를 수행하는 과정에서 피검자의 생명과 건강에 위험이 생길 수 있는 경우 즉시 그 연구를 중단하여야 하며, 인류사회와 생태계에 위협을 줄 가능성이 있는 때에는 연구를 중단하고 그 사실을 관련 기구 등에 보고하여야 한다.

2) 복지 분야

상담의 인접학문 중 복지 분야에서도 정신보건서비스의 대상자들을 위한 윤리규정을 마련하고, 이를 사회복지사의 기본적 윤리기준으로 삼아 내담자의 복지 증진에 기여하는 기준으로 삼고 있다. 여기에서는 사회복지 분야의 윤리규정 중 전문가로서의 자세, 전문성 개발을 위한 노력, 경제적 이득에 대한 태도, 클라이언트(Client)에 대한 태도, 동료에 대한 태도, 사회와 기관에 대한 윤리기준을 살펴봄으로써, 상담전문가들의 윤리적 판단에 참고할 수 있는 지침을 제시하고자 한다.

① 전문가로서의 자세
- 사회복지사는 전문가로서의 품위와 자질을 유지하고, 자신이 맡고 있는 업무에 대해 책임을 진다.
- 사회복지사는 클라이언트의 종교·인종·성·연령·국적·결혼상태·성취향·경제적 지위·정치적 신념·정신, 신체적 장애·기타 개인적 선호, 특징, 조건, 지위를 이유로 차별대우를 하지 않는다.
- 사회복지사는 전문가로서 성실하고 공정하게 업무를 수행하며, 이 과정에서 어떠한 부당한 압력에도 타협하지 않는다.
- 사회복지사는 사회정의 실현과 클라이언트의 복지 증진에 헌신하며, 이를 위한 환경 조성을 국가와 사회에 요구해야 한다.
- 사회복지사는 전문적 가치와 판단에 따라 업무를 수행함에 있어, 기관 내외로부터 부당한 간섭이나 압력을 받지 않는다.
- 사회복지사는 자신의 이익을 위해 사회복지 전문직의 가치와 권위를 훼손해서는 안 된다.
- 사회복지사는 한국사회복지사협회 등 전문가단체 활동에 적극 참여하여, 사회정의 실현과 사회복지사의 권익옹호를 위해 노력해야 한다.

② 전문성 개발을 위한 노력
- 사회복지사는 클라이언트에게 최상의 서비스를 제공하기 위해, 지식과 기술을 개발하는 데 최선을 다하며 이를 활용하고 전파할 책임이 있다.
- 클라이언트를 대상으로 연구하는 사회복지사는 저들의 권리를 보장하기 위해, 자발적이고 고지된 동의를 얻어야 한다.
- 연구과정에서 얻은 정보는 비밀보장의 원칙에서 다루어져야 하고, 이 과정에서 클라이언트는 신체적, 정신적 불편이나 위험·위해 등으로부터 보호

되어야 한다.

- 사회복지사는 전문성을 개발하기 위해 노력하되, 이를 이유로 서비스의 제공을 소홀히 해서는 안 된다.
- 사회복지사는 한국사회복지사협회 등이 실시하는 제반교육에 적극 참여하여야 한다.

③ 경제적 이득에 대한 태도

- 사회복지사는 클라이언트의 지불능력에 상관없이 서비스를 제공해야 하며, 이를 이유로 차별대우를 해서는 안 된다.
- 사회복지사는 필요한 경우에 제공된 서비스에 대해, 공정하고 합리적으로 이용료를 책정해야 한다.
- 사회복지사는 업무와 관련하여 정당하지 않은 방법으로 경제적 이득을 취하여서는 안 된다.

④ 사회복지사의 클라이언트에 대한 윤리기준(Ⅰ): 클라이언트와의 관계

- 사회복지사는 클라이언트의 권익옹호를 최우선의 가치로 삼고 행동한다.
- 사회복지사는 클라이언트에 대하여 인간으로서의 존엄성을 존중해야 하며, 전문적 기술과 능력을 최대한 발휘한다.
- 사회복지사는 클라이언트가 자기결정권을 최대한 행사할 수 있도록 도와야 하며, 저들의 이익을 최대한 대변해야 한다.
- 사회복지사는 클라이언트의 사생활을 존중하고 보호하며, 직무 수행과정에서 얻은 정보에 대해 철저하게 비밀을 유지해야 한다.
- 사회복지사는 클라이언트가 받는 서비스의 범위와 내용에 대해, 정확하고 충분한 정보를 제공함으로써 알 권리를 인정하고 존중해야 한다.
- 사회복지사는 문서·사진·컴퓨터 파일 등의 형태로 된 클라이언트의 정보에 대해 비밀보장의 한계·정보를 얻어야 하는 목적 및 활용에 대해 구체적으로 알려야 하며, 정보 공개 시에는 동의를 얻어야 한다.

- 사회복지사는 개인적 이익을 위해 클라이언트와의 전문적 관계를 이용하여서는 안 된다.
- 사회복지사는 어떠한 상황에서도 클라이언트와 부적절한 성적 관계를 가져서는 안 된다.
- 사회복지사는 사회복지 증진을 위한 환경 조성에 클라이언트를 동반자로 인정하고 함께 일해야 한다.

⑤ 사회복지사의 클라이언트에 대한 윤리기준(Ⅱ): 동료의 클라이언트와의 관계

- 사회복지사는 적법하고도 적절한 논의 없이 동료 혹은 다른 기관의 클라이언트와 전문적 관계를 맺어서는 안 된다.
- 사회복지사는 긴급한 사정으로 인해 동료의 클라이언트를 맡게 된 경우, 자신의 의뢰인처럼 관심을 갖고 서비스를 제공한다.

⑥ 사회복지사의 동료에 대한 윤리기준(Ⅰ): 동료

- 사회복지사는 존중과 신뢰로서 동료를 대하며, 전문가로서의 지위와 인격을 훼손하는 언행을 하지 않는다.
- 사회복지사는 사회복지 전문직의 이익과 권익을 증진시키기 위해 동료와 협력해야 한다.
- 사회복지사는 동료의 윤리적이고 전문적인 행위를 촉진시켜야 하며, 이에 반하는 경우에는 제반 법률규정이나 윤리기준에 따라 대처해야 한다.
- 사회복지사가 전문적인 판단과 실천이 미흡하여 문제를 야기시켰을 때에는, 적절한 조치를 취하여 클라이언트의 이익을 보호해야 한다.
- 사회복지사는 전문직 내 다른 구성원이 행한 비윤리적 행위에 대해, 제반 법률규정이나 윤리기준에 따라 조치를 취해야 한다.
- 사회복지사는 동료 및 타 전문직 동료의 직무 가치와 내용을 인정·이해하며, 상호 간에 민주적인 직무관계를 이루도록 노력해야 한다.

⑦ 사회복지사의 동료에 대한 윤리기준(II): 수퍼바이저

- 수퍼바이저는 개인적인 이익의 추구를 위해 자신의 지위를 이용해서는 안 된다.
- 수퍼바이저는 전문적 기준에 의해 공정하게 책임을 수행하며, 사회복지사·수련생 및 실습생에 대한 평가는 저들과 공유해야 한다.
- 사회복지사는 수퍼바이저의 전문적 지도와 조언을 존중해야 하며, 수퍼바이저는 사회복지사의 전문적 업무수행을 도와야 한다.
- 수퍼바이저는 사회복지사·수련생 및 실습생에 대해 인격적·성적으로 수치심을 주는 행위를 해서는 안 된다.

⑧ 사회복지사의 사회에 대한 윤리기준

- 사회복지사는 인권존중과 인간평등을 위해 헌신해야 하며, 사회적 약자를 옹호하고 대변하는 일을 주도해야 한다.
- 사회복지사는 필요한 사회서비스를 개발하기 위한 사회정책의 수립·발전·입법·집행에 적극적으로 참여하고 지원해야 한다.
- 사회복지사는 사회 환경을 개선하고 사회정의를 증진시키기 위한 사회정책의 수립·발전·입법·집행을 요구하고 옹호해야 한다.
- 사회복지사는 자신이 일하는 지역사회의 문제를 이해하고, 그것을 해결하는 일에 적극적으로 참여해야 한다.

⑨ 사회복지사의 기관에 대한 윤리기준

- 사회복지사는 기관의 정책과 사업 목표의 달성·서비스의 효율성과 효과성의 증진을 위해 노력함으로써 클라이언트에게 이익이 되도록 해야 한다.
- 사회복지사는 기관의 부당한 정책이나 요구에 대하여 전문직의 가치와 지식을 근거로 이에 대응하고 즉시 사회복지윤리위원회에 보고해야 한다.
- 사회복지사는 소속기관 활동에 적극 참여함으로써 기관의 성장발전을 위해 노력해야 한다.

4. 한국의 상담윤리에 대한 연구동향

2002년의 경우에는 1편의 연구가 있었는데, 최해림(2002)의 한국 상담자의 상담윤리에 대한 기초 연구에서는 현장에서 상담하는 상담심리사 수준 이상의 상담자 205명을 대상으로 한 상담윤리에 대한 기초 조사가 이루어졌다. 두 부분으로 나뉘어 연구되었는데, 연구 1에서는 한국 상담자의 상담에 대한 전반적인 가치관과 태도가 측정되었고, 연구 2에서는 상담실제에서 일어나는 윤리적 갈등에 대한 25개의 상황을 제시하고 이에 대해서 윤리적인지 비윤리적인지 선택하게 하였다. 이 연구의 각 문항에서 가장 많이 나온 응답을 토대로 하여 상담자의 가치, 태도를 조사할 수 있는 질문지를 만들어 낼 수 있고, 특히 상담전문가, 상담경험이 많은 이들의 응답을 참고로 윤리지침의 토대로 삼을 수 있을 것임을 제시하였다.

2004년의 경우도 1편의 연구가 있었는데, 방기연(2004)의 집단상담에서의 상담윤리강령에서는 주로 상담윤리강령 중, 첫째, 내담자의 사생활 보호와 비밀보장, 둘째, 충분한 설명에 근거한 동의, 셋째, 이중관계, 넷째, 전문가로서의 책임, 다섯째, 상담자로서의 전문성이 집단상담의 실제에서 어떻게 적용될 수 있는지를 고찰하였다.

2006년의 경우 총 3편의 연구가 있었는데, 유재령, 김광웅(2006)의 아동상담자의 윤리적 실천행동 척도 개발에서는 주로 적합한 아동상담자의 윤리적 실천행동 척도를 개발하여 그 타당도와 신뢰도를 검증하고자 하였다. 척도 구성을 위해 외국의 선행연구와 윤리강령을 통해 4개의 윤리적 영역을 추출하고, 선행연구들의 척도와 예비조사의 내용분석 결과를 종합하여 척도의 문항들을 구성하였다. 예비조사는 국내 아동상담자 30명을 대상으로 실시되었는데, 4개 영역에서 경험한 윤리적 딜레마 상황과 대처 행위를 파악한 후, 빈도가 높은 응답들을 문항 구성에 활용하였다. 척도의 신뢰도도 양호한 수준으로 나타났고, 전체와 요인 간의 상관도 유의하게 나타나 구성타당도도 입증되었다. 이와 같이 개발된 아동상담자의 윤리적 실천행동 척도가 타당하고 신뢰로우며, 국내 아동상담자의 윤리적 실천행동을 측정하는 도구로 유용하게 사용될 수 있음을 밝히고 있다.

윤영대(2006)의 아동상담자의 현대 상담의 윤리적 문제와 바람직한 상담자 윤리연구에서는 주로 상담이 갖고 있는 윤리적 문제들을 야기하는 원인들에 대하여 정리하고, 이에 따른 상담윤리의 중요성 및 필요성에 대하여 고찰함으로써 윤리적 문제를 극복하기 위한 상담윤리의 바람직한 방향을 제시하였다.

유재령(2006)의 아동상담자의 윤리적 신념 척도 개발연구에서는 주로 국내 아동상담자에게 적합한 윤리적 신념 척도를 개발하여 그 타당도와 신뢰도를 검증하고자 하였다. 아동상담자의 윤리적 신념 척도 구성을 위해 외국의 선행연구와 윤리강령, 국내 선행연구를 통해 4개의 윤리적 영역을 추출하였다. 외국 선행연구의 척도 문항을 토대로, 윤리강령과 국내 예비조사의 내용분석 결과를 종합하여 윤리적 신념 척도의 문항을 구성하였다. 전체 및 하위변인 간의 상관이 유의하게 나타나 구성타당도가 입증되었고, 척도의 신뢰도도 양호한 수준으로 나타났다. 이 같은 결과는 개발된 아동상담자의 윤리적 신념 척도가 타당하고 신뢰로우며, 국내 아동상담자의 윤리적 신념을 측정하는 유용한 도구로 사용될 수 있음을 보여 준다.

2007년의 경우 총 2편의 연구가 있었는데, 유재령(2007)의 아동상담자 윤리강령에 나타난 기본 윤리영역 연구에서는 주로 상담자 및 아동상담자 윤리에 관한 국내의 선행연구들을 토대로 하여 아동상담자를 위한 윤리강령으로 한국놀이치료학회 놀이치료사 윤리강령의 제정배경과 의의를 살펴보고, 동시에 '놀이치료사 윤리강령'에 나타난 기본적 윤리 영역들을 탐색함으로써 '놀이치료사 윤리강령'의 학문적 타당성과 임상적 유용성을 검증하고자 하였다. 이 연구를 통해 '놀이치료사 윤리강령'은 학문적 타당성을 갖추고 제정되었고 임상적으로도 유용할 수 있음을 잘 나타내 주고 있다.

강진령, 이종연, 송현동(2007)의 학교상담자들이 직면하는 윤리적 갈등과 대처방법 분석 연구에서는 주로 한국적인 상황에서 학교상담자들이 주로 겪고 있는 윤리적 갈등들은 어떤 것들이 있는지를 분석하고, 각 윤리적 갈등상황에서 실제로 어떻게 대처하고 있는지를 알아보았다. 윤리적 갈등상황 16개와 그 대처방법으로 구성된 '학교상담자 윤리갈등과 대처에 관한 질문지'를 개발하여 학교상담자 229명을 대상으로 설문조사를 실시하였다. 학교상담자들이 겪는 주요 윤리적 갈등과 대처방법의 특징적인 부분들을 제시한 것이 의미 있다.

2008년의 경우 총 3편의 연구가 있었는데, 유재령, 김광웅(2008)의 아동상담자의 윤리적 실천행동 관련변인으로서 교육훈련배경에서는 주로 교육훈련배경의 하위변인들이 윤리적 실천행동의 유발률과 어떤 관련이 있는지에 초점을 둠으로써 현재 국내 아동상담 분야의 윤리연구가 어떤 방향으로 나아갈지, 그리고 아동상담자들은 어떤 노력을 더 해야 할지를 모색하기 위한 기초자료를 얻고자 하였다. 이 연구에서는 또한 교육훈련배경과 윤리적 실천행동과의 관련성을 살펴보았다. 앞으로 아동상담자의 윤리적 실천행동에서 교육훈련배경과 다른 변인들 간의 관계를 탐색해 보는 것이 필요할 것임을 제시하고 있다.

손현동, 진명식, 유형근(2008)의 학교상담자의 전문성 수준에 따른 윤리적 갈등상황에 대한 개념화 차이 분석에서는 학교상담자의 전문성 수준에 따라 윤리적 갈등상황에 대한 개념화 차이를 분석하였다. 그 결과 학교상담자가 발달해 감에 따라 더 많은 윤리적 인지구조를 형성하게 된다는 것을 밝히고 있다. 이런 결과는 학교상담자의 전문성 수준에 따라 윤리적 갈등상황을 개념화하고 대처방법을 고안해 가는 데 있어 발달해 간다는 것을 경험적으로 보여 주는 것이다. 학교상담자의 이런 발달 특성은 학교상담자 윤리교육과 윤리적 갈등상황에 대한 수련감독에 있어 어떻게 발달 특성을 고려해 접근해야 하는지에 대한 의미 있는 몇 가지 시사점을 제시하였다.

고향자, 김소라(2008)의 집단상담에서의 비밀보장과 다중관계 윤리에 대한 고찰에서는 상담자들에게 집단상담에서의 비밀보장과 다중관계에 대한 윤리적 쟁점들을 부각시키기 위하여 이 주제와 관련된 문헌들을 검토하고 정리하는 데 초점을 맞추었다. 이 연구에서는 먼저 비밀보장과 다중관계의 개념을 알아보고, 각각의 윤리원칙과 대표적 상담 관련 학회들에서 제시하는 윤리지침을 살펴본 다음, 관련된 선행연구들을 통해 집단상담에서의 비밀보장 및 다중관계 윤리

실제를 다루고 있다. 끝으로 체계적인 집단상담자 훈련 과정의 필요성이 제시되었다.

2009년의 경우 총 2편의 연구가 있었는데, 서영석, 최영희, 이소연(2009)의 상담에서의 윤리적 의사결정모델 개관에서는 주로 지금까지 상담심리학 및 관련 분야에서 제기된 윤리적 의사결정모델을 개관하고 이를 토대로 추후 발전방향 및 시사점을 논의하고 있다. 상담에서의 윤리적 의사결정모델은 윤리적 딜레마, 즉 윤리적 원칙들이 서로 충돌해서 의사결정을 내리기 힘들 때 상담자가 고려해 볼 수 있는 이론 및 철학적 관점과 구체적인 실천행동을 제시한다. 또한 연구 결과를 바탕으로 상담자 교육 및 훈련, 그리고 추후 연구에 대한 시사점을 논의하고 있다.

김형수, 김옥진(2009)의 상담자의 윤리적 판단모형에서는 윤리적 의사결정이 요구되는 상황에서 상담자가 자신의 판단과정에 대비하여 검토해 볼 수 있는 윤리적 판단모형을 구상하여 제시하고 있다. 이를 위해 기존의 상담자 윤리, 윤리적 의사결정 모형의 내용과 한계를 살펴보고 있다. 그리고 의사결정 과정을 보완할 수 있는 윤리적 판단의 도출과정에 대한 모형을 철학적 논의에 기초해 탐색적으로 제시하고 있다. 모형 도출은 개인적 가치와 사회적 가치가 상충하는 상황에 대한 전통적인 윤리적 접근방법, 즉 의무론과 결과론적 접근에 기초하였으며 이를 통해 3단계 모형을 제시한다. 또한 제안된 모형에 대한 상담자 교육과 실제에서 지닐 수 있는 적용 가능성과 한계에 대해 논의하고 있다.

2010년의 경우 총 2편의 연구가 있었는데, 곽미용, 이영순(2010)의 상담자 자격의 윤리적 문제에서는 현재 우리나라에서 상담 관련 자격증이 발급되고 있는 현실을 분석하여 자격 관련 제도의 역할과 한계에 대해 살펴보고, 상담윤리적 관점에서 문제점을 분석하며, 대안을 제시하고자 하였다. 이를 위해 국가에서 발급되고 있는 청소년상담사와 전문상담교사 자격 제도와 한국상담심리학회와 한국상담학회에서 발급되고 있는 자격 제도를 살펴보고 문제점을 분석하였다. 그리고 상담자 자격을 발급받은 이후 상담전문가가 담당하는 역할 및 전문가 자격을 유지하는 데 대해 제시된 규준의 문제점을 분석하였다. 그 결과 다양한 문제점들이 발견되었는데, 이와 관련하여 개성방안에 대한 논의와 해결방안이 제시되었다.

서영석, 이소연, 최영희(2010)의 삶의 마지막에 관한 결정을 위한 윤리적 의사결정모델 개발에서는 주로 이성적 자살 등 삶의 마지막에 대한 결정과 관련이 있는 종교 및 철학적 입장, 윤리적 원칙, 법과 윤리규정, 사회문화적 맥락, 내담자 개인 특성 등을 탐색하였다. 이때 상담자가 각 측면을 고려하면서 수행할 수 있는 역할을 성찰자, 분석가, 실행자, 탐색가, 평가자로 구분하여 제시한다. 또한 이 연구에서는 지금까지 상담 분야에서 제기되어 온 윤리적 의사결정모델들을 참고하여, 이성적 자살 등 삶의 마지막을 결정하는 과정에서 상담자가 활용할 수 있는 통합적인 윤리적 의사결정모델을 제안하였다.

2011년의 경우 1편의 연구가 있었는데, 김옥진, 김형수, 김기민, 장성환(2011)의 상담윤리 결정모델을 통한 상담자 윤리교육의 필요성에서는 주로 상담전문가가 기존에 제시된 윤리적 의사결정모델을 중심으로 상담현장에서 일관성 있는 윤리적 의사결정을 내릴 수 있도록 상담자 윤리교육이 이루어져야 함을 강조한다. 상담윤리를 상담실제에 기초한 모델을 다시 개인적 차원의 모델, 사회적 차원의 모델, 사회문화적 맥락을 고려한 의사결정, 법과 윤리적 원칙이 충돌할 때 상담자가 고려해야 할 요인과 실천방안, 한국 사회에서 실제적으로 활용될 수 있는 상담윤리 결정모델들과 지속적인 효과성 연구 등의 시사점을 제시하였다.

2012년의 경우에는 2편의 연구가 있었는데, 최선, 고유림, 박정은, 신예지, 강민철(2012)의 학교상담자 윤리강령에 대한 고찰에서는 포커스 그룹 인터뷰를 통해 학교상담학회 윤리강령의 사용 현황 및 필요성을 파악하고 이에 대한 문제점과 개선점을 분석하였다. 윤리강령의 문제점 및 개선해야 될 점으로 우리나라의 학교상담이 가진 특수성에 대한 반영이 미흡하므로 이에 대한 내용이 추가될 필요가 있음이 지적되었다. 더불어 부모의 알 권리와 학생의 비밀보장 사이에 상충될 수 있는 부분에 대하여 보다 명확한 기준이 제시될 필요가 있고, 자녀의 상담 사실을 학부모가 알지 못할 경우 법적인 문제가 발생할 수 있으므로 사전동의에 대한 규준을 제시해 주는 것이 필요함을 주장하고 있다.

손현동(2012)의 학교상담자의 자문 관계에서의 윤리문제와 해결에서는 자문의 정의에 대한 문헌 고찰을 통해 자문 관계의 독특한 특징을 제시하고 있다. 자문 관계의 특징에 대해서 '삼자 관계' '자발적 관계' '일 관련 문제 중심의 관계' '동등한 관계'등을 언급하고 있다. 이러한 자문 관계의 특징에 따라 학교상담자에게 요구되는 윤리적인 문제는 '비밀보장' '사전 동의' '다중관계' '힘의 균형' 등으로 나타났다. 각 자문 관련 윤리문제에 대한 해결책을 분석하여 제시하였고, 학교상담자들이 윤리적인 자문자가 되기 위해 요구되는 바를 제언하였다.

2014년의 경우 1편의 연구가 있었는데, 김화자(2014)의 한국과 미국의 상담윤리규정 비교 연구에서는 기독교 상담자가 윤리적 문제를 다루는 데 필요한 윤리적 원리들을 살펴보고, 윤리적 문제에 직면했을 때 효과적으로 의사결정을 하는 과정과 기독교 상담자로서 윤리적인 성품의 중요성에 대해 살펴보고 있다. 또한 상담 장면에서 가장 빈번히 발생하는 윤리적 문제들을 기준으로, 상담자의 유능성, 이중관계 및 성적 관계, 그리고 비밀보장의 문제와 관련하여 각 학회의 규정들을 비교하였다.

2015년의 경우에는 3편의 연구가 있었는데, 권경인, 조수연(2015)의 집단상담 윤리 요소 도출을 위한 델파이 연구에서는 국내외에서 출판된 집단상담 윤리 연구 및 관련 자료, 국내외 학회 윤리강령, 집단상담 장면에서 활용하고 있는 오리엔테이션 자료들을 중심으로 집단상담 윤리 요소를 추출하였다. 요소별 내용 타당성에 대한 전문가들의 합의 과정을 도출하기 위해 3차에 걸쳐 델파이 방법을 사용하였다.

우홍련, 허난설, 이지향, 장유진(2015)의 한국 상담자들이 경험한 윤리문제와 대처방법 및 상담윤리교육에 관한 실태 연구에서는 현재 한국 상담자들이 겪고 있는 윤리문제 및 갈등 경험, 윤리문제 및 갈등 경험 시 사용했던 대처방법, 상담자 윤리강령 인식 및 활용 그리고 상담윤리교육에 관한 설문을 실시하였다. 분석 결과에 따라 한국 상담윤리교육에 대한 시사점을 도출하고 제시하고 있다.

구승영, 김계현(2015)의 학교상담 관련 주체의 입장에 따른 상담자의 비밀보장 예외 판단 차이 분석에서는 비밀보장 갈등상황에서 학교상담자가 어느 입장을 주로 고려하느냐에 따라 비밀보장 예외 판단이 달라질 수 있다는 사실을 보여 줌으로써 상담자의 비밀보장 예외 판단이 유동적으로 변화될 수 있음을 경험적으로 밝혀냈다. 이는 향후 학교상담자 윤리교육에 있어 다양한 입장이 반영된 사례를 활용해야 할 필요성을 시사하고 있다.

2016년의 경우에는 2편의 연구가 있었는데, 양명주, 김가희, 김봉환(2016)의 대학 진로, 취업상담자가 지각하는 윤리적 딜레마에 관한 개념도 연구에서는 개념도 방법을 사용하여 대학 진로, 취업상담자들이 지각하는 윤리적 딜레마의 구체적 요인들 및 이들의 개념적 구조를 파악하였다.

오송희, 이정아, 김은하(2016)의 상담윤리에 관한 국내 연구의 동향에서는 1991년부터 2015년 8월까지 국내에서 발표된 학술지 게재 논문과 학위 논문 중에서 상담윤리와 관련된 총 56편을 대상으로 연구주제, 대상, 방법 등을 분석하였다. 이러한 결과를 토대로 국내 상담윤리 연구의 동향을 분석함으로써 상담윤리 연구의 흐름을 파악하고, 앞으로의 연구 방향을 살펴보고 있다.

2017년의 경우에는 4편의 연구가 있었는데, 김민정, 김수은(2017)의 수퍼바이지가 지각하는 수퍼바이저의 윤리 행동 수준이 수퍼비전 작업동맹과 만족도에 미치는 영향에서는 최근 1년 안에 수퍼비전을 받았거나 받고 있는 수퍼바이지 204명의 자료를 분석하였다. 이 연구의 결과는 수퍼비전 윤리지침을 만들어 가는 데 필요한 기초자료로서 중요한 역할을 할 것으로 판단된다.

김성희, 엄영숙, 이아람(2017)의 가족상담사의 윤리적 이슈 경험에 대한 현상학적 연구에서는 가족상담사들의 윤리적 이슈와 관련된 경험의 본질과 의미를 이해함으로써, 가족상담 영역에서 윤리와 관련하여 실질적인 논의가 이루어지도록 하는 기초자료를 제공하고 있다. 이 연구에서는 조르지의 현상학적 연구방법을 적용하여 한국가족치료학회의 부부가족상담전문가 1급 자격증을 보유하고 있는 8명의 참여자와 심층면담을 진행하였다. 연구 결과 45개의 의미단위와 18개의 하위구성요소 그리고 5개의 구성요소를 도출하였다.

안하얀, 서영석, 박성화, 이정윤, 최유리(2017)의 수퍼바이지가 지각한 수퍼바이저의 윤리지침 이행에서는 수퍼바이저가 이행해야 할 윤리적 행동이 무엇인지 탐색하고, 우리나라 수퍼바이지들이 지각한 수퍼바이저의 윤리적 수행에 대해 조사하였다. 국내외 상담 관련 학회의 최신 윤리규정 및 지침들을 분석한 결과 도출된 19개의 수퍼바이저 윤리지침 범주에 따라 수퍼바이지 141명을 대상으로 조사하였다. 윤리지침이 이행되지 않은 결과에 초점을 맞추어 결과를 해석하고 우리나라 상담 수퍼비전에 대한 시사점과 제언을 논의하고 있다.

최수아(2017)의 상담에서의 전문가 윤리와 경계문제에서는 상담에서 전문가가 경계를 넘어 윤리를 위반하게 되는 과정을 밝히기 위해서 다중관계 안에서 경계의 문제에 초점을 맞추고 있다. 이를 위해 전문가의 기본 윤리적 의식의 토대가 되는 윤리의 의미와 네 가지 도덕적 원리들을 살펴보았고, 경계문제와 관련한 개념 및 경계에 대한 다양한 학자들 간의 쟁점과 사례들을 제시하였다.

ㅇㅇㅇ **표 3-3** 상담윤리 관련 연구현황

연도	연구주제	저자	학술지명	논문제목
2002	상담자 상담윤리	최해림	한국심리학회지 상담 및 심리치료	한국상담자의 상담윤리에 대한 기초 연구
2004	집단상담 윤리	방기연	연세교육연구	집단상담에서의 상담윤리 강령
2006	척도 개발	유재령 김광웅	한국심리학회지 상담 및 심리치료	아동상담자의 윤리적 실천행동 척도개발
	상담자 상담윤리	윤영대	진리논단	현대상담의 윤리적 문제와 바람직한 상담자 윤리연구
	척도 개발	유재령	한국놀이치료 학회지	아동상담자의 윤리적 신념척도 개발연구
2007	아동상담자 윤리	유재령	한국놀이치료 학회지	아동상담자 윤리강령에 나타난 기본 윤리영역 연구
	학교상담자 윤리	강진령 이종연 송현동	청소년상담연구	학교상담자들이 직면하는 윤리적 갈등과 대처방법 분석

연도	주제	저자	학술지	내용
2008	아동상담자 윤리	유재령 김광웅	아동학회지	아동상담자의 윤리적 실천행동 관련변인으로서 교육 훈련배경
	학교상담자 윤리	손현동 진명식 유형근	상담학연구	학교상담자의 전문성 수준에 따른 윤리적 갈등상황에 대한 개념화 차이 분석
	집단상담 윤리	고향자 김소라	아시아교육연구	집단상담에서의 비밀보장과 다중관계 윤리에 대한 고찰
2009	윤리적 모델	서영석 최영희 이소연	한국심리학회지 상담 및 심리치료	상담에서의 윤리적 의사결정 모델 개관
	윤리적 모델	김형수 김옥진	상담학연구	상담자의 윤리적 판단모형
2010	상담자 자격	곽미용 이영순	인문학논총	상담자 자격의 윤리적 문제
	윤리적 의사결정 모델	서영석 이소연 최영희	한국심리학회지 상담 및 심리치료	삶의 마지막에 관한 결정을 위한 윤리적 의사결정모델 개발
2011	상담윤리 결정모델 상담자 교육	김옥진 김형수 김기민 장성환	한국교육논단	상담윤리 결정모델을 통한 상담자 윤리교육의 필요성
2012	학교상담자 윤리강령	최 선 고유림 박정은 신예지 강민철	상담학연구	학교상담자 윤리강령에 대한 고찰: 학교상담학회 윤리강령 개정에 대한 제언을 중심으로
	학교상담자 윤리	손현동	학습자중심교과 교육연구	학교상담자의 자문 관계에서의 윤리 문제와 해결
2014	상담윤리규정 비교	김화자	복음과 상담	한국과 미국의 상담윤리규정 비교 연구

2015	집단상담 윤리 요소 델파이 연구	권경인 조수연	상담학연구	집단상담 윤리 요소 도출을 위한 델파이 연구
	상담윤리교육	우홍련 허난설 이지향 장유진	상담학연구	한국 상담자들이 경험한 윤리 문제와 대처방법 및 상담윤리 교육에 관한 실태 연구
	상담자 윤리	구승영 김계현	상담학연구	학교상담 관련 주체의 입장에 따른 상담자의 비밀보장 예외 판단 차이 분석
2016	개념도 연구	양명주 김가희 김봉환	상담학연구	대학 진로, 취업상담자가 지각하는 윤리적 딜레마에 관한 개념도 연구
	상담윤리	오송희 이정아 김은하	한국심리학회지 상담 및 심리치료	상담윤리에 관한 국내 연구의 동향
2017	수퍼바이저 윤리	김민정 김수은	한국심리학회지 상담 및 심리치료	수퍼바이지가 지각하는 수퍼바이저의 윤리 행동 수준이 수퍼비전 작업동맹과 만족도에 미치는 영향
	가족상담사 윤리	김성희 엄영숙 이아람	가족과 가족치료	가족상담사의 윤리적 이슈 경험에 대한 현상학적 연구
	수퍼바이저 윤리	안하얀 서영석 박성화 이정윤 최유리	한국심리학회지 상담 및 심리치료	수퍼바이지가 지각한 수퍼바이저의 윤리지침 이행
	상담자 윤리	최수아	인문사회 21	상담에서의 전문가 윤리와 경계문제

제4장
상담자의 윤리적 의사결정모델

| 김옥진 |

상담자는 내담자의 자기결정권을 존중해서 당연히 내담자가 어떤 선택을 하든 그 선택은 비판 없이 수용해야 한다고 생각하기 쉽다. 그러나 이는 상담자 역시 사회 구성원으로서 사회의 공익에 이바지해야 할 도덕적 책무가 있다는 점을 간과하고 있는 것이다. 즉, 내담자에 대한 조건 없는 존중과 수용은 이루어져야 하지만 이것이 곧 내담자가 지닌 가치와 선택들을 암묵적으로 동의해야 함을 의미하는 것은 아니다. 상담학회의 윤리강령에 명시된 바와 같이 상담자는 사회의 윤리와 도덕적 기준을 존중해야 할 의무가 있다.

그렇다면 상담자는 어떻게 윤리적 접근을 할 수 있을까? 상담자는 일방적으로 내담자에게 자신의 종교적이고 윤리적인 신념이나 가치를 강요할 수 없다. 내담자의 잘못된 생각이나 태도를 나무라고 올바른 길로 인도하는 심판자나 선도자의 역할을 하는 것은 필요한 가르침이 될 수 있어도 전문적 상담이라 할 수는 없다. 상담에서 윤리적 접근이란 내담자 스스로 자기 생각이나 태도에 윤리적인 문제가 있음을 깨달을 수 있도록 도와야 한다는 것을 의미한다. 단순한 가치의 선택 문제일 경우에는 상담자와 내담자 간에 상호 공유하는 사회적 관습에 기초한 덕 윤리가 있게 마련이고 따라서 이것에 의해 문제를 해결할 수 있다. 그러나 두 가지 이상의 가치가 상호 대립하는 갈등상황에서는 이러한 관습적 윤리만으로는 문제해결이 이루어지지 않는다. 바로 이런 까닭에 상담자가 상담현장에서 윤리적 갈등상황을 해결하는 데 도움을 받을 수 있도록 윤리적 원리에 입각한 윤리적 의사결정모델이 필요한 것이다.

이 장에서는 현재 상담학계에서 논의되고 있는 몇 가지 주요한 윤리적 의사결정모델을 살펴보고, 이들 모델의 기초가 되는 제반 윤리적 원리를 토대로 하여 기존 모델들의 한계점을 보완할 수 있는 새로운 윤리적 의사결정모델을 소개하고, 이 모델에 입각해 상담자가 상담현장에서 윤리적 갈등상황을 어떻게 해결할 수 있는지를 구체적인 사례를 들어 설명하고자 한다.

1. 상담자의 윤리적 딜레마

포스트모더니즘의 다원주의적 가치관은 오늘날 우리 사회의 가치관 혼재로 나타나고 있다. 다원주의는 가치의 구심점이 없고 영향력을 발휘할 수 있는 권위도 생성되지 않으며 존재하는 서로의 입장이 다르므로 하나의 획일적인 윤리적 규범이 인정되지 않는다. 현대의 자연주의 윤리설에 따르면, 우리가 일상적으로 사용하는 윤리적 용어들이란 객관적으로 존재하는 가치를 기술하는 용어가 아니라 인간의 감정을 기술한 기술적 용어다. 다시 말해, 인간의 선과 악은 감정의 산물로서 주관적 산물이기 때문에 윤리적 가치는 그 자체로서 실재하는 것이 아니며, 대상에 대해 느끼는 자신의 감정이 곧 도덕적 판단이다.

가치중립이란 용어는 현대 상담에서 아주 중요한 신념이 되어 있다. 신경증적인 강박을 가져올 수 있는 도덕적 절대주의에서 독립하고자 했던 프로이트와 같은 정신분석학자들은 초자아를 도덕성의 중심으로 보고 인간이 초자아를 통해 본능을 너무 억압할 때 신경증적 히스테리를 갖게 된다고 생각하였다. 그래서 프로이트는 철저한 가치중립을 요구하면서 상담에서 어떠한 가치나 윤리를 전달하는 것을 피했다. 로저스 역시 프로이트식의 가치중립과는 다른 의미에서 내담자 가치를 존중하여 내담자 내부에 무한한 자아실현 경향성이 있으므로 이 것을 인정해야만 내담자가 온전한 성장을 이룰 수 있다고 보았다. 그러나 이는 상담자가 내담자에게 자신의 가치를 일방적으로 주입하려는 것에 대한 우려이 며, 가치관에 대한 상담자의 무지를 허용하는 것이 아니다. 오히려 상담자의 가 치판단 능력은 오늘날 다양한 상담 장면에 노출된 상담자들이 갖추어야 할 전문 적 역량이 되고 있다. 만약 상담자가 내담자의 복잡한 윤리적 갈등문제에 대해 올바른 가치판단을 내릴 능력이 없다면 어떻게 상담자가 내담자로 하여금 그 스 스로 의미 있는 올바른 가치판단을 하도록 도울 수 있단 말인가? 이는 흡사 시 각장애인이 길을 인도하는 격이다. 상담자는 길을 알아야 내담자로 하여금 그 가 스스로 길을 찾도록 도울 수 있다. 그러므로 상담자의 가치중립이 상담자의 가치판단 금지나 가치판단의 무능력을 함의하는 것이 아니다.

상담과정에서는 많은 경우 다양한 가치 중에서 우선의 가치를 선택해야 하는 긴장과 갈등이 늘 내재하여 있으며, 특히 학생상담이나 가치관의 갈등으로 고민 하는 내담자에 대한 상담 또는 여러 영역의 위기상담 장면에서 상담자의 가치 판단능력이 내담자가 자신의 문제에 대해 스스로 결정을 내리도록 하는 데 핵 심적인 역할을 한다. 상담자와 내담자의 만남으로 이루어지는 상담은 해석학 적 관점에서 볼 때, 양자가 만들어 내는 일종의 지평융합의 과정이다. 따라서 상 담에서는 불가피하게 상담자의 가치관이 상담과정에 묻어날 수밖에 없다. 문제 는 상담자가 인습적 단계에 머물러 자신의 관습적 가치를 내담자에게 주입하려 고 할 때 상담은 내담자의 문제를 악화시켜 내담자에게 더 많은 상처와 고통을 안겨줄 수 있다. 그러므로 상담자는 상담과정에서 야기되는 윤리적 갈등문제를 내담자와 함께 지혜롭게 풀어가기 위해서 내담자보다 한 단계 높은 차원에서 문 제를 바라볼 수 있는 윤리적 판단능력을 갖추고 있어야 한다(김옥진, 2008).

2. 윤리강령의 가치론적 입장

내담자가 가져오는 문제는 많은 경우 윤리적 가치문제를 함의하고 있다. 경우에 따라서는 상담자나 내담자가 공유하고 있는 관습적 도덕에 입각해 이 문제를 함께 풀어갈 수 있지만 때로는 관습적 도덕으로는 쉽게 해결할 수 없는 윤리적 갈등상황에 직면하게 된다. 이때 상담자는 내담자의 결정을 돕기 위해 내담자에 앞서 본인이 먼저 이 상황에서 어떤 윤리적 입장을 취해야 할지를 생각해 보아야 한다. 그래야만 내담자의 결정에 도움을 줄 수 있기 때문이다. 바로 이러한 점에서 상담자야말로 그 어떤 직업보다도 가치를 기반으로 한 윤리적 실천을 요구받는 직업인이라 할 수 있다. 그런데 상담자가 실천현장에서 자신의 주관적인 가치나 신념에 입각해 윤리적 결정을 내리고 이를 내담자에게 종용할 경우 내담자의 반발을 사거나 내담자의 문제를 더욱 악화시키는 부작용을 초래할 위험이 있다. 이에 한국상담학회에서는 상담윤리강령을 제정하여 상담자가 상담현장에서 어떻게 행동해야 하는지를 규정해 놓고 있다.

한국상담학회 윤리강령 전문을 보면 그 내용은 다음과 같다.

> 한국상담학회는 교육적, 학문적, 전문적 조직체다. 상담자는 각 개인의 가치, 잠재력 및 고유성을 존중하며, 다양한 조력활동을 통하여 내담자의 전인적 발달을 촉진한다. 상담자는 내담자의 신체적, 정신적, 사회적, 영적 안녕을 유지ㆍ증진하는 데 헌신한다. 이러한 역할을 수행하는 과정에서 상담자는 내담자의 복지를 가장 우선시한다. 상담자는 내담자와의 관계에서 의사소통의 자유를 갖되, 그에 대한 책임을 지며 내담자의 성장과 사회 공익을 위하여 최선을 다한다.

상담윤리강령에는, 첫째, 각 개인의 가치ㆍ잠재력 및 고유성에 대한 존중, 둘째, 내담자의 개인적인 성장에 기여, 셋째, 사회 공익에 기여라는 세 가지 원칙이 등장한다. 여기서 말하는 각 개인의 가치ㆍ잠재력 및 고유성에 대한 존중이란 무엇을 의미하는 것일까? 철학적으로 이것은 인간을 다른 존재와 질적으로 구분 지어 주는 특질을 말하는 것으로 바로 이 같은 특질은 칸트(Kant)의 주장처럼 인간의 도덕적 판단과 행위의 가능근거가 되는 그 무엇, 즉 인간을 도덕적 인간으로 규정지을 수 있도록 하는 그 무엇을 말하는 것이다. 바로 이것은 다름 아닌 인간의 자유라고 할 수 있을 것이다(Kant, 1981: 33). 인간의 자유란 인간의 생명 그 자체에 이미 함의되어 있는 것이기에 각 개인의 가치, 잠재력 및 고유성에 대한 존중이란 결국 인간의 자유권과 생명권을 존중한다는 이야기가 된다.

　인간의 자유권과 생명권을 존중한다는 주장에는 개개인의 자유와 평등의 개념이 혼재되어 있는데 그것을 분석하면 다음과 같다. 천부의 자유권과 생존권을 지닌 인간의 가치를 존중한다는 점에서 자유권은 내담자의 자율성과 자기결정권으로 나타나고 생존권은 내담자의 생명보호와 기회의 균등, 즉 평등으로서의 사회정의의 추구로 나타난다. 따라서 상담자는 내담자의 생명보호, 사생활과 비밀유지에 대한 권리를 보장해야 한다. 그러나 문제는 상담자가 내담자의 복지와 사회적 공익이 충돌하는 것과 같은 윤리적 갈등상황에 직면하게 될 때 상담윤리강령은 상담자에게 어떻게 도움을 줄 수 있을까?

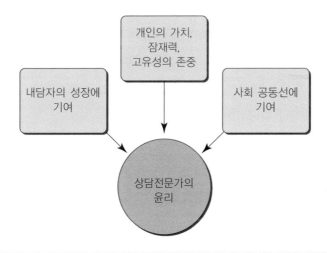

[그림 4-1] 상담자의 윤리

윤리강령이 인습단계의 도덕성에 기반을 한 일종의 덕 윤리적 성격을 지니고 있기 때문에 상담윤리강령의 적용에 있어서 응용이 필요하다. 콜버그(Kohlberg, 1981)는 인간의 도덕발달단계를 세 단계로 보아 전 인습적 단계, 인습적 단계, 후 인습적 단계로 구분하고 있다. 전 인습적 단계는 처벌과 복종의 단계로서 도덕을 보상의 차원에서 이해하며, 인습적 단계는 사회에서 요구되는 법규나 도덕규범을 이해하고 그것을 준수하고자 하는 차원을 말한다. 이 단계는 한마디로 관습적인 도덕규범을 준수하고자 하는 단계다. 그러나 윤리적 갈등상황에서 도덕성을 단순히 인습단계의 차원에서 이해하고 있는 상담자는 내담자의 문제해결에 실제적인 도움을 줄 수 없다. 도덕성을 원리적 차원에서 이해할 수 있는 인습 후 단계에 도달한 상담자만이 윤리적 갈등상황에 처한 내담자를 올바른 길로 인도할 수 있으며, 상담자 윤리강령에서 명시된 상담자의 책무인 내담자의 복리를 증진하고 인격의 존엄성을 보호해 줄 수 있다.

그런데 문제는 상담자가 도덕성을 이처럼 원리적 차원에서 이해하는 인습 후 단계에 도달하기 위해서는 제반 윤리이론에 대한 깊이 있는 통찰이 필요한데 현재 상담자 양성과정에는 이러한 교육이 거의 없다는 점이다. 상담자는 상담기술을 익히기 전 윤리에 대한 이해가 선행되어야 하며 상담의 실제에서 내담자보다 한 단계 높은 관점에서 갈등상황을 성찰할 수 있어야 한다. 그러나 일선에서 활동하는 상담자들을 단기간에 이런 단계로까지 교육하는 것은 사실상 어렵다는 점에서 제반 윤리이론에 대한 교육과 더불어 한국적 상황에서 쓸 수 있는 윤리적 의사결정모델을 만들어 이것을 중점적으로 교육하는 것이 효율적이며 현실성 있는 대책이라 할 수 있다.

3. 의사결정모델의 패러다임

상담자는 상담에 임할 때 늘 '무엇이 최선의 선택인가?'에 대해 답할 수 있도록 명확한 윤리적 가치기준을 갖고 있어야 한다(김형수, 김옥진, 2009). 특히 윤리적 딜레마 상황에서 윤리적 사고에 숙련되어 있지 않은 상담자들이 인간의 존엄성, 내담자의 자기결정권, 사회적 공익 등을 고려한 바람직한 결정을 내리기 위해서는 이들이 쉽게 활용할 수 있는 윤리적 의사결정모델이 요구된다. 서영석 등(2009)은 상담학계에서 논의되고 있는 윤리적 결정모델들을 '이론 및 철학에 기초한 모델' '상담실제에 기초한 모델' 그리고 '통합모델'로 구분하고 있는데 '이론 및 철학에 기초한 모델'은 윤리적 원칙을 강조하는 모델로, '상담실제에 기초한 모델'은 덕 윤리를 강조한 모델로, 그리고 '통합모델'은 상황에 따라 이 양자를 통합적으로 활용하는 모델로 구분하고 있다.

1) 기존 윤리적 의사결정모델에 대한 검토

(1) 이론 및 철학에 기초한 윤리적 의사결정모델: 키치너의 모델

키치너(Kitchener, 1986)는 상담자를 위한 윤리적 의사결정모델을 최초로 제시했다. 키치너(1986)에게 영향을 주었던 헤어(Hare, 1981)는 도덕적 사고(moral thinking)에 관한 자신의 철학적 논의를 의학 윤리에 적용하였다. 헤어는 윤리적인 문제를 해결하려는 방법을 절대주의적 사고와 공리주의적 사고라는 관점에서 살펴보았다. 절대주의적 사고란 인간이 지켜야 할 절대적인 권리와 의무를 고려하여 윤리적 판단을 내리는 것을 말하며, 공리주의적 사고란 최대다수의 최대이익을 고려하여 윤리적 결정을 내리는 것을 말한다. 그런데 한 개인이 긴박한 상황에서 급박하게 결정을 내려야 할 경우는 대부분 절대주의적인 사고에 의존해서 판단하게 되지만, 일반적으로 시간을 두고 내리는 결정은 공리주의적 사고에 의존해서 해결책을 구하게 된다. 이처럼 사람들이 일상에서 절대주의와 공리주의를 교차해서 적용하는 문제와 관련해 헤어는 도덕적 사고를 두 가지 차원에서 파악하였다. 헤어에 따르면, 윤리적 의사결정을 이끄는 도덕적 사고는 직관적(intuitive) 차원과 비판적(critical) 차원이 있다. 즉, 일상적인 상황에서 이루어지는 윤리적 의사결정은 주로 직관적인 차원에서 이루어지지만, 직관에 의한 의사결정으로는 갈등이 해결되지 않을 경우 비판적인 사고가 직관을 대신해야 한다고 보았다.

키치너(1986)는 헤어의 논의를 바탕으로 윤리적 의사결정을 위한 도덕적 사고과정을 직관적(intuitive) 차원과 비판적-평가적(critical-evaluative) 차원으로 구분하였다([그림 4-2]). 도덕적 판단은 평소에는 직관적 차원에서 개인의 도덕관념과 정서를 기초로 이루어진다. 하지만 직관적 차원에서 이루어지는 이 같은 판단만으로는 현실에서 일어나는 윤리적 문제에 답을 구할 수 없다는 점에서 키치너는 비판적-평가적 수준의 윤리적 판단이 필요함을 역설하였다(Kitchener, 2000; Welfel, 2006에서 재인용).

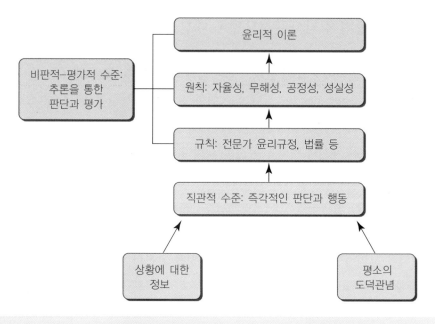

[그림 4-2] 키치너(1986)의 윤리적 의사결정모델

직관적 차원의 도덕적 사고만으로는 부족한 상황에서는 비판적-평가적 수준의 사고과정이 직관적 차원의 사고를 평가하고 통제한다. 비판적-평가적 차원의 사고는 윤리규칙, 윤리원칙 그리고 윤리이론을 적용하는 세 단계로 구성되는데 상위 단계로 갈수록 윤리적 의사결정을 위해 적용하는 기준이 포괄적이고 이

론적이다. 먼저 윤리규칙은 상담자의 윤리강령과 같은 것을 말하며, 윤리원칙은 자율성, 무해성, 덕행, 공정성, 성실성 등을 이야기하는데(Kitchener, 1986), 이것들은 전문직업인이 갖추어야 할 덕목들로서 그 구체적인 내용은 다음과 같다.

- 자율성 존중은 내담자가 자신의 삶의 방향을 스스로 선택하고 자발적으로 의사결정을 하는 것과 관련된 항목이다.
- 무해성(비 유해성)은 내담자에게 해롭거나 고통을 줄 수 있는 행동을 피하는 것과 관련된 항목이다.
- 덕행(선의)은 내담자들이 속한 사회와 문화권 안에서 성장하고 발전하는 데 기여하도록 하는 것과 관련된 항목이다.
- 공정성(정의)은 내담자의 나이, 성별, 인종, 재정상태, 문화적 배경, 종교 등에 의해 편향됨 없이 동등한 수준의 서비스를 제공하는 것과 관련된 항목이다.
- 성실성(진실성)은 정직한 약속을 하고 그것을 지키기 위해 책임을 다하고, 정확한 근거에 입각하여 서비스를 제공함으로써 신뢰로운 관계를 형성하는 것과 관련된 항목이다.

이러한 윤리원칙에 기초하여 상담자는 상담 시 발생하는 윤리적 문제를 해결해야 하는데 이것이 좀처럼 쉽지 않다. 왜냐하면 상담과정에서는 종종 이런 원칙들과 충돌하는 상황이 발생하기 때문이다. 가장 빈번히 발생하는 예는 아동의 상담정보를 부모가 무리하게 요구하는 경우, 청소년내담자가 가출하려는 계획에 대해 상담자에게 이야기하면서 보호자에게는 알리지 말아 달라고 부탁하는 경우 또는 학생이 임신 사실을 상담자에게 이야기하면서 담임교사나 보호자에게 알리지 말아 달라고 부탁하는 경우 등이다. 이런 경우들은 상담현장에서 아주 많이 접할 수 있는데 내담자와의 약속을 지켜야 하는 성실성과 내담자에게 해를 주지 말아야 하는 무해성의 원칙이 서로 충돌할 수 있다. 이 경우 갈등상황을 쉽게 풀지 못하는 상담자는 윤리원칙의 단계에서 자연스럽게 윤리이론의 단계로 나가게 된다. 그러나 키치너 모델은 상담사가 한 단계 높은 윤리이론의 단계에서 갈등상황을 조망하고 이를 해결해 나가기 위해 어떻게 해야 하는 것인지 구체적인 방법에 대한 언급이 없다. 그로 인해 키치너 모델은 상담자에게 윤리적 민감성과 윤리적 판단력을 촉구했다는 점에서는 그 의의를 찾을 수 있지만, 윤리적 갈등상황에 처한 상담자들에게 실제적인 도움을 주기 어렵다는 문제점을 갖고 있다.

(2) 상담실제에 기초한 윤리적 의사결정모델: 슈타들러와 웰펠의 모델

상담실제에 기초한 모델이라 함은 상담현장에서 활용될 수 있는 실제적인 지침의 필요성에서 나온 것이기에 현장 경험을 기초로 개발되었다. 상담실제에 기초한 윤리적 의사결정의 대표적인 모델이라 할 수 있는 슈타들러(Stadler)와 웰펠의 모델을 살펴보면 〈표 4-1〉과 같다.

ㅇㅇㅇ **표 4-1 슈타들러와 웰펠의 모델 비교**

단계	슈타들러	웰 펠
1	경쟁하고 있는 원칙들을 파악하라.	윤리적 감수성을 개발하라.
2	추가적인 정보를 구하라.	관련 사실과 사례의 사회문화적 맥락을 명백히 하라.
3	동료에게 자문을 구하라.	주요 쟁점사항과 가용한 대안들을 정의하라.
4	원하는 결과가 무엇인지 파악하라.	전문가 기준, 관련 법률 또는 법규를 참조하라.
5	성과를 달성하기 위한 행동들을 구안하라.	윤리 관련 문헌을 조사하라.
6	각 행동이 어떤 결과를 가져올지 평가하라.	윤리적 원칙을 사례에 적용하라.
7	경쟁하고 있는 비도덕적인 가치를 확인하라.	수퍼바이저와 존경받는 동료에게 자문을 구하라.
8	행동을 선택하라.	심사숙고해서 결정하라.

9	시범적으로 행동을 해보라.	수퍼바이저에게 알린 후 실행하고, 행동을 문서화하라.
10	단계를 확인하고 행동하고 평가하라.	경험한 것을 반성적으로 생각해 보라.

앞에서 나열한 제 단계들을 검토해 보면 윤리적 갈등상황에서 전문가 기준 (즉, 강령), 관련 법률 등을 참조하거나 동료나 수퍼바이저에게 자문을 구하라는 것이 핵심요지다. 그러나 이들 모델이 상담자들의 현장 경험을 바탕으로 만들어진 것임에도 윤리적 갈등상황에서 실제적인 도움을 줄 수 있을지는 대단히 회의적이다. 이들 역시 행위자 중심의 윤리에 근거한 덕 윤리에 의존해 판단을 내리는 상황에서는 동일한 윤리적 갈등상황에서 답을 찾기 어려울 것이기 때문이다. 일반적으로 윤리적 갈등상황이 아닌 평범한 가치의 문제가 개입된 사안에 대해서는 전문가 강령을 비롯한 관련 법규를 참조하거나 동료나 수퍼바이저의 자문이 많은 도움이 될 수 있다. 그러나 문제는 상담자가 윤리적 갈등상황에 직면할 때 이 문제를 해결하는 방안은 관습적 윤리인 덕 윤리에 의존하기보다는 상황윤리적 판단을 가능하게 해 주는 윤리적 원리에 의존하여 판단하는 것 외에 달리 도리가 없다는 것이다. 따라서 실제 현장에서는 앞서 언급한 이론과 철학에 기초한 모델과 더불어 상담실제에 기초한 이 모델을 하나로 통합한 통합모델이 필요하게 된다. 다시 말해, 비교적 상식적이고 단순한 윤리적 문제에서는 덕 윤리, 즉 행위자 중심 윤리가 자연스럽게 적용되고 복잡한 윤리적 갈등차원에서는 행위 중심 윤리를 활용할 수 있어야 한다.[1]

2) 통합모델로 나가기 위한 첫 단계: 윤리적 원리의 이해

구체적인 상담현장에서 상담전문가는 자유와 평등, 자율과 책임, 비밀준수와 공익이라는 상충하는 두 가치의 충돌 때문에 가장 많은 윤리적 딜레마 상황에

---

[1] 덕 윤리를 행위자 중심 윤리라 함은 덕목을 실천에 옮길 수 있는 행위자의 덕을 배양하는 데 초점이 맞추어져 있기 때문이다. 반면에 오늘날 윤리적 원리를 다루는 현대 윤리는 어떤 행위가 옳은 행위인지를 판단하는 데 초점이 맞추어져 있기에 행위 중심 윤리라 말한다.

봉착하게 되며, 이때 문제해결에는 기초가 되는 두 가지 전통적인 윤리적 접근 방법이 있다.

하나는 행위의 예측되는 결과를 통해 행위의 선악을 판단하는 결과주의 윤리학인 공리주의적 접근이고, 다른 하나는 행위의 결과가 어떻든 행위의 동기를 고려해 행위의 선악을 판단하는 의무론적 윤리학이다.

(1) 공리주의적 접근

벤담

19세기 영국에서 발전된 공리주의는 최대다수의 최대행복을 행위판단의 기준으로 내세운다(Bentham, 1962). 공리주의는 초기 벤담(Bentham)에 의한 양적 공리주의와 밀에 의한 질적 공리주의로 구분될 수 있는데 이들 전통적인 공리주의는 특정 행위의 공리성을 통해 행위의 도덕성 여부를 판단하는 행동공리주의였다. 반면 현대 공리주의는 행위의 경향성, 즉 그 행위가 일반화되어 사회에서 규칙화될 때 나타나는 규칙의 공리성을 따지는 규칙공리주의로 발전되었다(가토 히사다케, 1999).

그러나 행동공리주의에서 규칙공리주의가 발전되었다고 하여 규칙공리주의가 행위공리주의보다 더 발전된 개념이라고 생각할 수는 없다. 왜냐하면 이들 원리는 각기 그것이 적용되는 상황이 다르기 때문이다. 좀 더 구체적으로 말해, 일회적인 성격을 지닌 사건이 일어났을 때 행동공리주의를 적용해야하며 반복적이거나 또는 사회적 파장이 큰 사건은 규칙공리주의를 적용하는 것이 적절하다(이태하, 2009).

예를 들어, 어떤 운행 중이던 배가 침몰하는 사건이 일어나 수영을 하지 못하는 어머니와 어떤 유명한 과학자가 물에 빠진 경우 공리주의자인 아들은 어느 누구를 구해야 하는가를 놓고 볼 때, 이 아들이 취할 행동을 이 사건에 국한해서 생각하는 행동공리주의의 입장에서 본다면 과학자를 구하는 것이 최대다수의 최대행복에 기여한다고 볼 수 있을 것이다. 그러나 이 사건은 지켜보는 많은 사람이 있고 사회적 파장이 있을 수 있는 문제다. 따라서 이 한 사건에 국한해 문제를 보기보다는 이와 유사한 사건이 반복되어 나타날 경우의 사회적 공리성을 검토하는 규칙공리주의의 입장에서 이 문제를 바라보아야 한다. 그러면 과학자를 구하는 것보다는 어머니를 구하는 것이 사회적 공익에 더 큰 기여를 한다는 사실을 알 수 있다. 왜냐하면 공리주의자인 이 아들이 위험을 무릅쓰고 자신을 힘들게 키워 주신 어머니 대신 과학자를 구하는 것을 많은 사람이 지켜본다면 그들은 결혼과 가족 그리고 자녀에 대한 부정적인 생각을 갖게 될 것이다. 그들은 자식을 키워 봐야 소용이 없다는 생각을 하게 될 것이고, 이러한 생각은 가족의 해체로 연결될 것이며, 젊은이들은 결혼에 대해 부정적인 생각을 하게 될 것이다. 그러나 이 아들이 그 누구보다도 자신의 어머니를 구할 때는 사람들에게 역시 피가 물보다 진하다는 생각을 심어 주게 되고 이 사건은 또 한 번 가족의 소중함을 일깨워 줌으로써 가족의 유대를 강화시켜 줄 것이다. 그리고 이는 사회의 하부구조인 가족제도의 유지에 기여한다는 점에서 사회의 공익에 큰 기여를 하게 될 것이다.

(2) 의무론적 접근

18세기 독일의 대표적인 계몽주의 철학자인 칸트는 자신이나 타인에게 유리한가, 불리한가를 따지는 것은 윤리적 판단이 아니고, 오직 의무만을 다하겠다는 순수한 동기에 도덕성이 있으며, 결과는 우연적일 뿐이라고 말한다. 칸트에 따르면 선한 행위란 도덕률에 대한 존중으로 말미암아 행한 행위를 말하는 것(Kant, 1956)이며 바로 이런 까닭에 칸트의 윤리학을 동기주의 또는 의무론적 윤리학이라고 말한다.

칸트

그렇다면 칸트가 말하는 도덕률은 어떤 것일까? 정신을 지배하는 도덕률, 즉 도덕법칙이란 육체를 포함해 물질을 지배하는 자연의 법칙처럼 보편성과 필연성을 지닌다는 점에서 개인의 주관적인 실천원리인 격률(maxim)과 구분된다(Kant, 1956). 칸트는 이 도덕률을 다음과 같은 정언명법(Categorical Imperative)으로 기술하고 있다.

네 의지의 준칙이 항상 동시에 보편적 입법의 원리가 되도록 행위하라(Kant, 1981).

이 정언명법은 구체적인 내용 없이 형식만 있는데 이것은 우리가 살아가면서 가진 주관적인 격률(개인이 갖고 있는 삶의 좌우명이나 인생관 또는 삶의 세세한 규칙)들이 보편적인 법칙이 되도록 행위를 하라는 것이다. 다시 말해, 모든 사람이 인정할 수 있는 객관적이고 보편적인 법칙이 되도록 행위를 하라는 말이다. 따라서 이 원리는 개개의 격률이 윤리적인지 아닌지를 판별하는 규준이 된다. 예를 들어, 어떤 사람이 "꾼 돈은 갚지 않는다."라는 준칙을 갖고 사는 사람이 있다고 하자. 이 사람이 자신의 준칙에 따라 살 경우 그의 행동을 옳다고 할 수 있을까? 칸트가 말하는 정언명법에 비추어 볼 때 그의 행위는 옳다고 말할 수 없다. 왜냐하면 그 준칙은 보편적 입법의 원리가 될 수 없기 때문이다. 다시 말해, 모든 사람이 그 준칙에 따라 살 경우 어느 누구도 돈을 꾸어 주는 사람이 없을 것이며, 결국 이 준칙은 유명무실한 준칙이 되어 소멸하고 말 것이기 때문이다. 즉, 보편성을 지니지 않는 준칙은 도덕법칙의 반열에 오를 수 없다는 것이다(Kant, 1981).

칸트는 보편성 외에 격률의 도덕성 여부를 판단하는 또 하나의 기준을 제시하고 있다.

너 자신을 포함한 모든 인격에 대하여 인간을 단순히 수단으로 이용하지 말고 항상 목적으로 대우하라(Kant, 1981).

칸트의 이 원리는 정언명법을 인격성의 관점에서 기술한 것으로 인간 개개인은 자신의 인격은 물론이고 타인의 인격까지도 욕망을 충족시키는 수단으로 사용하지 말라는 것이다. 이는 도덕법의 존립 목적이 인격을 수단이 아닌 목적으로 대우하도록 하는 데 있다는 것을 일깨워 주는 것이다. 그러므로 칸트의 입장에서 어떤 사람의 행위를 도덕적으로 판단하는 경우 우리는, 첫째, 그 사람의 행위 동기, 즉 준칙이 무엇인지를 추측해야 하고, 둘째, 그 준칙이 보편성을 지니고 있는지 또는 인격성을 항상 수단이 아닌 목적으로 대우하고 있는지를 살펴보아야 한다.

(3) 사례 적용

공리주의적 접근과 의무론적 접근을 구체적 상담상황에 적용해 윤리적 판단을 해 보도록 하자.

✏️ 사례 1

어떤 학생이 지난 학기 부정행위로 전체 수석을 차지한 후 양심의 고통으로 상담을 신청하게 되었는데, 이미 장학금을 전액 받은 상태이고 학생은 학교 당국에 사실을 얘기할 생각이 없다고 했을 때, 상담자는 내담자의 비밀보장을 위해 이를 덮어 두어야 하는가 아니면 이를 신고해야 하는가?

먼저 이 문제를 공리주의적 관점에서 생각해 보자. 만약 상담자가 이 학생의 문제를 학교당국에 알릴 경우 학교는 부정행위를 한 학생을 징계하고 그 학생 때문에 장학금을 빼앗긴 다른 학생을 구제하여 공의를 회복할 수 있다는 점에서 적지 않은 공리성이 기대된다. 그러나 문제는 이 사건이 파장을 지니고 있다는 점이다. 이 사건이 다른 학생에게 알려질 경우 상담자가 비밀보장의 의무를 준수하지 않았다는 사실이 알려질 것이고, 이는 학생들로 하여금 상담자에 대한 불신을 갖게 하여 학생들이 더 이상 상담실을 찾지 않는 일이 벌어지게 된다. 그 결과 상담실은 제 기능을 수행할 수 없게 된다. 따라서 상담자가 비밀보장의 의무를 깨며 이 사실을 고지한 대가로 얻은 공리성이 별반 크지 않다는 결과가 나온다. 물론 이 문제를 파장이 없는 일회적인 사건으로 볼 경우에는 상담자가 비밀보장의 의무를 깨고 부정행위를 한 학생을 학교당국에 신고하는 것이 공리적이라 볼 수 있으나 사회적 파장을 고려하는 규칙공리적인 입장에서 볼 때는 비

밀보장의 의무를 지키는 것이 더 공리적이라는 것이다. 그렇다면 칸트의 입장에서는 이 경우에 어떻게 해야 할까?

이 경우에 우리가 주목해야 할 점은 상담자는 내담자에 대한 특별의무가 있다는 사실이다. 다시 말해, 의사, 교사, 판사처럼 그의 책무 때문에 다른 사람이 가지지 않는 의무가 있다. 좀 더 구체적으로 말해, 교사가 성적을 매길 때 학생들의 시험성적에 근거해 객관적이고 공정하게 평가해야 함에도 학생의 개인사정을 고려해 성적을 임의로 주는 것은 특별의무에 반하는 것이다. 또한 법률에 의거해 엄정하게 재판을 해야 할 판사가 자신의 임의대로 죄인의 형량을 마음대로 늘리거나 줄이는 것 역시 특별의무에 반하는 것이다. 이들처럼 상담자 역시 상담의 특성상 비밀준수는 바로 내담자에 대해 갖는 특별의무이기 때문에 그는 이것을 마땅히 지켜야 하는 것이다. 그러므로 칸트의 입장 역시 규칙공리주의의 입장과 마찬가지로 상담자가 내담자에 대한 비밀준수 의무를 지켜야 한다는 결론에 도달한다. 이 경우 상담자는 내담자의 자기결정권을 존중할 수 있지만 사회적 공익, 즉 평등의 문제를 해결할 수 없다는 윤리적 딜레마에 봉착하게 된다. 그러므로 상담자는 내담자와의 지속적인 상담을 통해 학생 스스로 자신의 부정행위를 스스로 고백할 수 있도록 돕는 역할이 필요한 것이다.

🖊 사례 2

만학도인 기혼자 신학대학원생이 자신의 부인을 사랑하지 않고 다른 여성을 사랑하게 되었다고 고백하였을 때 상담자는 학생의 자기결정권을 어디까지 수용해 주어야 할까? 새로 찾은 사랑을 놓치고 싶지 않고 또 자기 부인과도 차마 이혼할 수 없어서 양쪽을 병행하기로 결심한 후 도움을 요청하는 내담자에게 상담자는 내담자의 삶을 어떻게 도울 수 있을 것인가?

먼저 내담자의 자기결정권을 수용하는 측면에서 이 문제를 살펴보자. 내담자의 이중생활은 행동공리주의적인 관점에서 볼 때 행동 관련 당사자들 전체의 행

복에 이바지할 수 있다는 점에서 옳은 선택이라고 말할 수 있다. 그러나 이 같은 공리성 예측은 어디까지나 그의 이러한 이중생활이 부인에게 알려지지 않는다는 단서하에서이며, 더욱이 이러한 단서는 지켜지기 어려워 대부분 이런 경우는 사실이 드러나기 마련이다. 그 경우 상황은 역전되어 행위와 관련된 당사자 전원의 불행으로 연결되게 된다. 따라서 그의 행위는 공리성을 기대하기 어려운 행위로 생각된다. 한편, 그의 행위는 발각되기 전에는 비밀스럽게 이루어진다는 점에서 사회적 파장을 고려할 수 없는 문제이며, 규칙공리주의를 적용할 수는 없는 문제다.

그렇다면 칸트의 의무론적 관점에서 볼 때는 어떤 결과가 도출될까? 칸트에 따르면, 부부간에는 지켜야 할 특별의무(순결의무)란 것이 있으며, 바로 이 특별의무가 준칙이 되며 이 준칙은 보편성을 지닐 수 있다는 점에서 그의 이중생활은 윤리적으로 용인될 수 없다. 또한 향후 목회자가 될 신학대학원생일 경우 목회자가 지켜야 할 순결의무에 반한다는 점에서도 그의 이중생활은 용인되기 어렵다. 그러므로 상담자는 이중생활을 원하는 내담자의 자기결정권을 수용하지 않고 내담자가 사랑과 순결의무 중의 하나를 선택하도록 유도하는 것이 바람직할 것이다. 사랑을 선택한다는 것은 신학 공부를 중단하고 현재의 부인과 이혼한 연후에 새로운 연인과 새 삶을 꾸린다는 것이고, 순결의무를 선택한다는 것은 종교적 순결의무와 부부간의 순결의무를 지키기 위해 새로운 연인과 헤어지는 것이다. 상담자는 무엇보다도 내담자가 진실로 원하는 것이 무엇인지를 깨닫도록 도움으로써 이 두 가지 선택지 중 하나를 선택할 수 있도록 돕는 역할이 필요하다. 그럴 경우 상담자는 사회적 공익과 내담자의 자기결정권 존중이라는 두 마리 토끼를 모두 잡을 수 있다.

사례 3

우울증을 겪다가 정신과 병원에서 4주간 치료를 받은 4학년 복학생이 상담실에서 상담을 받고 있다. 이 학생은 매주 1회씩 10주째 상담을 받아오며 자신의 상태가 좋아지자 상담회수를 매주 2회로 늘려 줄 것을 요청하였다. 그는 자신의 이야기를 귀담아들어 주는 사람은 오직 누나같이 따뜻한 미혼의 상담자뿐이라며 약속된 상담시간 외에도 자신과 사적으로 만나 이야기를 들어 줄 것을 간절히 요구하고 있다. 이때 상담자는 치료를 위해 이 학생의 사적인 요구를 들어주어야 할까, 아니면 공적인 요구 외에는 들어주지 말아야 할까?

먼저 행동공리주의적 관점에서 이 문제를 살펴보자. 상담을 통해 점점 학생의 상태가 좋아지고 있는 시점에서 학생의 요구에 대한 거절은 자칫 학생의 우울증을 악화시켜 치료효과를 반감시킬 우려가 있다는 점에서 상담자는 학생의 치료를 위해 사적인 만남을 고려할 수도 있다. 하지만 상담자가 사적인 만남을 수락했을 때 내담자가 상담자를 전문적인 치료자로 대하기보다는 친구나 연인으로 대하게 될 수 있는 위험이 있다는 점에서 오히려 상담의 효과는 반감될 우려가 더 크다. 따라서 행동공리주의적 관점에서 볼 때 사적 만남을 허용해서는 안 된다. 한편, 규칙공리주의적 관점에서 이 문제를 보자. 이 경우 상담자의 수칙으로 다음과 같은 것을 세웠다고 하자.

> 상담자는 필요한 경우 내담자와 사적인 만남을 가질 수 있다.

이 수칙은 과연 공리성을 띨 수 있을까? 상담자와 내담자와의 관계가 사적으로 흐를 경우 내담자는 상담자의 전문가적인 지위를 위협할 수 있고 이는 처음 의도와는 달리 치료적 관계를 훼손하는 단계로 발전할 수 있다는 점에서 공리성을 기대하기가 어렵다. 게다가 이 같은 수칙이 세워질 경우 내담자의 사적 만남의 요구가 증가하여 공적인 업무를 볼 수 없을 지경에 이를 수 있으며, 사적인 만남을 거절당한 내담자는 즉시 상담자에게 공정성을 문제로 삼아 시비를 걸 수 있을 것이다. 게다가 이들의 관계가 공적인 차원을 넘어 사적으로 진전될 경우 이들의 관계는 많은 사적인 만남이 그렇듯이 그 자체가 또 하나의 상담문제가 될 수도 있다는 점에 유의해야 한다. 한편, 칸트의 의무론적 관점에서 볼 때도 상담자와 내담자의 사적 만남을 허용하는 수칙은 상담자가 내담자를 차별할 가능성이 있게 되고 이 경우 누구나가 수용할 수 있는 보편성의 원리에 부합하지 않는다. 그러므로 의무론적 관점에서 볼 때도 이 수칙은 타당한 것이라 볼 수 없다. 그러므로 상담자는 내담자의 사적 만남을 수락해서는 안 되고, 가능한 한 공적인 범위에서 상담회수를 조금 더 늘려 잡는 방법을 취해야 할 것이다.

✏ 사례 4

　대학교 4학년 여학생이 캠퍼스 커플 남학생의 아이를 임신하게 되었다. 그런데 이 여학생이 낙태를 결정했다면 상담전문가는 학생의 자기결정권에 따라 낙태를 도울 것인가? 아니면 낙태는 살인이므로 출산을 권해야 할 것인가?

　내담자의 자기결정권이란 측면에서 이 문제를 살펴보자. 먼저 행동공리주의적 관점에서 본다면, 내담자의 낙태결정은 그 여학생의 임신과 출산으로 인해 충격을 받게 될 가족들을 고려할 때 공리성이 있는 결정처럼 보인다. 그러나 규칙공리적인 관점에서 볼 때는 낙태 행위는 경우에 따라서는 유용성이 있는 것으로 판단될 수 있지만, 보다 장기적인 관점에서 볼 때는 사회전반에 인간생명에 대한 존엄성을 약화시키는 기능을 수행함으로써 사회전체의 공리성에 부정적인 영향을 미칠 수 있다. 따라서 규칙공리주의적 관점에서는 낙태결정은 올바른 결정이라 말할 수 없을 것이다. 또한 칸트의 윤리적 관점에서 볼 때도 낙태란 인간의 인격을 항상 목적이 아닌 수단으로 대우하고 있다는 점에서 인격성을 존중하는 행위가 될 수 없으며, 그 생명이 '나'의 생명일 경우를 가정해 볼 때 적어

도 '나'는 결코 그 행위가 보편적인 행위가 되도록 바랄 수 없다는 점에서 이 행위는 보편성을 지니지 못한다. 즉, 칸트의 입장에서 본다면 인격성 테스트와 보편성 테스트를 둘 다 통과하지 못했으므로 윤리적 기준과 판단에 따라 낙태보다는 출산을 수용하는 결론을 내려야 하는 것이다. 이 경우 상담자는 자칫 내담자의 자율권을 침해하는 결정을 내릴 수 있으므로 딜레마에 봉착하게 된다. 그 결과 자율권, 즉 자유권과 생명의 존중이라는 평등권이 갈등하게 된다. 이때 상담자는 의무론적 윤리와 공리주의의 일치된 결론인 평등권, 즉 생명존중을 우선하는 입장에서 상담에 임해야 하고 상담의 과정을 통해 내담자가 스스로 낙태를 철회하도록 함으로써 내담자의 자율권을 지켜 주는 방향으로 나아가야 한다. 또한 상담자는 출산될 아이의 양육에 관련된 구체적인 대안들을 함께 모색하여 공리성을 확보하고, 궁극적으로 내담자의 성장을 도와야 한다.

3) 통합모델—3단계 윤리적 의사결정모델

상담자가 윤리를 원리적 차원에서 이해하고 이를 상담과정에 원활하게 적용하는 것은 쉽지 않다. 그러므로 구체적인 상담과정에서 상담자가 도움을 받을 수 있도록 윤리적 원리의 차원에서 윤리적 갈등상황을 해결하는 데 도움이 되는 윤리적 의사결정모델을 만들어 놓을 필요가 있다. 요즘 우리나라 사회과학 분야에서 논의되고 있는 주요 윤리적 결정모델로는 6개의 원칙과 7단계의 의사결정과정으로 구성된 리머(Reamer)의 모델,[2] 7개의 원칙과 11단계의 의사결정과정으로 구성되는 로웬버그와 돌고프(Loewengerg & Dolgoff)의 모델,[3] 그리고 윤리적 결정의 우선순위를 제시하는 양옥경의 모델[4]이 있다. 그러나 이들 모델

---

2) 리머는 6개의 윤리적 의사결정원칙을 제시한다. ① 폭력적 해악으로부터의 보호, ② 인간의 기본권 우선, ③ 개인의 자기결정권 존중, ④ 소속기관의 규칙 준수, ⑤ 법률보다 개인의 복지권을 우선, ⑥ 기본적인 해악의 방지(이효선, 2003: 168-173; Reamer, 1983, 1995)

3) 로웬버그와 돌고프는 7개의 윤리원칙을 제시한다. 원칙 1: 생명보호의 원칙, 원칙 2: 평등과 불평등의 원칙, 원칙 3: 자율성과 자유의 원칙, 원칙 4: 최소한 해악의 원칙, 원칙 5: 삶의 질의 원칙, 원칙 6: 사생활보호와 비밀보장의 원칙, 원칙 7: 진실성과 정보개방의 원칙(이효선, 2003: 173-177)

4) 양옥경은 윤리적 결정의 우선순위를 다음과 같이 다섯 단계로 구분하고 있다. ① 생명보호, ② 자기결정권,

은, 첫째, 원칙 간의 우선순위를 쉽게 납득할 수 없으며, 둘째, 우선순위에 따라 의사결정과정에서 거치게 되는 7~11단계의 복잡하고도 긴 세부과정들이 상담 현장에서 활동하는 실무자들에게 현실적으로 도움이 되기 어렵다는 점에서 별 반 도움이 되는 의사결정모델이라고 볼 수 없다. 특히 앞서 제3절에서 검토했던 이론과 철학에 기초한 키치너 모델이나 상담실제에 기초한 슈타들러, 웰펠 모델 의 경우처럼 윤리적 갈등상황에서 실제로 도움을 주기에는 그 단계가 너무 복잡 하다.

그러나 현재 사용되고 있는 모델 중 다른 모델들에 비해 상대적으로 윤리적 원리에 충실할 뿐 아니라 이론과 실무를 모두 고려한 통합모델의 예시는 결정원 칙적 모델을 제시하고 있는 루이스(Lewis)의 모델이다. 특히 이 모델은 상담자 윤리강령 전문에서 밝힌 '내담자의 복리 증진과 내담자의 존엄성 증진'이라는 상담자의 책무를 이행할 수 있도록 복리에 초점을 맞추고 있는 공리주의 윤리학 과 인간 존엄성을 최대 가치로 보는 의무론적 윤리학을 절충한 윤리적 의사결정 모델을 제시하고 있다는 점에서 주목을 끈다.

루이스는 윤리적 갈등상황에 직면해 여러 가지 해결방안을 모색할 때 대안을 선택하는 9단계의 절차를 제시하고 있다(고수현, 2005; Lewis, 1984).

- 1단계: 여러 대안을 공리주의적 기준에 따라 평가한다.
- 2단계: 공리적 관점에서 채택된 대안이 의무론적 관점에서도 정당한가를 평가한다.
- 3단계: 정당할 경우 이를 실천 대안으로 수용한다.
- 4단계: 만약 의무론적 관점에서 정당하지는 않으나 의무론적 관점에서 제 시된 대안과 모순되지 않는다면 공리적 관점에서 채택된 대안을 선택한다.
- 5단계: 만약 공리적 관점에서 채택된 대안이 의무론적 관점에서 채택된 대 안과 모순될 경우에는 의무론적 대안을 수용한다.

---

③ 비밀보장과 알 권리, ④ 균등한 기회제공, ⑤ 규칙준수(양옥경 외, 1995: 236-237; 이효선, 2003: 177-180)

- 6단계: 적절한 자료나 정보의 부족으로 공리적 대안이 미흡할 경우에는 의무론적 대안을 채택한다.
- 7단계: 정보부족으로 공리적 대안이나 의무론적 대안 모두 미흡할 경우에는 의무론적 대안을 채택한다.
- 8단계: 의무론적 대안이 선택되었을 경우 그것에 따라 행해야 할 세부적인 의무 사이의 갈등이 있는 경우 세부적인 사항에 대해서도 의무론적인 접근을 통해 우선순위를 정한다.
- 9단계: 세부사항의 우선순위에 따라 최종적인 실천 대안을 정한다.

이 9단계 절차의 핵심적인 요지는 대안을 모색함에 있어 먼저 공리주의적 접근을 통해 대안을 선택하고 그것이 의무론적 관점에서도 정당하거나 의무론적 관점에서 채택된 대안과 모순되지 않는다면 그 대안을 선택하지만, 서로 상충하는 경우에는 의무론적 접근을 통해 선택된 대안을 선택하라는 것이다. 상담자의 의사결정모델을 윤리적 원칙에 충실하면서도 보다 명료하게 구성하여 상담현장에서 성찰할 수 있도록 재구성하면 다음과 같은 3단계가 될 것이다.

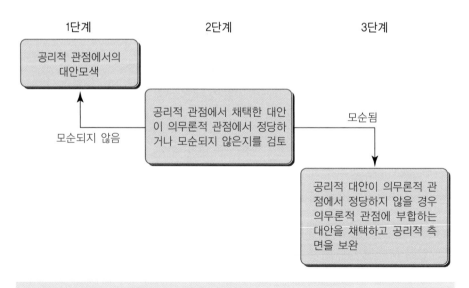

[그림 4-3] 상담자의 윤리적 의사결정 3단계

이 3단계 의사결정절차에 따라 앞에서 예시된 '사례 4'에서 상담자의 결정은 어떠한 결론을 내려야 할지를 검토해 보자.

- 제1단계: 당장 결혼을 할 수도 없는 처지에 있는 학생들 간에 생긴 임신의 경우, 낙태를 행동공리적 관점에서 검토해 본다면 여학생의 심리적 상태나 주변 사람들이 보일 부정적인 반응, 경제적 능력이 없는 아이 아빠인 남학생의 난처한 상황, 태어날 아이의 불투명한 장래 등을 고려해 볼 때 낙태의 공리성이 출산의 공리성보다 더 크다고 하겠다. 그러나 이 경우를 규칙공리적인 관점에서 본다면 상황에 따라 일시적으로 공리성이 있을 수도 있지만, 장기적인 안목에서 본다면 인간의 생명에 대한 존엄성을 훼손시킴으로써 사회 저변에 인간생명에 대한 경시풍조를 가져올 수 있고 더 나아가 미혼 남녀의 성 문란을 부추길 수 있다는 점에서 공리성이 크지 않을 것으로 판단된다.

- 제2단계: 태아를 인격을 지닌 생명체로 볼 경우, 낙태는 생명을 해치는 살인행위에 해당하며 내담자의 인격의 존엄성을 훼손하는 행위다. 왜냐하면 인간의 인격이란 영혼과 몸으로 구성되는데 내담자가 어떤 필요에 의해 자신의 몸과 영혼을 분리해 대응하는 것은 분명 자신의 인격을 훼손하는 것이기 때문이다. 내담자는 낙태를 통해 자신의 인격을 훼손할 뿐만 아니라 뱃속에 든 생명, 즉 태아의 인격까지 훼손하는 것으로 이중의 인격 훼손에 해당된다. 이는 언제나 인간을 목적으로 대우하고 수단으로 대우해서는 안된다고 말하는 의무론적 윤리학의 실천원리를 어기는 행위다. 따라서 앞서 살펴본 행동공리적 관점은 의무론적 관점과 상충되지만 규칙공리적 관점은 의무론적 관점과 부합됨을 알 수 있다.

- 제3단계: 의무론적 관점에 부합하는 대안은 결국 아이를 출산하는 것이다. 그러나 내담자의 자율권을 존중하여 내담자가 스스로 아이를 출산하는 결정을 내릴 수 있도록 하되 내담자와 아이의 행복권이 침해되지 않도록 강구하면서 출산한 아이를 직접 양육할지 아니면 입양을 할지, 또는 내담자

가 양육할 형편이 아닌 경우 어떠한 사회적 도움을 얻을 수 있는지 모든 가능성들을 숙고한다. 상담자는 이 같은 결정을 통해, 첫째, 아이의 생명을 보호하고, 둘째, 내담자의 자율권을 존중하며, 셋째, 사회적 공익을 추구할 수 있다.

이러한 일을 통해 우리 사회에서는 사랑과 생명에 대한 의미, 성적 자기결정에 대한 책임성, 사회적 약자에 대한 배려를 촉구할 수 있으며, 상담을 통한 행복과 삶의 질 향상을 기대할 수 있을 것이다.

4. 윤리적 의사결정모델의 사례를 통한 이해

✏ 사례 5

오전 11시부터 12까지 내담자 A씨와 상담을 함께 진행하던 중 상담 종결 무렵이 되어서 내담자의 매우 중요한 문제에 초점을 맞추게 되었다. 상담자는 내담자에게 오후 일정이 어떠한지 물은 후 시간이 허용된다면 샌드위치로 간단히 식사를 하면서 추가 비용 없이 상담을 더 진행하면 어떨지를 물었다. 내담자는 흔쾌히 동의하였다. 예상대로 샌드위치와 시원한 차를 마시면서 진행된 상담은 좀 더 자유롭고 부담이 적었으며, 이로 인해 내담자는 훨씬 수월하게 자신을 개방해 나갔다. 그날 이후 내담자 A씨는 그 회기의 경험이 매우 도움이 되었으며 의미가 있었다는 점을 강조해 말하였다. 상담자로서 보기에 이 '샌드위치 회기'가 내담자 A씨의 상담에서 전환점이 된 동시에 치료적 관계를 굳건하게 해 준 것 같았다.

- 1단계: 상담자가 제안한 '샌드위치 회기'는 내담자로 하여금 좀 더 솔직하게 자신을 개방하게 하는데 도움이 되었다는 점에서 공리적으로 보아 문제가 없어 보인다. 그러나 이것은 어디까지나 행동공리적 관점, 즉 특별한 만남을 일회적 사건으로 국한시킬 경우다. 이러한 특별한 만남이 상례화될 경

우에는 공리성이 떨어지게 된다. 왜냐하면 사적인 만남과 같은 분위기의 특별한 만남이 상례화될 경우 두 사람 사이가 사적인 관계로 변질되기 쉽다. 그 결과 상담자는 상담자로서의 권위와 객관성을 유지하기 어려우며, 이는 또 다른 상담을 유발하는 결과를 가져오게 된다. 따라서 규칙공리적인 관점에서 볼 때 특별한 만남은 윤리적이지 못하다.

- 2단계: 상담자가 내담자와 특별한 만남을 가질 경우, 상담자는 내담자를 차별할 가능성이 있게 된다. 이는 의무론의 보편성 원리에 부합하지 않는다. 그러므로 의무론적 관점과 일치하는 결론인 규칙공리적 관점을 수용하여 특별한 만남을 갖지 않는 것이 좋다.

🖊 사례 6

남성 상담자 A는 평소에 내담자들에게 일상적으로 포옹을 하는 친절하고 따뜻한 태도를 취한다. 현재 상담을 하고 있는 여성 내담자 C는 그간 살아오면서 남성에게 존중받지 못하였으며, 지속적인 관계를 유지하는 것에도 대부분 실패하였다. 결국 자신이 남은 삶 동안 혼자 지내게 될지도 모른다는 생각과 두려움으로 상담을 받게 되었다. 이 날도 상담이 끝날 무렵 평상시처럼 상담자는 내담자를 안아 주면서 인사하였다. 내담자는 자신이 입고 온 코트를 상담자가 입혀 주기를 기다리며 다음과 같이 말하였다. "누군가 나를 어루만져 주는 것이 필요합니다. 그렇기 때문에 이 상담시간은 늘 내게 특별하고 한 주 내내 이 시간을 기다리게 됩니다." 상담자는 당황하였다. 그는 내담자가 자신의 행동을 오해했고 그의 행동은 단지 친밀하게 인사를 나누는 방식에 불과하다고 말하였다. 그리고 오해를 불러일으킨 점이 있다면 미안하다고 사과하였다. 내담자 C는 의기소침하였으며 다음 상담에 오지 않았다.

- 1단계: 일단 상담자의 포옹은 내담자에게서 뜻하지 않은 반응을 얻게 되었고 그로 인해 결과적으로는 상담자와 내담자 모두 관계가 나빠지게 되었다는 점에서 행동공리적 관점에서 볼 때 공리성이 별로 없는 행위였다. 또한

그의 포옹이 그동안 많은 사람들에게 좋은 결과를 얻었는가를 생각해 보아야 한다. 우리나라의 경우 서구와는 달리 사회적 관행상 포옹은 오해의 여지가 있는 인사법이다. 따라서 그동안 그의 포옹이 좋은 결과를 얻었는지 알 수가 없으며, 오히려 그동안 구체적으로 표현하지는 않았겠지만 많은 이성 내담자들 역시 심적으로 이 사례에 나오는 내담자와 같은 고민을 했을 수도 있다. 그렇다면 규칙공리적인 관점에서 볼 때도 윤리적이지 못하다고 본다. 더욱이 이 경우는 남성에게 존중받고 싶다는 내담자의 욕구를 충족시켜 과도한 기대를 할 수 있도록 방임했다는 점에서 규칙공리적인 관점에서 역시 윤리적이지 못하다고 본다.

- 2단계: 앞서 언급했듯이 포옹이 우리의 사회적 관행상 오해의 여지가 있는 인사법이고 그의 말처럼 단지 친밀한 인사법에 불과한 것이었다면 그의 인사법은 다소간 과장이 담긴 것이다. 과장은 다분히 상대를 기만하는 것이고 이는 상대의 인격을 목적이 아닌 수단으로 대우하는 것이라는 점에서 의무론의 인격성 요건을 충족시킬 수 없다. 따라서 공리적인 결론과 의무론적인 결론이 일치되며, 이 경우 상담자는 포옹을 해서는 안 된다. 특히 내담자의 정서상태를 고려할 때 포옹이 내담자의 문제에 도구적으로 사용되어 더욱 윤리적이지 못하다.

🖊 사례 7

여성 상담자 A는 여러 달 동안 남성 내담자 C와 상담을 진행해 왔다. 어느 날 내담자 C는 만취한 상태로 상담에 와서는 자신의 아내가 외도를 하고 있다는 사실을 알게 되었으며 매우 큰 상처와 분노를 느낀다고 말하였다. 그리고 아내와 그 상대를 모두 죽이고 싶다고 격렬한 감정을 섞어 말하였다. 상담자 A는 내담자를 진정시키기 위해 약 2시간 이상 평소보다 길게 상담을 하여 내담자를 진정시켰다. 상담자는 내담자에게 충동적인 행동을 하지 않겠다는 약속을 받고 매일 자신에게 정기적으로 전화를 하도록 한 후 돌려보냈다. 상담자는 내담자와의 관계가 견고한 만큼 그의 아내와 외도 상대에게 해를 가하지는 않을 것이라고 판단하였다. 다음번 상담에 왔을 때 내담자는 아내의 외도문제로 여전히 고통스럽다고 말했다. 그러나 고통스럽지만 더 이상 분노에 휩싸이지는 않는다고 하였다. 또 자신을 진정시켜 준 상담자의 도움에 감사하다고 하였다.

- 1단계: 상담자가 내담자가 위험한 행동을 할 수 있다고 생각해 그의 아내에게 이 사실을 알린다고 해서 사고를 예방할 수 있는 것은 아니다. 오히려 문제를 통제하기가 더 어려워질 개연성이 크며, 내담자에게 신뢰를 잃게 되어 더 이상 상담이 불가능해질 수도 있다. 그러므로 행동공리적인 관점에서 볼 때 내담자의 비밀을 그의 아내에게 알리지 않는 것이 윤리적이다. 규칙공리적인 관점에서 역시 상담자가 내담자의 비밀을 누설할 경우에는 어떠한 상담도 불가능해진다는 점에서 공리성이 없는 행위, 즉 비윤리적 행위가 된다.

- 2단계: 상담자가 내담자와 상담을 하기로 약속하는 것은 상담자가 내담자의 상담내용을 비밀로 지킬 것을 암묵적으로 약속하는 것이다. 그러므로 상담자가 불안정하다는 이유로 내담자의 비밀을 누설하는 것은 상담자의 인격을 수단으로 대우한다는 점에서 의무론의 인격성 조건을 충족시키지 못한다. 뿐만 아니라 비밀유지의 약속 파기는 상담자체의 성립을 불가능하게 한다는 점에서 보편성 조건도 충족시키지 못하는 행위다. 따라서 의무론적인 관점에서 볼 때도 내담자에 대한 비밀을 준수해야 하며, 1단계와 2단계의 결론이 일치하므로 상담자는 내담자의 비밀을 준수해야 한다. 다만, 상담시간의 연장이나 매일 자신에게 전화를 하도록 한 행위는 위기상담에 대한 조치이기는 하지만, 상담의 재구조화를 통해 내담자가 문제를 풀어가도록 하는 방향이 또 다른 윤리적인 문제를 야기하지 않는 데 도움이 된다.

🖊 사례 8

　　내담자 A는 상담자에게 장신구 하나를 선물하려고 하였다. 그 장신구는 내담자가 소중하게 오랫동안 간직해 오던 것이다. 내담자 A는 상담자의 도움에 진심으로 감사하였으며 따라서 의미 있는 선물을 하고 싶었던 것이다. 상담자는 상담 초기에 선물을 받지 않는다는 지침을 이미 세운 바 있기 때문에 그 선물을 받을 수 없다는 점을 상기시켰다. 그러나 내담자는 그 선물을 상담자가 계속 거절할 경우 자신에게 상처가 될 것이라고 말하였다. 상담자는 내담자가 이 선물을 주려는 의도를 명확히 알고 있었기 때문에 자신이 세운 방침에도 불구하고 이 선물을 받아야 할지 고민을 하게 되었다.

- 1단계: 상담자와 내담자 간의 선물은 두 사람의 관계를 보다 친밀하게 함으로써 내담자가 보다 쉽게 자신의 문제를 상담자에게 이야기할 수 있다는 장점이 있다. 그러나 이들의 관계가 사적 관계로 변질될 우려가 있다. 물론 이 선물이 일회적인 것으로 끝난다면 공리성이 있어 보인다. 그러나 이 선물이 반복적이 된다면 공리성이 떨어지게 된다. 왜냐하면 상담자와 내담자가 자주 선물을 주고받는 사이가 되면 두 사람의 관계가 사적인 관계로 변질될 위험이 있을 뿐 아니라 선물 자체가 두 사람 모두에게 또 다른 스트레스로 작용될 소지가 크기 때문이다. 따라서 선물을 일회적인 것으로 보는 행동공리적 관점에서는 선물을 받는 것이 윤리적이나, 선물이 일상화되는 규칙공리적 관점에서는 선물을 받지 않는 것이 윤리적이다.
- 2단계: 선물을 주는 행위는 일종의 친절이나 고마움에 대한 표시다. 감사의 표시인 선물을 받지 않는 것은 의무론적인 관점에서 볼 때 상대의 인격을 무시하는 것이 된다. 그러므로 행동공리적인 입장과 마찬가지로 선물을 받는 쪽을 선택하는 것이 좋다.
- 3단계: 선물을 받되, 그 선물을 상담이 모두 끝난 이후에 받겠다고 말하는 것이 좋을 듯하다. 그래야 상담이 진행되는 동안 다시는 선물은 주는 일도

없을 것이고 내담자도 마음에 상처를 받지 않을 것이다.

상담자 A는 내담자 B를 8세부터 상담해 오고 있다. 상담이 처음 시작되었을 때 내담자 부모는 몇 년 전 이혼을 한 상태였고, 내담자는 어머니와 살면서 정기적으로 아버지를 만나고 있었다. 그러나 내담자는 아버지를 만날 때마다 심각한 두통과 불안 증상을 겪었으며, 이 때문에 어머니가 상담을 의뢰하였다. 내담자 B에 대한 상담은 문제가 나타날 때만 간헐적으로 이루어지는 방식으로 고등학교 시기까지 지속되었다. 현재 고등학생인 B는 친구들과 편의점에서 물건을 훔치거나 여자친구와 성관계를 가진 경험을 상담자에게 얘기하였다. 상담자 A가 내담자 B의 어머니와도 상담을 하기 때문에 내담자 B는 자신의 얘기가 어머니에게 전달될까 봐 걱정하고 있으며, 이러한 일이 있어서는 안 된다는 점을 상담자에게 말하였다. 이 상황에서 상담자는 내담자의 상태를 부모에게 알려야 할지 갈등하고 있다.

- 1단계: 상담자가 내담자의 상태를 부모에게 알릴 경우 상황이 나아질 것이 없으며, 상담자가 내담자의 비밀을 누설했다는 사실이 내담자에게 알려질 경우 상담은 종료될 가능성이 있다. 그러므로 내담자의 상태를 알리는 것은 공리성이 없는 비윤리적 행위다. 또 규칙공리적인 입장에서 볼 때도 상담자가 내담자의 상담내용을 누설할 경우 더 이상 상담이 불가능하다는 점에서 공리성이 없는 비윤리적 행위다.

- 2단계: 내담자의 상태를 알리는 것은 기본적으로 내담자와의 비밀유지에 대한 암묵적인 약속을 깨는 행위다. 이 행위는 의무론적 관점에서 볼 때 먼저 보편성 요건을 충족시킬 수 없다. 다시 말해, 상담자가 비밀을 누설한다면 상담이라는 행위자체가 성립될 수 없기 때문이다. 게다가 비밀누설과 약속위반은 내담자의 인격을 목적으로 대우하는 것이 아니라 수단으로 대우하는 것이라는 점에서 윤리적이지 못하다. 이는 공리적 관점과 의무론적

관점이 일치한다. 그러므로 상담자는 내담자의 상태를 알리지 말아야 한다. 다만, 모자지간에 직접적인 소통이 이루어질 수 있도록 상담과정에 최선을 다해야 한다.

5. 상담윤리교육의 필요성

오늘날 상담과정에서 상담자는 그 어느 때보다도 윤리적 갈등상황에 직면해 있다. 윤리적 갈등상황이 많다는 것은 그만큼 관습적인 덕 윤리에 의존해서 해결할 수 없는 문제가 많아졌다는 것을 의미한다. 이는 우리의 삶이 과거와는 비교할 수도 없을 만큼 복잡해졌기 때문에 일어나는 현상으로, 상담자가 윤리적 갈등상황에서 내담자로 하여금 스스로 바람직한 결정을 내릴 수 있도록 윤리적인 성찰을 할 수 없다면 내담자를 제대로 도울 수 없다. 그러므로 상담자는 내담자보다 한 단계 높은 차원에서 그리고 한 발 앞서서 윤리적 갈등상황에서 어떻게 윤리적 의사결정을 할 수 있는지를 고민해 보아야 한다. 그러나 어떤 경우에도 상담자는 자신의 윤리적 견해를 일방적으로 강요하거나 주입하려고 해서는 안 된다. 이런 의미에서 상담자는 상담과정에서 가치중립적이어야 한다. 그러나 이 '가치중립적'이라는 말이 상담과정에서 자신의 경험과 가치를 부인하거나 가치판단능력이 없어도 된다는 것을 의미하는 것은 아니다. 상담자가 인습단계의 도덕성에 머물러 있으면서 가치중립적 태도를 취하려 한다면 상담자는 종종 자기의 양심과 심각한 갈등을 빚게 될 것이다. 왜냐하면 사회의 윤리와 도덕적 기준을 존중해야 한다고 생각하는 상담자로서 내담자가 관습적 도덕에 부합하지 않는 의사결정을 내리게 되는 경우 심각한 갈등을 겪을 수밖에 없기 때문이다. 이는 또한 상담자 윤리강령에 명시된 사회적 공익에 최선을 다해야 하는 상담자의 책무에도 위배되는 것일 수도 있다. 그러나 상담자가 도덕을 보편적인 원리적 차원에서 이해하는 인습 후 단계의 도덕성을 지닌 사람이라면 가치중립적인 차원에서 가치론적 개입을 할 수 있다. 이는 제반 윤리에 대한 이해가 있는 상담자만이 앞서 제시한 3단계 의사결정모델에 따라 내담자로 하여금 스스로 올바른 윤리적 의사결정을 하도록 도울 수 있기 때문이다(김옥진, 김형수, 김기민, 장성화, 2011).

　상담과정에서 상담자가 경험하게 되는 윤리적 딜레마는 크게 두 종류로 나눌 수 있다. 첫 번째는 내담자가 가져온 문제에 함의된 갈등이다. 이는 위기상담이나 긴박한 선택이 요구되는 경우를 포함한 갈등상황에 해당되는데, 이때 상담자는 내담자의 복지와 인격적 존엄성을 확보하면서 답을 찾을 수 있는 방안인 3단계 윤리적 의사결정과정을 통해 내담자와 함께 최선의 선택을 찾아가는 노력을 경주해야 한다. 두 번째는 상담자 자신이 겪는 윤리적인 갈등문제다. 자신이 일하고 있는 기관에서 내담자에 대한 정보를 요구하거나, 내담자와 이중관계이거나 혹은 특정한 내담자가 오는 것을 꺼린다거나, 상담을 통해 내담자에게 별반 도움을 줄 수 없다고 생각하거나, 자신이 상담자로서의 자질이 부족하다고 느끼는 경우 등이다. 이런 경우 실상은 윤리적인 갈등상황이기에 앞서 기술적인 문제일 수 있으므로 일차적으로 상담윤리강령을 통해 도움을 받을 수 있다. 따라서 상담윤리강령을 구체적으로 적용하도록 하고, 법전을 찾아보거나 수칙 등을 알아보며, 여러 가지 내규를 꼼꼼히 살피면서 이에 대한 경험자의 조언이나 수퍼바이저의 자문을 구할 수 있다. 그러나 이러한 방식으로 해결되지 않는 경우는 이 역시 상담과정에서 사용하는 3단계 윤리적 의사결정모델을 통해 자신의 윤리적 갈등문제를 해결할 수 있다.

　피아제의 연구에 따르면, 인간의 도덕성은 거의 어린 시기에 결정되며 그 이후는 큰 변화가 이루어지지 않는다고 한다. 이런 맥락에서 매킨타이어(MacIntyre)는 근대 이후 강조되어 온 행위 중심 윤리(행위의 옳고 그름을 식별하는 데 관심을 갖는 윤리)에서 행위자 중심의 윤리(행위의 실천을 강조하는 윤리)로의 회귀를 주장한다(박정순, 1991; MacIntyre, 1997). 사실상 윤리란 단순히 인식과 판단의 문제가 아닌 행위의 문제라는 점에서 덕목과 그것을 실행에 옮길 수 있는 품성의 함양에 초점을 맞추는 행위자 중심 윤리의 중요성은 아무리 강조해도 지나치지 않는다. 그러나 상담과정에서 직면하게 되는 윤리적 갈등상황에서 다양한 고민과 가치적 갈등을 보이는 내담자를 놓고 상담자가 오히려 인습적 단계에 머물러 있다면, 어렵게 상담실 문을 두드린 내담자에게 적절한 도움을 주지 못하게 될 것이다. 그렇기 때문에 상담의 실제에서는 도덕을 원리적 단계에서 이해할 수 있도록 해 주는 행위 중심 윤리의 필요성이 대두되는 것이다. 이 같은 행위 중심 윤리는 윤리를 인습단계가 아닌 인습 후 단계에서 성찰할 수 있는 능력이 뒷받침되지 않으면 가능하지 않다.

상담자가 인습단계의 도덕성에 머물러 행위자 중심 윤리를 강조하는 경우 대부분 도덕적 민감성이 적어지며, 관습적인 가치만을 고집하기 때문에 윤리적 갈등에 처한 내담자를 돕는 데 한계를 드러낼 수 있다. 따라서 상담자 양성과정에는 상담의 기법이나 기술을 익히기 이전 원리에 입각한 윤리를 적용할 수 있는 상담윤리에 대한 교육이 필요하다.

제5장
상담자 윤리와 법

| 김요완 |

　상담자는 상담분야의 전문가로서 상담자 윤리강령에 따라 윤리적 상담을 해
야 한다. 하지만 상담자는 전문가이기 이전에 한 국가의 국민으로서 국가가 정
해 놓은 법을 따라야 하는 의무를 가진다. 특히 그 의무는 전문가이기에 더 크
다. 상담자는 내담자의 사적인 이야기를 경청하고 공감을 하며, 더 많은 자기
개방을 할 수 있도록 촉진적 관계(이장호, 금명자, 2012)를 맺는다. 이때 상담자
는 내담자의 사적 이야기에 대해 비밀을 유지하고, 이러한 비밀유지를 통해 상
담자-내담자 간 라포(rapport)와 신뢰가 형성되어 내담자는 더 깊은 자기개방을
할 수 있게 된다. 상담자가 내담자의 자기개방한 내용에 대해 비밀을 유지하는
것은 상담자 윤리강령에 중요한 부분일 뿐만 아니라 상담자가 지켜야 할 법적
의무에도 해당한다. 그만큼 상담자의 비밀유지는 내담자와의 관계에서 치료적
인 효과를 나타낼 뿐만 아니라, 동시에 비밀유지가 되지 않았을 경우 내담자에
게 심각한 피해를 주기 때문이다.

　이러한 상황에서, 이 장에서는 상담자가 전문가로서 윤리적 상담을 하기 위
해 지켜야 할 법적인 의무에 대해 다루고, 이를 통해 윤리적인 측면뿐만 아니라

법적인 측면에서도 상담자의 예민성을 키우고자 한다.

법과 상담자 윤리강령상 공통적으로 강조하는 부분이 있다. 바로 내담자에 대한 비밀유지 부분이다. 상담자는 상담의 효과를 극대화하기 위해, 더불어 내담자의 사생활을 침해하지 않기 위해 비밀을 보장해야 한다. 즉, 비밀보장을 통해 내담자의 사적인 생활이 보호될 수 있고, 내담자의 사생활 보호야말로 내담자 보호에 매우 중요한 요소이기 때문에 상담자 윤리강령에서 가장 강조를 하고 있는 사항이다.

1. 비밀유지에 관한 법적 규정

사적 생활의 보호는 「대한민국헌법」 제17조에서 "모든 국민은 사생활의 비밀과 자유를 침해받지 아니한다."라고 명시함으로써 법에서 보장해야 할 숭고한 가치로 규정하고 있다. 즉, 사생활의 비밀을 침해하는 행위는 윤리적 측면뿐만 아니라 법적인 측면에서도 금지하고 있다.

상담을 하는 데 있어 비밀유지는 아무리 강조해도 지나침이 없는 사항인데, 이 장에서 비밀유지를 위한 법조항과 비밀유지가 되지 않을 때 법적으로 어떻게 제재를 가하는지 고찰을 하고자 한다. 이를 통해 비밀유지는 단순하게 상담자가 가져야 할 윤리적인 덕목이 아닌, 법적으로 행해야 할 의무임을 강조하고자 한다.

한편, 비밀유지와 관련하여 비밀유지 예외 사유가 있다. 이는 사전 동의과정 때 설명해야 하는, 비밀유지 예외 사유와 관련이 있는데, 법에서는 이러한 상황을 어떻게 규정하는지 고찰하고자 한다.

1) 비밀유지를 위한 법적 금지사항

법에서는 상담 관련 종사자에게 비밀을 누설하지 않도록 금지규정을 두고 있는데, 이와 관련한 법은 「가정폭력범죄의 처벌 등에 관한 특례법」 「성폭력범죄의 처벌 등에 관한 특례법」 「아동학대범죄의 처벌 등에 관한 특례법」 「아동복지법」 「노인복지법」 「가사소송법」 「가정폭력방지 및 피해자보호 등에 관한 법률」 「성폭력방지 및 피해자보호 등에 관한 법률」 「성매매방지 및 피해자보호 등에 관한 법률」 「아동·청소년의 성보호에 관한 법률」 「학교폭력예방 및 대책에 관한 법률」 「자살예방 및 생명존중문화 조성을 위한 법률」(특례법-법-법률 순) 등이다.

(1) 가정폭력 관련 법

■「가정폭력범죄의 처벌 등에 관한 특례법」

「가정폭력범죄의 처벌 등에 관한 특례법」 제18조 제1항에서는 "가정폭력범죄의 수사 또는 가정보호사건의 조사·심리 및 그 집행을 담당하거나 이에 관여하는 공무원, 보조인, 상담소 등에 근무하는 상담원과 그 기관장 및 제4조 제2항 제1호에 규정된 사람(그 직에 있었던 사람을 포함한다.)은 그 직무상 알게 된 비밀을 누설하여서는 아니 된다."라고 비밀누설 금지조항을 명시하였다.

비밀을 유지해야 하는 사항으로, 특례법 제18조 제2항에서는 "가정폭력행위자, 피해자, 고소인, 고발인 또는 신고인의 주소, 성명, 나이, 직업, 용모, 그 밖에 이들을 특정하여 파악할 수 있는 인적 사항이나 사진 등을 신문 등"으로 규정하며, 이를 출판물에 싣거나 방송매체를 통하여 방송할 수 없도록 하였다. 특히, 가정폭력피해자가 보호하는 아동이나 아동 피해자에 대해, 특례법 제18조 제3항에서는 "정당한 사유가 없으면 해당 아동의 취학, 진학, 전학 또는 입소의 사실을 가정폭력행위자인 친권자를 포함하여 누구에게든지 누설하여서는 아니 된다."라고 하며 아동보호를 위해 비밀누설을 금지하고 있다.

특례법 제64조 제1항에서는 비밀 엄수를 위반한 "상담소 등의 상담원 또는 그 기관장(그 직에 있었던 사람 포함)은 1년 이하의 징역이나 2년 이하의 자격정지 또는 1,000만 원 이하의 벌금에 처한다."라고 하며 비밀누설 금지를 위반하였을 때 어떤 법적 조치가 있는지 규정하고 있다.

■「가정폭력방지 및 피해자보호 등에 관한 법률」

「가정폭력방지 및 피해자보호 등에 관한 법률」제16조에서는 "긴급전화센터, 상담소 또는 보호시설의 장이나 이를 보조하는 자 또는 그 직에 있었던 자는 그 직무상 알게 된 비밀을 누설하여서는 아니 된다."라고 하며 비밀 엄수의 의무를 규정하고 있다. 또한 법률 제20조의3에서는 이러한 비밀 엄수의 의무를 위반하였을 경우, "1년 이하의 징역 또는 1,000만 원 이하의 벌금에 처한다."라고 하며 벌칙을 규정하고 있다.

(2) 아동학대 관련 법
■「아동학대범죄의 처벌 등에 관한 특례법」

「아동학대범죄의 처벌 등에 관한 특례법」제35조 제1항에서, "상담소 등에 근무하는 상담원과 그 기관장" 등은 그 직무상 알게 된 비밀을 누설하지 않도록 하며 비밀 엄수의 의무를 규정하고 있다. 또한 이를 위반하였을 경우, "3년 이하의 징역이나 5년 이하의 자격정지 또는 3,000만 원 이하의 벌금에 처한다(제62조 제1항)."라고 벌칙을 규정하고 있다.

특례법 제35조 제3항에서는 "피해아동의 교육 또는 보육을 담당하는 학교의 교직원 또는 보육교직원은 정당한 사유가 없으면 해당 아동의 취학, 진학, 전학 또는 입소(그 변경을 포함한다.)의 사실을 아동학대행위자인 친권자를 포함하여 누구에게든지 누설하여서는 아니 된다."라고 규정하고 있고, 이를 위반하였을 경우, "3년 이하의 징역이나 3,000만 원 이하의 벌금에 처한다."라고 벌칙을 규정하고 있다.

(3) 성 관련 법
■「성폭력범죄의 처벌 등에 관한 특례법」

상담자는 성폭력범죄의 재판 과정에 진술조력인으로 참여할 수 있다.

제35조(진술조력인 양성 등)
① 법무부장관은 의사소통 및 의사표현에 어려움이 있는 성폭력범죄의 피해자에 대한 형사
  사법절차에서의 조력을 위하여 진술조력인을 양성하여야 한다.
② 진술조력인은 정신건강의학, 심리학, 사회복지학, 교육학 등 아동·장애인의 심리나 의
  사소통 관련 전문지식이 있거나 관련 분야에서 상당 기간 종사한 사람으로 법무부장관
  이 정하는 교육을 이수하여야 한다. 진술조력인의 자격이나 양성 등에 관하여 필요한 사
  항은 법무부령으로 정한다.
③ 법무부장관은 제1항에 따라 양성한 진술조력인 명부를 작성하여야 한다.

특례법 제24조 제1항에서는 진술조력인과 같은 성폭력범죄의 수사 또는 재판
에 관여하였던 사람에게 성폭력범죄 피해자의 사생활에 관한 비밀을 유지해야
하는 의무를 규정하고 있다. 또한 특례법 제50조 제2항에서는 제24조 제1항에
서 언급한 성폭력범죄의 수사 또는 재판에 관여하였던 전 사람이 피해자의 신원
과 사생활 비밀누설 금지 의무를 위반하였을 때는 "2년 이하의 징역 또는 500만
원 이하의 벌금에 처한다."라며 벌칙을 규정하고 있다.

■「성폭력방지 및 피해자보호 등에 관한 법률」

「성폭력방지 및 피해자보호 등에 관한 법률」 제30조에서는 "상담소, 보호시설
또는 통합지원센터의 장이나 그 밖의 종사자 또는 그 직에 있었던 사람은 그 직
무상 알게 된 비밀을 누설하여서는 아니 된다."라고 하며 비밀유지의 의무와 이
를 위반하였을 경우, 제36조 제2항에서 "2년 이하의 징역 또는 500만 원 이하의
벌금에 처한다."라는 벌칙을 규정하고 있다.

■「성매매방지 및 피해자보호 등에 관한 법률」

「성매매방지 및 피해자보호 등에 관한 법률」 제30조에서 "상담소 등의 장이나
종사자 또는 그 직에 있었던 자는 직무상 알게 된 비밀을 누설하여서는 아니 된
다."라고 하며 비밀 엄수를 규정하고 있다. 또한 법률 제31조 제1항의6에서 "이

법 또는 이 법에 따른 명령을 위반한 경우"에는 "업무 정지 또는 폐지를 명하거나 상담소등을 폐쇄할 수 있다."라고 하며 비밀 엄수를 강조하고 있고, 제36조의4에서 비밀 엄수를 위반하였을 경우, "1년 이하의 징역 또는 1,000만 원 이하의 벌금에 처한다."라고 하며 벌칙을 규정하고 있다.

(4) 아동 · 청소년 관련 법

■「아동복지법」

「아동복지법」에서는 제65조에서 "아동복지사업을 포함하여 아동복지업무에 종사하였거나 종사하는 자는 그 직무상 알게 된 비밀을 누설하여서는 아니 된다."라고 하며 비밀누설 금지를 규정하고 있다. 또한 제71조 제2항의6에서 이를 위반하였을 때에는 "1년 이하의 징역 또는 500만 원 이하의 벌금에 처한다."라고 벌칙을 규정하고 있다.

■「아동 · 청소년의 성보호에 관한 법률」

상담자는 성폭력범죄 피해자인 아동 · 청소년을 증인으로 심문할 때, 신뢰관계인으로 재판과 수사에 동석할 수 있다.

이 법률 제45조와 제46조에서는 아동 · 청소년의 성보호를 위해 청소년지원시설, 청소년상담복지센터, 청소년쉼터, 청소년 보호 · 재활센터, 성매매피해상담소, 성폭력피해상담소, 성폭력피해자보호시설의 업무를 구체적으로 규정하고 있다.

ㅇㅇㅇ **표 5-2** 「아동·청소년의 성보호에 관한 법률」에서의 신뢰관계인 동석에 대한 조항

제28조(신뢰관계에 있는 사람의 동석)

① 법원은 아동·청소년대상 성범죄의 피해자를 증인으로 신문하는 경우에 검사, 피해자 또는 법정대리인이 신청하는 경우에는 재판에 지장을 줄 우려가 있는 등 부득이한 경우가 아니면 피해자와 신뢰관계에 있는 사람을 동석하게 하여야 한다.

② 제1항은 수사기관이 제1항의 피해자를 조사하는 경우에 관하여 준용한다.

③ 제1항 및 제2항의 경우 법원과 수사기관은 피해자와 신뢰관계에 있는 사람이 피해자에게 불리하거나 피해자가 원하지 아니하는 경우에는 동석하게 하여서는 아니 된다.

ㅇㅇㅇ **표 5-3** 「아동·청소년의 성보호에 관한 법률」에서의 청소년 성보호를 위한 보호 시설, 상담시설에 대한 조항

제45조(보호시설)

「성매매방지 및 피해자보호 등에 관한 법률」 제5조 제1항 제2호의 청소년 지원시설, 「청소년복지 지원법」 제29조 제1항에 따른 청소년상담복지센터 및 같은 법 제31조 제1호에 따른 청소년쉼터 또는 「청소년 보호법」 제35조의 청소년 보호·재활센터는 다음 각 호의 업무를 수행할 수 있다.

1. 제46조 제1항 각 호의 업무
2. 대상아동·청소년의 보호·자립지원
3. 장기치료가 필요한 대상아동·청소년의 다른 기관과의 연계 및 위탁

제46조(상담시설)

① 「성매매방지 및 피해자보호 등에 관한 법률」 제10조의 성매매피해상담소 및 「청소년복지 지원법」 제29조 제1항에 따른 청소년상담복지센터는 다음 각 호의 업무를 수행할 수 있다.

　1. 제7조부터 제18조까지의 범죄 신고의 접수 및 상담
　2. 대상아동·청소년과 병원 또는 관련 시설과의 연계 및 위탁
　3. 그 밖에 아동·청소년 성매매 등과 관련한 조사·연구

② 「성폭력방지 및 피해자보호 등에 관한 법률」 제10조의 성폭력피해상담소 및 같은 법 제12조의 성폭력피해자보호시설은 다음 각 호의 업무를 수행할 수 있다.

　1. 제1항 각 호의 업무
　2. 아동·청소년대상 성폭력범죄로 인하여 정상적인 생활이 어렵거나 그 밖의 사정으로 긴급히 보호를 필요로 하는 피해아동·청소년을 병원이나 성폭력피해자보호시설로 데려다 주거나 일시 보호하는 업무

3. 피해아동·청소년의 신체적·정신적 안정회복과 사회복귀를 돕는 업무
4. 가해자에 대한 민사상·형사상 소송과 피해배상청구 등의 사법처리절차에 관하여 대한변호사협회·대한법률구조공단 등 관계기관에 필요한 협조와 지원을 요청하는 업무
5. 아동·청소년대상 성폭력범죄의 예방과 방지를 위한 홍보
6. 아동·청소년대상 성폭력범죄 및 그 피해에 관한 조사·연구
7. 그 밖에 피해아동·청소년의 보호를 위하여 필요한 업무

이 법률 제31조 제1항에서는 위와 같은 신뢰관계인으로서 아동·청소년의 성보호를 위해 활동하거나 활동하였던 사람이 "피해아동·청소년 또는 대상아동·청소년의 주소·성명·연령·학교 또는 직업·용모 등 그 아동·청소년을 특정할 수 있는 인적사항이나 사진 등 또는 그 아동·청소년의 사생활에 관한 비밀을 공개하거나 타인에게 누설하여서는 아니 된다."라고 하며 비밀유지에 대한 의무를 규정하고 있다. 또한 제31조 제2항에서는 청소년상담복지센터 등의 기관장이나 기관장이었던 자, 근무하는 상담자나 상담자이었던 자가 "직무상 알게 된 비밀을 타인에게 누설하여서는 아니 된다."라고 하며 비밀 엄수를 규정하고 있다. 특히 제31조 제3항에서는 "누구든지 피해아동·청소년 및 대상아동·청소년의 주소·성명·연령·학교 또는 직업·용모 등 그 아동·청소년을 특정하여 파악할 수 있는 인적사항이나 사진 등을 신문 등 인쇄물에 싣거나 「방송법」 제2조 제1호에 따른 방송 또는 정보통신망을 통하여 공개하여서는 아니 된다."라고 하며, 상담자뿐만 아니라 모든 사람에 대하여 피해아동·청소년 등에 대한 개인정보와 특정할 수 있는 정보 등을 인쇄물에 싣거나 매체에 공개하지 못하도록 규정하고 있다. 이는 성 문제에 관하여서는 더 특별하게 비밀과 개인정보 등을 공개하지 못하게 함으로써 아동·청소년을 더 적극적으로 보호하고자 하는 법 취지와 관련이 있다.

비밀 엄수를 위한 벌칙 규정을 다른 법률 등과 비교할 때, 「아동·청소년의 성보호에 관한 법률」에서는 매우 엄중한 벌칙규정을 두고 있다. 즉, 법률 제31조 제4항에서는 신뢰관계인으로 활동하거나 활동했던 상담자 등, 청소년상담복지

센터 등의 기관장이나 상담원으로 근무하거나 근무하였던 자, 피해아동·청소년 등의 개인정보나 특정할 수 있는 정보 등을 인쇄하거나 매체 등에 공개하였을 경우, "7년 이하의 징역 또는 5,000만 원 이하의 벌금에 처한다. 이 경우 징역형과 벌금형은 병과할 수 있다."라고 규정하고 있다. 징역형과 벌금형은 병과할 수 있게 함으로써 매우 엄중한 처벌을 규정하고 있다.

ㅇㅇㅇ **표 5-4** 「아동·청소년의 성보호에 관한 법률」에서의 비밀누설 금지 조항

제31조(비밀누설 금지)

① 아동·청소년대상 성범죄의 수사 또는 재판을 담당하거나 이에 관여하는 공무원 또는 그 직에 있었던 사람은 피해아동·청소년 또는 대상아동·청소년의 주소·성명·연령·학교 또는 직업·용모 등 그 아동·청소년을 특정할 수 있는 인적사항이나 사진 등 또는 그 아동·청소년의 사생활에 관한 비밀을 공개하거나 타인에게 누설하여서는 아니 된다.

② 제45조 및 제46조의 기관·시설 또는 단체의 장이나 이를 보조하는 자 또는 그 직에 있었던 자는 직무상 알게 된 비밀을 타인에게 누설하여서는 아니 된다.

③ 누구든지 피해아동·청소년 및 대상아동·청소년의 주소·성명·연령·학교 또는 직업·용모 등 그 아동·청소년을 특정하여 파악할 수 있는 인적사항이나 사진 등을 신문 등 인쇄물에 싣거나 「방송법」 제2조 제1호에 따른 방송(이하 "방송"이라 한다) 또는 정보통신망을 통하여 공개하여서는 아니 된다.

④ 제1항부터 제3항까지를 위반한 자는 7년 이하의 징역 또는 5천만 원 이하의 벌금에 처한다. 이 경우 징역형과 벌금형은 병과할 수 있다.

■「학교폭력예방 및 대책에 관한 법률」

「학교폭력예방 및 대책에 관한 법률」 제11조의2에는 학교폭력 예방과 사후조치 등을 위해 상담자가 개입할 수 있음을 규정하고 있다.

○○○ **표 5-5** 「학교폭력예방 및 대책에 관한 법률」에서의 상담자 개입 관련 조항

제11조의2(학교폭력 조사 · 상담 등)

① 교육감은 학교폭력 예방과 사후조치 등을 위하여 다음 각 호의 조사 · 상담 등을 수행할
   수 있다.

   1. 학교폭력 피해학생 상담 및 가해학생 조사

   2. 필요한 경우 가해학생 학부모 조사

   3. 학교폭력 예방 및 대책에 관한 계획의 이행 지도

   4. 관할 구역 학교폭력서클 단속

   5. 학교폭력 예방을 위하여 민간 기관 및 업소 출입 · 검사

   6. 그 밖에 학교폭력 등과 관련하여 필요로 하는 사항

② 교육감은 제1항의 조사 · 상담 등의 업무를 대통령령으로 정하는 기관 또는 단체에 위탁
   할 수 있다.

③ 교육감 및 제2항에 따른 위탁 기관 또는 단체의 장은 제1항에 따른 조사 · 상담 등의 업
   무를 수행함에 있어 필요한 경우 관계기관의 장에게 협조를 요청할 수 있다.

④ 제1항에 따라 조사 · 상담 등을 하는 관계 직원은 그 권한을 표시하는 증표를 지니고 이
   를 관계인에게 보여 주어야 한다.

⑤ 제1항 제1호 및 제4호의 조사 등의 결과는 학교의 장 및 보호자에게 통보하여야 한다.

이 법률 제21조 제1항에서는 "이 법에 따라 학교폭력의 예방 및 대책과 관련
된 업무를 수행하거나 수행하였던 자는 그 직무로 인하여 알게 된 비밀 또는 가
해학생 · 피해학생 및 제20조에 따른 신고자 · 고발자와 관련된 자료를 누설하
여서는 아니 된다."라고 하며 비밀 엄수에 대하여 규정하고 있다. 또한 제22조
에서는 이를 위반한 자에 대하여 "1년 이하의 징역 또는 1,000만 원 이하의 벌금
에 처한다."고 하며 벌칙을 규정하고 있다.

(5) 노인복지 관련 법

「노인복지법」제7조에서는 "노인의 복지를 담당하게 하기 위하여 특별자치도
와 시 · 군 · 구에 노인복지상담원을 둔다."고 규정하고 있다. 제39조의12에서
"이 법에 의한 학대노인의 보호와 관련된 업무에 종사하였거나 종사하는 자는
그 직무상 알게 된 비밀을 누설하지 못한다."라고 비밀 엄수를 규정하고 있다.

또한 법 제57조의5에서 노인을 상담하고 그러한 노인복지상담원 등이 관련 정보를 누설할 경우, "1년 이하의 징역 또는 1,000만 원 이하의 벌금에 처한다."라고 벌칙을 규정하고 있다.

(6) 자살예방 관련 법

「자살예방 및 생명존중문화 조성을 위한 법률」에서는 "이 법에 따라 자살예방 직무를 수행하였던 자 또는 수행하고 있는 자는 직무 수행과 관련하여 알게 된 타인의 비밀을 누설하거나 발표하여서는 아니 된다(제24조)."라고 하였고, 이를 위반할 경우 "3년 이하의 징역 또는 3,000만 원 이하의 벌금에 처한다(제25조)." 라고 규정하고 있다.

(7) 가사소송 관련 법

이혼의 절차에는 협의이혼과 재판상 이혼 절차가 있고, 재판상 이혼 절차에는 이혼소송과 이혼 조정 절차가 있다. 상담자는 조정위원으로 재판상 이혼 절차에 참여할 수 있다. 이때 「가사소송법」 제71조 제1항에서는 조정위원이거나 이었던 자가 정당한 이유 없이 합의의 과정 등을 누설하면 "30만 원 이하의 벌금에 처한다."라고 규정하고 있다. 또한 제71조 제2항에서는 "조정위원이거나 조정위원이었던 사람이 정당한 이유 없이 그 직무수행 중에 알게 된 다른 자의 비밀을 누설하면 2년 이하의 징역 또는 100만 원 이하의 벌금에 처한다."라고 하며 비밀 엄수에 대한 규정과 더불어 처벌에 대한 규정을 명시하고 있다.

ooo **표 5-6** 「가사소송법」에서의 비밀누설의 관련 조항

제71조(비밀누설죄)

① 조정위원이거나 조정위원이었던 사람이 정당한 이유 없이 합의의 과정이나 조정장·조정위원의 의견 및 그 의견별 조정위원의 숫자를 누설하면 30만 원 이하의 벌금에 처한다.

② 조정위원이거나 조정위원이었던 사람이 정당한 이유 없이 그 직무수행 중에 알게 된 다른 자의 비밀을 누설하면 2년 이하의 징역 또는 100만 원 이하의 벌금에 처한다.

③ 제2항의 죄에 대하여 공소를 제기하려면 고소가 있어야 한다.

---

2) 비밀유지를 위한 진술 거부

법에서는 상담자 등의 전문가가 비밀유지를 위해 진술을 거부할 수 있는 권리를 규정하고 있다. 재산권과 신분권의 권리가 침해되었을 때 권리를 회복하거나 위자료 등의 손해배상 청구를 통해 금전적인 보상을 받고자 소송을 하는 절차가 규정된 「민사소송법」에서, 재판 시 증인으로 출석한 전문가 등이 진술을 거부할 수 있는 권리를 규정하고 있다.

(1) 「민사소송법」

「민사소송법」 제315조 제1항의1에서는 "변호사·변리사·공증인·공인회계사·세무사·의료인·약사, 그 밖에 법령에 따라 비밀을 지킬 의무가 있는 직책 또는 종교의 직책에 있거나 이러한 직책에 있었던 사람이 직무상 비밀에 속하는 사항에 대하여 신문을 받을 때" 증언을 거부할 수 있음을 규정하고 있다. 법상에는 '상담자'라는 용어가 분명하게 명시되어 있지는 않지만, 위에서 언급한 「가정폭력범죄의 처벌 등에 관한 특례법」 「성폭력범죄의 처벌 등에 관한 특례법」 「아동복지법」 「노인복지법」 「가사소송법」 「가정폭력방지 및 피해자보호 등에 관한 법률」 「성폭력방지 및 피해자보호 등에 관한 법률」 「성매매방지 및 피해자보호 등에 관한 법률」 「아동·청소년의 성보호에 관한 법률」 「학교폭력예방 및 대책에 관한 법률」 「자살예방 및 생명존중문화 조성을 위한 법률」에 근거

하여 상담 직무에 관여한 상담기관의 장과 상담자는 민사재판에서 상담 내용을 증언하도록 요청받았을 때, 이 법 제316조에 따라 증언거부의 이유를 소명하고 제315조 제1항의1에 근거하여 증언을 거부할 수 있다. 아쉬운 부분은, 증언거부권을 행사할 수 있는 직업명에 변호사·변리사·공중인 등과 같은 직업명은 명시되어 있으나 '상담자' 혹은 '상담전문가'가 누락된 부분이다. 따라서 앞에서 나열한 법에 근거한 가정폭력 관련, 성 관련, 아동·청소년 관련, 노인복지 관련, 자살예방 관련 상담자의 경우, 「민사소송법」 제315조 제1항의1에서 명시한 "그 밖에 법령에 따라 비밀을 지킬 의무가 있는 직책"을 수행하는 자로 간주되어 진술거부권이 법적으로 보장이 되지만, 그 밖의 경우 상담자가 민사재판 시 증언거부권을 행사할 수 있는지에 대해서는 법 해석에 따라 다르게 해석될 여지가 많이 있다.

다만, 「민사소송법」 제315조 제1항의2에서 "기술 또는 직업의 비밀에 속하는 사항에 대하여 신문을 받을 때"에도 증언을 거부할 수 있도록 규정하고 있다. 상담자의 직무상 내담자의 상담 내용은 '직업의 비밀'에 속할 수 있다고 볼 수 있어, 이에 근거하여 상담자가 손해배상청구 소송과 같은 민사재판에서 진술을 거부할 수 있다고 볼 여지는 있다.

상담자가 민사재판에서 증언하는 예로, 위자료와 같은 손해배상청구사건이 있다. 재판상 이혼 중에 이혼소송사건은 「가사소송법」에 근거하여 재판이 진행된다. 다만, 이혼소송사건이 진행되면서 원고가 배우자인 피고와 부정한 행위를 한 자에 대하여 민사재판으로 손해배상청구를 하는 경우가 자주 있다. 이때 이혼소송에 이르기 전, 부부가 화해를 위해 부부상담을 받을 때 부정행위에 대한 내용이 상담 시 다루어졌다면, 상담자가 손해배상청구의 민사재판에 증인으로 소환되거나 상담일지를 제출하도록 요구받기도 한다.

ooo **표 5-7** 「민사소송법」에서의 증언거부권 관련 조항

제315조(증언거부권)

① 증인은 다음 각 호 가운데 어느 하나에 해당하면 증언을 거부할 수 있다.

　1. 변호사 · 변리사 · 공증인 · 공인회계사 · 세무사 · 의료인 · 약사, 그 밖에 법령에 따라
　　비밀을 지킬 의무가 있는 직책 또는 종교의 직책에 있거나 이러한 직책에 있었던 사람
　　이 직무상 비밀에 속하는 사항에 대하여 신문을 받을 때

　2. 기술 또는 직업의 비밀에 속하는 사항에 대하여 신문을 받을 때

② 증인이 비밀을 지킬 의무가 면제된 경우에는 제1항의 규정을 적용하지 아니한다.

제316조(거부이유의 소명)

증언을 거부하는 이유는 소명하여야 한다.

재판에서 상담자가 관여하는 분야가 많아지는 현실을 고려할 때, 의료인의 업무와 권리, 의무를 규정한 「의료법」, 사회복지사의 업무와 자격, 권리 등을 규정한 「사회복지사업법」 등과 같이 일명 「상담사법」이 제정되거나, 「민사소송법」 제315조 제1항의1에 '상담자, 혹은 상담전문가'를 분명하게 명시하여 내담자의 비밀보호를 통한 내담자 복지 증진에 기여할 필요가 있다.

(2) 「형사소송법」과 「가사소송법」

범죄를 행한 자에 대하여 수사와 형사재판 절차를 규정한 「형사소송법」과 이혼과 같은 가족관계에 대한 소송절차 등을 규정한 「가사소송법」에는 상담자의 증언거부권을 추론할 수 있는 법 조항이 없다.

「형사소송법」에서는 「민사소송법」과 같이 증인의 증언거부권을 제149조에 규정하고 있는데, 「민사소송법」 제315조 제1항의2의 "기술 또는 직업의 비밀에 속하는 사항에 대하여 신문을 받을 때"와 같이 상담자의 업무로 추론할 수 있는 조항이 없다.

○○○ **표 5-8** 「형사소송법」에서의 증언거부 관련 조항

제149조(업무상비밀과 증언거부)
변호사, 변리사, 공증인, 공인회계사, 세무사, 대서업자, 의사, 한의사, 치과의사, 약사, 약종상, 조산사, 간호사, 종교의 직에 있는 자 또는 이러한 직에 있던 자가 그 업무상 위탁을 받은 관계로 알게 된 사실로서 타인의 비밀에 관한 것은 증언을 거부할 수 있다. 단, 본인의 승낙이 있거나 중대한 공익상 필요 있는 때에는 예외로 한다.

2. 신고의무에 관한 법적 규정

법에서는 신고를 통해 비밀보장을 하지 않도록 강요하는 규정도 있다. 이는 상담자 윤리강령의 비밀보장 예외 사유와 관련이 되어 있다. 즉, 내담자 자신에 대한 생명의 위험이 발견될 때, 아동·노인·장애인과 같은 신체적 약자에 대한 학대가 발견될 때, 내담자가 전염병이 걸려 상담자를 포함한 사회 구성원들의 안전과 건강이 보장될 수 없을 때 비밀을 보장하지 않아도 되는 비밀보장의 예외 사유가 발생한다. 이러한 윤리규정을 뒷받침하는 법 조항이 있는데, 이는 비밀누설을 금지하는 「가정폭력범죄의 처벌 등에 관한 특례법」「아동학대범죄의 처벌 등에 관한 특례법」「아동복지법」「노인복지법」「성매매방지 및 피해자보호 등에 관한 법률」「아동·청소년의 성보호에 관한 법률」「학교폭력예방 및 대책에 관한 법률」「자살예방 및 생명존중문화 조성을 위한 법률」 등의 법 조항에 신고를 해야 하는 내용이 동시에 언급되어 있다.

1)「가정폭력범죄의 처벌 등에 관한 특례법」

「가정폭력범죄의 처벌 등에 관한 특례법」에서는 가정폭력을 알게 된 사람을 일반인, 복지시설 종사자 등, 상담자 등으로 분류하여 각각 다른 신고의무를 규정하고 있다.

특례법 제4조 제1항에서는 "누구든지 가정폭력범죄를 알게 된 경우에는 수사기관에 신고할 수 있다."라고 하며 일반인에게는 권고규정을 두고 있다.

특례법 제4조 제2항에서는 의료인, 복지시설 종사자(노인복지시설, 아동복지시설, 장애인복지시설), 다문화가족지원센터 전문인력, 국제결혼중개업자와 종사자, 구조대·구급대원, 사회복지 전담공무원, 건강가정지원센터 종사자와 각 기관의 장은 "직무를 수행하면서 가정폭력범죄를 알게 된 경우에는 정당한 사유가 없으면 즉시 수사기관에 신고"하도록 규정하고 있다. 이는 정당한 사유가 있을 경우 기관의 책임하에 신고를 하지 않을 수 있다는 것을 의미하고 있다.

한편, 상담 업무와 관련한 아동상담소, 가정폭력 관련 상담소 및 보호시설, 성폭력피해상담소 및 보호시설에 근무하는 상담원과 그 기관장에게는 예외사항을 더 엄격하게 두고 신고의무를 규정하고 있다. 즉, "피해자 또는 피해자의 법정대리인 등과의 상담을 통하여 가정폭력범죄를 알게 된 경우에는 가정폭력피해자의 명시적인 반대의견이 없으면 즉시 신고하여야 한다."라고 규정하고 있다. 이는 신고 예외의 사유를 "피해자의 명시적인 반대"에 한정함으로써 상담기관의 임의적인 판단으로 신고를 하지 않도록 하고 있다. 또 특례법 제4조에 명시한 신고의무자들이 신고를 했을 때 불이익을 주어서는 안 된다고 규정하고 있다.

ㅇㅇㅇ **표 5-9** 「가정폭력범죄의 처벌 등에 관한 특례법」에서의 신고의무에 관한 조항

제4조(신고의무 등)
① 누구든지 가정폭력범죄를 알게 된 경우에는 수사기관에 신고할 수 있다.
② 다음 각 호의 어느 하나에 해당하는 사람이 직무를 수행하면서 가정폭력범죄를 알게 된 경우에는 정당한 사유가 없으면 즉시 수사기관에 신고하여야 한다.
  1. 아동의 교육과 보호를 담당하는 기관의 종사자와 그 기관장
  2. 아동, 60세 이상의 노인, 그 밖에 정상적인 판단 능력이 결여된 사람의 치료 등을 담당하는 의료인 및 의료기관의 장
  3. 「노인복지법」에 따른 노인복지시설, 「아동복지법」에 따른 아동복지시설, 「장애인복지법」에 따른 장애인복지시설의 종사자와 그 기관장
  4. 「다문화가족지원법」에 따른 다문화가족지원센터의 전문인력과 그 장

5. 「결혼중개업의 관리에 관한 법률」에 따른 국제결혼중개업자와 그 종사자
6. 「소방기본법」에 따른 구조대·구급대의 대원
7. 「사회복지사업법」에 따른 사회복지 전담공무원
8. 「건강가정기본법」에 따른 건강가정지원센터의 종사자와 그 센터의 장

③ 「아동복지법」에 따른 아동상담소, 「가정폭력방지 및 피해자보호 등에 관한 법률」에 따른 가정폭력 관련 상담소 및 보호시설, 「성폭력방지 및 피해자보호 등에 관한 법률」에 따른 성폭력피해상담소 및 보호시설(이하 "상담소 등"이라 한다)에 근무하는 상담원과 그 기관장은 피해자 또는 피해자의 법정대리인 등과의 상담을 통하여 가정폭력범죄를 알게 된 경우에는 가정폭력피해자의 명시적인 반대의견이 없으면 즉시 신고하여야 한다.

④ 누구든지 제1항부터 제3항까지의 규정에 따라 가정폭력범죄를 신고한 사람(이하 "신고자"라 한다)에게 그 신고행위를 이유로 불이익을 주어서는 아니 된다.

2) 「아동학대범죄의 처벌 등에 관한 특례법」

「아동학대범죄의 처벌 등에 관한 특례법」 제10조 제1항에서는 일반인에 대해서는 "누구든지 아동학대범죄를 알게 된 경우나 그 의심이 있는 경우에는 아동보호전문기관 또는 수사기관에 신고할 수 있다."라고 하며 권고규정을 두고 있다. 하지만 다른 법과 달리, 이 특별법에서는 아동 관련 기관에서 "아동학대범죄를 알게 된 경우나 그 의심이 있는 경우에는 아동보호전문기관 또는 수사기관에 즉시 신고하여야 한다(제10조 제2항)."라고 하며 신고 예외의 조건을 두고 있지 않다. 즉, 적극적인 신고를 독려하고자 하는 법 정신을 표현하고 있다.

ooo **표 5-10** 「아동학대범죄의 처벌 등에 관한 특례법」에서의 신고의무 관련 조항

제10조(아동학대범죄 신고의무와 절차)
① 누구든지 아동학대범죄를 알게 된 경우나 그 의심이 있는 경우에는 아동보호전문기관 또는 수사기관에 신고할 수 있다.
② 다음 각 호의 어느 하나에 해당하는 사람이 직무를 수행하면서 아동학대범죄를 알게 된 경우나 그 의심이 있는 경우에는 아동보호전문기관 또는 수사기관에 즉시 신고하여야 한다.
1. 가정위탁지원센터의 장과 그 종사자

2. 아동복지시설의 장과 그 종사자(아동보호전문기관의 장과 그 종사자는 제외한다)

3. 「아동복지법」 제13조에 따른 아동복지전담공무원

4. 「가정폭력방지 및 피해자보호 등에 관한 법률」 제5조에 따른 가정폭력 관련 상담소 및 같은 법 제7조의2에 따른 가정폭력피해자 보호시설의 장과 그 종사자

5. 「건강가정기본법」 제35조에 따른 건강가정지원센터의 장과 그 종사자

6. 「다문화가족지원법」 제12조에 따른 다문화가족지원센터의 장과 그 종사자

7. 「사회복지사업법」 제14조에 따른 사회복지 전담공무원 및 같은 법 제34조에 따른 사회복지시설의 장과 그 종사자

8. 「성매매방지 및 피해자보호 등에 관한 법률」 제5조에 따른 지원시설 및 같은 법 제10조에 따른 성매매피해상담소의 장과 그 종사자

9. 「성폭력방지 및 피해자보호 등에 관한 법률」 제10조에 따른 성폭력피해상담소, 같은 법 제12조에 따른 성폭력피해자보호시설의 장과 그 종사자 및 같은 법 제18조에 따른 성폭력피해자통합지원센터의 장과 그 종사자

10. 「소방기본법」 제34조에 따른 구급대의 대원

11. 「응급의료에 관한 법률」 제2조 제7호에 따른 응급의료기관등에 종사하는 응급구조사

12. 「영유아보육법」 제7조에 따른 육아종합지원센터의 장과 그 종사자 및 제10조에 따른 어린이집의 원장 등 보육교직원

13. 「유아교육법」 제20조에 따른 교직원 및 같은 법 제23조에 따른 강사 등

14. 삭제 〈2016.5.29〉

15. 「의료법」 제3조 제1항에 따른 의료기관의 장과 그 의료기관에 종사하는 의료인 및 의료기사

16. 「장애인복지법」 제58조에 따른 장애인복지시설의 장과 그 종사자로서 시설에서 장애아동에 대한 상담·치료·훈련 또는 요양 업무를 수행하는 사람

17. 「정신건강증진 및 정신질환자 복지서비스 지원에 관한 법률」 제3조 제3호에 따른 정신건강복지센터, 같은 조 제5호에 따른 정신의료기관, 같은 조 제6호에 따른 정신요양시설 및 같은 조 제7호에 따른 정신재활시설의 장과 그 종사자

18. 「청소년기본법」 제3조 제6호에 따른 청소년시설 및 같은 조 제8호에 따른 청소년단체의 장과 그 종사자

19. 「청소년 보호법」 제35조에 따른 청소년 보호·재활센터의 장과 그 종사자

20. 「초·중등교육법」 제19조에 따른 교직원, 같은 법 제19조의2에 따른 전문상담교사 및 같은 법 제22조에 따른 산학겸임교사 등

21. 「한부모가족지원법」 제19조에 따른 한부모가족복지시설의 장과 그 종사자

22. 「학원의 설립·운영 및 과외교습에 관한 법률」 제6조에 따른 학원의 운영자·강사·직원 및 같은 법 제14조에 따른 교습소의 교습자·직원

23. 「아이돌봄 지원법」 제2조 제4호에 따른 아이돌보미
24. 「아동복지법」 제37조에 따른 취약계층 아동에 대한 통합서비스지원 수행인력
25. 「입양특례법」 제20조에 따른 입양기관의 장과 그 종사자

더불어, 신고를 한 자가 불이익을 받지 않도록 특례법 제10조의2에서 "누구든지 아동학대범죄 신고자 등에게 아동학대범죄 신고 등을 이유로 불이익조치를 하여서는 아니 된다."라고 규정하고 있다. 제10조의3에서는 아동학대범죄 신고자 등에 대하여 보호조치를 하도록 규정하고 있으며, 아동학대범죄 신고자에 대해 불이익을 주지 않도록 하는 조치를 위반하였을 때에 벌칙을 규정함으로써 신고자에 대하여 적극적으로 보호하고 있다.

ㅇㅇㅇ **표 5-11** 「아동학대범죄의 처벌 등에 관한 특례법」에서의 신고자 불이익 금지 관련 조항

제62조의2(불이익조치 금지 위반죄)
① 제10조의2를 위반하여 아동학대범죄 신고자 등에게 파면, 해임, 해고, 그 밖에 신분상실에 해당하는 신분상의 불이익조치를 한 자는 2년 이하의 징역 또는 2천만 원 이하의 벌금에 처한다.
② 제10조의2를 위반하여 아동학대범죄 신고자 등에게 다음 각 호의 어느 하나에 해당하는 불이익조치를 한 자는 1년 이하의 징역 또는 1천만 원 이하의 벌금에 처한다.
  1. 징계, 정직, 감봉, 강등, 승진 제한, 그 밖에 부당한 인사조치
  2. 전보, 전근, 직무 미부여, 직무 재배치, 그 밖에 본인의 의사에 반하는 인사조치
  3. 성과평가 또는 동료평가 등에서의 차별과 그에 따른 임금 또는 상여금 등의 차별 지급
  4. 교육 또는 훈련 등 자기계발 기회의 취소, 예산 또는 인력 등 가용자원의 제한 또는 제거, 보안정보 또는 비밀정보 사용의 정지 또는 취급 자격의 취소, 그 밖에 근무조건 등에 부정적 영향을 미치는 차별 또는 조치
  5. 주의 대상자 명단 작성 또는 그 명단의 공개, 집단 따돌림, 폭행 또는 폭언, 그 밖에 정신적·신체적 손상을 가져오는 행위
  6. 직무에 대한 부당한 감사 또는 조사나 그 결과의 공개

---

3)「아동복지법」

2014년부터 「아동학대범죄의 처벌 등에 관한 특례법」이 시행되고 특례법에서 아동학대 신고의무 대상과 절차가 명시됨에 따라, 과거에 「아동복지법」 제25조에서 규정한 아동학대 신고의무와 절차에 대한 조항은 생략되었다. 다만, 아동학대 신고를 강화하기 위해 법 제25조 제2항에서, 관계 중앙행정기관의 장 및 시·도지사는 아동복지시설의 장과 종사자, 가정폭력상담소와 보호시설의 장과 종사자, 건강가정지원센터의 장과 그 종사자, 다문화가족지원센터의 장과 그 종사자 등에게 '아동학대 신고의무자'라는 것을 알릴 수 있고, 이들을 대상으로 신고의무 교육을 실시할 수 있도록 규정하고 있다. 이때에 "신고의무 교육을 실시할 수 있다."라고 하며 권고규정으로 명시하고 있으나, 「아동복지법」 제25조 제3항의1부터 4에서, 어린이집, 유치원, 초중등학교, 그 밖에 대통령령으로 정하는 기관의 아동학대 신고의무자에 대해서는 "신고의무 교육을 실시하고, 그 결과를 관계 중앙행정기관의 장에게 제출하여야 한다."라고 하며 권고가 아닌 강제규정을 두며 신고의무 교육을 강조하고 있다.

「아동복지법」에서는 신고의무와 과정에 대한 조항이 삭제되면서, 이에 대한 벌칙규정도 삭제되었다. 다만, 「아동복지법」에서는 아동학대 신고 의무자에 대한 교육을 강조하면서, 신고의무 교육에 대한 강제규정을 적용받는 자에 대하여 교육을 실시하지 않았을 경우, 300만 원 이하의 과태료를 부과하도록 규정하고 있다(법 제75조 제3항의1의2).

○○○ **표 5-12** 「아동복지법」에서의 신고의무자 미교육에 대한 벌칙 관련 조항

제26조(아동학대 신고의무자에 대한 교육)

① 관계 중앙행정기관의 장은 「아동학대범죄의 처벌 등에 관한 특례법」 제10조 제2항 각 호의 어느 하나에 해당하는 사람(이하 "아동학대 신고의무자"라 한다)의 자격 취득 과정이나 보수교육과정에 아동학대 예방 및 신고의무와 관련된 교육 내용을 포함하도록 하여야 한다.

② 관계 중앙행정기관의 장 및 시·도지사는 아동학대 신고의무자에게 본인이 아동학대 신고의무자라는 사실을 고지할 수 있고, 아동학대 예방 및 신고의무와 관련한 교육(이하 이 조에서 "신고의무 교육"이라 한다)을 실시할 수 있다. 〈신설 2015. 3. 27.〉

③ 아동학대 신고의무자가 소속된 다음 각 호의 기관의 장은 소속 아동학대 신고의무자에게 신고의무 교육을 실시하고, 그 결과를 관계 중앙행정기관의 장에게 제출하여야 한다. 〈신설 2015. 3. 27.〉

  1. 「영유아보육법」에 따른 어린이집
  2. 「유아교육법」에 따른 유치원
  3. 「초·중등교육법」에 따른 학교
  4. 그 밖에 대통령령으로 정하는 기관

④ 제1항부터 제3항까지에 따른 교육 내용·시간 및 방법 등 그 밖에 필요한 사항은 대통령령으로 정한다.

---

4) 「노인복지법」

「노인복지법」에서도 누구든지 노인학대를 알게 된 때 신고할 수 있도록 권고규정을 둔 반면, 의료인, 노인복지상담원, 장애인복지시설에서 장애노인에 대한 상담 등을 수행하는 사람, 가정폭력 관련 상담소·건강가정지원센터·다문화가정지원센터 등의 기관장과 종사자 등에서는 신고를 해야 한다고 강제규정을 두고 있다. 또한 법 제39조의6의 제2항에 명시한 노인학대 신고의무자가 신고를 하지 않았을 경우, 500만 원 이하의 과태료를 부과하는 벌칙이 규정되어 있다(법 제61조의2 제1항의2).

ㅇㅇㅇ **표 5-13** 「노인복지법」에서의 신고의무자 관련 조항

제39조의6(노인학대 신고의무와 절차 등)

① 누구든지 노인학대를 알게 된 때에는 노인보호전문기관 또는 수사기관에 신고할 수 있다.

② 다음 각 호의 어느 하나에 해당하는 자는 그 직무상 65세 이상의 사람에 대한 노인학대를 알게 된 때에는 즉시 노인보호전문기관 또는 수사기관에 신고하여야 한다.

  1. 의료법 제3조 제1항의 의료기관에서 의료업을 행하는 의료인 및 의료기관의 장

  2. 제27조의2에 따른 방문요양서비스나 안전확인 등의 서비스 종사자, 제31조에 따른 노인복지시설의 장과 그 종사자 및 제7조에 따른 노인복지상담원

  3. 「장애인복지법」 제58조의 규정에 의한 장애인복지시설에서 장애노인에 대한 상담ㆍ치료ㆍ훈련 또는 요양업무를 수행하는 사람

  4. 「가정폭력방지 및 피해자보호 등에 관한 법률」 제5조 및 제7조에 따른 가정폭력 관련 상담소 및 가정폭력피해자 보호시설의 장과 그 종사자

  5. 「사회복지사업법」 제14조에 따른 사회복지전담공무원 및 같은 법 제34조에 따른 사회복지관, 부랑인 및 노숙인보호를 위한 시설의 장과 그 종사자

  6. 「노인장기요양보험법」 제31조에 따른 장기요양기관 및 제32조에 따른 재가장기요양기관의 장과 그 종사자

  7. 「119구조ㆍ구급에 관한 법률」 제10조에 따른 119구급대의 구급대원

  8. 「건강가정기본법」 제35조에 따른 건강가정지원센터의 장과 그 종사자

  9. 「다문화가족지원법」 제12조에 따른 다문화가족지원센터의 장과 그 종사자

  10. 「성폭력방지 및 피해자보호 등에 관한 법률」 제10조에 따른 성폭력피해상담소 및 같은 법 제12조에 따른 성폭력피해자보호시설의 장과 그 종사자

  11. 「응급의료에 관한 법률」 제36조에 따른 응급구조사

  12. 「의료기사 등에 관한 법률」 제1조의2 제1호에 따른 의료기사

③ 신고인의 신분은 보장되어야 하며 그 의사에 반하여 신분이 노출되어서는 아니 된다.

④ 관계 중앙행정기관의 장은 제2항 각 호의 어느 하나에 해당하는 사람의 자격취득 교육과정이나 보수교육과정에 노인학대 예방 및 신고의무와 관련된 교육 내용을 포함하도록 하여야 한다.

⑤ 제4항에 따른 교육 내용ㆍ시간 및 방법 등에 관하여 필요한 사항은 보건복지부령으로 정한다.

---

5) 「아동 · 청소년의 성보호에 관한 법률」

「아동 · 청소년의 성보호에 관한 법률」에서도 "누구든지 아동 · 청소년대상 성범죄의 발생 사실을 알게 된 때에는 수사기관에 신고할 수 있다."라고 하며 일반인에 대해서는 신고에 대한 권고규정을 두고 있다. 다만, 이 법률 제34조에서 "유치원, 초중등학교, 의료기관, 아동복지시설, 장애인복지시설, 어린이집, 학원, 성매매지원시설 및 상담소, 한부모가족복지시설, 가정폭력상담소 및 보호시설, 성폭력피해상담소 및 보호시설, 청소년활동시설, 청소년상담복지센터와 청소년쉼터, 청소년 보호 · 재활센터"의 종사자가 "직무상 아동 · 청소년대상 성범죄의 발생 사실을 알게 된 때에는 즉시 수사기관에 신고하여야 한다."고 명시함으로써 신고에 대한 강제규정을 두고 있다.

특히 법률 제35조 제1항에서는 관련 기관의 "장과 그 종사자의 자격취득 과정에 아동 · 청소년대상 성범죄 예방 및 신고의무와 관련된 교육내용을 포함시켜야 한다."라고 하며 기관장, 종사자가 업무를 위해 자격증을 취득하고자 한다면 그 과정에 신고의무에 관한 교육을 의무적으로 포함하도록 규정하고 있다. 법률 제35조 제2항에서는 여성가족부장관이 관련 기관의 기관장과 종사자에게 "신고의무에 관련한 교육을 실시할 수 있다."라고 하며 신고의무 교육을 권장하고 있다.

또한 법률 제34조 제3항에서 신고한 자의 신원을 할 수 있는 정보를 출판물, 방송, 인터넷 등에 공개하는 것을 금지하고 있다.

ㅇㅇㅇ **표 5-14** 「아동·청소년 성보호 관련 법률」에서의 신고에 관한 조항

제34조(아동·청소년대상 성범죄의 신고)

① 누구든지 아동·청소년대상 성범죄의 발생 사실을 알게 된 때에는 수사기관에 신고할
수 있다.

② 다음 각 호의 어느 하나에 해당하는 기관·시설 또는 단체의 장과 그 종사자는 직무상 아
동·청소년대상 성범죄의 발생 사실을 알게 된 때에는 즉시 수사기관에 신고하여야 한다.

1. 「유아교육법」 제2조 제2호의 유치원

2. 「초·중등교육법」 제2조의 학교

3. 「의료법」 제3조의 의료기관

4. 「아동복지법」 제3조 제10호의 아동복지시설

5. 「장애인복지법」 제58조의 장애인복지시설

6. 「영유아보육법」 제2조 제3호의 어린이집

7. 「학원의 설립·운영 및 과외교습에 관한 법률」 제2조 제1호의 학원 및 같은 조 제2호
의 교습소

8. 「성매매방지 및 피해자보호 등에 관한 법률」 제5조의 성매매피해자등을 위한 지원시
설 및 같은 법 제10조의 성매매피해상담소

9. 「한부모가족지원법」 제19조에 따른 한부모가족복지시설

10. 「가정폭력방지 및 피해자보호 등에 관한 법률」 제5조의 가정폭력 관련 상담소 및 같
은 법 제7조의 가정폭력피해자 보호시설

11. 「성폭력방지 및 피해자보호 등에 관한 법률」 제10조의 성폭력피해상담소 및 같은 법
제12조의 성폭력피해자보호시설

12. 「청소년활동 진흥법」 제2조 제2호의 청소년활동시설

13. 「청소년복지 지원법」 제29조 제1항에 따른 청소년상담복지센터 및 같은 법 제31조
제1호에 따른 청소년쉼터

14. 「청소년 보호법」 제35조의 청소년 보호·재활센터

③ 다른 법률에 규정이 있는 경우를 제외하고는 누구든지 신고자 등의 인적사항이나 사진
등 그 신원을 알 수 있는 정보나 자료를 출판물에 게재하거나 방송 또는 정보통신망을
통하여 공개하여서는 아니 된다.

제35조(신고의무자에 대한 교육)

① 관계 행정기관의 장은 제34조 제2항 각 호의 기관·시설 또는 단체의 장과 그 종사자의
자격취득 과정에 아동·청소년대상 성범죄 예방 및 신고의무와 관련된 교육내용을 포함
시켜야 한다.

② 여성가족부장관은 제34조 제2항 각 호의 기관·시설 또는 단체의 장과 그 종사자에 대
하여 성범죄 예방 및 신고의무와 관련된 교육을 실시할 수 있다.

③ 제2항의 교육에 필요한 사항은 대통령령으로 정한다.

이 법률에서는 아동 · 청소년의 성보호를 위해 단순한 신고를 넘어 법원 소년부에 직접 통고를 할 수 있도록 규정하고 있다. 법률 제38조 제4항에서 신고의 의무를 갖는 기관장(제34조 제2항 각 호에 해당하는 기관 · 시설 또는 단체의 장)은 성범죄로부터 보호해야 할 대상 아동 · 청소년을 발견하였을 경우, 통고를 통해 수사기관을 거치지 않고 법원 소년부에 직접 아동 · 청소년을 보호하도록 요청함으로써 소년보호사건이 진행되게 할 수 있다.

또한 신고의무자들에게 "직무상 아동 · 청소년대상 성범죄 발생 사실을 알고 수사기관에 신고하지 아니하거나 거짓으로 신고한 경우에는 300만 원 이하의 과태료를 부과한다."(제67조 제4항)라고 하며 미신고에 대한 벌칙을 규정하고 있다.

ooo **표 5-15** 「아동 · 청소년의 성보호에 관한 법률」에서의 미신고 등에 대한 과태료 조항

제67조(과태료)
④ 제34조 제2항 각 호의 어느 하나에 해당하는 기관 · 시설 또는 단체의 장과 그 종사자가 직무상 아동 · 청소년대상 성범죄 발생 사실을 알고 수사기관에 신고하지 아니하거나 거 짓으로 신고한 경우에는 300만 원 이하의 과태료를 부과한다.

---

6) 「학교폭력예방 및 대책에 관한 법률」

「학교폭력예방 및 대책에 관한 법률」에서는 제20조 제1항에서, "학교폭력 현장을 보거나 그 사실을 알게 된 자는 학교 등 관계기관에 이를 즉시 신고하여야 한다."라고 하며 학교폭력을 현장에서 목격하거나 인지한 사람들에 대해 신고에 대한 강제규정을 두고 있다. 또한 제20조 제4항에서 "누구라도 학교폭력의 예비 · 음모 등을 알게 된 자는 이를 학교의 장 또는 자치위원회에 고발할 수 있다. 다만, 교원이 이를 알게 되었을 경우에는 학교의 장에게 보고하고 해당 학부모에게 알려야 한다."라고 하며 일반인이라도 학교폭력이 이루어질 계획을 알게 될 경우, 학교장 또는 자치위원회에 고발할 수 있다는 권고규정을 두고 있다.

본 법률에서는 미신고자에 대한 벌칙을 규정하고 있지 않다.

∞∞ **표 5-16** 「학교폭력예방 및 대책에 관한 법률」에서의 신고에 관한 조항

제20조(학교폭력의 신고의무)

① 학교폭력 현장을 보거나 그 사실을 알게 된 자는 학교 등 관계기관에 이를 즉시 신고하여야 한다.

② 제1항에 따라 신고를 받은 기관은 이를 가해학생 및 피해학생의 보호자와 소속 학교의 장에게 통보하여야 한다.

③ 제2항에 따라 통보받은 소속 학교의 장은 이를 자치위원회에 지체 없이 통보하여야 한다.

④ 누구라도 학교폭력의 예비·음모 등을 알게 된 자는 이를 학교의 장 또는 자치위원회에 고발할 수 있다. 다만, 교원이 이를 알게 되었을 경우에는 학교의 장에게 보고하고 해당 학부모에게 알려야 한다.

⑤ 누구든지 제1항부터 제4항까지에 따라 학교폭력을 신고한 사람에게 그 신고행위를 이유로 불이익을 주어서는 아니 된다.

---

3. 상담자 자격과 관련한 국내 법 체계

상담자는 전문가로서 상담을 행할 필요가 있다. 전문가로서 활동을 한다는 의미는 상담자가 전문적 역량과 인간적 역량을 갖추고, 윤리적 기준을 따르며, 법적인 제한을 위반하지 않는다는 것을 의미한다(김계현 외, 2011). 따라서 상담자가 윤리적 기준을 지키기 위해서는 적어도 상담자와 관련한 법적인 내용을 숙지하고 지킬 필요가 있다. 하지만 상담과 관련하여 현실을 반영하지 못한 국내 법 체계의 문제점으로 인해 법을 준수하고자 하여도 상담자 자신의 의지와는 상관없이 법을 지키지 않는 폐단이 발생하고 있다.

또한 전문 영역에서 전문가의 자격기준을 분명하게 법적으로 명시하지 않음으로 인해, 비전문가가 전문 영역의 일을 할 수 있도록 여지가 남겨짐으로 인해 국민들이 피해를 보는 폐단이 발생하고 있다. 대법원 종합법률정보(http://glaw.scourt.go.kr)를 통해 검색하였을 때, 법(법·법률·규칙·시행령 포함, 예규 제외.

이하 '법'이라고 함)의 조문에서는 상담 행위(counseling)를 '심리상담' 등의 용어로
표현하고 있으나, 이러한 행위를 할 수 있는 전문가의 자격에 대해서 분명히 규
정하는 경우가 많지 않다. 간혹 전문가의 자격에 대해 언급한 법이 있다면, 전
문가의 대상을 정신건강의학과 의사, 임상심리사, 사회복지사로 규정하고 있을
뿐이다. 그나마 상담 관련 국가자격증인 전문상담교사, 청소년상담사, 직업상
담사 자격증과 관련하여(김계현 외, 2011), 학교상담, 청소년상담, 직업상담 분야
에 심리상담 전문가로 추측할 수 있는 자격규정이 법조문에 포함되어 있다. 하
지만 심리상담이 다른 치료 행위와 비교하여 어떻게 다른지 정의하고 심리상담
전문가의 역할과 자격기준을 명시한 법조문이 없음으로 인해, 심리상담을 마치
학교상담과 청소년상담, 직업상담에 한정하는 것과 같은 법적 논리가 형성되었
다. 즉, 심리상담의 범위가 학문적으로 학교 · 청소년 · 직업상담을 포함한 전반
적인 성격장애, 정신장애, 심리적 부적응, 인간관계에서의 부적응과 중독 분야
등까지 포함하고(김계현 외, 2011; 노안영, 2010), 이러한 분야의 현장에서도 심리
상담이 행해지고 있음에도 법에서 이러한 현실을 반영하지 못하고 있다. 앞에
서 언급한 바와 같이, 국내에서 상담과 관련한 법적 요건과 체계가 충실하지 않
음으로 인해 비전문가가 상담 행위에 관여할 수 있도록 법이 허용하는 폐단이
발생하였다. 즉, 법적 체계의 미비로, 전문가가 상담을 해야 한다는 윤리기준이
무력화되고 있다.

이 장에서는 상담과 관련한 국내 법 체계가 어떤 부분에 미흡한지를 파악함
으로써 개선점을 제언하고자 한다. 이를 위해 법 조항에서 인용한 상담 행위와
법적으로 자격기준이 마련된 상담분야를 조사하고, 더불어 상담 분야에서의 법
적 규정에 대한 현안과 과제를 고찰하고자 한다.

1) 법 조항에서 인용된 상담 행위

법에서는 상담 행위를 '심리상담' '심리치료' '상담' '생활지도' '상담치료' 등으
로 표현하고 있다. 이와 같은 상담 행위에 대한 표현이 있으면 행위의 주체와 자

격기준이 규정되어야 하나, 법에서는 의사, 임상심리사, 사회복지사 외에 심리상담 전문가에 대해서는 자격기준을 모호하게 규정하거나 아예 누락한 경우가 많다.

「군에서의 형의 집행 및 군수용자의 처우에 관한 법률」은 법 조항에 상담 행위가 명시되어 있지만, 그 행위의 자격기준에 대해서는 구체적인 규정이 없는 법의 대표적이 예다. 이 법률 제52조에서는 "교육학, 교정학, 범죄학, 사회학, 심리학, 의학 등에 관한 학식 또는 교정에 관한 경험이 풍부한 외부전문가로 하여금 군수형자에 대한 상담·심리치료 또는 생활지도 등을 하게 할 수 있다."라고 상담 행위가 명시되어 있다. 법 조항에서 외부전문가를 '심리상담 전문가'라고 분명하게 명시하지 않았으나 심리상담 전문가와 관련이 있는 학문, 예를 들면 교육학, 심리학, 의학 등에서의 전문가라고 표현하고 있다. 결국 이 조문을 통해 '외부전문가'가 심리상담 전문가를 의미함을 추측할 수 있으나 조문에서 표현한 "학식 또는 교정에 관한 경험이 풍부한"의 구체적인 자격요건에 대해서는 규정이 없다.

「범죄피해자 보호법 시행령」도 심리상담 행위가 명시되어 있으나 행위자 자격기준에 심리상담 전문가가 배제된 법의 한 예다. 이 시행령에서는 범죄피해자를 보호할 수 있는 단체(법인)가 심리상담 등을 할 수 있도록 규정하였으나(제41조 제1항의1), 해당 단체의 임원과 직원의 자격요건과 관련하여 심리상담 전문가에 대한 명시가 되어 있지 않다. 즉, 시행령에서는 법인의 임원과 직원의 자격에 대해 "변호사·의사 등의 자격 또는 면허가 있는 사람, 법률구조법인 등 범죄피해자 보호·지원 관련 기관에서 5년 이상 근무한 사람, 정부·지방자치단체 또는 공공단체 등에서 범죄피해자 보호·지원과 관련된 업무에 5년 이상 종사한 사람"으로만 명시하고 있다.

세월호참사 이후, 세월호 피해자를 위한 특별법이 제정되었는데, 이것이 「4·16세월호참사 피해구제 및 지원 등을 위한 특별법」이다. 이 특별법과 시행령에서는 심리상담 행위에 대한 법 조항이 있지만, 그 행위의 주체를 심리상담 전문가로 명시하지 않고 모호하게 추측할 수 있도록 규정함으로써, 그 행위의 주체가 정신건강복지센터의 종사자(정신건강증진 임상심리사, 정신건강증진사회복지사, 정신건강증진간호사 등)로 추측하게 하는 법의 대표적인 예다.

특별법 제24조 제1항에서, "국가 등은 피해자(희생자의 직계비속의 배우자 및 형제자매의 배우자까지 포함한다.)의 심리적 안정과 사회 적응을 위한 심리상담 및 일상생활 상담 등 필요한 지원을 하여야 한다."라고 하며 심리상담 지원을 규정하고 있다. 또한 이러한 지원에 대한 "내용 · 방법 등에 필요한 사항은 대통령령으로 정한다."라고 규정하고 있으나, 「4 · 16세월호참사 피해구제 및 지원 등을 위한 특별법 시행령」에서는 이러한 심리상담 지원을 누가 할 수 있는지에 대한 세부적인 전문가 자격규정이 되어 있지 않다. 다만, 시행령 제21조 제2항에서 "안산트라우마센터의 장 또는 정신건강복지센터의 장은 제20조에 따른 심리상담 등의 지원 또는 제1항에 따른 피해자의 심리적 증상 및 정신질환 등에 대한 검사를 한 결과 추가적인 의학적 검사 또는 치료가 필요하다고 판단되는 경우에는 의료기관의 정신건강의학과에 검사 · 치료를 요청할 수 있다."라고 하며 심리상담 등의 지원을 정신건강복지센터에서 할 수 있는 것으로 추측할 수 있을 뿐이다.

이를 고려할 때, 심리상담 전문가들이 세월호 피해자들을 상담하고 있지만, 「4 · 16세월호참사 피해구제 및 지원 등을 위한 특별법」과 그 시행령에 근거해 볼 때, 이는 법적으로 보장받지 못하는 행위이고 법적인 지원금을 받지 못하는 행위이다. 법이 현실을 반영하지 못함으로 인해, 전문가의 행위가 법적으로는 보장받지 못하는 상황이다.

ooo **표 5-17** 「4 · 16세월호참사 피해구제 및 지원 등을 위한 특별법 시행령」에서의 정신건강증진 활동에 대한 조항

제21조(심리적 증상 및 정신질환 등의 검사 · 치료)
① 국가는 법 제25조 제1항에 따라 안산트라우마센터 또는 정신건강복지센터를 통하여 피해자의 심리적 증상 및 정신질환 등에 대한 검사를 한다.
② 안산트라우마센터의 장 또는 정신건강복지센터의 장은 제20조에 따른 심리상담 등의 지원 또는 제1항에 따른 피해자의 심리적 증상 및 정신질환 등에 대한 검사를 한 결과 추가

적인 의학적 검사 또는 치료가 필요하다고 판단되는 경우에는 의료기관의 정신건강의학과에 검사 · 치료를 요청할 수 있다.
③ 국가는 제2항에 따라 피해자가 의료기관의 검사 · 치료를 받은 경우 그 비용(2020년 3월 28일까지 발생한 비용으로 한정한다)의 전부 또는 일부를 지원할 수 있다. 다만, 법 제6조 제1항에 따른 배상금에 해당 정신질환 등의 진단 및 치료에 관한 배상금이 산정 · 포함된 경우에는 그러하지 아니하다.

「발달장애인 권리보장 및 지원에 관한 법률」과 보건복지부령인 「발달장애인 권리보장 및 지원에 관한 법률 시행규칙」과 같은 법과 시행규칙은 발달장애인과 가족에 대하여 개인상담, 부부상담, 가족상담 등의 지원을 할 수 있도록 규정하였지만, 그 주체는 심리상담 전문가가 아닌 복지시설 · 단체에서 할 수 있도록 규정함으로써 심리상담 전문가가 배제되는 법의 대표적인 예이다.

ㅇㅇㅇ 표 5-18 「발달장애인 권리보장 및 지원에 관한 법률 시행규칙」에서의 심리상담 행위 관련 조항

제21조(보호자에 대한 심리상담 서비스의 내용과 방법)
① 법 제31조 제1항에 따른 심리상담 서비스(이하 "심리상담 서비스"라 한다)는 개인 심리 상담, 부부 심리상담 또는 가족 심리상담, 동료 상담 등으로 한다.
② 국가와 지방자치단체는 발달장애인 복지서비스 제공기관, 복지시설 및 장애인복지단체 등을 지정하여 심리상담 서비스를 제공할 수 있다.

이처럼 심리상담 행위에 대하여 심리상담 전문가가 아닌 사회복지사가 할 수 있도록 규정한 법이 「자살예방 및 생명존중문화 조성을 위한 법률」이다. 이 법률 제17조 제1항에서 자살예방 상담 · 교육을 실시할 수 있는 기관으로, "국가기관, 지방자치단체 및 대통령령으로 정하는 공공기관, 「노인복지법」에 따른 노인복지시설, 「사회복지사업법」에 따른 사회복지시설, 그 밖에 자살예방 상담 · 교육이 필요하다고 인정하여 대통령령으로 정하는 기관이나 단체"로 규정하고 있어 사회복지사나 사회복지시설에 대한 규정만 명시되어 있다.

2) 법적 자격기준이 마련된 심리상담 분야

자격기준이 구체적으로 법에 명시된 상담전문가는 전문상담교사, 청소년상담사, 직업상담사, 건강가정사, 정신건강임상심리사 등이다. 이 중에서 상담과 관련한 국가자격증은 전문상담교사, 청소년상담, 직업상담사뿐이다(김계현 외, 2011). 왜냐하면 건강가정사는 "사회복지학·가정학·여성학 등 여성가족부령이 정하는 관련교과목을 이수하고 졸업한 자"로 자격증을 따로 발급하지 않고 이수과목의 성적 증명서로 발급되는 인증서다. 또한 정신건강전문요원은 "정신건강임상심리사·간호사 및 정신건강사회복지사로 한다(「정신건강증진 및 정신질환자 복지서비스 지원에 관한 법률」 제17조)."라고 하며 임상심리 전문가로 자격을 한정하고 있어 상담전문가가 포함되어 있지 않기 때문이다.

그나마 상담 분야와 관련이 있는 전문상담교사, 청소년상담사, 직업상담사에 대해서는 자격규정을 분명히 하고 있지만, 그로 인해 상담전문가의 업무가 마치 학교상담과 청소년상담, 직업상담에 한정되는 것으로 법적인 논리가 형성되고 있다. 법적 자격기준이 명시된 전문상담교사, 청소년상담사, 직업상담사, 건강가정사, 정신건강임상심리사를 중심으로 관련법과 자격규정에 대해 살펴보면 다음과 같다.

(1) 전문상담교사

전문상담교사에 대해서는 「초·중등교육법」에서 배치의 기준과 자격기준을 명시하고 있다. 전문상담교사는 2급과 1급으로 이루어져 있는데, 2급의 경우 대학에서 상담, 심리 관련 학과를 졸업하면서 교직과목을 이수해야 한다. 또한 교육대학원에서 '전문상담 교육과정'을 이수하거나 교육과학기술부(2013년 이후 '교육부'로 개편)장관이 지정하는 대학원의 상담, 심리교육과에서 '전문상담 교육과정'을 이수하고 석사학위를 받아야 한다. 또 교사(교사 자격증 소지자)에게는 지정하는 교육대학원이나 대학원에서의 정규 교육과정이 아닌 '전문상담교사

양성과정'을 이수하면 자격증을 발급하는 것으로 문호를 개방하고 있다.

또한 전문상담교사 양성과정이나 전문상담교사 자격규정은 일반 심리상담의 학문 외에 교직 관련 과목을 이수하도록 함으로써 '전문상담교사'라고 하는 특수성을 부각하고 자신들만의 독특한 영역을 구축하는 데 법적인 보장을 받고 있는 상황이다. 이와 관련한 법은 다음과 같다.

ㅇㅇㅇ **표 5-19** 「초 · 중등교육법」에서 전문상담교사 자격기준과 관련한 법

제19조의2(전문상담교사의 배치 등)
① 학교에 전문상담교사를 두거나 시 · 도 교육행정기관에 교육공무원법 제22조의2의 규정에 의하여 전문상담순회교사를 둔다.

제21조(교원의 자격)
② 교사는 정교사(1급 · 2급) · 준교사 · 전문상담교사(1급 · 2급) · 사서교사(1급 · 2급) · 실기교사 · 보건교사(1급 · 2급) 및 영양교사(1급 · 2급)로 나누되, [별표 2]의 자격기준에 해당하는 자로서 대통령령이 정하는 바에 의하여 교육과학기술부장관이 검정 · 수여하는 자격증을 받은 자이어야 한다.

[별표 2] 교사 자격기준(제21조 제2항 관련)

	준교사	전문상담교사(1급)	전문상담교사(2급)
중등학교	1. 교육과학기술부장관이 지정하는 대학(전문대학을 제외한다)의 공업 · 수산 · 해양 및 농공계 학과를 졸업한 자 2. 중등학교 준교사 자격검정에 합격한 자 3. 중등학교 실기교사로서 5년 이상의 교육경력을 가진 자로서 대학 · 산업대학 · 기술대학(학사학위과정에 한한다) 또는 대학원에서 관련 분야의 학위를 취득한 자	1. 2급 이상의 교사 자격증(「유아교육법」에 따른 2급 이상의 교사 자격증을 포함한다)을 가진 자로서 3년 이상의 교육경력이 있는 자가 교육과학기술부장관이 지정하는 교육대학원 또는 대학원에서 소정의 전문상담교사양성과정을 이수한 자	1. 대학 · 산업대학의 상담 · 심리 관련학과 졸업자로서 재학 중 소정의 교직학점을 취득한 자 2. 교육대학원 또는 교육과학기술부장관이 지정하는 대학원의 상담 · 심리교육과에서 전문상담 교육과정을 이수하고 석사학위를 받은 자

초등학교	1. 초등학교 준교사 자격검정에 합격한 자 2. 고등학교 졸업자 또는 이와 동등 이상의 학력이 있다고 인정되는 자를 입소자격으로 하는 임시 교원양성기관을 수료한 자 3. 방송통신대학 초등교육과 졸업자	2. 전문상담교사(2급)자격증을 가진 자로서 3년 이상의 전문상담교사 경력을 가지고 자격연수를 받은 자	3. 2급 이상의 교사 자격증(「유아교육법」에 따른 2급 이상의 교사 자격증을 포함한다)을 가진 자로서 교육과학기술부장관이 지정하는 교육대학원 또는 대학원에서 소정의 전문상담교사 양성과정을 이수한 자
특수학교	1. 특수학교 준교사 자격검정에 합격한 자 2. 특수학교 실기교사로서 5년 이상의 교육경력을 가지고 소정의 재교육을 받은 자		

교원자격검정령

제19조(무시험검정의 방법 및 합격기준)

④ 교육과학기술부장관이 지정하는 교육대학원 또는 대학원에서 전문상담교사양성과정을 이수한 자에 대한 자격검정에 있어서는 교육과학기술부령이 정하는 상담에 관련된 과목에 대하여 다음 각 호의 어느 하나에 해당하는 학점을 이수한 자를 합격으로 한다. 다만, 「고등교육법」 제2조에 따른 학교 및 동법 제29조에 따른 대학원에서 교육과학기술부장관이 정하는 상담·심리 관련 과목을 전공으로 이수한 자에 대하여는 교육과학기술부장관이 정하는 바에 따라 학점의 일부 이수를 면제할 수 있다.

   1. 전문상담교사(1급) 양성과정: 18학점 이상

   2. 전문상담교사(2급) 양성과정: 42학점 이상

교원자격검정령 시행규칙

(2) 청소년상담사

  청소년상담사의 자격규정은 「청소년기본법 시행령」에 명시되어 있다. 「청소년기본법 시행령」에서는 청소년상담사 1급에 대해서 "대학원에서 청소년(지도)학·교육학·심리학·사회사업(복지)학·정신의학·아동(복지)학 분야 또는 그 밖의 총리령이 정하는 상담 관련 분야(이하 '상담 관련 분야'라 한다)를 전공하고

ㅇㅇㅇ **표 5-20** 「청소년기본법 시행령」에서 청소년상담사 자격기준과 관련한 법

제23조(청소년상담사의 자격검정)
① 법 제22조 제2항의 규정에 의한 청소년상담사의 자격검정은 여성가족부장관이 실시한다. 다만, 여성가족부장관이 필요하다고 인정하는 때에는 자격검정을 다음 각 호의 기관에 위탁하여 실시할 수 있다.
  1. 법 제42조에 따른 한국청소년상담원
  2. 「한국산업인력공단법」에 따른 한국산업인력공단
② 청소년상담사 자격검정의 등급별 응시자격기준과 과목 및 방법은 각각 [별표 3] 및 [별표 4]와 같다.

[별표 3] 청소년상담사 자격검정의 등급별 응시자격기준(제23조 제2항 관련)

등 급	응시자격기준
1급 청소년 상담사	1. 대학원에서 청소년(지도)학·교육학·심리학·사회사업(복지)학·정신의학·아동(복지)학 분야 또는 그 밖의 총리령이 정하는 상담 관련 분야(이하 '상담 관련 분야'라 한다)를 전공하고 박사학위를 취득한 자 2. 대학원에서 상담 관련 분야를 전공하고 석사학위를 취득한 후 상담 실무경력이 4년 이상인 자 3. 2급청소년상담사로서 상담 실무경력이 3년 이상인 자 4. 제1호 및 제2호에 규정된 자와 동등 이상의 자격이 있다고 여성가족부령이 정하는 자
2급 청소년 상담사	1. 대학원에서 상담 관련 분야를 전공하고 석사학위를 취득한 자 2. 대학 및 다른 법령의 규정에 의하여 이와 동등한 학력을 인정받는 기관에서 상담 관련 분야를 전공하고 학사학위를 취득한 후 상담 실무경력이 3년 이상인 자 3. 3급청소년상담사로서 상담 실무경력이 2년 이상인 자 4. 제1호 내지 제3호에 규정된 자와 동등 이상의 자격이 있다고 여성가족부령이 정하는 자
3급 청소년 상담사	1. 대학 및 「평생교육법」에 의한 학력이 인정되는 평생교육시설의 상담 관련 분야 졸업(예정)자 2. 전문대학 및 다른 법령의 규정에 의하여 이와 동등한 학력을 인정받는 기관에서 상담 관련 분야를 전공하고 전문학사를 취득한 자로서 상담 실무경력이 2년 이상인 자

3. 대학 및 다른 법령의 규정에 의하여 이와 동등한 학력을 인정받는 기관에서 상담 관련분야가 아닌 분야를 전공하고 학사학위를 취득한 후 상담 실무경력이 2년 이상인 자
4. 전문대학 및 다른 법령의 규정에 의하여 이와 동등한 학력을 인정받는 기관에서 상담 관련 분야가 아닌 분야를 전공하고 전문학사를 취득한 후 상담 실무경력이 4년 이상인 자
5. 고등학교를 졸업하고 상담 실무경력이 5년 이상인 자
6. 제1호 내지 제4호에 규정된 자와 동등 이상의 자격이 있다고 여성가족부령이 정하는 자

※ 주1. 상담 실무경력의 인정범위와 내용은 여성가족부장관이 정하여 고시하는 기준에 의한다. 2. 고등학교, 전문대학, 대학 및 대학원은 [별표 1]의 주 제4호와 같다.

제12조의2(전문상담교사양성과정의 과목과 이수학점) 검정령 제19조 제4항의 규정에 의하여 전문상담교사양성과정에서 이수하여야 할 과목과 학점은 [별표 4]와 같다.

[별표 4] 전문상담교사 양성과정의 이수과목과 학점(제12조의2 관련)

구분	이수 영역 또는 과목	소요최저이수	
		1급	2급
필수	심리검사, 성격심리, 발달심리, 특수아상담, 집단상담, 가족상담, 진로상담, 상담이론과 실제	14학점 이상 (7과목 이상)	14학점 이상 (7과목 이상)
	상담실습 및 사례연구	-	
선택	아동발달, 학습심리, 행동수정, 생활지도연구, 이상심리, 청년발달, 영재아상담, 학습부진아, 사회변화와 직업의 세계, 학교심리, 적응심리, 사이버상담, 성상담, 학습상담, 인지심리, 심리학개론, 사회심리, 생리(생물)심리, 인간관계론, 특수교육학개론, 학교부적응상담	4학점 이상 (2과목 이상)	28학점 이상 (14과목 이상)

비고: 전문상담교사(1급) 양성과정의 경우 '상담실습 및 사례연구'는 학점(교과목) 이수는 하지 아니하나, 2종 이상의 사례연구·발표를 하고 20시간 이상의 실습을 하여야 한다.

박사학위를 취득한 자"로 명시함으로써 심리상담 분야의 전문가로 규정하고 있다. 하지만 심리상담 전문가에 대한 구체적인 자격규정이 없는 상태에서 청소년상담에 대한 규정은 분명히 규정되어 있음으로 인해, 마치 심리상담 분야가 청소년상담 분야에만 해당되는 것과 같은 논리를 제공하고 있다. 「청소년기본법 시행령」에 명시된 청소년상담사의 자격기준은 〈표 5-20〉과 같다.

(3) 직업상담사

직업상담사 자격증은 고용노동부에서 발급하는 국가자격증이고, 자격시험의 시행기관은 한국산업인력관리공단이다. 직업상담사에는 2급과 1급이 있는데, 1급은 2급 취득 후 3년 이상의 실무경력, 대졸자로서 5년 이상의 실무경력이 있어야 하고, 직업상담사 2급은 대학의 심리학과, 경영 · 경제학과, 법정계열학과, 교육심리학과 그리고 사회교육기관이나 사설기관(학원)의 직업상담사 과정 등이 '관련 학과'로 되어 있으나 전공에 제한을 두지는 않는다(김계현 외, 2011: 55).

앞과 같은 직업상담사의 관련 전공으로서 대학의 심리학과, 교육심리학과 등을 언급한 것은 의미 있는 일이나, 직업상담사를 응시하는 데 있어서 실질적으로는 전공에 제한을 두지 않음으로써 전문성이 보장되지 않을 수 있는 위험을 초래하였다. 따라서 개인의 성격과 적성, 심리적 특성 등을 심도 있게 고려한 높은 수준의 직업상담을 요구하기보다는 정보제공 등만으로도 만족한다는, 즉 직업상담에 대한 질적인 한계를 법적인 체계 내에서 정한 결과를 초래하였다.

(4) 건강가정사

건강가정사의 자격규정은 「건강가정기본법」에 명시되어 있다. 건강가정사와 관련한 법을 고찰해 볼 때 건강가정사의 실제 업무는 심리상담 전문가가 할 수 있는 일이나, 「건강가정기본법」 제35조 제3항에는 "사회복지학 · 가정학 · 여성학 등 여성가족부령이 정하는 관련교과목을 이수하고 졸업한 자"로 한정하고 있고, 특히 과목을 이수한 자에게로 문호를 개방하고 있다. 또한 자격증은 발급하지 않고 여성가족부에서 인정만을 받는 상황이므로, 전문가로 인정받는 데에는 한계가 있는 상황이다.

○○○ 표 5-21 「건강가정기본법」에서 규정한 건강가정사의 필수 이수과목

구분		교과목
핵심과목(5)		건강가정론, (건강)가정(족)정책론, 가족상담(및 치료), 가정(족)생활교육, 가족복지론, 가족과 젠더, 가족(정)과 문화, 건강가정현장실습, 여성과 (현대)사회, 비영리기관 운영관리 중 5과목 이상
관련 과목 (7)	기초이론(4)	가족학, 가족관계(학), 가족법, 아동학, 보육학, 아동(청소년)복지론, 노년학, 노인복지론, 인간발달, 인간행동과 사회환경, 가족(정)(자원)관리, 가계경제, 가사노동론, 여가관리론, 주거학, 생애주기 영양학, 여성복지(론), 여성주의이론, 정신건강(정신보건사회복지)론, 장애인복지론, 가정생활복지론, 상담이론, 자원봉사론, 성과 사랑, 법여성학, 여성과 문화, 일과 가족(정), 사회복지(개)론 중 4과목 이상
	상담·교육 등 실제(3)	생활설계상담, 아동상담, 영양상담 및 교육, 소비자 상담, 주거상담, 부모교육, 부부교육, 소비자교육, 가정생활과 정보, 가계재무관리, 주택관리, 의생활관리, 지역사회 영양학, 프로그램 개발과 평가, 사회복지실천기술론, 지역사회복지론, 연구(조사)방법론, 부부상담, 집단상담, 가족(정)과 지역사회, 여성과 교육, 여성과 리더십, 여성주의상담, 사회복지실천론, 위기개입론, 사례관리론 중 3과목 이상

(5) 정신건강전문요원

상담에 대한 법적 정의와 상담을 행할 수 있는 전문가의 자격기준을 마련한 법은 「정신건강증진 및 정신질환자 복지서비스 지원에 관한 법률」이다. 이 법은 「정신보건법」이 2016년도에 전부 개정된 법이다. 법률 제1조에서, "이 법은 정신질환의 예방·치료, 정신질환자의 재활·복지·권리보장과 정신건강 친화적인 환경 조성에 필요한 사항을 규정함으로써 국민의 정신건강증진 및 정신질환자의 인간다운 삶을 영위하는 데 이바지함을 목적으로 한다."라고 함으로써 이법이 국민의 정신건강을 증진하고 정신질환자와 관련한 업무를 규정한 법임을

명시하였다.

학문적으로 상담전문가들이 「정신건강증진 및 정신질환자 복지서비스 지원에 관한 법률」에서 명시한 정신질환에 대해 학습하고 수련 받는 것이 현실이고, 실제 현장에서도 정신질환자를 상담하는 것이 현실이다. 특히 상담전문가들은 정신건강을 증진하고 적응을 도우며 심리적 웰빙(well-being)을 돕는 데에 가장 적합한 학문과 수련을 거친 전문가들이다. 하지만 상담전문가가 정신건강전문요원 자격을 규정한 법조문에 누락됨으로써, 즉 '상담전문가'라는 단어가 조문에 포함되지 않음으로써 정신건강증진과 가장 적합한 학문을 전공하고 수련과정을 경험하였으며, 실제 현장에서 활동하고 있는 상담전문가들의 활동이 법적으로 인정받고 있지 못하는 결과를 야기하게 되었다. 즉, 법의 미비함으로 인해 상담전문가들의 활동이 법적으로 보장을 받지 못하고 오히려 법을 위반하고 있는 모순을 야기하고 있다.

이로 인해 상담전문가가 정신건강과 관련한 분야에서는 법적으로는 비전문가로 전락되는 논리가 발생하였고, 법적인 비전문가(실제 비전문가가 아니라 법적으로 인정받지 못한 전문가를 지칭함)의 실제 업무 수행으로 인해 윤리적인 문제까지 야기될 수 있는 가능성을 열어 놓게 되었다. 정신건강과 관련한 법은 다음과 같다.

○○○ **표 5-22 「정신건강증진 및 정신질환자 복지서비스 지원에 관한 법률」에서의 정신건강 전문 요원 관련 조항**

제17조(정신건강전문요원의 자격 등)
① 보건복지부장관은 정신건강 분야에 관한 전문지식과 기술을 갖추고 보건복지부령으로 정하는 수련기관에서 수련을 받은 사람에게 정신건강전문요원의 자격을 줄 수 있다.
② 제1항에 따른 정신건강전문요원(이하 "정신건강전문요원"이라 한다)은 그 전문분야에 따라 정신건강임상심리사, 정신건강간호사 및 정신건강사회복지사로 구분한다.
③ 보건복지부장관은 정신건강전문요원의 자질을 향상시키기 위하여 보수교육을 실시할 수 있다.
④ 보건복지부장관은 제3항에 따른 보수교육을 국립정신병원, 「고등교육법」 제2조에 따른 학교 또는 대통령령으로 정하는 전문기관에 위탁할 수 있다.

⑤ 보건복지부장관은 정신건강전문요원이 다음 각 호의 어느 하나에 해당하는 경우에는 그 자격을 취소하거나 6개월 이내의 기간을 정하여 자격의 정지를 명할 수 있다. 다만, 제1호 또는 제2호에 해당하면 그 자격을 취소하여야 한다.

1. 자격을 받은 후 제18조 각 호의 어느 하나에 해당하게 된 경우
2. 거짓이나 그 밖의 부정한 방법으로 자격을 받은 경우
3. 고의 또는 중대한 과실로 제6항에 따라 대통령령으로 정하는 업무의 수행에 중대한 지장이 발생하게 된 경우

⑥ 제1항부터 제3항까지의 규정에 따른 정신건강전문요원 업무의 범위, 자격·등급에 관하여 필요한 사항은 대통령령으로 정하고, 수련과정 및 보수교육과 정신건강전문요원에 대한 자격증의 발급 등에 관하여 필요한 사항은 보건복지부령으로 정한다.

3) 상담학에서의 법적 규정에 대한 현안과 과제

결론적으로 상담자는 사회적 기준, 윤리적 기준, 법적인 테두리 내에서 상식적으로 인정될 수 있는 활동을 할 필요가 있다. 여기에서의 전제는 사회적, 윤리적, 법적인 기준이 상호 모순되지 않는다는 것이다. 하지만 앞선 고찰을 통해 볼 때, 국내에서는 상담 행위와 전문가의 자격과 관련하여 모호하고 모순되며 실제 현실을 반영하지 못한 법 규정으로 인해 윤리적 문제가 발생되고 있다. 그 이유와 개선점을 제언하면 다음과 같다.

첫째, 상담과 관련하여 법적인 윤리문제를 발생시키는 가장 중요한 원인으로 상담에 대해 규정한 법 조항이 현실을 반영하지 못한 점을 들 수 있다.

상담 행위를 할 수 있는 자로 많은 법에서는 사회복지사, 임상심리사, 정신건강의학과 의사로 규정하고 있다. 즉, 사회복지사, 임상심리사 자격증과 의사 면허증이 필요하고, 이러한 자격증, 면허증은 국가자격증으로 공인되고 있다. 이와 관련한 학문은 사회복지학, 임상심리학, 정신건강의학 등인데, 이러한 법적 규정으로 인해 학문적으로 교육, 훈련받고 실제 현장에서 상담 행위를 하고 있는 교육학, 심리학 전공자들이 법적으로 인정받지 못한 상태에서 상담을 하는 모순을 야기하고 있다.

그러므로 상담자 윤리와 법과의 관계를 논의할 때, 국내에서는 상담 행위의

규정은 있으나 자격기준에 대해 모호하고 현실을 반영하지 않게 규정한 법 조항의 취약점이 보완될 필요가 있다. 즉, 상담과 관련한 가장 핵심적인 법인「정신건강증진 및 정신질환자 복지서비스 지원에 관한 법률」의 정신건강전문요원을 규정한 조항에서 상담전문가가 포함되는 것으로 법이 개정될 필요가 있다.

둘째, '상담'이 어떤 행위인지 규정되어 있지 않고, 관련 학문을 법에 명시하는 데 현실을 반영하지 못하고 있어 비전문가의 상담 행위가 법적으로 보장되는 윤리적 문제를 야기하고 있다. 이를 개선하기 위해, 상담 행위를 명시한 법에서 상담의 용어의 정의와 상담 관련 학문을 표현할 필요가 있다.

상담, 특히 심리상담과 관련한 교육과정은 심리학과, 교육학과, 상담학과, 상담심리학과, 상담학 전공, 상담심리(학) 전공, 교육상담, 상담교육학 전공 등의 학과와 전공에 개설되어 있다. 사회사업(복지)학에서도 '상담' 관련 교육과정이 마련되어 있지만 심리상담의 개념과는 학문적 성격상 차이가 있다. 특히 상담과 관련한 주요 민간 학회자격증(한국상담학회, 한국상담심리학회 등)이 존재하고 수련 받는 과정도 사회복지사나 임상심리사와 구분된다.

이처럼 상담 혹은 심리상담의 학문적 성격, 자격증 취득을 위한 수련과정 등이 사회복지사나 임상심리사와 구분되는데, 사회복지사, 임상심리사 관련 자격의 규정은 법에 분명히 표현되고 있고 법 조항에서의 표현에서도 일관성과 통일성이 유지되고 있는 데 반해, 심리상담 전문가를 지칭하는 '단어'는 법적으로 존재하고 있지 않다. 현재 법에서는 전문상담교사, 청소년상담사, 직업상담사가 있지만 이는 심리상담 전문가 업무의 일부분에 속할 뿐이다. 학문적인 용어를 활용한 '심리상담 전문가'라는 용어(단어)가 심리상담 행위를 규정하는 법에 명시되고, 심리상담을 할 수 있는 전문가의 자격기준이 명시될 필요가 있다.

셋째, 상담에 대한 자격증의 국가 공인을 통해 법에서 명시하고 있는 상담 업무를 행하는 데 법적, 윤리적 문제를 해소할 필요가 있다.

자살예방을 위한 위기상담이나 노인상담 분야에서 상담전문가들이 활동을 하고 있으나, 법적으로 이러한 업무를 할 수 있는 자를 사회복지사로 한정하고 있다. 따라서 상담전문가가 사회복지사 자격증을 추가로 취득해야 관련 기관으로 인가를 받을 수 있는 상황이다. 특히 사회복지사 자격증이 없는 상담전문가가 노인상담을 한다면, 법적으로 자격이 인정되지 않은 자가 실질적인 상담 업무를 행하는 윤리적 문제가 발생할 수 있다. 그러므로 상담전문가의 국가 공인을 통해 공인된 자가 상담 업무를 할 수 있으면서 동시에 그동안 실질적으로 상담을 담당했던 전문가의 행위가 공식적으로 인정되는 법적 토대가 마련될 필요가 있다.

현재 국내 법 체계상 심리상담 전문가의 윤리가 보장되지 못하고, 상담자 윤리강령과 갈등이 될 수 있는 요소들이 있다. 심리상담 전문가들이 이를 체계적으로 정리하고 숙지할 필요가 있으며, 법 체계와 조항을 개정하고자 하는 시도가 필요하다. 이를 통해 실제 현실이 법적 조항에 반영되고 법적인 보장하에 심리상담이 행해질 수 있어 심리상담 전문가가 윤리적으로도 저촉되지 않을 수 있다.

그럼에도 불구하고 상담전문가가 상담을 행하는 데 있어 법적인 제한을 인식하지 못할 수 있다. 또한 내담자에게 법적 소송, 고소를 당할 가능성은 항상 존재하고 있다. 이러한 상황을 고려한다면 학회는 학문적인 훈련과 수련, 정보 공유를 위한 역할뿐만 아니라 법적인 절차에서 개인 회원이나 기관 회원을 대변해 주고 보호해 주는 역할을 추가할 필요가 있다.

제6장
상담자 윤리의 현안

| 공윤정 |

이 장에서는 상담현장에서 많은 상담자들이 부딪힐 수 있고 윤리적 갈등을 경험할 만한 상담자 윤리사항을 다룬다. 구체적으로 상담윤리의 핵심적인 주제인 상담자의 유능성, 비밀보장, 사전 동의, 상담기록과 관련한 문제, 상담관계의 문제를 다루고, 추가적으로 심리검사와 관련한 윤리를 다룬다.

1. 상담자의 유능성

상담자의 유능성(competence), 즉 상담자가 전문적인 상담을 진행하기에 충분한 지식과 기술, 태도를 갖는 것은 상담자 윤리의 핵심이 된다(공윤정, 2008). 상담자의 유능성은 상담자가 내담자와의 전문적 관계를 형성하고, 내담자에게 해를 끼치지 않으며, 내담자의 복지를 증진시킬 수 있는, 즉 전문적인 상담을 진행하도록 하는 가장 기본적인 윤리적 조건으로 볼 수 있다.

포프와 바스케즈(Pope & Vasquez, 2011)는 상담자의 유능성을 크게 지적 능력과 정서적 능력으로 구분할 수 있다고 보았다. 지적 능력은 상담자가 상담을 진행하는 데 필요한 능력과 기술을 아는 것으로, 다양한 상담의 이론, 상담의 기법과 진행방식, 상담 관련 연구 등에 관한 지식을 갖는 것을 뜻한다. 지적 유능성은 상담에서 특정한 임상적 과제를 효과적으로 수행하는 능력도 포함한다. 이에 반해서 정서적 유능성은 상담자가 스스로에 대해 알아차리는 능력을 뜻하는데, 여기에는 자신에 대한 지식, 자신을 받아들이는 것, 자신을 관찰하는 것 등이 포함된다. 상담자가 자신의 정서적 강점과 약점, 욕구와 자원, 임상적인 작업에서 스스로의 능력과 한계를 알 때 효과적인 상담을 진행할 수 있다는 것이다. 포프와 바스케즈는 상담자의 정서적 능력이 떨어지면 상담에서 일어나는 정서적으로 긴장된 순간들을 견디기 어려워하고, 내담자에게 도움이 되는 방식으로 상담을 진행하기보다는 상담자가 편안한 방식으로 상담을 진행할 가능성이 있다고 보았다.

상담자의 유능성을 키우기 위해서는 먼저 대학의 교육과정에서 잠재적으로 유능한 상담자의 선발, 필요한 교육과정의 개설과 충실한 교육, 상담자의 능력에 대한 체계적이고 객관적인 평가 등이 이루어져야 한다. 상담자의 유능성을 키우고 다양한 교육기관에서 양성되는 상담자의 능력을 비교적 동일하게 끌어올리기 위해서, 미국의 경우에는 미국심리학회에서 상담 관련 박사과정 프로그램에 대한 프로그램 인준제도를 실시하고 있다. 상담자의 유능성을 구성하는 핵심적인 요소들로 교육과정을 구성하고, 학생의 선발, 교수진의 구성, 상담실습과 수퍼비전 관련 기준 등을 충실하게 따르는 프로그램에 한해 인준을 하고, 일정한 기간을 두고 인준을 갱신하는 방식으로 프로그램의 질을 관리하는 것이다.

상담자의 유능성을 제도적으로 관리하는 다른 방법으로 상담자 자격을 들 수 있다. 현재 우리나라에는 청소년상담사와 같은 국가자격도 있지만, 한국상담학회와 한국상담심리학회 등의 민간기구에서도 상담자 자격관리를 하고 있다. 상담자들이 상담실에 취업하기 위해서 자격증이 거의 필수적으로 요구됨에 따라 상담자 자격이 제도적으로 점차로 자리 잡게 된 점은 최근의 바람직한 변화라고 볼 수 있다. 이에 반해, 상담자 자격과 관련한 현재의 가장 큰 도전은 자격증을 관리하는 기관에 따라 자격요건이 다양해서 자격증을 가진 상담자라고 하더라도 능력의 차이가 크다는 점이다. 황순길 등(2000)은 상담자 자격증을 받기 위해 요구되는 상담경험이 자격증에 따라 90시간에서 수년으로 다양하다고 하였는데, 2017년 현재에는 상담 관련 학회들이 더 설립되고 학회별로 자격관리가 이루어짐에 따라 상담자격증을 가진 상담자들의 능력 차이가 더 클 것이라고 짐작할 수 있다.

상담자가 상담을 제공하는 데 필요한 충분한 능력을 가질 때 내담자에게 전문적인 서비스를 제공해 도움을 줄 수 있으며, 이러한 실제적인 도움이 상담 영역 전반에 대한 일반인의 신뢰를 키우는 데 기여할 것이다. 상담자의 유능성을 키우고 유지하기 위해서는 상담 관련 교육과정의 필수 요소에 대한 논의, 논의된 필수 요소들을 상담 프로그램에 포함시켜 운영함으로써 관련 프로그램의 질 관리를 하는 것, 관련 학회의 자격증을 통합하여 운영하거나 다른 가능한 방법을 통한 상담자 자격의 질 관리 등이 이루어질 필요가 있다.

2. 비밀보장

상담에서의 비밀보장은 내담자가 상담자에 대한 신뢰관계를 형성하도록 돕는 기본적인 요소다. 비밀보장이란 내담자가 상담을 받고 있다는 사실과 내담자가 상담에서 말한 내용을 상담자와 내담자만 공유한다는 뜻이다. 내담자는 자신이 말한 내용에 대해 상담자가 비밀을 지켜 주리라는 가정하에 타인에게는 밝히기 어려운 자신의 얘기를 상담자에게 하게 되므로, 비밀보장은 내담자가 상담자에게 갖는 신뢰의 바탕이 된다고 볼 수 있다. 일반적으로 상담자는 상담 초기에 비밀보장에 관해 내담자에게 설명한 후 상담을 진행하게 된다. 상담자의 윤리와 관련한 상담자의 인식을 조사해 보면, 비밀보장은 상담자가 가장 많이 인식하고 있는 상담윤리 관련 주제로 나타난다(박한샘, 공윤정, 2011; 유재령, 김광웅, 2006). 한국상담학회 윤리강령(2016)의 비밀보장 관련 규정은 다음과 같다.

◆◆ **한국상담학회 윤리강령(2016)**

제2장 정보의 보호
제3조(비밀보장)
① 상담자는 사생활과 비밀유지에 대한 내담자의 권리를 최대한 존중해야 할 의
무가 있다.
② 상담자는 내담자 또는 내담자의 법정대리인에게 비밀보장의 예외와 한계에
대해 설명해야 한다.
③ 상담자는 제7조 비밀보장의 한계를 제외하고는, 내담자의 서면 동의 없이는
제삼의 개인이나 단체에게 상담기록을 공개하거나 전달해서는 안 된다.
                    ······ (중략) ······
제5조(전자정보의 비밀보장)
① 상담자는 컴퓨터를 사용한 자료 보관의 장점과 한계를 알아야 한다.
② 상담자는 내담자의 기록이 전자정보의 형태로 보존되어 제삼자가 내담자의
동의 없이 접근할 가능성이 있을 때, 적절한 방법을 통해 내담자의 신상이 드
러나지 않도록 조치를 취한다.
③ 상담자는 컴퓨터, 이메일, 팩시밀리, 전화, 음성메일, 자동응답기, 그리고 다
른 전자 테크놀로지를 사용해 정보를 전송할 때는 비밀이 유지될 수 있도록
사전에 주의를 기울인다.

한국상담학회의 비밀보장 관련 규정에서는 상담자가 내담자 관련 정보의 비
밀보장을 원칙으로 하되, 내담자나 특정한 타인의 안전을 위협할 만한 상황에서
는 비밀보장에 우선해 안전을 지키려는 행동을 취해야 한다고 밝히고 있다. 수
퍼비전이나 교육, 연구의 목적으로 내담자의 정보를 사용할 때에도 반드시 내담
자의 동의를 얻어 사용하며 이런 경우라도 내담자에 관한 자세한 정보가 노출
되지 않도록 주의해야 한다는 것이다. 2016년 개정 윤리강령에서는 전자정보의
비밀보장에 관한 부분이 보완되어 전자정보에 대한 관리를 강화하였다.

① 비밀보장의 예외

비밀보장과 관련하여 상담자가 주의할 부분은 비밀보장의 예외사항과 비의도적인 비밀보장의 위반에 관한 부분이다. 상담에서는 내담자에게 즉각적인 위험이 있어 비밀보장에 우선해 내담자에게 해가 가지 않도록 조처를 취해야 하는 경우처럼, 비밀보장이 이루어지기 어려운 예외사항이 있다. 상담에서 비밀보장에 우선해서 내담자나 주변인의 안전을 위해 필요한 조처를 취해야 하는 일반적인 경우는 다음과 같다.

- 내담자가 자신을 해칠 위험이 있을 때: 내담자가 자신을 해치려는 생각과 구체적인 계획이 있어 자신을 해칠 가능성이 높을 경우(예, 자살의 위험)이다.
- 내담자가 특정한 타인을 해칠 위험이 있을 때: 내담자가 분노나 원한 등을 표현하고, 이를 특정한 타인에 대한 보복과 연결시키는 경우다. 내담자의 분노에 대한 특정한 대상이 있고 구체적인 계획이 있어 타인을 해칠 가능성이 높다고 판단될 때, 상담자는 잠재적인 피해자와 그 보호자에게 이를 알려 적절한 보호조처를 취하도록 한다.
- 내담자가 현재 아동학대를 당하고 있을 때: 아동과 청소년내담자가 현재 아동학대(신체적, 언어적, 성적 학대 등)를 당하고 있다는 사실이 확인되면 상담자는 이를 아동학대예방센터(1577-1391) 등 관련 기관에 신고해 아동이 적절한 보호를 받도록 한다.
- 아동 · 청소년 대상 성범죄의 경우: 아동 · 청소년에 대한 강간이나 강제추행 등 성범죄가 확인된 경우 관련 기관에 신고하여 정해진 절차에 따라 처리한다.
- 법적으로 정보의 공개가 요구될 때: 법원의 명령이 있을 때 상담자는 요구되는 정보를 관련인에게 제공한다.
- 내담자가 감염성이 있는 치명적인 질병이 있다는 확실한 정보를 가진 경우: 내담자가 감염성이 있는 치명적인 질병이 있는데도 타인에게 감염의 위험이 높은 행동을 할 때 상담자는 잠정적인 피해자를 보호하기 위한 조치를 취한다.

내담자나 관련인의 즉각적인 위험상황과는 별도로, 상담자가 수련과정에 있어 수퍼비전을 받는 경우에도 비밀보장이 이루어지지 않으므로 내담자에게 미리 동의를 구할 필요가 있다. 이때 상담의 내용을 누가 어느 정도로 알게 되는지를 내담자에게 알려 주고 필요하다면 수퍼바이저에 관한 정보를 내담자에게 알려 줄 수 있다.

비밀보장의 예외사항과 관련해 상담자가 취하는 일반적인 절차는 다음과 같다. 먼저, 상담의 초기에 비밀보장에 관한 사항과 예외사항에 관해 내담자에게 구조화한다. 상담이 진행되면서 내담자에게 비밀보장의 예외에 해당하는 사항이 발생하면, 내담자에게 상담자가 취할 조치를 설명하고 관련인에게 알린다(자신을 해칠 위험이 있는 경우 보호자에게, 특정한 타인을 해칠 위험이 있는 경우 그 대상과 보호자에게, 아동학대의 경우는 보호자, 관련인과 관련 기관에). 이때 비밀보장의 예외에 해당하는 상황이 발생하면 상담자가 내담자의 동의를 받아야 하는 것이 아니라, 내담자에게 관련 절차를 알리고 상담자가 필요한 조처를 취하면 된다는 것을 기억할 필요가 있다. 예를 들어, 아동학대의 경우 아동의 보호자가 가해자인 경우가 많은데, 이런 경우에 상담자가 아동의 보호자에게서 신고에 관한 동의를 얻기는 거의 불가능하다.

비밀보장의 예외사항과 관련해 상담자가 실제 사례를 진행하는 데 있어서의 어려움은 '내담자나 사회에 임박한 위험이 있을 때'를 판단하는 것이 어느 정도는 자의적이라는 점이다. 예를 들어, 청소년내담자가 가출을 예고했을 때 이는 위험한 경우여서 내담자의 안전이 비밀보장에 우선하는지를 상담자가 판단해야 한다. 상담자는 내담자의 문제력, 나이, 문제해결능력, 상황의 위험함, 보호자의 문제해결능력과 지지적 태도 등을 종합적으로 평가해서 판단하는 것이 바람직하다.

② 비의도적인 비밀보장의 위반

비밀보장과 관련하여 상담자는 비의도적인 비밀보장의 위반에 주의를 기울인다. 상담자들은 다양한 방식을 통해 비밀보장에 대해 교육받기 때문에, 의도적으로 비밀보장을 깨는 경우보다는 부주의로 인해 비밀보장을 위반하는 경우가 발생하게 된다. 비의도적인 비밀보장 위반의 예는 다음과 같다.

- 상담자가 수퍼비전의 목적이 아닌데도 수다처럼 내담자의 사례에 대해 동료상담자와 얘기하는 경우
- 상담자가 내담자의 사례에 대해 공개적인 장소(예, 화장실, 식당, 지하철 등)에서 동료상담자와 말하는 경우
- 내담자 관련인(부모, 교사, 상담 의뢰인 등)에게 상담 내용을 지나치게 자세히 알려 주는 경우
- 우연히 내담자를 아는 사람을 만나 내담자 관련 정보를 알려 주는 경우(예를 들어, 내담자를 아는 사람을 만나 내담자가 본인에게 상담을 받았다고 얘기하는 경우 등)

그러므로 상담자는 자신이 의도하지는 않았지만 이러한 행동을 통해 내담자 관련 정보에 대한 비밀보장을 깨고 있는 것은 아닌지 주의한다.

3. 사전 동의

상담에서의 사전 동의(informed consent)는 상담과 관련된 정확한 정보를 내담자에게 상담 전에 미리 알려, 내담자가 상담과정에 대한 정확한 정보를 얻은 상태에서 상담을 받을지의 여부를 결정하도록 하는 것을 말한다. 사전 동의와 관련되는 가장 핵심적인 윤리원칙은 내담자의 자율성에 대한 존중이다. 내담자가 상담을 받을지의 여부, 누구에게 상담을 받을지의 여부를 내담자 스스로 결정해야 한다는 것이다.

사전 동의는 서면으로 관련 내용을 밝히고 동의받는 방식, 비디오나 만화자료로 제작하는 방식, 구두로 설명하는 방식 등에 의해 이루어질 수 있는데, 서면

으로 미리 주고 읽게 한 후 상담자가 주요 내용에 대해 다시 설명해 주는 것이 보편적이다. 사전 동의는 보통 내담자가 첫 회 상담에 왔을 때 상담을 시작하기 전에 이루어진다. 상담실에 접수 및 행정을 담당하는 직원이 있는 경우라면 내담자가 상담실에 처음 와서 상담신청서를 작성할 때 사전 동의서를 함께 주어서 내담자가 읽고 서명하게 하는 방식으로 이루어진다. 그런데 내담자는 흔히 정서적으로 취약한 상태에서 상담에 오고, 이러한 상황에서 상담동의서에 기술된 내용을 자세히 읽지 않을 가능성도 많으므로, 상담자가 상담을 시작할 때 다시 한 번 중요한 사항을 요약해 주고 내담자가 이해했는지를 확인하는 것이 좋다. 상담동의서에 포함되는 내용들의 예는 다음과 같다(ACA, 2005).

- 상담의 목적, 기술, 과정, 한계, 잠정적인 위험과 이득
- 상담자의 자격, 자격증, 관련 경험
- 상담자가 상담을 계속할 수 없을 때 상담의 지속절차와 관련된 사항들
- 진단, 심리검사, 심리검사 보고서, 비용, 비용 청구 등과 관련된 사항들
- 비밀보장과 한계
- 내담자가 자신의 기록에 접근할 수 있는 권리
- 상담계획에 참여할 수 있는 권리
- 특정한 서비스나 상담방식의 변화를 거부할 수 있는 권리

우리나라의 경우 상담자들에게 사전 동의를 받는지를 물어보면 상담동의서를 사용해 공식적으로 사전 동의를 받는 경우도 있지만 문서화된 동의과정 없이 상담이 진행되기도 하는 것으로 나타났다. 사전 동의에서 다루어지는 내용이 상담의 구조화에서 상당부분 중첩되어 나타나기는 하지만, 상담의 구조화는 상담을 받기로 한 상태에서 이루어지기 때문에 내담자가 자율적으로 상담 참여 여부를 결정하도록 하려는 사전 동의의 중요한 목적은 충족시키지 못한다. 따라서 사전 동의를 공식적으로 상담의 한 과정으로 포함시키는 노력이 진행될 필요가 있다.

상담의 대상이 미성년자이거나 다양한 신체적, 인지적 어려움으로 인해 사전 동의의 내용을 이해하기 어려운 내담자에게 사전 동의를 얻을 때는 특별한 주의가 필요하다. 미국의 경우 미성년자와의 상담에서는 미성년자의 상담동의뿐만 아니라 반드시 부모의 상담에 대한 동의를 받은 후 상담을 실시하는 것을 원칙으로 하지만(Corey, Corey, & Callanan, 2007), 우리나라에서는 부모의 상담동의 없이 미성년자(특히 청소년의 경우)의 상담이 이루어지는 경우가 많다. 유료상담실에는 부모의 동의 없이 청소년내담자가 자발적으로 상담을 받으러 오는 경우가 거의 없겠지만, 청소년상담지원센터나 학교상담실의 경우 자발적인 청소년내담자들은 부모에게 비밀을 지키는 조건에서 상담을 신청하기도 한다. 상담자들에게 청소년내담자 부모의 상담동의를 얻지 않는 이유에 대해 물어보면, 청소년의 주호소문제가 부모와의 갈등이거나 부모가 문제의 원인제공자인 경우가 많아 부모 동의를 얻기가 꺼려진다고 하였다.

주로 위기청소년을 대상으로 상담 및 위기개입을 진행하는 청소년동반자의 경우에는 상담동의과정에서 부모는 동의하는데 청소년내담자가 동의하지 않거나, 청소년내담자는 동의하는데 부모가 상담동의를 하지 않는 경우 등 청소년과 부모의 상담에 대한 태도가 다를 때 상담진행에서 갈등을 경험한다고 보고하였다(박한샘, 공윤정, 2011). 청소년내담자가 상담에 동의하지 않는 경우에는 관계형성을 통해 신뢰감을 먼저 형성한 후 상담에 대한 태도를 긍정적으로 바꾸거나, 상담동의 없이 몇 회기 상담을 받은 후 동의하도록 하는 등 기회를 주었지만, 부모가 상담에 동의하지 않으면 조기 종결되는 경우가 많은 것으로 나타났다.

아동상담자들은 아동의 연령이나 문제 유형, 인지적 이해능력 등에 따라 상담의 내용과 과정 설명에 어려움을 겪거나, 상담자의 설명을 아동이 산만하거나 성의 없는 태도로 듣고 넘기는 경우에도 상담동의에서 어려움을 겪는 것으로 나타난다(유재령, 김광웅, 2006). 아동이라고 하더라도 상담의 내용과 과정에 대해 아동이 이해할 수 있도록 설명을 하여 아동을 상담동의과정에 참가시킴으로써 내담자의 상담 동기를 높일 수 있을 것이다.

아동과 청소년이 경험하는 다양한 심리적인 어려움에는 부모의 행동이 관련되는 경우가 많고, 교육과 상담을 통한 부모의 행동변화가 이루어진다면 이는 아동·청소년의 변화에 큰 영향을 미치게 된다. 그러므로 필요하다면 상담자가 미성년자와의 상담에서 부모의 동의를 얻어서 부모도 변화의 과정에 참여하도록 돕는 것이 궁극적으로 내담자의 복지를 증진하는 방법이 될 것이다.

4. 상담기록

상담기록과 관련한 윤리규정은 기록의 생성, 보관, 전달, 기한이 다 된 기록의 파기 등 기록의 전체 과정과 관련된 사항을 다룬다. 상담자가 내담자와 관련해 기록하고 보관하는 내용은 흔히 상담신청서, 접수면접 기록, 심리검사 결과 및 결과보고서, 내담자의 진단과 평가를 포함하는 사례개념화, 회기별 상담기록, 종결기록을 포함한다. 상담기록과 관련한 윤리적 사항은 누가 이 기록에 접근할 권리가 있는지, 상담기록의 보관 장소, 보관 기한과 파기 과정, 컴퓨터에 저장된 상담기록의 관리 등이다. 한국상담학회(2016)의 상담기록 관련 윤리강령은 다음과 같다.

◆◆ 한국상담학회 윤리강령(2016)

제2장 정보의 보호
제6조(상담기록)
① 상담자는 내담자에게 전문적인 서비스를 제공하기 위해 내담자에 대한 상담기록 및 보관을 본 학회의 윤리강령 및 시행세칙에 따라 시행한다. 또한 상담기록을 안전하게 보관하고 허가된 사람 이외에는 기록에 접근할 수 없도록 한다.

② 상담자는 상담내용의 녹음 혹은 녹화에 관해 내담자 또는 대리인의 동의를 구한다.

③ 상담자는 상담내용이 사례지도나 발표, 혹은 출판 시 내담자의 동의를 구한다.

④ 상담자는 내담자가 상담기록의 열람을 요구할 경우, 그 기록이 내담자에게 잘못 이해될 가능성이 없고 내담자에게 해가 되지 않으면 응하도록 한다. 다만 여러 명의 내담자를 상담하는 경우 내담자 자신과 관련된 부분에 대해서만 공개할 수 있다. 다른 내담자와 관련된 사적인 정보는 제외하고 열람하거나 복사하도록 한다.

⑤ 상담자는 상담과 관련된 기록을 보관하고 처리하는 데 있어서 비밀을 유지해야 하며, 이를 타인에게 공개할 때에는 내담자의 동의를 구한다. 내담자에게 해를 끼치지 않는 범위 내에서 공개해야 한다.

① 상담기록의 보관과 접근

내담자 관련 자료의 보관은 상담의 비밀보장과 관련해서 중요하게 다루어져야 한다. 상담기록은 서면의 형태로 이루어질 수도 있지만 비디오나 오디오 자료, 컴퓨터 파일, 상담기관 내의 인트라넷을 포함한 전자자료 등 다양한 형태로 존재할 수 있다. 상담기록은 컴퓨터에 저장된 형태가 아니라면 기록을 보관하는 장소(내담자가 접근할 수 없는 폐쇄된 공간)의 보관함에 잠금장치를 해서 보관하는 것이 바람직하다. 같은 상담실에서 근무하는 상담자라고 하더라도 자신의 내담자가 아닌 경우 불필요하게 기록에 접근하거나 열람하는 것은 금지되어야 한다.

내담자 관련 자료를 컴퓨터 파일 형태로 보관하거나, 인트라넷과 같은 장치를 통해 인터넷상에 직접 입력해서 보관한다면 정보의 보관과 관리에 더 주의를 기울여야 한다. 상담자가 컴퓨터 문서파일의 형태로 상담 자료를 생성한 후 인쇄하여 보관하는 경우 컴퓨터에 내담자 관련 자료가 남아 있기 쉽고, 그 결과 컴퓨터를 사용하는 다른 사람이 내담자의 자료에 접근할 수 있게 된다. 최근에는 내담자 관련 자료를 상담기관 내부의 인트라넷 등을 이용해 생성하고 보관, 관리하는 경우도 많은데, 이런 경우에 상담기관의 행정 직원이나 다른 상담자 등이 특정 상담기록이 누구에 대한 것인지 쉽게 알아보지 못하도록 코드화해서 보관하는 등의 방법이 권고된다(APA, 2010). 상담 관련 기록을 저장하는 기관 내 인트라넷의 경우 외부에서 이러한 자료를 해킹해서 접근할 가능성 등을 고려해서 보안이 안전하게 이루어지도록 설계하고 관리하는 것도 주의해야 한다.

미국의 경우 내담자의 상담 관련 기록은 법적인 이유 혹은 종결한 내담자가 이후에 상담신청을 하는 경우 임상적으로 기록을 활용하기 위한 이유 등 다양한 이유로 보관 기한을 정해서 보관하도록 한다. 예를 들어, 보관 기간이 10년이라면 상담센터는 이 기간 동안 내담자의 기록을 보관하여야 하며, 기간이 지난 자료들은 상담실 관계자의 감독하에 특정한 장소에서 파기하는 절차를 거치게 된다. 우리나라의 경우 상담기록의 보관에 관한 윤리적, 법적 기준이 마련되어 있지 않으므로 한시적으로라도 상담기관에서 관련 기준을 마련해 보관, 파기 등의 절차를 취하는 것이 바람직하다.

상담의 사전 동의에 관한 부분에서도 기술되었듯이 내담자는 자신의 상담기록에 접근할 수 있는 권리를 가진다. 따라서 상담자는 내담자가 요청하면 내담자의 상담기록을 보여 줄 수 있다. 상담 관련 전공 박사과정 학생 대상의 상담자 윤리수업에서 상담기록을 내담자에게 그대로 보여 주는 것에 대한 의견을 물었더니, 대부분의 학생들이 사례개념화 등 내담자가 보기엔 바람직하지 않은 내용들이 포함되어 있어 사례기록을 내담자에게 보여 주는 것이 상담에 도움이 되지 않을 것이라고 응답하였다. 그런데 상담기록의 목적 중 하나가 내담자에게 더 나은 상담서비스를 제공하기 위한 것임을 고려한다면, 내담자에 대한 사례개념화와 가정들은 내담자와 공유하고 상담 목표의 달성을 위해 활용되었을 때 그 의미를 가진다고 볼 수 있다. 물론 상담자는 내담자에 대한 자신의 가정들을 언제 내담자와 나눌 것인지 시기적인 부분에 있어 임상적인 결정을 해야 한다. 이런 시기적인 판단문제를 제외하고, 상담자는 내담자에 관한 상담기록에 남겨지는 모든 내용은 내담자가 볼 수 있는 자료임을 기억하고 기록을 유지하는 것이 바람직하다.

② 상담기록의 보고

상담기관이 국가나 지방자치단체 혹은 다른 외부기관에서 예산지원을 받아 운영되는 경우에 지속적인 예산의 확보를 위해서는 상담 관련 성과를 알려 줄 필요가 생긴다. 상담 관련 성과에는 내담자 수, 사례 수, 내담자의 문제행동의 변화 등이 포함되는데, 이때 내담자의 상담기록을 어느 정도의 범위에서 알려 주는 것이 바람직한지와 관련한 윤리적인 문제가 생긴다. 상담자는 한편으로 는 지속적인 예산 확보를 통한 상담 서비스의 제공 및 내담자 복지의 증진을 위해 노력해야 하지만, 다른 한편으로는 내담자 관련 정보를 보호해야 되는 윤리적 의무가 있기 때문에 이 두 개의 윤리규정 중 어느 부분에 우선권을 둘 것인지 결정해야 한다. 상담자는 예산지원 기관뿐만 아니라 처벌의 일환으로 상담을 명령한 법원, 상담 관련 기록을 저장해 두어야 하는 학교 내 교육정보 시스템인 NEIS 등 실제 상담과 무관한 행정가들에게 상담 관련 자료를 보고해야 하는 경우가 있다. 이때 상담자는 내담자의 상담기록을 그대로 보여 주는 대신에, 전체적인 통계수치, 개략적으로 상담에서 다루었던 문제 유형, 대표적인 성과 등을 보고함으로써 내담자의 정보보호가 최대한 이루어질 수 있도록 노력한다.

5. 상담관계

전문적인 상담관계는 상담이 효율적으로 이루어지도록 하는 데 필수적인 요소다. 상담관계와 관련된 윤리에는 내담자에 대한 불공정한 차별 금지, 내담자에게 해를 끼치지 않기, 다중관계의 문제, 성적 관계의 문제, 상담자-내담자의 경계의 문제 등이 관련된다. 여기에서는, 특히 다중관계, 상담자-내담자 간 성적 관계, 상담자-내담자 간 경계의 문제 등을 중점적으로 살펴보도록 하겠다. 상담관계와 관련한 한국상담학회의 윤리강령(2016)은 다음과 같다.

◆◆ 한국상담학회 윤리강령(2016)

제4장 상담관계

제11조(다중관계)

① 상담자는 내담자와의 친밀한 관계를 인식하고, 내담자에 대한 존중감을 유지하며 내담자를 이용하여 상담자 개인의 필요를 충족하고자 하는 활동 및 행동을 하지 않는다.

② 상담자는 객관성과 전문적인 판단에 영향을 미칠 수 있는 다중관계를 피해야한다. 상담자가 내담자를 지도하거나 평가를 해야 하는 경우라면 그 내담자를 다른 전문가에게 의뢰한다. 단 내담자의 복지를 위해 상담자와 내담자가 사전 동의를 한 경우와 그에 대한 자문이나 감독이 병행될 때는 상담관계를 맺을 수도 있다.

③ 상담자는 특별한 경우를 제외하고는, 내담자와 상담실 밖에서 사적인 관계를 맺지 않는다.

④ 상담자는 내담자와의 관계에서 상담료 이외의 어떠한 금전적, 물질적 거래관계도 맺지 않는다.

한국상담학회의 윤리강령(2016)에서는 상담관계에서 상담자의 힘의 사용과 상담자-내담자 간 다중관계의 금지 등이 포함되어 있다. 우리나라의 경우는 상담자의 윤리강령 위반과 관련해 학회의 윤리위원회에서 상담자를 조사하거나 징계한 경우에, 이를 공식적인 통계로 일반에게 알려 주고 있지는 않다. 이에 반해 미국심리학회에서는 한 해 동안 윤리위원회에 제소된 사례와 이 중 실제로 조사가 이루어진 사례의 통계를 정기적으로 발표한다. 미국심리학회의 2010년 윤리적 위반과 관련된 통계를 보면(APA, 2011), 2010년 한 해 동안 윤리적 위반 관련 불만신청이 접수된 사례는 64건이었고, 이 중 20건에 대해서 공식적인 조사가 이루어졌다. 주목할 만한 부분은 20건의 사례 중 14건의 사례가 다중관계와 관련한 윤리적 위반사례라는 점이다. 다중관계 관련 접수사례는 성적으로 부적절한 행동, 성희롱, 비성적인 다중관계를 포함하고 있는 것으로 나타났다. 이를 보면 내담자와의 성적 관계의 금지, 다중관계의 금지에 관한 명백한 윤리강령에도 불구하고, 다중관계 관련 윤리에서 윤리강령의 위반이 가장 빈번하게 일어난다고 볼 수 있다.

① 상담자-내담자 관계에서 경계의 문제

상담에서 다중관계에 관한 논의는 상담자가 내담자와 전문적 관계를 유지하는 데 있어 적절한 경계(boundary)는 무엇인가 하는 질문과 밀접하게 관련된다. 상담자가 내담자와 맺는 전문적 관계에서는 상담자가 객관적으로 내담자를 평가하고 효과적인 개입을 취해서 내담자를 최대한 도와줄 수 있는 데 반해, 상담자가 내담자와 개인적이고 사적인 관계를 맺으면 이러한 관계는 전문적인 상담개입이 이루어지는 데 방해가 된다는 가정이 경계문제의 바탕이 된다. 즉, 상담자-내담자 관계에서 전문적 관계의 경계를 넘지 않도록 주의해야 한다는 것이다.

원칙적으로는 간단하지만 상담자가 내담자와 전문적 관계의 경계를 지키는 일이 실제 상담에서 어려운 데에는 크게 다음의 몇 가지 측면이 관련된다.

첫째, 상담자-내담자 관계에서 일어나는 모든 행동에 대해 전문적 관계의 범주에 포함되는 행동인지, 사적 관계에서 일어나는 일인지를 판단하기가 쉽지 않다는 것이다. 또한 같은 행동이라도 상황에 따라 그 의미가 달라질 수 있다. 예를 들어, 상담자가 내담자에게 작은 선물을 받거나 주는 것, 늦은 시간에 상담이 끝나서 상담자가 퇴근하면서 내담자를 전철역까지 차로 태워 주는 것, 내담자가 결혼을 하는 경우 결혼식에 참가해서 축하해 주는 것, 내담자를 상담자가 진행하는 교육 프로그램에 참가하도록 하는 행동 등은 전문적 관계의 범주를 넘어서는지 그렇지 않은지를 판단하기가 쉽지 않다. 내담자가 상담을 통해 문제가 호전되어서 감사의 표시로 작은 선물을 했고, 그 선물이 문화적으로 받아들여질 만한 것이라면 이 행동이 경계를 위반한 것이라고 보기 어렵다. 그런데 내담자가 상담을 받으러 올 때마다 음료수나 쿠키 등의 작은 선물을 하고, 이러한 작은 선물들에 숨은 동기가 있다면(예를 들어, 좀 더 따뜻하게 보살펴 달라거나 갈등을 일으키고 싶지 않다는 등), 상담자가 이를 그대로 받아들이는 것은 전문적 관계의 경계를 넘는 일이 된다. 상담자가 자신이 진행하는 교육 프로그램에 참가하도록 내담자에게 제안하는 경우에도, 표면적으로는 전문적인 개입의 일부로 보일 수 있지만, 내담자가 상담자의 제안에 압력을 느끼고 참가하기 싫은데도 참가하게 된다면 상담자가 전문적 관계에서의 자신의 힘을 부적절하게 사용한 셈이 된다.

둘째, 예외적이기는 하지만 청소년상담복지센터에서 활동하는 청소년동반자들은 업무의 특성상 청소년내담자들에 대한 위기개입, 찾아가는 상담, 단기개입과 적절한 연계기관에의 연계 등 전통적인 상담자의 활동과 사회복지사의 활동을 혼합해서 담당하고 있다. 상담자가 내담자의 집에 찾아가서 상담을 하는 경우, 상담자는 내담자가 식사를 거르고 있을 때 한 끼 식사를 사 주는 등 전통적인 전문적 상담관계에서 상담자가 하지 않는 활동들이 청소년동반자의 활동으로 공식적으로 포함되어 있는 경우가 있다. 이런 경우에 상담자들은 전문적인 상담관계의 경계가 무엇인지, 어디까지가 상담자로서 자신의 역할인지에 대해 더 혼란을 경험하는 것으로 나타난다(박한샘, 공윤정, 2011).

셋째, 상담자 윤리강령에서 경계의 위반(boundary violation)은 비윤리적이라고 판단하는 데 반해, 경계의 교차(boundary crossing)는 비윤리적으로 보지 않는다는 점(한국상담심리학회, 2005; APA, 2002)이 전문적 관계에 대한 판단을 더욱 어렵게 한다. 경계의 위반은 상담자의 행동이 전문적 관계의 경계를 넘어서 효과적인 상담 개입에 해가 되는 것이라면, 경계의 교차는 전문적 상담관계의 경계를 넘어서는 행동이지만 상담자가 내담자를 돕기 위한 의도에서 이루어지는 건설적인 관계를 뜻한다. 예를 들어, 전문적인 상담은 상담실로 찾아오는 내담자를 대상으로 상담실에서만 이루어지지만, 강화도와 같은 섬지역의 경우에 청소년내담자가 혼자 상담센터에 오기에는 마땅한 교통편이 없거나 위험하기도 한 경우가 발생한다. 이때 도움이 필요한 내담자에게 상담자가 내담자의 집으로 찾아가 상담을 진행한다면 이는 경계의 교차에 해당한다고 볼 수 있다.

이와 같이 상담자는 상담관계에서 이루어지는 자신의 행동에 대해서 어떤 행동이 전문적 관계의 경계를 위반하는지의 여부를 행동의 동기(내담자의 이익을 위한 것인지)와 그 행동의 결과가 내담자에게 미칠 영향 등을 함께 고려해서 판단하는 것이 바람직하다. 상담자가 자신의 행동에 대해서 '이렇게 해도 괜찮을까?'하는 의구심이 든다면, 이때가 행동의 적절성을 반성(reflection)하고 필요하다면 자문을 구하고 적절한 경계를 설정해 나가는 시점이 될 수 있다.

② 상담에서의 다중관계

상담에서의 다중관계는 상담자가 상담 서비스를 제공하고 도움을 주는 전문적 관계 이외의 다른 관계를 내담자와 맺는 것을 말한다. 예전에는 상담자-내담자 간 상담관계 이외의 다른 관계를 맺는다는 면에서 이중관계(dual relationship)라고 했으나 최근에는 다양한 관계를 포함해서 다중관계(multiple relationship)라고 부르는 경우가 많다. 이때 주로 친구처럼 가깝게 지내는 사회적 관계, 금전적인 면에서 도움을 주고받는 관계 등이 다중관계에 포함된다. 상담에서의 다중관계는 상담자의 객관성, 유능성, 상담에서의 효과성을 떨어뜨려 내담자에게 최선의 도움을 주는 데 방해가 된다는 이유로 특별한 경우가 아니면 금지된다. 이러한 이유로 상담자가 평소에 긴밀하게 관계를 맺고 있는 사람(예를 들어, 친구, 친척, 직장 동료)에게 상담을 제공하는 것은 바람직하지 않다. 다중관계는 상담윤리와 관련해서 국내에서 가장 활발하게 논의되고 있는 주제 중의 하나다. 이러한 논의는 우리 문화에서는 관계의 경계가 서구의 경우처럼 명확하지 않고, 집단주의 문화에서 개인과 타인의 경계의 불분명함, 전문가 관계와 사적 관계의 혼재 등이 일상적으로 나타나고 있는 점 등에 근거한 것이다. 여기에서는 전통적으로 상담에서 다중관계가 어떤 점에서 해롭다고 보는지, 다중관계가 비윤리적이지 않은 경우의 예, 다중관계에서 문화적 측면의 고려 등에 대해서 기술하였다.

상담자-내담자 간 전문적 관계 이외의 다른 관계가 형성되면, 그 관계는 상담관계에 영향을 주어 내담자가 솔직한 자기개방을 하는 데 방해가 된다거나, 상담자가 내담자와의 다른 관계(사회적 관계나 금전적 관계)를 유지하기 위해 상담에서 스스로의 행동을 제한한다거나 하는 방식으로 상담에 영향을 주게 된다.

상담자가 다중관계임을 인식하지 못하고 상담을 시작했지만, 상담 시작 후에 그 전에 몰랐던 내담자에게 해가 될 수 있는 다중관계의 존재를 알게 된다면(예를 들어, 부모와의 갈등이 있는 청소년내담자의 부모가 상담자의 친구인 경우 등), 내담자에게 적합한 최선의 조처를 취할 것이 요청된다. 다음의 예를 보자.

> 상담자 A는 상담 관련 학위와 자격증을 취득한 후 개인상담실을 운영하고 있다. 상담실은 내담자도 많고 잘 운영되는 편이었는데, A는 상담실에 올 수 있는 시간이 제한적인 직장인들을 위해 야간이나 토요일에도 상담을 진행하는 등 다른 사회적 관계에서 고립되어 대부분의 시간을 내담자를 만나고 상담소를 꾸리는 데 보내고 있다. 상담자 A는 최근 자신과 나이가 비슷한 동성의 내담자 B를 상담하면서 점차로 인간적인 매력을 느끼게 되었다. 그래서 상담이 끝나면 상담실에서 함께 차를 마시기도 하고, 식사시간이 가까울 때에는 샌드위치 등의 간단한 음식을 싸와 상담실에서 함께 먹기도 하였다. A는 내담자 B와 있는 시간을 편안하게 느끼고 친구로 지내고 싶다는 생각을 하게 되었다.

상담자가 상담과정에서 내담자에 대해 호감을 느끼는 것은 자연스러운 과정이다. 그런데 이러한 호감이 실제 행동으로 옮겨져 상담자가 자신의 사적인 얘기를 털어놓고 내담자에게 정서적으로 의지하는 친구관계로 발전한다면 이는 상담자가 내담자에게 전문적인 도움을 주는 데 방해가 된다. 특히 상담자가 실제 생활에서 만족스러운 사회적 관계가 없고 외로움을 느낀다면 이러한 감정을 행동으로 옮기게 되기가 쉬울 것이다. 일단 사회적 관계가 시작되면 상담자는 내담자와의 사회적 관계를 보호하기 위해(즉, 상담자 자신의 이익을 위해) 상담시간에 내담자에게 필요한 최선의 개입을 하기 어렵게 될 가능성이 많아진다. 상담자는 내담자가 자신에게 호감을 가지길 원하고, 친구관계를 유지하기 위해 내담자에게 필요한 적절한 도전을 피하게 되어 결국 내담자의 복지를 위해 노력해야 하는 상담윤리를 위반하게 된다. 상담자가 내담자와의 관계를 통해 상담자의 정서적 만족을 얻으려는 유혹에 굴복하지 않으려면 상담자가 스스로의 생활을 건강하게 유지하려는 노력이 필요하다.

상담자는 다중관계의 위험을 피하기 위해 상담실 외의 다른 장소에서 내담자를 만나거나, 내담자와 식사나 차를 함께 마시면서 수다를 떨거나, 내담자와 공연, 사교모임 등을 함께하거나, 자신이 아는 사람과 상담관계를 시작하는 등의 행동을 하지 않는 것이 바람직하다. 다만, 미국심리학회(APA, 2002)의 윤리 강령에서는 다중관계가 상담자의 능력을 훼손하거나, 내담자에게 해를 줄 가능성이 없다고 판단되는 경우에는 비윤리적이라고 보지 않는다고 명시적으로 기술하고 있다. 우리나라의 경우를 예를 든다면, 상담자격증을 소지한 담임교사가 도움이 필요한 학급의 학생에게 장기간 상담을 제공하는 경우는 불가피한 다중관계로 판단할 수 있을 것이다. 또한 다중관계의 윤리성을 판단하기 위해서는 주어진 문화에서 다중관계가 얼마나 적절하게 받아들여지는지를 함께 고려하는 것이 바람직하다. 박외숙과 고향자(2007)는 다중관계와 경계의 위반에 관한 논의는 개인주의 문화의 산물이며, 상담이 서구에서 들어오면서 상담관계의 경계나 다중관계에 대한 논의가 이루어지고 있지만 이를 우리 문화에 맞게 재해석하지 않고 경직되게 받아들이면 오히려 내담자에게 생소하게 느껴져 부정적인 영향을 줄 수 있음을 경계할 필요가 있다고 하였다. 따라서 상담자는 다중관계가(혹은 사소한 경계의 위반이) 상담관계에 궁극적으로 내담자의 복지에 해가 되는지, 문화적으로 적절한지를 검토한 후 자신의 행동을 결정할 필요가 있다.

③ 상담자-내담자 간 성적 관계

한국상담학회의 윤리강령(2016)과 미국심리학회의 윤리강령(APA, 2002) 중 상담자-내담자 간 성적 관계에 관한 부분은 다음과 같다.

◆◆ **한국상담학회 윤리강령(2016)**

제4장 상담관계
제12조(성적 관계)

① 상담자는 내담자 또는 내담자의 가족들과 성적 관계를 갖거나 어떤 형태의 친밀한 관계를 갖지 않는다.

② 상담자는 내담자 또는 내담자의 가족과 성적 관계를 맺었거나 유지하는 경우 상담관계를 형성하지 않는다.

③ 상담자는 상담관계가 종결된 이후에도 최소 2년 내에는 내담자와 성적 관계를 맺지 않는다.

④ 상담자는 상담 종결 이후 2년이 지난 후에 내담자와 성적 관계를 맺게 되는 경우에도 이 관계가 착취적이 아니라는 것을 철저하게 검증할 책임이 있다.

⑤ 상담자는 다른 상담자가 자신의 내담자와 성적 관계를 맺는 것을 알았을 경우 묵과하지 않고 적절한 조치를 취한다.

◆◆ **미국심리학회 윤리강령(APA, 2002)**

10. 심리치료(Therapy)

• 현재 내담자와의 성적 관계: 상담자는 현재 내담자와 성적 관계를 갖지 않는다.

• 현재 내담자의 친척이나 중요한 타인과의 성적 관계: 상담자는 현재 내담자의 친한 친척, 보호자, 다른 중요한 타인과 성적 관계를 갖지 않는다. 상담자는 이 규정을 피해가기 위해 상담을 종결하지 않는다.

• 과거 성적으로 친밀했던 사람과의 상담: 이전에 성적으로 친밀한 관계를 맺었던 사람을 내담자로 받아들이지 않는다.

• 과거 내담자와의 성적 관계: 상담자는 과거 내담자와 상담 종결 후 적어도 2년이 지나기 전에는 성적 관계를 맺지 않는다. 상담 종결 후 2년이 지난 후에도 아주 특별한 상황이 아니면 성적 관계를 맺지 않는다. 상담 종결 후 2년이 지난 내담자와 성적 관계를 맺는 경우 상담자는 다음의 사항을 고려해서 내담자에게 해가 되지 않는지를 판단하는 책임을 진다. ① 상담 종결 후 시간의 경과, ② 상담문제, 지속기간, 강도 등, ③ 종결 시의 상황, ④ 내담자의 개인사, ⑤ 내담자의 현재 심리적 상태, ⑥ 내담자에게 미칠 잠재적인 부정적 영향,

⑦ 상담자가 상담 중 종결 후에 성적 관계나 로맨틱한 관계가 시작될 수 있음을 암시한 적이 있었는지의 여부

한국상담학회와 미국심리학회의 윤리강령을 보면 상담자가 현재 내담자와 어떤 이유로든 성적 관계를 맺는 것을 금하고 있으며, 종결한 내담자라도 상담 종결 후 2년이 경과하기 전에는 성적 관계를 금지하고 있다. 미국상담학회(ACA, 2005)는 이보다 더 강경하게, 상담 종결 후 5년이 지나지 않은 경우 과거 내담자와의 성적 접촉을 금하고 있다. APA의 기준에 따라 상담 종결 후 2년이 지났다고 하더라도 내담자의 과거사, 심리상태, 내담자와 맺었던 상담관계의 여러 측면을 종합적으로 고려해 내담자에게 해가 가지 않을 것이라고 판단한 후에 연애관계나 성적 관계를 시작할 수 있으며, 이러한 책임이 상담자에게 있음을 분명히 밝히고 있다. 상담자가 내담자에게 수회기의 심리검사 실시 및 해석 중심의 상담을 진행한 경우와 오랜 역사를 가진 심리적 문제에 대해 수년간의 강도 높은 상담을 실시한 각각의 경우에, 상담 종결 후 2년이 지난 시점이라고 하더라도 상담자의 판단이 달라져야 한다는 것이다.

상담 종결 후 수년이 지났다고 하더라도 과거의 내담자와 성적 관계를 맺을 수 있는지에 대해서는 아직 전문가들 사이에 합의가 이루어지지 않고 있는데, 웰펠(Welfel, 2010)은 종결한 내담자와의 성적 관계와 관련한 쟁점들을 다음과 같이 제시하였다. 몇 가지 중요한 쟁점들은 미국심리학회의 종결 후 2년의 기준은 경험적인 증거에 의해 마련된 것이 아니므로 기준 자체가 임의적이라는 점, 상담자-내담자 간 관계에서 힘의 불균형은 상담이 종결된 후에도 없어지지 않는다는 점, 상담자의 내담자에 대한 비밀보장의 의무와 내담자와 사적 관계를 맺는 경우 정보개방이 충돌한다는 점 등이다. 특히 상담이 종결된 후라도 내담자가 다른 이유로 상담자에게 다시 상담을 받을 필요가 있는 경우에, 성적 관계로의 발전은 내담자에게 필요한 적절한 도움을 제공할 수 있는 기회를 차단하게

된다는 면에서 부정적인 견해를 밝히고 있다.

웰펠(Welfel, 2010)은 상담자와 내담자의 성적 접촉은 대부분의 경우 상담자-내담자 간 힘의 관계에서 취약한 내담자에게 더 피해를 주게 되며, 내담자가 상담자에게 이용당했다는 느낌을 갖게 하므로 피하는 것이 좋다고 하였다. 성적 관계에서 한 가지 주의할 점은, 상담자가 내담자에 대해 성적인 느낌을 갖는 것과 성적 행동을 시도하는 것은 다르다는 점이다. 상담자가 내담자에게 성적 느낌을 갖게 된다면 상담자는 이러한 감정이 내담자의 대인관계 패턴과 관련되는지, 상담자 자신의 욕구와 관련되는지를 구분하고 이러한 부분들이 상담에 미치는 영향을 관찰하고 필요하다면 상담과정에서 다룰 수 있다. 상담자가 성적 느낌을 관찰하고 상담에서 효과적으로 다루려고 노력했는데도 불구하고, 상담자 자신의 감정이 상담과정에 해를 주어 내담자에게 필요한 도움을 주기 어렵다고 판단되면 내담자를 다른 전문가에게 의뢰하는 것이 바람직하다. 이에 반해서 상담자가 성적인 행동을 하는 것은(내담자가 먼저 제안한 경우라고 하더라도) 엄격하게 비윤리적인 것으로 여겨진다.

④ 상담자-내담자 간 비성적인 신체접촉

상담자-내담자 간 성적 접촉을 논의할 때 자주 함께 다루어지는 주제는 상담자-내담자 간의 비성적(non-sexual)인 신체접촉과 관련한 부분이다. 비성적인 신체접촉에는 내담자와의 악수, 가벼운 포옹, 손을 잡아 주거나 어깨 두드리기, 안아 주기 등과 같은 행동들이 포함된다. 여기에는 악수와 같이 일상적인 사회적 상호작용에서 이루어지는 행동도 있지만, 내담자가 정서적으로 어려운 시기를 견디고 있거나 어려움을 잘 이겨내고 있을 때, 상담자가 공감과 격려의 의미로 하는 안아 주기나 손 잡아 주기와 같은 신체접촉도 있다. 상담전공 박사과정 학생들을 대상으로 수업시간에 비성적인 신체접촉에 대한 의견을 물어보았을 때, 공감과 격려의 표현으로 적절하게 사용되면 괜찮다는 의견과 부적절하다는 의견이 나뉘어 나타났다. 다만, 비성적인 신체접촉이 일어나는 경우 내담자가 그 부분을 편하게 받아들일 수 있는지의 여부가 중요하다는 점에서는 의견이 일치하였다.

비성적 신체접촉이 실제로 내담자에게 도움이 되는지의 여부는 관련 문헌에서 밝혀져 있지는 않지만, 웰펠(Welfel, 2010)은 상담자가 비성적 신체접촉을 사용하는 경우 '난 신체접촉을 좋아하는 성격'이라는 상담자의 변명을 넘어서 다음의 몇 가지 측면들을 고려해 볼 필요가 있다고 제안하였다.

- 그 사회에서 신체접촉이 사회적, 문화적으로 받아들여지는 정도
- 신체접촉을 사용하는 데 대한 상담자의 동기
- 내담자가 신체접촉을 어떻게 받아들이는지에 대한 정보
- 관계에서의 친밀감과 신체접촉 사이의 일치성

비성적인 경우라고 하더라도 신체접촉이 편안하게 받아들여지는 정도는 주어진 문화권에 따라, 또 동성관계인지 이성관계인지에 따라 다르다. 남자상담자-여자내담자의 경우와 여자상담자-여자내담자의 경우에 상담자의 같은 반응도 다르게 받아들여질 수 있다. 그러므로 상담자는 비성적인 신체접촉을 사용하는 경우 주어진 문화에서 보편적으로 받아들여지는 범위가 어디까지인지를 고려할 필요가 있다. 비성적인 신체접촉에 대한 상담자의 동기가 무엇인지에 대해서도 생각해 볼 필요가 있는데, 이러한 행동이 상담자 자신의 긴장이나 불안을 해소하기 위한 행동인지 내담자에 대한 공감이나 격려의 표현인지를 평가해 보는 것이 필요하다. 가장 중요한 점은, 상담자가 좋은 의도로 신체접촉을 사용했다고 하더라도 이 행동이 내담자를 불편하게 하거나, 내담자가 이러한 상담자의 행동이 부적절하지만 스스로 통제할 수 없다고 느낀다면 결국 상담에 도움이 되지 않는다는 것이다. 비성적인 신체접촉은 대체로는 비윤리적인 것으로 받아들여지지 않지만, 치료적 의도로 사용하는 비성적인 신체접촉의 효과 연구도 이루어진 바가 없다. 따라서 비성적인 신체접촉의 동기나 시기, 효과 등에 대한 관련 연구가 진행될 필요가 있다.

6. 심리검사

심리검사의 실시 및 해석과 관련되는 윤리적 쟁점은 상담자의 유능성, 심리검사 결과에 대한 비밀보장, 심리검사 결과의 사용과 관련된 윤리 등이 있다. 한국상담학회의 심리검사 관련 윤리강령(2016) 중 일반사항 부분은 다음과 같다.

◆◆ **한국상담학회 윤리강령(2016)**

제7장 심리검사
제22조(일반사항)

① 상담자는 내담자의 환경(사회적, 문화적, 상황적 특성 등)과 개별적 특성을 고려한 후, 내담자를 조력하기 위한 목적에 적합한 심리검사를 선택해야 한다.

② 심리검사를 실시할 때에는 자격이 있는 사람이 표준화된 절차에 따라 실시해야 하며, 그 과정을 경시해서는 안 된다. 또한 수련상담자는 지도감독자로부터 훈련받은 검사 도구를 제대로 이용하는지의 여부를 평가받는다.

③ 상담자는 검사 채점과 해석을 수기로 하건, 컴퓨터를 사용하건, 혹은 다른 서비스를 사용하건 상관없이 내담자의 요구에 적합한 검사 도구를 적용, 채점, 해석, 활용한다.

④ 상담자는 검사 전에 검사의 특성과 목적, 잠재적인 결과, 수령자의 구체적인 결과의 사용에 대해 설명하고 내담자의 동의를 받는다. 이때 상담자는 내담자의 개인적·문화적 상황, 내담자의 결과 이해 정도, 결과가 내담자에게 미치는 영향을 고려한다.

⑤ 상담자는 피검자의 복지, 명확한 이해, 검사 결과를 누가 수령할 것인지에 대한 결정에서 사전 합의를 고려한다.

---

① 심리검사의 선택

심리검사는 학교에서 단체로 실시하거나 상담실에서 개별적으로 실시하는 것과 관계없이 검사대상자가 시간과 비용을 들여서 하게 되므로, 상담자는 검사의 목적을 분명히 하고 검사대상자에게 적합한 심리검사를 선택해서 실시할 필요가 있다. 목적의 적합성뿐만 아니라 검사실시자는 좋은 검사의 요건—신뢰도, 타당도, 표준화 검사라면 검사규준이 시대에 맞게 개정되었는지 등—을 확인해서 좋은 심리검사를 선택하는 것이 바람직하다. 상담실에서 실시하는 심리검사는 흔히 상담자가 익숙한 검사를 선택해서 사용하는 경향이 있는데, 상담자 자신이 잘 알고 해석해 줄 수 있는(즉, 상담자의 유능성의 범위 안에서) 검사를 선택하는 것은 바람직하지만 이와 함께 고려해 볼 측면은 그 검사가 내담자에게 최선의 검사인가 하는 점이다. 상담자가 익숙한 검사 외에 같은 목적으로 사용할 수 있는 더 간편하고 효율적인 검사가 개발되어 사용되고 있다면 개정판이나 간편용 검사를 사용하는 것도 좋다. 이를 위해서 상담자는 최근의 심리검사에 대한 꾸준한 탐색과 교육을 통해 최신의 정보를 습득하고, 유능성의 범위를 넓혀 나갈 필요가 있다.

② 심리검사의 실시와 해석

표준화 심리검사는 실시방법과 해석이 표준화된 절차에 따라 이루어져야 하며, 개인이 개별적으로 실시하고 컴퓨터로 결과를 받아 볼 수 있도록 개발된 검사가 아니라면 주어진 검사의 실시와 해석은 교육받은 사람에 의해 이루어져야 한다. 심리검사에 따라서는 검사의 실시와 해석이 교육받은 사람에 의해서만 이루어지도록 하기 위해, 관련 검사의 교육을 받은 사람에게만 심리검사를 판매하는 등의 절차를 취하기도 한다.

심리검사의 실시와 관련해서 한 가지 예를 들어 본다면, MMPI와 같은 검사는 검사훈련을 받은 상담자가 상담실에서 실시하고, 검사지와 답안지를 상담실에 두고 가도록 하는 것이 일반적인 절차다. 그런데 상담실에서 시간이나 장소의 부족 등의 이유로 내담자가 검사지를 집에 가져가서 해 오도록 한다면 이러한 과정은 검사 결과의 타당성을 훼손할 수 있다. 내담자는 MMPI를 하는 과정에서 문항의 내용과 해석에 관해 인터넷에 떠도는 정보나 관련 서적을 참고할 수 있고, 그러한 정보가 내담자의 응답에 영향을 준다면 검사 결과가 내담자의 특성을 잘 드러낸다고 보기 어렵다.

심리검사의 결과를 해석할 때는 검사 점수(원점수, T-점수, 백분위 점수 등)의 의미를 분명히 알고, 검사가 측정하려고 하는 원래 의미의 범위 내에서만 해석하는 것이 바람직하다. 예를 들어, Holland의 흥미검사는 개인의 직업흥미를 측정하는 검사이지 능력이나 적성을 측정하기 위한 것은 아니다. 따라서 검사 결과를 해석할 때는 점수의 의미를 분명히 하고, 타당화가 이루어진 범위 내에서 해석한다.

③ 심리검사 결과의 전달

심리검사 결과는 보통 검사대상자에게만 해석해 주고 결과에 대해서는 비밀보장이 이루어진다. 상담에서 내담자에 대한 다른 정보와 마찬가지로 심리검사 결과도 비밀보장의 대상이 된다. 그런데 학교나 기업과 같이 심리검사를 단체로 실시하는 경우에 그 결과가 내담자뿐만 아니라 보호자나 다른 관련인에게도 전달되는 경우가 있다. 학교에서 학생들의 적성검사를 실시했다면 그 결과는 학생을 통해 부모에게까지 전달되는 경우가 대부분이다. 우리나라의 경우 학교에서 실시한 심리검사의 결과는 흔히 교사가 학생들에게 검사 결과지를 나누어 주는 선에서 이루어지고 추가적인 설명이나 해석이 주어지지 않는 경우가 많다. 그런데 학생과 학부모는 심리검사 결과지의 어떤 부분이 중요하고 어떤 부분이 주변적인 것인지, 결과를 어떻게 받아들여야 하는지를 모르는 경우가 대부분이다. 따라서 보다 윤리적인 방식은 상담자가 학생 대상으로 집단적으로 검사 결과지를 이해하는 방법을 알려 주고 의미를 설명해 주는 것이다. 상담자가 없는 경우라면 교사 대상의 교육이 이루어져 교사가 검사의 목적 및 검사 결과의 해석과 관련해 최소한의 설명이라도 제공하는 것이 바람직하다.

심리검사 결과의 비밀보장과 관련해, 학교나 기관에서 단체검사를 실시해서 검사대상자의 정서적 어려움의 정도가 높게 나타난 경우 그 결과를 관련인 중 누구에게까지 알려 주어야 하는지에 대해서 생각해 볼 필요가 있다. 예를 들어, 학교에서 전체 집단 대상으로 MMPI나 자살생각 척도, 우울 척도와 같은 검사를 실시했다고 가정해 보자. 검사 결과, 자살의 위험이 높은 학생들이 밝혀졌다고 할 때 학교상담자는 이 학생들의 보호를 위해 학생들에게 개별적인 상담을 실시 하고, 위험성이 높다고 판단된다면 그 정보를 담임교사나 학부모 등과 공유해서 지지체계를 형성하는 것이 도움이 될 수 있다. 그런데 학교조직에서 보면 누가 이러한 정보를 알고 있는 것이 충분한가 하는 의문이 제기될 수 있다. 담임이나 학년 주임, 학생 주임, 교장이나 교감 등의 관리자까지 소속 학생의 복지와 안전 에 대한 책임을 지고 있는 일련의 조직체계에서 어느 선까지, 얼마나 자세히 이 러한 정보가 공유되어야 하는가? 예를 들어, 상담자가 학년별로 주의를 기울여 서 관찰하고 후속상담을 제공하는 사람이 몇 명인지를 말하는 것과 학생들의 개 별적인 검사 결과 프로파일을 전체 교사에게 자세히 공개하는 것은 비밀보장의 면에서 큰 차이가 있다. 상담자는 학생의 안전을 위해 조처를 취하는 경우라도 이러한 사실을 알아야 하는 사람이 누구인지, 어떤 정보를 제공할 것인지, 관련 인이 내담자에게 도움을 줄 수 있는 역할이 무엇인지를 판단해서 정보를 전달하 는 것이 바람직하다.

제3부

상담 장면에서의 상담윤리

제7장
상담 수퍼비전 윤리

| 방기연 |

　상담 수퍼비전이란 수련생이 유능한 상담자가 될 수 있도록 경험이 많고 숙련된 상담전문가가 상담자로서의 적절한 직업적 행동, 상담이론 및 기술, 실제 경험을 지도 및 조언해 주는 활동이다(방기연, 2016). 상담자 교육은 일반적으로 상담 및 심리치료와 관련된 이론과 선행연구, 면접 기술, 심리검사, 상담 실습 등으로 구성된다. 대학원 수업을 통해 상담과정에 대해 개념적으로 준비된 예비 상담자는 상담 실습을 통해 내담자를 만나고 상담 관련 실무를 경험한다. 수련생은 수퍼비전을 통해 이론 수업에서 습득한 개념적 이해를 상담실제에서 활용할 수 있는 실제적 지식으로 전환하는 데 도움을 받는다(Stoltenberg & McNeill, 2009).

　이론 수업에서 수련생은 이미 다양한 지식을 습득하였다. 수련생들이 학습한 이론적 지식은 선언기억으로 저장된다. 예를 들면, 내담자의 대인관계 어려움은 비합리적인 신념에서 비롯될 수 있다는 것은 선언기억이다. 선언기억은 의식적으로 정보를 회상해야 기억되어 활용될 수 있다. 내담자의 호소문제를 이끌어 내고, 관련 정보를 탐색하는 과정에 사용되는 상담 대화 기술은 숙련된 상담자라면 의식적 기억 없이도 수행할 수 있는 절차기억이다. 절차기억은 자전거를 타는 기술처럼 처음에는 의식적으로 학습해야 하지만, 연습을 통해 의식적 기억 없이 몸에 습득되어 자연스럽게 발현되는 기술을 말한다. 그리고 내담자의 대인관계의 어려움 속에서 비합리적인 신념을 찾는 활동은 그 회기에서 혹은 그 회기까지의 시간에서 내담자가 개방한 개인정보가 저장된 작업기억의 활용이 필요하다(이정모 외, 2017). 수퍼비전은 수련생이 이론 수업에서 습득한 선언기억이 상담대화 기술이라는 절차기억과 만나 현재 진술되고 있는 내담자의 정보 속의 작업기억을 활용할 수 있도록 돕는다.

여러 구성원이 참여하기 때문에 수퍼비전에서 발생하는 윤리적 문제는 상담 장면에서 보다 복잡하다. 수련생은 수퍼비전을 받으면서 내담자에게 상담을 제공하므로, 수퍼비전에는 내담자, 수련생, 수퍼바이저가 포함된다. 수퍼바이저는 윤리적으로 수퍼비전을 수행해야 한다. 그리고 수퍼바이저는 수련생이 윤리적으로 상담을 수행하도록 지도하여야 한다. 이 과정에서 수퍼바이저는 내담자, 수련생, 자신의 입장을 모두 반영하여야 하기 때문에 보다 복잡한 윤리적 결정을 내려야 한다.

또한 수퍼비전은 성격이 다른 개입으로 이루어지기 때문에 보다 복잡한 윤리적 주제를 포함한다. 수퍼바이저는 수련생이 아직 습득하지 못한 기술을 교육하고, 상담사례에 대하여 자문을 제공한다. 이와 더불어 수퍼바이저는 상담 수행을 어렵게 하는 수련생의 개인적인 문제에 대해서는 상담을 제공하며, 수련생을 평가한다(Bernard & Goodyear, 2013). 교육, 자문, 상담, 평가라는 서로 상반되는 성격을 지닌 활동을 포함하고 있기 때문에 수퍼비전에서 발생하는 윤리적 문제는 복잡하다.

이 장은 수퍼바이저가 주의를 기울여야 할 비밀보장, 충분한 설명에 근거한 동의, 이중관계, 수퍼바이저의 전문성과 책임이라는 윤리적 문제를 다룬다. 비밀보장, 충분한 설명에 근거한 동의, 이중관계, 전문성과 책임은 수퍼바이저들이 가장 중요하게 인식하고 있는 윤리적 문제이다(Corey, Corey, & Callana, 2014; Cottone & Tarvydas, 2016). 이 장은 수퍼비전에서 일어날 수 있는 비윤리적 상황

을 방지하고, 수퍼바이저와 수련생의 윤리적 태도를 고양하는 것을 목적으로
한다.

1. 수퍼비전에서의 비밀보장

비밀보장(Confidentiality)은 상담에서 밝혀지는 내담자의 정보에 대해 상담자
가 비밀을 지켜야 한다는 윤리적 태도로, 내담자의 정보가 소문이 되어 퍼지는
것을 막는 역할을 한다. 내담자가 상담에서 나누는 이야기 대부분은 자신의 어
려움, 상처받은 경험, 고통 등이다. 비밀보장은 안전한 상황에서 숨겨진 정보와
상처를 드러낸다는 상담 및 심리치료의 가장 핵심에 해당하는 내담자의 권리를
의미하고, 그 때문에 상담자와 수퍼바이저가 가장 많이 주의를 기울이는 윤리적
원칙이다(Pope & Vetter, 1992).

수퍼바이저는 수련생이 내담자의 비밀보장에 대한 의무를 충실히 지키도록
교육하고 계속적으로 확인하여야 한다. 상담자는 비밀보장에 한계가 되는 상
황을 내담자에게 미리 알려주어야 한다(Tarvydas, 1995). 내담자가 자신과 타인
을 해치려는 행동을 하는 경우와 수퍼비전을 받는 경우 등이 이에 해당한다. 수
퍼바이저는 수련생이 내담자의 비밀을 보장하는지와 비밀보장의 예외상황에서
내담자에게 비밀보장의 한계를 설명하였는지를 확인하여야 한다.

수퍼비전을 위해 상담 회기를 요약, 녹음 또는 녹화할 때, 수련생은 자신이 내
담자의 비밀스러운 정보에 관한 문서 및 자료를 소지하게 된다는 것을 기억하
고, 외부에 유출되지 않게 최대한 주의를 기울여야 한다. 내담자에 대한 기록은
이름보다는 사례 번호를 통해 저장하는 것이 좋으며, 외부에 유출되지 않게 최
대한 주의를 기울여야 한다.

상담자가 한 명의 수퍼바이저와 만나는 개인 수퍼비전 외의 장면에서 상담
사례를 공개해야 할 때는 내담자의 비밀보장에 대해 보다 세심한 주의가 필요
하다. 상담사례 발표회에서 상담사례를 발표할 때는 내담자의 이름은 가명으

로 바꾸고, 내담자가 누구인지를 확인할 수 있는 정보를 최소한으로 제한하여야 한다. 다른 수련생도 함께 참여하는 집단 수퍼비전 및 상담사례 발표회에서 상담 회기 녹화 및 녹음 자료를 사용할 때 수퍼바이저는 수련생 및 참여자 모두에게 내담자의 비밀을 보장할 것을 다시 한 번 강조하여야 한다(Pope & Vasquez, 2016).

수퍼바이저는 내담자의 비밀보장에 대한 책임뿐 아니라, 수련생의 비밀을 보장할 의무를 가지고 있다(Harrar, VandeCreek, & Knapp, 1990). 수련생은 상담 사례와 관련된 자신의 경험을 탐색하고 반추하게 된다. 수련생의 경험이 내담자를 상담하는 데 영향을 미칠 수 있기 때문에 자신의 경험을 반추하는 태도는 바람직한 것이다. 수퍼바이저는 수련생이 개인적 경험에서 의미를 찾을 수 있도록 피드백을 제공하고, 개인적 경험이 상담 수행에 미치는 영향을 관찰하여야 한다. 다만, 수퍼비전이 아니면 들을 수 없는 수련생의 개인적인 이야기는 비밀로 보장되어야 한다.

예를 들어, 수련생이 부부갈등으로 이혼을 고려하고 있는 부인을 상담하고 있다고 하자. 내담자는 이혼에 대해 언급하기는 하지만, 회기가 진행될수록 남편의 변화를 바랄 뿐 이혼을 원하고 있지는 않다는 것이 분명해져 가는데, 수련생은 여전히 이혼 가능성에 대해 탐색하고 있었다. 수퍼비전에서 이혼 탐색의 적절성이 화제로 대두되었고, 수련생은 자신이 이혼을 하고 현재는 재혼을 한 상태임을 밝혔다. 자신은 이혼을 했던 것이 더 나은 선택이라고 생각했기 때문에 자신의 태도가 상담 회기에 반영되었음을 인식하게 되었다. 이러한 수련생의 개인적 정보는 수퍼비전 상황이 아니라면 공개되지 않을 정보이고, 이 정보는 비밀로 보장되어야 한다.

상담자 교육과정에서 수련생의 개인정보 탐색과 관련이 깊은 활동은 수련생의 가계도 작업이다. 특히 가족상담 수업에서는 수련생이 자신의 가계도를 작성하는 경우가 많다. 이는 후에 내담자가 가계도를 작성하는 데 도움을 줄 수 있고, 상담 초기단계에서 내담자를 이해하기 위해 수련생이 내담자의 가계도를 작성하는 데도 도움을 준다. 다만, 수련생의 가계도 정보가 담당 교수 및 동료 학생들과 노출되는 것에 대한 잠정적 피해에 대한 고려가 부족하다.

수련생은 자신이 공개한 정보가 어떻게 사용될 수 있는지에 대한 충분한 설명을 들은 후에, 수퍼비전에서 무엇을 공개할 것인가에 대한 결정을 내려야 한다(Sherry, 1991). 수련생은 공개하면 자신에게 불리하게 사용될지도 모르는 정보에 대해서도 개방하여야 한다고 믿고 있는 경우가 있기 때문에 사전 설명은 특히 중요하다. 수퍼비전을 통해 얻어지는 수련생에 대한 평가 정보는 학과 교수들 사이에서 교환될 수 있고, 특정한 문제에 대해서 수퍼바이저는 동료 교수들과 의논을 할 수 있다. 수퍼바이저는 비밀이 보장되는 상황에서 그리고 수련생의 상담자로서의 평가를 위해서만 지도교수와 수퍼비전 회기에 대해 이야기할 수 있다.

아동을 상담하는 수련생은 유난히 한 아동과 관계가 맺어지지 않아서 이 사례를 수퍼바이저에게 가져왔다. 수련생에게 가족상담 수업을 제공하였던 수퍼바이저는 사례에 대한 개략적인 설명을 듣자마자 수련생의 유년 시절 정보를 언급하였다. 수련생은 엄격한 집단 분위기 속에서 자유로운 어린 시절을 보낸 적이 없다고 수퍼바이저에게 개방한 적이 있다. 수퍼바이저는 수련생이 이 아동 내담자와 관계를 맺지 못하는 이유가 수련생이 자유로운 어린 시절을 보내지 못했는데, 이 아동 내담자는 자유롭게 행동하는 성향이 크기 때문에 수련생이 관계를 맺지 못했다고 성급하게 결론을 내렸다. 그럴 수도 있다. 하지만 수련생이 경험하는 것이 이 아동 내담자 주변인이 공통으로 경험하는 것일 수도 있다. 아동이 안정적인 애착 경험을 하지 못해 수련생과 관계를 맺는 데 참여하지 않을 수도 있다. 수련생은 수퍼바이저에게 자신의 어린 시절을 개방했던 것을 후회할 수 있다. 수퍼바이저는 수련생의 개인정보를 알고 있을수록 과잉일반화하지 않도록 주의를 기울여야 한다.

2. 충분한 설명에 근거한 동의

충분한 설명에 근거한 동의(Informed consent) 혹은 사전 동의는 내담자가 상담 전반에 관한 충분한 설명을 듣고 이해한 후에 상담을 시작하고 지속하는 데 동의할 권리이다(Remley & Herlihy, 2013). 수퍼바이저는 수련생이 내담자에게 상담에 대해서 충분한 설명을 한 후에 상담관계를 시작하도록 교육하고 확인하여야 한다.

내담자가 상담관계에 동의하기 이전에 들어야 할 설명에는 다음과 같은 것이 포함된다.

- 내담자는 상담을 받으면 얻게 될 긍정적인 상담효과와 부정적인 영향에 대한 설명을 들어야 한다. 상담을 통해 갖게 될 긍정적인 상담 효과로는 문제해결, 부정적 정서와 행동의 감소, 내담자의 자기이해 및 성숙 등이 있다(Haas, 1991). 일반적으로 내담자는 '내가 무엇을 하면 좋겠는가?'라는 질문의 해답을 상담자가 제시해 주기를 바라는 경향이 있다. 따라서 상담의 긍정적인 효과가 내담자가 가지고 있는 상담에 대한 기대와 일치하는지를 확인하는 기회를 제공하여야 한다. 상담을 시작하면 받을 수 있는 부정적인 영향으로는 다른 사람이 내담자가 상담받는다는 것을 알게 되었을 때 경험할 수 있는 당혹감이나 수치심, 그리고 과거의 고통스러웠던 기억을 떠올리는 것과 그에 따른 부정적 정서 재경험, 또 상담의 결과로 뜻하지 않은 인생의 변화를 맞이해야 하는 경우들이 있다. 대인관계 문제를 다루기 시작하다가 이직을 결심하게 되는 내담자도 있다.
- 내담자는 상담 활동에 대한 실제적 정보를 제공받아야 한다. 상담자는 상담 한 회기의 길이, 예상되는 회기의 수, 비용 등을 내담자에게 알려 주어야 한다(홍경자, 2001). 내담자가 상담자를 만나게 될 회기의 횟수는 내담자 문제에 대한 이해와 상담 목표에 따라 다를 수 있으며, 상담과정 중에 재결

정되기도 한다. 다만, 잠정적으로 혹은 내담자의 문제와 유사한 문제를 가진 내담자들에게 필요했던 상담 회기 수를 알려 주는 것이 좋다. 소요하게 될 회기 수와 더불어 종결이 예상되는 시점도 함께 논의할 필요가 있다. 내담자들은 삶의 맥락을 가지고 있기 때문에 학생이라면 10회기 상담 중에 중간고사나 기말고사가 있는지, 성인의 경우에는 직장에서의 업무 스케줄과 어떻게 연동되는지를 고려하는 것이 바람직하다.

• 내담자는 자신이 도움받기를 원하는 부분에 대해서 담당 상담자가 제공할 수 있는 상담 활동과 그 대신에 선택할 수 있는 대안에 대한 설명을 들어야 한다. 상담 활동은 상담자가 가지고 있는 상담이론에 따라 달라질 수 있으며, 그에 대한 자세한 설명과 내담자에게 기대되는 활동에 대한 설명을 해 주어야 한다. 예를 들면, 대상관계 이론에 근거하여 상담을 전개하는 상담자는 내담자의 어린 시절을 탐색에 시간을 많이 할애하는 편이다. 이에 대한 설명이 없으면 내담자는 직장에서의 대인관계 어려움으로 상담실에 왔는데 관계가 없어 보이는 어린 시절 부모와의 이야기를 하고 있다고 지각할 수 있다. 또 상담자가 제공할 수는 없지만, 내담자가 다른 상담활동을 받을 수 있다는 것에 대해서도 설명해 주어야 한다. 예를 들면, 심리적 어려움을 신체화 증상으로 표현하는 내담자에게는 심리치료뿐만 아니라 동작치료가 도움이 될 수도 있다. 이직을 고려 중인 내담자는 상담자에게 심리치료를 받으면서 고용안전센터의 구직 상담을 받는 것이 실질적인 구직 정보 및 기술 습득 면에서 도움이 될 수 있다.

• 상담자의 자격에 대한 부분이다. 상담자가 받은 교육과 상담 경험 정도, 그리고 주로 사용하는 상담이론과 상담전략, 보다 경험이 많은 상담 분야(진로 혹은 약물 상담) 및 내담자(성인 혹은 청소년 등) 층에 대한 정보를 제공하여야 한다. 특히 수련생의 경우에는 자신이 수련생이며 수퍼비전을 받는 것과 수퍼비전에 대한 정보를 제공하여야 한다. 간혹 수련생들은 혹시 자신의 신분을 밝히면 내담자가 더 전문성 있는 상담자에게 상담을 받고 싶다고 할 것을 걱정하여 자신의 신분과 수퍼비전에 관한 내용을 얼버무리는 경향이

있다. 하지만 실제로 내담자는 수퍼비전을 받는다는 사실과 수련생의 신분을 명료하게 밝히는 상담자를 보다 전문가로 인식한다. 대부분의 내담자는 어려움 속에서 상담실을 찾아오고, 그곳에서 근무하는 상담자가 비록 수련생이라 하더라도 전문가로 인식하는 경우가 많다.

내담자가 상담에 대해 충분한 설명을 들은 후에 상담을 받기로 결정하듯이 상담수련생도 수퍼비전을 받기 전에 수퍼비전에 대해 자세한 설명을 들어야 한다(Tarvydas, 1995). 이러한 설명은 수퍼비전에서 수련생이 평가를 받기 때문에 특히 중요하다. 수퍼바이저는 수련생들에게 수퍼비전의 형태, 할애되는 시간, 수퍼바이저의 이론적 배경, 수퍼비전을 위해 수련생이 작성해야 할 서류들에 대해 설명해 주어야 한다. 또한 수련생은 수퍼바이저가 자신에게 기대하는 행동과 태도에 대해서도 설명을 들어야 한다.

아직까지는 수퍼바이저가 수련생에게 수퍼비전에 대해서 그리고 자신의 경력에 대해서 설명하지 않는 경우가 많다. 수련생의 부정적인 수퍼비전 경험을 연구한 자료에 의하면(Bang & Goodyear, 2014), 수련생은 부정적인 사건 후에 자신과 수퍼바이저의 이론적 배경이 달라서인 경우와 수퍼바이저가 대학의 교수이기는 하지만 상담 실무 경험이 적어 현장에 대한 이해가 부족하다는 원인을 반추를 통해 찾아냈다. 물론 수련생 역시 이러한 정보를 확인하지 않았지만, 궁극적으로 수퍼비전에서 발생하는 사건에 대한 책임은 수련생에게보다는 수퍼바이저에게 있다. 따라서 수련생이 묻지 않더라도 수퍼바이저는 자신의 수퍼바이저로서의 자격과 준비 정보를 제공하여야 한다.

상담자가 들어야 하는 설명 중에는 수퍼바이저의 책임이 있다. 수련생은 수퍼바이저의 책임 중에 합당한 사람만이 상담 영역에 입문하도록 통제하는 역할이 있다는 것을 기억해야 한다(Lamb, Cochran, & Jackson, 1991). 이 역할은 상담자로서의 자질 및 역량이 부족한 사람의 상담자 교육 프로그램 입학을 막는 것에서부터 수련 중에 심각한 문제가 발견되면 개인상담을 권유하고 변화를 확인하는 것을 포함한다.

수련생은 아직 전문가로서의 여정 중에 있으므로, 상담자로서의 역량이 부족하다고 성급하게 평가해서는 안 된다. 수퍼바이저는 수퍼비전 과정 중에는 수련생의 상담 역량에 대한 형성 평가를 제공한다. 즉, 현재의 상담 역량을 평가하고, 수련 기간 동안 향상시켜야 할 영역과 수준을 고려하여 함께 수퍼비전의 목표를 설정한다. 수퍼비전 관계를 종결하기 전에 그 목표가 얼마나 달성되었으며, 향후 수련생이 더 중점을 두어야 할 영역은 미래의 수련 목표로 제시한다. 일반적으로 수련생은 수퍼비전 목표로 설정한 역량에서 향상을 보인다. 그러나 수련생의 향상이 관찰되지 않을 때에는 원인을 탐색하고 그 수련생이 상담전문가로서 추후에도 성장할 가능성이 적은지를 판단할 필요가 있다. 그리고 그렇다면 수련생의 입장에서 진로 발달을 위한 시간, 에너지, 비용을 더 성공적일 수 있는 진로 여정으로 바꿀 수 있도록 안내할 필요가 있다.

수련생은 개인적인 문제 때문에 상담수행에 어려움을 겪으면 개인상담에 의뢰될 수 있으며, 그 개인상담 여부에 따라서 자신의 훈련 계속 여부가 결정될 수 있다는 것을 미리 알고 있어야 한다. 개인상담에도 불구하고 수련생이 변화 혹은 교정되지 않으면 상담자 교육은 중단될 수 있다(Corey, Corey, & Callanan, 2014). 만약, 수련생이 자세한 얘기를 듣지 못한 채 개인상담을 받아 본 경험이 후에 내담자를 돕는 데 도움이 된다고 개인상담을 추천받았고, 1년쯤 개인상담을 받았다고 하자. 그 후에 수련생이 상담자로서 부적격하다고 상담자 교육을 그만두도록 권고를 받았다면, 이것은 충분한 설명에 대한 동의라는 윤리강령을 준수하지 못한 것이다.

수퍼바이저의 수련생 평가 활동은 한국의 수퍼비전 상황에서 제대로 이루어지는 데 한계가 있다. 한국에서는 미국의 수퍼비전 모델 및 수퍼바이저의 역할을 소개하고 있지만, 한국의 상담계 및 수퍼비전 실제에 대한 맥락을 간과하는 경향이 있다. 미국의 경우에는 대학원 과정 속에 인턴십을 포함한 수퍼비전이 제공되는 실습이 포함되어 있다.

한국에서는 수련생이 속한 대학원에 따라 실습 여부와 여건에 많은 차이가 있다. 한국에서도 대학상담실의 규모가 크고, 수퍼바이저의 역할을 수행할 수 있는 전임상담원이 여러 명 상주하는 경우에 수퍼비전을 받으며 상담 실습을 할 수 있다. 일반적으로 석사과정 동안 두 학기의 상담 실습을 수업으로 신청하고, 대학상담실에서 내담자를 배정받아 상담하고 수퍼비전을 받아, 상담학회 혹은 상담심리학회의 2급 상담사 자격증을 획득할 수 있다. 한국에서는 이 정도의 대학원에 소속된 수련생이라면 가장 좋은 환경에 속해 있다고 여길 수 있다. 다만, 이 경우에도 대학원의 지도교수와 대학상담실의 수퍼바이저, 그리고 수련생이 함께 공식적인 피드백 과정을 가지는 경우는 드물다.

보다 일반적인 한국 수련생의 상황은 대학원에서 실습을 제공하지 않아, 자원봉사를 통해 실습 기회를 스스로 찾는다. 그리고 자원봉사 기관에서 수퍼비전을 제공하지 않으면 개인적으로 수퍼바이저에게 비용을 지불하고 수퍼비전을 받는다. 일반적으로 대학원의 지도교수나 50%의 필수 개인 수퍼비전 시간을 인증해 준 수퍼바이저의 추천을 받아 학회의 자격증 심사에 지원한다. 대학원의 지도교수뿐 아니라, 개인상담에 대한 개인 수퍼비전을 가장 많이 제공한 수퍼바이저라 하더라도 수련생의 심리검사 실시 및 해석 그리고 집단상담자로서의 수행을 확인하지 못하기 때문에 수련생에 대한 종합적인 평가를 내리기는 어렵다(Bang & Goodyear, 2014).

이 경우에 수퍼바이저는 수련생에게서 금전적 보수를 받고 있기 때문에 수퍼바이저의 객관성이 손상될 가능성을 내재하고 있다(Bernard & Goodyear, 2013). 예를 들면, 수련생이 수퍼바이저에게 비용을 제공하는 경우, 수퍼바이저의 피드백이 몇 차례 부정적이면, 수련생은 자신의 개인적 문제를 고민하기보다는 수퍼비전 관계를 조기 종결할 것이다. 그리고 다른 수퍼바이저에게 수퍼비전을 받아 자격증 조건을 충족할 가능성도 있다. 개업하여 개인상담소를 운영하는 수퍼바이저의 경우 자신의 피드백이 부정적이면 수퍼비전 관계가 종결될 것을 예상하고, 부정적인 피드백을 수련생에게 되도록 제공하지 않을 가능성도 있다.

3. 수퍼비전에서의 이중관계

수퍼바이저는 수련생이 내담자와 이중관계를 맺지 않도록 교육하여야 한다. 이중관계(dual relationships)는 상담자와 내담자가 상담관계 외의 관계를 갖는 것인데, 상담자의 객관성을 저해하거나 내담자에게 피해를 줄 가능성을 지니고 있다(Swenson, 1993). 그러므로 상담자는 내담자와의 이중관계를 가능한 한 피해야 한다. 상담자는 내담자와 우정과 같은 사회적 관계, 신체적 접촉 및 성관계를 갖지 말아야 한다. 한국상담학회와 한국상담심리학회가 윤리강령을 발표하게 된 이면에는 내담자나 실습생과 부적절한 성관계를 가진 상담자의 전문가 자격증을 무효화한 사건들이 있었다. 윤리강령 중에서 가장 재고의 여지가 없는 것은 내담자와의 성적 관계이다. 성적인 관계는 상담자와 내담자 사이의 기본적인 신뢰를 저버리는 것으로 상담에 있어서 가장 명확한 이중관계이다 (Bouhoutsos, Holroyed, Lerman, Forer, & Greenberg, 1983).

상담자가 내담자와 이중관계를 맺지 않아야 하는 것과 마찬가지로 수퍼바이저는 수련생과 이중관계를 가지지 않아야 한다. 수퍼바이저와 수련생 사이의 상담관계, 우정과 같은 사회적 관계, 연애, 성관계는 비윤리적인 이중관계다. 비윤리적인 이중관계는 수퍼바이저의 객관적 판단을 흐리게 하고, 수련생의 상담자로서의 성장을 방해할 수 있다(Hall, 1988; Supervision Interest Group, 1993).

수퍼바이저와 수련생이 수퍼비전 관계 외에 이미 친밀한 다른 관계를 가지고 있다면 수퍼비전 관계를 시작하지 말아야 하고, 다른 관계를 시작하게 되면 수퍼비전 관계는 종결되어야 한다(Lazarus, 1995). 다른 관계를 시작하고 수련생이 새로운 수퍼바이저에게 수퍼비전을 받게 되기까지 내담자에게 부정적인 영향이 전해지지 않게 최대한으로 주의를 기울여야 한다.

만약 수퍼바이저를 대신할 만한 사람이 없다면, 다른 수퍼바이저가 이 수퍼비전 관계를 감독할 수 있도록 수퍼비전에 합류하는 것이 바람직하다. 수련생이 약물 중독 분야에서 전문가로 성장하기를 원하는데, 현재의 수퍼바이저만이

이 분야의 전문가이고, 실습 기관에 다른 약물 중독 문제에 대한 전문가가 없는
경우를 예로 들 수 있다. 그런데 이 수퍼바이저가 수련생의 지도교수라면 이중
관계에 해당된다. 이 경우 수련생은 약물 중독 문제에 대한 것은 기존 수퍼바이
저에게 지도를 받고, 그 외 영역에서는 다른 수퍼바이저 개입을 하는 것이 바람
직하다. 이 경우에 수퍼비전에서 다루어진 모든 주제와 주제가 다루어진 과정
은 기록되어져야 하고, 수련생의 평가는 상담 혹은 상담지도 회기를 녹음 또는
녹화한 자료, 그리고 외부자의 자문에 근거하는 것이 바람직하다(Rodolfa et al.,
1994; Thoreson, Shaughnessy, & Frazier, 1995; Thoreson et al., 1993).

수퍼바이저와 수련생 사이의 연애 및 성관계는 이중관계 중에서 가장 많이
관심을 받는 주제이다(Kitchener, 1988; Ladany et al., 1996; Pope, Keith-Spiegel, &
Tabachnick, 1986; Rodolfa et al., 1994). 수퍼비전 관계 속에서 수퍼바이저와 수련
생은 상대에게 혹은 서로에서 인간적인 매력을 느끼고, 이 인간적인 호감이 이
성에 대한 이끌림으로 발전될 수 있다. 상담자의 경우 자신이 앞으로 되고자 하
는 전문상담자인 수퍼바이저에 대해 기대를 갖고 있으며, 수퍼바이저가 그 기대
를 충족시킬 때 인간으로서의 매력을 느끼며, 이 매력이 상대에 대한 성적 이끌
림으로 발전될 수 있다. 한편, 수퍼바이저도 전문상담자로서 성장하고자 하는
수련생과 상호관계 속에서 성적으로 끌릴 수 있다. 물론 성적 매력에 따라 행동
을 하는 것은 비윤리적이지만, 성적 매력을 느끼는 것 자체를 비윤리적이라 할
수는 없다. 수퍼바이저는 수련생에게 이 가능성에 대하여 미리 이야기를 해 주
어 수련생이 수퍼바이저에게 혹은 서로에게 성적으로 매력을 느낄 때 수퍼비전
회기에서 다루거나 다른 수퍼바이저 혹은 동료 수련생에게 자문을 구할 수 있도
록 하여야 한다(Ellis & Douce, 1994).

수퍼바이저와 상담자가 서로에게 성적 매력을 느끼고 연애를 시작하게 되면,
수퍼비전 관계는 종결되어야 한다. 성관계와는 달리 수퍼바이저와 상담자의 연
애에 대해서는 보다 관대한 시각으로 대하는 경향이 있다(Lazarus, 1995). 과거에
는 스승과 제자가 결혼한 경우들도 있었기 때문에 이에 대해 비윤리적이라는 의
식 자체를 제기하기가 어렵다. 만약 수퍼바이저가 상담자와의 관계를 주변 사

람에게 적절하게 알릴 의사가 없다면, 이것은 이 관계가 진정한 친밀한 관계가 아니라 권력 남용에 의한 것임을 증명한다고 할 수 있다. 연애를 시작하고 상담자가 새로운 수퍼바이저에게 수퍼비전을 받게 되기까지 내담자에게 부정적인 영향이 전해지지 않게 최대한으로 주의를 기울여야 한다.

성적으로 매력을 느끼고 교제를 하는 것과는 다르게, 성희롱(sexual harassment)과 성관계는 완전한 탈선 행동이다. 상담자에게 성적 호의를 기대하거나 요구하는 수퍼바이저는 윤리강령을 준수하지 않는 것이며, 이런 수퍼바이저들은 자신의 전문가적인 위치로 획득한 권력을 남용하는 것이다(Corey, Corey, & Callanan, 1993). 수퍼바이저가 수련생의 전문가로서의 발달적 요구에 해를 끼치면서 자신의 욕구를 충족시키는 성희롱은 용납되어서는 안 된다(Peterson, 1993). 대다수의 수련생이 수퍼바이저와의 성관계에 자신도 동의하였다고 보고하였지만, 후에 그 당시에는 알지 못했지만 수퍼바이저의 강요가 있었다고 회상하였다(Pope, Levenson, & Schover, 1979; Tabachnick, Keith-Spiegel, & Pople, 1991). 대인 관계에서 한 사람이 다른 사람보다 더 지위가 높고 더 많은 권력을 가지고 있다면, 이 관계에서 개인적 관계를 받아들이는 데 자발적 동의란 있을 수 없다. 그러므로 관계를 하는 시점에서 합의된 것이라 할지라도 수퍼비전 관계가 성관계로 발전하는 것은 비윤리적이며, 더 많은 힘(power)을 가진 수퍼바이저가 일차적인 책임을 져야 한다(Slimp & Burian, 1994).

흔히 발견되는 또 다른 경우는 수퍼바이저가 수련생에게 개인상담을 제공하는 것인데, 이는 윤리적으로 바람직한 것은 아니다. 수련생의 개인적인 문제가 상담 수행에 방해가 될 수도 있기 때문에 수퍼바이저는 수련생의 개인적인 문제를 확인할 책임이 있다. 수련생의 개인적인 문제가 수퍼비전에서 간단히 다루어지기만 해도 수련생의 상담 수행에 도움이 될 수 있다면 수퍼비전은 단회기 상담과 같은 성격을 나타낼 수 있다(Wise, Lowery, & Silvergrade, 1989). 하지만 만약 수련생 개인의 문제가 수퍼바이저와 한두 차례의 상담 회기만으로 해결되지 않을 때에는 전문적인 상담을 받는 것이 바람직하다(Burns & Holloway, 1990; Green & Hansen, 1989; Kitchener, 1988; Patrick, 1989; Stout, 1987).

예를 들어, 내담자가 부정적 정서를 표현하는데 수련생이 화제를 전환하면서 부정적 정서를 회피하는 경향이 수퍼비전에서 논의된다고 가정해 보자. 수퍼바이저의 피드백에 수련생도 동의를 하였다. 다음 수퍼비전 회기에 수련생은 자신이 부정적 정서를 표현하고 수용받아 본 적이 없어서 내담자의 부정적 정서를 회피하게 된 듯하다는 자신에 대한 이해를 표현하였다. 이러한 알아차림 이후에 수련생이 내담자의 부정적 정서를 다루는 전략을 학습하고 이를 수행할 수 있다면 수퍼비전만으로 충분하다. 하지만 알아차림은 확장되었지만 여전히 부정적 정서가 어렵고, 수련생은 자신의 어린 시절 수용받지 못했던 경험을 탐색하고 싶다면 이는 개인상담을 통해 해결하여야 한다.

때로는 이중관계를 피하기 어렵다. 한국의 상담자들이 가장 많이 간과하는 이중관계는 학연일 수 있다(Bang & Park, 2009). 대학상담실의 전임상담자는 그 대학의 상담전공 대학원 졸업생이다. 수련생이 그 대학의 대학원생이라면 수련생과 수퍼바이저는 학연이라는 관계를 가지고 있다. 수련생과 수퍼바이저가 비슷한 시기에 대학원에 소속되었다면 같은 수업을 수강하였을 가능성도 있다. 가능하다면 다른 대학원 출신의 수퍼바이저를 배정하는 것이 바람직하다. 그러나 현실적으로 이중관계를 피하기 어렵기 때문에 수퍼바이저가 학교 선후배인 것과 수퍼비전 관계가 향후 관계에 어떤 영향을 미칠 수 있는지를 검토하는 시간을 수련생과 가지는 것이 바람직하다. 그리고 무엇보다도 수퍼바이저를 선정할 때 선배이기 때문인지, 정말 그 수퍼바이저에게 배우고 싶기 때문인지를 스스로에게 질문하여야 한다.

또 다른 피할 수 없는 이중관계는 지도교수와 대학원생의 관계다. 지도교수는 직접 수퍼비전을 제공하지 않더라도 학회자격증의 추천서를 작성하게 된다. 또한 연구과제를 함께 수행하는 경우도 많다. 최근 이중관계에 대한 자각이 확산되면서, 지도교수가 대학원 학생들에게 수퍼비전을 제공하지 않거나 추천서 작성을 주저하면서 대학원생들이 어려움을 겪는 경우도 발생한다. 지도교수가 대학원 학생에게 수퍼비전 비용을 받는다면 문제적 상황일 수 있다. 왜냐하면 교수는 대학에서 임금을 받고 교육을 제공하고, 학생은 대학원에 학비를 지불하고 교육을 제공받아야 하기 때문이다. 되도록 실습 과목과 학회 분회의 형태로 수퍼비전 활동을 구조화하는 것이 좋다. 지도교수와 대학원생의 수퍼비전 관계는 피할 수 없는 이중관계이므로 현재 맺고 있는 관계와 과거 및 미래의 관계에 미칠 영향에 대해 수퍼비전 시작 전에 이야기를 나누는 것이 좋다(방기연, 2014).

그 외에도 여러 이중관계가 가능할 것이다. 이중관계와 관련하여서는 "왜 꼭 이 수퍼바이저여야만 하는가?"와 "왜 꼭 이 수련생이어야만 하는가?"라는 질문을 수퍼비전 시작 전에 던져보기를 바란다. 대안이 없다면 이중관계의 여파를 관계 시작 전에 다루고, 대안이 있다면 대안을 선택하는 것이 바람직하다.

4. 수퍼바이저의 전문성

수퍼바이저는 수련생의 상담 활동을 잘 지도할 수 있는 수퍼바이저로 전문성을 겸비하여, 최소한의 질적인 수퍼비전을 수행할 수 있어야 한다. 수퍼바이저가 수행하는 수퍼비전은 전문가들이 정한 규정과 기준에 의해서 정해진 교육, 실습, 훈련을 경험한 영역에서만 이루어져야 한다. 수퍼바이저가 갖추어야 할 전문성은, ① 상담 영역에서의 전문성, ② 수퍼비전에 대한 전문성, ③ 윤리적 지식과 행동으로 볼 수 있다(Association for Counselor Education and Supervision, 1989).

1) 상담 영역에서의 전문성

효과적인 수퍼비전을 제공하기 위해서 수퍼바이저는 수퍼비전을 제공하고 있는 상담 영역에 대한 전문성을 필수적으로 갖추어야 한다(Ellis & Douce, 1994; Russell & Petrie, 1994). 상담자로서의 유능성에 대해서 나름대로 자신이 생기고 수퍼비전에 대한 교육과 실습을 마친 후에 수퍼바이저로서 활동하게 되므로 대부분의 수퍼바이저는 중급 혹은 고급 상담자로서 상담 영역에 있어서 전문성을 가지고 있다고 볼 수 있다(방기연, 2003). 수퍼바이저의 상담자로서의 유능성은 수련생을 도와 내담자의 복지에 대한 책임을 진다는 의미에서 윤리적으로 중요하다(Sherry, 1991).

수퍼바이저는 수련생이 현재 수행하고 있는 모든 상담 영역에 있어서 보다 앞서 있어야 한다(Supervision Interest Network, 1990). 이는 일반적인 상담 수행뿐만 아니라 특정 상담 영역에 대한 것도 해당된다. 상담에는 여러 전문 분야가 있지만, 특히 수퍼바이저가 일반적인 상담자 교육으로는 전문성을 가지고 있다고 단언하기 어려운 영역은 약물 중독, 성상담, 섭식장애 및 성격장애 영역들이다. 따라서 수퍼바이저는 상담 일반에 대한 것뿐만 아니라 특정 임상영역에 있어서도 전문성을 확보하여야 한다.

수퍼바이저가 전문성을 확보하지 못한 상담 영역에서 수련생이 상담을 수행하고 있다면, 수퍼바이저는 이 수련생을 전문성을 가진 다른 수퍼바이저에게 의뢰하는 것이 바람직하다. 또 전문영역에 대해서는 다른 수퍼바이저에게 자문을 구하면서, 상담 일반에 대해서는 수퍼비전을 제공할 수도 있다. 어떤 때는 수퍼바이저가 특정 영역에 있어서 수퍼비전을 수행하기에 충분한지 결정을 내리기 어려울 때가 있다. 수퍼바이저는 특정 사례를 자신이 수퍼비전을 할 것인지 하지 않을 것인지, 그리고 그 사례를 다른 사람에게 의뢰하기 위한 목적으로, 즉 자문을 받으면서 특정 회수 동안만 수퍼비전을 할 것이지를 정하는 것이 좋다 (Hall, 1988; Sherry, 1991). 적어도 특수 영역에서는 사례개념화 부분에 대해 다른 수퍼바이저에게 자문을 구하는 습관을 들이는 것이 보다 바람직한 자세다. 자신감이 있고, 경험이 풍부한 수퍼바이저는 이 상황에서 상담자와 동료의식을 강화하고, 수퍼바이저 자신의 전문성을 다른 영역으로 확장할 수 있는 기회로 삼는다.

예를 들면, 교육대학원의 상담전공 과정에 등록한 초등학교 교사가 상담사례를 발표하였다고 생각해 보자. 교사의 아동문제 행동 묘사에는 충동적 행동, 기괴한 상상, 신조어 사용 등이 포함되어 있었으며, 부모에게 적절한 양육을 받지 못하고 있다. 교수인 수퍼바이저가 아동상담에 대한 교육과 경험이 없다면, 이 수퍼바이저는 아동상담 영역에 있어서는 전문성을 확보하고 있다고 평가하기 어렵다. 따라서 아동상담에 대해서는 다른 수퍼바이저에게 이 수련생을 의뢰하는 것이 보다 윤리적인 태도다.

수퍼바이저가 상담 영역에 있어서 전문성을 확보하기 위해서는 계속 교육에 참여하여야 한다. 현재 한국상담학회와 한국상담심리학회는 수퍼바이저 자격을 유지하기 위해 학회 참석 및 계속 교육 참여를 의무화하고 있다. 더 나아가 수퍼바이저는 새로운 상담 분야에 대해 지속적으로 관심을 가지고 계속 교육의 기회를 추구하여야 한다. 예를 들면, 다문화상담은 2005년 무렵부터 한국 사회의 문화적 다양성 인식에 대한 사회적 요구로 인해 활성화되었다(Bang, 2017). 하지만 그 이전에 수퍼바이저 자격을 획득한 수퍼바이저들은 학위과정 및 수퍼바이저로서의 수련과정에서 문화적 다양성에 대한 교육을 받지 못하였다. 따라서 수퍼바이저의 전문성 유지를 위해서는 수퍼바이저의 개인적인 그리고 학회 차원의 새로운 분야에 대한 관심과 투자가 필요하다.

2) 수퍼비전에 대한 전문성

수퍼바이저는 수퍼비전에 대한 지식과 기술, 그리고 경험을 가지고 있어야 한다. 수퍼비전이 상담과 비슷한 부분이 있기는 하지만, 수퍼비전은 상담과 분리된 하나의 전문 영역으로 인식되기 시작했다. 더 이상 상담에서 쓰이는 기술이 수퍼비전에 쓰이는 기술로서도 충분하다거나 상담자로서의 경험이 수퍼바이저가 되는 데 충분하다고 여겨지지 않는다(Hoffman, 1990; Pope & Vasquez, 1991). 따라서 수퍼바이저는 수퍼비전 기술을 발달시킬 수 있는 교육을 받아야 한다. 효과적이고 능률적인 수퍼바이저를 양성하기 위해서는 수퍼비전에 관련된 이론과 개념을 다루는 수업과 실제적인 경험을 습득하는 실습이 필요하다(Russell & Petrie, 1994).

이숙영과 김창대의 연구에 의하면 한국의 상담전문가들은 상담자 교육과 수퍼비전을 개설되어야 할 과정으로 응답하였고, 특히 박사과정에서 개설되어야 한다고 응답하였다(이숙영, 김창대, 2002). 과거에는 대학원의 정규 교육과정보다는 세미나나 워크숍 등을 통해서 수퍼비전 교육이 행해졌다. 수퍼비전의 이론이나 실제에 있어서 기본적인 요소를 가르치는 데는 짧은 세미나나 워크숍 등을 통해서도 가능하지만 수업이나 실습을 대신할 만큼 충분하지는 않다(Stoltenberg, Delworth, & McNeill, 1998). 최근에는 대학원 박사과정에 상담 수퍼비전 세미나 과목을 개설하여 한 학기 동안 수퍼비전의 이론, 실제적 사례, 윤리적 주제들에 대한 학습을 제공하는 경우가 많아지고 있다.

하지만 아직까지 수퍼비전 실습에 대한 수퍼비전을 제공하는 대학원 과정은 찾아보기 어렵다. 상담과 마찬가지로 수퍼비전도 이론에서 습득한 지식을 수퍼비전 실제에서 발현할 때까지는 연습이 필요하고, 이 연습과정에 피드백도 필요하다(Bernard & Goodyear, 2013). 미국의 경우에는 석사과정 학생들의 상담 수행에 대해 박사과정 학생이 수퍼비전을 제공한다. 그리고 박사과정 학생은 수퍼비전 수행에 대해 수퍼비전을 받는다. 수퍼비전 실습에서는 상담자가 수퍼비전을 받을 때 상담 회기를 요약하고 축어록을 작성하듯이, 수퍼비전 수련생(학생 수퍼바이저)는 수퍼비전 회기를 요약하고 축어록을 작성하고 이에 대한 수퍼비전을 받는다.

수퍼바이저가 유능성과 전문성을 유지하기 위해서 계속 교육은 필수적이다(Campbell, 1994). 상담 분야는 계속적으로 확대 및 발달하고 있는데 계속 교육을 받지 않으면 수퍼바이저는 상담자로서 그리고 수퍼바이저로서 점점 더 상담 분야의 새로운 지식 및 방법과 거리를 가지게 된다. 향후에 상당 기간 동안은 현재 활동하고 있는 수퍼바이저는 수퍼비전 이론 수업이나 실습 경험을 하지 않았는데, 박사과정 대학원생인 수련생은 수퍼비전에 대한 수업에서 이론을 습득하고 수퍼비전 실습도 받는 경우가 발생할 것이다.

계속 교육과 더불어 동료 수퍼바이저에게서 적절하게 자문을 받을 필요도 있다. 특히 수퍼바이저는 내담자의 상담 요구와 수련생의 훈련 욕구 사이에 균형을 맞추어야 하기 때문에 동료에게 자문을 구할 수 있는 태도는 특히 중요하다

(Upchurch, 1985). 또한 수퍼바이저가 다른 분야의 전문가에게 자문을 받는 행동은 상담자에게도 역할 모델로서 다른 분야 전문가와의 협업에 대한 모델링을 제공한다.

3) 윤리적 지식과 행동

수퍼바이저의 전문성은 윤리적 지식과 행동을 포함한다. 수퍼바이저는 수퍼비전 영역에 관련된 법규, 윤리강령, 그리고 포괄적인 윤리적 행동 양식에 대해 잘 알고 있어야 한다(Cottone & Tarvydas, 1998). 또한 상담자로서 상담 관련 분야에서 공통적으로 기대되는 윤리적 지식과 행동에 대해 알아야 한다.

특히 한국에서 상담자 윤리강령이 제정되기 전에 공식적인 상담자로서의 수련과정을 마친 수퍼바이저들은 윤리적 지식을 습득하기 위해 노력하여야 한다. 현재는 한국상담학회와 한국상담심리학회 모두 자격증 필기시험에 상담윤리 내용을 포함하고 있다. 또한 상담윤리 문헌이 소수이기는 하지만 저서와 번역서가 출간되었고, 점차 대학원 과정에서 한 과목으로 개설되기도 한다.

수퍼비전 이론에서와 마찬가지로, 향후에 상당 기간 동안은 현재 활동하고 있는 수퍼바이저는 수퍼비전 윤리 수업을 듣지 않았는데, 대학원생인 수련생은 상담윤리 수업을 듣고 윤리적 민감성이 높은 경우가 발생할 것이다.

상담 관련 법규와 윤리 항목들은 정기적으로 개정되기 때문에 수퍼바이저는 이 부분에 대한 지속적인 관심을 유지하고 있어야 한다. 수퍼바이저는 공식적인 교육을 마치고 이미 자격증을 받았기 때문에 새로 정해진 규정들이나 새로운 항목들에 대해서 모르고 있는 수가 많다. 예를 들면, 전문가 자격증을 이미 획득한 수퍼바이저는 전문가 자격 요건을 기억하지 못하거나 확실히 알고 있지 않은 경우가 많다.

특히 수퍼바이저는 윤리적으로 의사결정을 내릴 수 있는 역량을 갖추고 있어야 한다. 전문가의 행동은 윤리적 행동과 그렇지 않은 행동으로 단순하게 분류되지 않는다. 윤리적 사안에 따라 그리고 관여되는 사람에 대한 윤리적 행동은 조금씩 다를 수 있다. 따라서 윤리강령 및 법령의 지식을 상황에 적용하고 윤리적으로 의사결정을 내릴 수 있는 역량이 요구된다.

5. 전문가로서의 책임

전문가로서의 책임(professional responsibility)은 수퍼바이저의 전문가적인 행동의 적절성과 관련된 것으로, 내담자와 수련생에 대한, 그리고 상담과 수퍼비전이라는 전문 활동에 대한 의무와 관련이 있다. 상담자의 가장 우선하는 책임은 내담자의 복지를 향상시키는 것이고, 수퍼바이저의 가장 우선되는 책임 역시도 내담자의 복지를 향상시키는 것이다(방기연, 2016). 따라서 수퍼바이저는 내담자를 직접 만나고 있는 상담자의 역량과 윤리적 행동에 대한 책임을 진다. 상담과 수퍼비전에 대한 의무 사항은 수퍼바이저로서의 전문성 확보 및 유지다.

1) 수련생의 역량에 대한 책임

수련생이라는 호칭이 의미하듯이 수련생은 독립적으로 상담을 수행할 만큼 유능하지 않다. 하지만 수련생이 전문상담자로서의 성장하고 싶다면 반드시 내담자와의 만남을 경험해야 한다. 그렇기 때문에 아직은 유능하지 않은 상담자가 효율적인 상담을 제공할 수 있도록 조력하는 수퍼비전이 필요하다. 내담자와 수련생에게 동시에 가장 도움이 되도록 하는 것이 수퍼비전의 가장 큰 과제라 할 수 있다.

수퍼비전의 내용은 크게 상담과정 기술, 내담자 문제진단 및 심리치료 계획에 대한 개념화, 개인화라는 세 부분으로 볼 수 있다(방기연, 2006). 상담과정 기술(counseling process skills)은 상담자가 상담 장면에서 사용하는 가장 일반적인 기술이다. 내담자 문제진단 및 심리치료 계획에 대한 개념화(conceptualization)는 상담자가 회기에서 나누어지는 경험을 통해 내담자를 이해하고 상담 개입을 선택하는 기술이다. 개인화(personalization)는 상담자의 개인적 스타일과 상담 활동에서의 치료자의 역할을 통합하는 기술이다(Benard & Goodyear, 1998).

각 수퍼비전 내용에 대해서 수퍼바이저는 수련생의 수행 정도를 평가하고, 그 평가에 맞추어 수퍼비전 내용을 선택해야 한다. 더 나아가 수퍼바이저는 수련생이 자기 평가를 할 수 있도록 도와야 한다(Vasquez, 1992). 수련생의 평가는 자신이 유능한 영역에서만 상담을 수행해야 하는 윤리적 책임과 상담자의 계속 교육에 기본이 되는 부분이다.

2) 수련생의 윤리적 행동에 대한 책임

수퍼바이저는 수련생의 윤리적인 그리고 비윤리적인 행동에 책임을 져야 한다. 수퍼바이저는 수련생에게 윤리에 대하여 교육시켜야 하고, 수퍼비전을 통해 수련생이 윤리적으로 상담을 수행하고 있는지를 확인하여야 한다. 수퍼바이저는 수련생의 모든 상담사례가 어떻게 진행되고 있는지를 계속적으로 확인하여 수련생의 비윤리적 행동의 시작을 감지하여 예방할 책임을 가진다. 수련생은 어떤 사례에서는 유능하게 기능할 수도 있지만, 어떤 사례에서는 내담자에게 도움을 제공하지 못하고 심지어는 내담자에게 해를 끼치고 있을 수도 있다. 수련생이 수퍼비전에 자료를 만들어 제시하지 않는 사례도 수퍼바이저는 감독하여야 한다.

수퍼바이저는 수련생이 상담자로서의 역할을 다하지 못할 때(impaired) 조치를 취하여야 한다. 수련생이 상담자로서의 역할을 다하지 못하는 경우는 수련생이 전문상담자로서의 기술을 습득할 능력이나 의지가 없는 경우와, 능력이나 의지는 있지만 개인적 스트레스와 심리적 역기능(dysfunction)을 통제할 능력이 없는 경우이다(Lamb, Cochran, & Jackson, 1991). 일반적으로 이런 경우 수퍼바이저는 상담자로서의 역할을 다하지 못하는 수련생이 스스로 상담직을 포기하기를 기다리는 경향이 있다(Boxley, Drew, & Rangel, 1986). 하지만 상담자로서의 역할을 다하지 못하는 수련생을 다루는 공식적인 절차를 마련하고, 이 절차에 대해 수련생이 대응할 수 있는 절차를 마련하는 것이 보다 바람직하다.

첫째, 수퍼바이저는 상담자로서의 역할을 제대로 수행하지 못하고 있는 수련생을 확인 및 조사하여야 한다. 수퍼바이저는 수련생의 상담자로서의 강점과 약점에 대해서 관찰한다. 상담자로서의 약점은 누구나 가지고 있는 것으로 보다 향상 및 발전시킬 수 있는 부분을 말한다. 하지만 수련생이 자신의 문제 행동이 확인되었을 때 그것을 인정 혹은 이해하지 못하고, 지적된 문제 행동이 상담자 교육이나 수퍼비전을 통해서 시정될 수 있는 성격이 아닐 때 이 수련생은 상담자가 되기에 적절하지 못한 사람이라고 평가될 수 있다(Lamb et al., 1987). 또 수련생의 상담 수행 결과가 여러 영역에 걸쳐서 계속적으로 부정적이며, 잠재적으로 비윤리적인 성격을 나타내는 경우에도 상담자로서의 자질이 부족하다고 말할 수 있다.

둘째, 상담자로서의 역할을 수행하지 못하고 있는 그리고 상담자로서의 자질이 부족한 수련생이 확인되고 문제 행동이 조사된 후에는, 최대한 수련생을 보호하려고 주의를 기울이면서 수련생의 실습과 관련된 모든 사람들이 모여서 충분한 토의를 하여야 한다. 또한 외부전문가에게 수련생의 상담자로서의 적격성에 대하여 자문을 구하여야 한다. 이러한 토론과 자문은 문서화되어야하고, 작성된 문서는 수련생 재평가에 근거자료로 제시되어야 한다. 수련생은 관련자들이 자신에 대해 토론한 내용에 대해서 통보를 받아야 한다. 이러한 통보를 통해 수련생은 자신의 행동에 대해 주의 깊은 검토를 하고 다른 사람에게 자문 혹은 상담을 받을 기회를 가질 수 있어야 한다(한국상담심리학회, 2003; American Psychological Association, 1992).

문제 행동에 대해 통보를 받은 수련생이 상담이나 피드백을 통해 변화하였다면, 수련생은 계속적으로 상담자 교육과정에 남게 된다. 하지만 수련생의 행동에 변화가 없고 더 심각한 문제 행동들을 유발한다면 세 번째 단계인 공식적 개입과 재검토가 진행된다. 공식적 개입의 처음 단계는 수련생이 유예(probation) 기간을 갖는 것이다. 유예기간을 갖기 전에 수련생은 공식적으로 문제가 되는 행동이나 상담자로서의 자질 부족이 확인되는 내용에 대한 평가서를 받아야 한다. 그리고 그 문서는 유예 기간 동안 수련생이 할 수 있는 개인상담과 같은 자기 교정에 대한 계획, 유예 기간 명시, 그리고 재검토 과정을 포함하고 있어야 한다. 유예 기간에 수련생과 관련된 사람들은 계속적으로 피드백을 주고받아야 한다. 수련생에 대한 재검토에서 유예 기간 동안 수련생의 행동에 변화가 나타나고, 상담자로서의 역할을 수행할 준비가 되었다고 재검토를 통해 판단되면 수련생은 상담 실습을 다시 시작할 수 있게 된다. 수련생이 유예 기간 동안에도 아무런 노력도 보이지 않고 행동에 변화가 없는 상황에서는 수련생의 상담 실습을 중단(termination)하여야 한다. 이때는 유예 기간을 가지면서 가졌던 교정활동 계획에 대한 평가와 관련자들의 재검토 결과를 수련생에게 문서로 전달하여야 한다. 또, 이 문서는 수련생의 상담 실습 중단에 대한 결과에 대해 항의할 수 있는 방안을 담고 있어야 한다.

수련생의 실습 중단은 동료 수련생 및 학생들에게 부정적 영향을 미친다. 따라서 실습 중단을 가급적이면 일어나지 않아야 하겠지만, 상담자로서의 자질이 부족한 수련생이 계속적으로 실습 및 상담 쪽 진로에 자신을 투자하는 것은 수련생 본인의 장래에도 그리고 이 수련생이 만나게 될 내담자의 복지를 고려한다면 보다 바람직한 결정일 수 있다(Bradey & Post, 1991).

이 장은 비밀보장, 충분한 설명에 근거한 동의, 이중관계, 수퍼바이저의 전문성과 책임이라는 수퍼비전에 적용되는 윤리를 고찰하였다. 수퍼비전 현장에서 부딪히는 수많은 문제들은 수퍼바이저로 하여금 윤리적 고민을 하게 만든다. 특히 아직까지 상담윤리에 대한 교육과정이 마련되지 않은 상황에서 수퍼바이저들은 비윤리적인 문제 상황에 대한 대비 없이 수퍼비전 활동을 시작하게 된다. 따라서 이 장은 수퍼바이저와 상담수련생이 윤리적 태도를 형성하고 전문가로서의 의식을 공고히 하는 데 도움이 될 수 있다.

수퍼바이저 윤리는 수련생 교육 부분과 수퍼바이저 자신의 윤리적 행동 부분으로 구성된다. 수퍼바이저는 내담자에게 비밀보장, 충분한 설명에 근거한 동의, 이중관계 회피의 의무를 지키도록 수련생을 교육하여야 한다. 수퍼바이저 자신은 수련생에게 비밀보장, 충분한 설명에 근거한 동의, 이중관계 회피의 의무를 다하여야 한다. 그리고 수퍼바이저는 상담, 수퍼비전, 윤리적 지식과 행동에 있어서 전문성을 갖추어야 한다.

제8장
상담연구 윤리

| 정성진 |

　상담전문가는 병행하기 쉽지 않은 두 가지를 모두 갖추려는 노력을 해야 한다. 전문적인 자질은 물론 인격적인 자질도 갖추어야 하고, 내담자의 주관적인 세계에 공감하고 참여하는 동시에 내담자를 객관적으로 관찰하고 평가해야 한다. 특히 과학자-임상가 모델(scientist-practitioner model)에 따르면, 상담전문가는 상담 실무를 잘 감당하는 동시에 상담과 관련된 과학적인 연구를 이해하고 수행할 수 있어야 한다. 상담 실무 자체가 매우 인도적이고 윤리적인 행위인 만큼 상담자의 연구도 윤리적이어야 한다는 사실은 두말할 필요가 없다.

　국내의 경우 최근 상담계의 외연이 넓어지고 상담전문가를 배출하는 교육기관이 증가하면서 상담과 관련된 연구도 급증하고 있다. 아울러 세계화 시대에 발맞추어 연구에 관한 윤리의식도 국제적 기준에 부응할 수밖에 없는 상황이다. 이런 현실에서 연구자들 사이의 학문적인 교류가 원활하게 이루어지기 위해서는 모든 연구가 신뢰할 수 있는 형식과 내용으로 수행되고(손화철, 윤태웅, 이상욱, 이인재, 조은희, 2010), 연구의 진실성(integrity)과 연구자의 양심에 대해 추호의 의심도 없는 윤리적인 연구가 이루어져야 한다.

1. 국내의 연구윤리

1) 국내 연구윤리의 실태

고위공직자 인사청문회가 열릴 때마다 단골메뉴처럼 등장하는 이슈는 논문표절이다. 논문표절 의혹에도 불구하고 임기를 마친 공직자들도 있지만, 인사청문회 과정에서 논문표절 등의 문제로 자진 사퇴하거나 지명 철회되는 경우도 종종 있었다. 정치 논리와 여야의 입장에 따라 연구윤리 위반 문제를 용인하기도 하고 문제 삼기도 하는 모습이 씁쓸하기는 하지만, 학계에서 철저하게 연구윤리를 적용하였더라면 얼마나 좋았겠는가 하는 아쉬움도 있다.

대학 연구윤리 위반 및 연구부정 적발 건수가 매년 증가하고 있다. 2011년에 11건이었지만, 2012년 21건, 2013년 30건, 2014년 45건, 2015년 66건, 2016년에는 79건을 기록하며 2011년에 비해 7배 이상 증가했다. 총 252건 가운데 표절이 107건, 부당저자 표시 70건, 자료 중복사용 및 중복게재 46건, 위조 9건, 표지갈이 8건, 변조 6건 등이 있었다고 한다(연합뉴스, 2017. 10. 11.). 2003~2005년에 학술지나 학술대회에 발표했다고 한국학술진흥재단에 보고한 교수 7만여 명 가운데 한 해에 51편 이상 이름을 올린 교수가 262명이나 됐고, 그중 7명은 100편 이상을 썼다고 보고했으며 자연과학 계열의 한 교수는 한 해에 149편의 논문에 이름을 실었다고 한다(오대영, 2006). 이는 과거에 공동저자 끼워 넣기가 얼마나 심각했는지 알 수 있는 결과다. 2007~2008년 상반기까지 접수되어 처리된 40여 건의 연구부정행위 가운데 이공계와 인문사회예체능계의 비율은 60:40이었는데, 인문사회예체능계의 연구부정행위는 대부분 표절 또는 중복게재 문제였다(박기범, 2008). 학자들의 논문표절 사건들부터 대학생들의 과제물 베끼기까지 다양한 부정행위들과 저자표시나 연구비 횡령 같은 부적절 행위들이 한때 국내 학문사회에 팽배해 있었다(양옥경, 2007).

2) 국내 연구윤리 문제의 원인

국내에서 연구윤리 문제가 다분한 이유는 무엇인가? 양옥경(2007)은 국내의 연구윤리 문제의 원인을 두 수준의 여덟 가지로 구분하여 설명한다.

첫 번째 수준은 의식수준으로서 온정주의 전통, 업적주의 사고, 사대주의 사고, 도덕불감증이 이에 해당된다. 나누고 베푸는 온정주의를 미덕으로 여기는 한국 사회의 풍토가 저자표시에서 편승사례를 양산하고 타인의 글까지 나누어 갖는 표절을 낳기도 한다. 또한 학자의 업적평가가 양적인 측면에 치우쳐 있는 업적주의가 수단을 가리지 않고 연구를 양산하려는 분위기를 유도한다. 사대주의 사고 때문에 앞서 있는 외국의 문헌들을 인용하는 선을 넘어서서 표절과 변용을 하는 사례도 존재한다. '좋은 게 좋다'는 의식으로 인해 비윤리적인 측면을 감싸고 이를 지적하는 사람을 오히려 비정한 사람으로 모는 도덕불감증도 연구윤리 문제에 한몫한다(양옥경, 2007).

두 번째 수준은 체제수준으로서 지적재산권 제도의 미비, 법령 및 규정의 미비, 부실한 관리체계, 연구윤리교육의 부재가 이에 속한다. 지적재산권 적용에 미흡한 점이 많고, 정부뿐 아니라 학회나 대학에서도 세부적인 연구윤리규정을 갖추지 못한 곳이 많다. 연구비 관리체계가 행정편의주의에 의해 불합리하게 운영되어 윤리적인 연구 진행에 걸림돌이 되는 경우도 있다. 또한 연구윤리 관련 교과목이 개설된 대학이 많지 않아서 연구윤리를 배우지 못해 잘 모르고 위반하는 일도 있다(양옥경, 2007).

3) 국내 학계의 노력

다행스럽게도 이런 연구윤리 문제의 원인들을 시정하려는 노력이 최근 많이 이루어지고 있다(김혜숙, 2010; 조은희, 이상욱, 윤태웅, 정영교, 2011). 특히 2005년 황우석의 줄기세포 논문 조작 사건과 근래 공직으로 진출하려는 교수들에 대한 표절과 중복게재 시비를 거치면서, 보다 명확하고 진일보된 연구윤리 기준을 확립할 필요성이 제기됐다(김혜숙, 2010). 최근 5년 동안 정부의 권고와 지침에 따라 대학과 학회와 연구기관들이 각각의 연구윤리 기준과 시행지침을 제정하거나 재정비했고, 연구윤리교육을 강화했으며, 연구윤리위원회와 기관생명윤리위원회를 상설화하는 발전을 보였다.

상담학계도 연구윤리를 확립하기 위해 많은 노력을 기울였다. 현재 상담학계의 대표적인 윤리적 기준으로는 한국상담학회의 윤리강령과 한국상담심리학회의 상담전문가 윤리강령이 있는데, 연구윤리 기준을 다듬는 노력을 포함한 개정이 꾸준히 이뤄지고 있다. 연구윤리와 관련된 두 학회의 윤리강령은 구성요소와 내용 면에서 유사하다. 또한 연구윤리만을 따로 다룬 연구윤리규정을 각각 제정하기도 했다. 한국상담심리학회의 연구윤리규정은 총칙, 연구윤리규정 및 연구윤리 위반 검증으로 나누어져 있는 반면에, 한국상담학회의 연구윤리규정은 한국상담심리학회와 내용 면에서 많은 부분 유사하지만 편집위원 및 심사위원과 관련된 규정을 강조하고 있다는 면에서 차이가 있다. 연구윤리규정을 시행하는 측면에 있어서 한국상담학회는 '시행세칙'이라고 명명한 반면에, 한국상담심리학회는 '연구진실성 심사 운영세칙'이라고 명명하고 있다.

2. 연구윤리의 역사와 패러다임

연구윤리에 대한 본격적인 논의는 현대에 들어서 이루어졌지만, 윤리적인 연구의 전통은 동서고금을 막론하고 모든 문화권에 존재하고 발전해 왔다. 우리나라의 연구 전통은 다양한 형태로 발전되어 왔지만, 특히 선비정신에서 연구윤리와 관련된 함의를 발견할 수 있다. 선비란 '학식과 인품을 갖춘 사람'을 가리키며 지식과 인격을 두루 갖춘 인간이라는 의미를 지닌 한자의 사(士)와 동의어로 볼 수 있다(한국학중앙연구원, 2007). 그러므로 선비는 지식의 연마를 통해 인격을 수양할 뿐 아니라 인격에 어울리는 방식으로 지식을 탐구하고 적용해야한다. 서양에서 연구윤리를 논할 때 자주 거론되는 전통은 의무론(deontology)

이다. 의무론은 연구윤리의 핵심개념을 '책임'에 두는 철학적 관점으로서, 연구자가 하나의 인격체로서 책임을 완수하고 그에게 부가된 임무를 완수할 수 있는 방향으로 연구자의 진실성(integrity)과 그에 상응한 책임을 강조한다(양옥경, 2007). 따라서 동서양을 막론하고 연구윤리의 핵심은 지식과 인격의 상호작용이라고 볼 수 있다.

1) 연구윤리의 역사

연구윤리의 역사 가운데 가장 두드러진 주제가 있다면 표절과 생명보호 문제를 꼽을 수 있다. 서양 역사에서 표절의 부도덕성에 대한 개념은 근대와 자본주의가 낳은 산물이라고 볼 수 있다. 즉, 근대에 들어 한 개인의 노동의 속성(property)이 들어간 생산물이 바로 그 개인의 고유한 재산(property)으로 인정됐듯이, 개인의 독창적 생각과 글쓰기가 바로 그 개인의 정신적 노동의 산물로 받아들여지게 되면서 표절을 부도덕한 것으로 보게 됐다(국제신문, 2012. 4. 12.). 반면 우리나라의 연구 전통에서 표절은 다른 의미를 갖는다. 고려시대부터 19세기 전반까지 표절과 관련된 자료를 살펴본 이혜순(2007)은 우리나라의 전통적인 연구윤리의 원칙이 '신의(新意)'와 '신어(新語)'를 추구하는 것이며, 표절의 개념이나 범주보다는 개인의 심지를 손상시키고 사회의 풍교를 해치며 일상과 유리된 정치를 수행하게 만드는 표절의 광범위한 영향력에 관심을 기울이는 것이라고 지적한다. 즉, 표절을 통해 과거에 합격하고 명예를 드높일 수는 있지만 표절은 하층의 선비들이나 하는 것이라는 자각이 있었다는 것이다.

생명보호 문제와 관련된 연구윤리의 논의는 1949년 '뉘른베르크 강령(Nuremberg Code)'에서 시작됐다고 볼 수 있다. 뉘른베르크 강령은 세계 최초의 국제적인 의학 연구윤리지침으로서 제2차 세계대전 직후 나치의 잔악한 생체실험에 대해 재판을 하는 과정에서 제정됐다. 당시 나치의 인체실험에 참여한 23명의 과학자들은 의학 발전, 난치병 치료, 국익 등 연구가 가져올 이익을 이유로 피험자들의 인권을 침해한 자신들의 행위를 옹호했다. 재판부는 고대 그리스의 히포크라테스(Hippocrates) 선서, 1803년 영국 의사 토마스 퍼시벌(Thomas Percival)이 만든 윤리강령, 1847년 미국의사협회의 윤리강령, 1865년 프랑스 생리학자 클로드 베르나르(Claude Bernard)가 제안한 인체실험 원칙 등을 참조하여 윤리적인 기준을 찾으려고 노력했다. 재판부는 오랜 숙고와 논의 끝에 유사한 비윤리적인 행위의 재발을 막기 위해 판결문 외에 10개의 강령도 함께 발표하기로 결정했는데, 이것이 바로 뉘른베르크 강령이다. 이 강령의 핵심적인 내용은 아무리 연구 목적이 숭고하고 그 결과가 가져올 이익이 클지라도 피험자의 자발적인 동의와 중도 포기에 대한 권리를 보장하지 않고서는 정당성을 갖지 못한다는 것이다(정경미, 양유진, 정상철, 2010; 한겨레신문, 2006. 3. 17.).

뉘른베르크 강령은 이후 국가별 혹은 국제적인 윤리강령 제정에 영향을 끼쳤는데, 특히 유엔이 제정한 '일반시민의 권리와 정치적 권리에 관한 국제협약'과 1947년 세계의사협회의 '제네바 선언'은 이 강령의 정신을 잘 반영한 것들이다. 세계의사협회는 제네바 선언 이후 인체실험 문제를 더욱 면밀하게 논의하여 1954년 제8차 총회에서 5개항으로 이루어진 '인체실험에 관한 결의'를 채택했고, 이를 수정하여 1964년 제18차 총회에서 '헬싱키 선언(Declaration of Helsinki)'을 채택했다(연구윤리정보센터, 2011; 한겨레신문, 2006. 3. 17.). 제56차 총회에 이르기까지 7차례에 걸쳐 보완된 헬싱키 선언(총 32개 조항)의 주요 원칙은 다음과 같다.

① 인체를 대상으로 하는 연구는 일반적으로 승인된 과학 원칙에 따라야 하며, 연구대상자들의 건강과 권리를 보호하고자 하는 윤리적 기준에 합당해야 한다. ② 실험 계획과 수행은 독립적인 윤리심사위원회의 사전 심의를 거쳐야 한다. ③ 연구대상자의 이익에 대한 고려는 과학 발전과 사회의 이익에 앞서야 한다. ④ 약자의 입장에 있는 연구대상자들은 특별히 보호해야 한다. ⑤ 연구대상자가 연구자와 종속관계에 있는 경우 특히 주의해야 한다. ⑥ 연구 자체의 목적과 방법, 예견되는 이익과 내재하는 위험성 등에 관하여 연구대상자에게 사전에 충분히 알려 주어야 하며, 그들에게 충분한 설명에 근거하여 자유로이 이루

어진 동의를 받아야 한다. ⑦ 동의는 그 연구에 참가하지 않고 독립된 위치에 있는 의료인이 받아야 한다. ⑧ 법률상 무능력자에 대해서는 국내법에 따라 법적 대리인의 동의를 얻어야 한다. ⑨ 연구 결과를 발표할 때 연구자는 이 선언에 규정된 원칙을 따라야 한다. ⑩ 학술지는 이 선언을 준수하지 않는 논문을 받아들여서는 안 된다(한겨레신문, 2006. 3. 17.).

생명보호와 관련된 또 하나의 중요한 연구윤리지침으로는 1979년 미국 의회의 '벨몬트 보고서(Belmont Report)'가 있다. 이것은 '터스키기(Tuskegee) 매독 연구'라고 알려진 비윤리적인 실험에 대해 미국 의회가 조사한 결과를 담은 보고서다. 터스키기 매독 연구에서 과학자들은 1932년부터 1972년까지 무려 40년동안 가난한 흑인들 중 매독에 걸린 600명에게 치료를 제공하지 않은 채 매독을 자연상태로 놔둘 경우 사람들에게 어떠한 영향을 주는지 관찰하고 실험했다. 이 연구는 정기적으로 의학저널에 보고되었지만 놀랍게도 아무도 비윤리적이라고 지적하지 않았다. 그러다가 피터 벅스턴(Peter Buxtun)이 언론에 폭로한후 실험이 중단됐고 미국 상원에서 이 문제를 조사하게 되었다. 1974년 미국 의회는 '생명의학 및 행동과학 연구에서의 피험자 보호를 위한 국가위원회'를 승인하고 임상연구의 바탕이 되는 기본적 윤리원칙을 제정하도록 임무를 부여하였다. 그렇게 하여 발간된 것이 벨몬트 보고서다. 벨몬트 보고서는 모든 임상연구의 기초가 되는 세 가지 기본 윤리원칙, 즉 '인간존중, 선행, 정의'를 제시하고, 사전 동의서 작성, 피험자의 사생활 존중, 위험의 최소화, 공정한 피험자 선정등과 같은 지침들을 제안했다(연구윤리정보센터, 2011; 오마이뉴스, 2011. 11. 11.).

2) 연구윤리의 패러다임

양옥경(2007)에 따르면 현재까지의 연구윤리와 관련된 지침이나 정책들은 크게 두 가지 패러다임으로 묶을 수 있다. 하나는 유럽 국가들이 채택하고 있는 '바람직한 연구실천' 패러다임이다. 이 패러다임에서는 연구부정행위에 초점을 두기보다는 이상적인 연구과정을 규정한 후 이에 미치지 못하는 것을 바람직하지 못한 연구실천이라고 간접적으로 규정한다. 실제 시행을 할 때 처벌보다는 바람직한 연구실천을 본받도록 권고한다. 물론 바람직하지 못한 연구 행위에 대해 처벌규정을 갖고 있지만, 이 같은 행위를 '부정행위(misconduct)'라고 부르지 않고 '부정직 행위(dishonesty)'라고 부른다. 또 다른 하나는 미국에서 채택하고 있는 '책임 있는 연구 수행' 패러다임이다. 이 패러다임에서는 연구의 진실성(research integrity)을 중요하게 여기며 이를 위해 연구부정행위의 방지와 처벌에 초점을 둔다. 연구부정행위란 연구의 계획, 수행, 심사, 보고에서 위조, 변조, 표절 행위를 가리킨다. 이에 더하여 미국의 연구윤리국(ORI)은 책임 있는 연구 수행을 위해 네 가지 가치기준을 제시한다. 첫째, 정직성으로 정직하게 정보를 전달하고 공약을 존중한다. 둘째, 정확성으로 연구 결과를 정밀하게 보고하고 오류를 피하도록 주의한다. 셋째, 효율성으로 연구자원을 현명하게 사용하고 낭비를 막는다. 넷째, 객관성으로 사실만을 기술하며 부적절한 편견을 피한다(양옥경, 2007).

그렇다면 국내 상담학계의 연구윤리 패러다임은 어떠한가?

◆◆ **한국상담심리학회 연구윤리규정**

제4조(연구윤리 위반)
연구의 윤리성과 진실성에 위배되는 행위로, 본 연구윤리규정의 범위를 심각하게 벗어난 행위를 말한다.

◆◆ **한국상담심리학회 연구진실성 심사 운영세칙**

제2조(연구부정행위에 대한 정의)
연구부정행위라 함은 연구의 제안, 연구의 수행, 연구 결과의 보고 및 발표 등에서 행하여진 주요부정행위(위조·변조·표절·이중출판)와 부적절 행위를 말한다.

앞의 연구윤리 기준에 언급된 '연구윤리 위반'은 넓게는 윤리성과 진실성을 위배하는 행위로, 좁게는 연구윤리규정을 벗어나는 행위로 정의된다. 윤리규정이 아무리 치밀하게 마련되어 있더라도 그 틈을 이용한 위반 행위는 언제든지 생겨날 가능성이 있기 때문에 윤리성과 진실성이라는 대전제의 준수 여부가 중요하다고 할 수 있다. 그러나 윤리성과 진실성은 추상적인 기준이기 때문에 보다 명확하고 구체적인 규정도 필요하다. '연구부정행위'는 위조, 변조, 표절, 이중출판 같이 연구자가 직접 책임져야 하는 심각한 '부정행위'는 물론 정직하지 못한 논문저자 표시나 연구비의 부당한 사용 같이 결과적으로 윤리적인 연구 수행을 방해하는 '부적절한 행위'를 가리킨다. 이 규정들로 미루어 보건대, 국내 상담학계의 연구윤리는 바람직한 연구실천 패러다임보다는 책임 있는 연구 수행 패러다임에 가깝다고 볼 수 있다.

그렇다면 윤리적인 상담연구는 구체적으로 어떤 특징을 가져야 하는가? 이어지는 내용에서는 연구와 관련된 윤리강령 항목에 따라 '연구 책임' '연구참여자의 권리' '연구 결과의 보고' 순으로 상담연구 윤리와 관련된 주제들을 살펴보고자 한다.

3. 연구 책임

1) 학문의 자유와 책임

민주주의 사회에서 국민은 자유를 누리는 동시에 자유에 대한 책임을 져야 하며, 국민이 당연히 누려야 할 권리를 주장하되 국민으로서의 의무도 이행해야 한다. 마찬가지로 상담전문가도 학자로서 학문의 자유를 누릴 권리를 갖지만 그에 따른 책임과 의무도 이행해야 한다. 이와 관련된 포괄적인 윤리기준은 다음과 같다.

◆◆ **한국상담심리학회 연구윤리규정**

제6조(학문의 자유와 사회적 책임)
연구에 종사하는 연구자는 학문의 자유에 대한 기본권을 가지며, 그에 따른 다음
과 같은 사회적 책임과 의무를 가진다.
1. 사상, 종교, 나이, 성별 및 사회적 계층과 문화가 다른 집단의 학문적 업적에
   대하여 편견 없이 인정하여야 한다.
2. 자신의 연구에 대한 비판에 개방적이고, 자신의 지식에 대하여 끊임없이 회의
   하는 자세를 가져야 한다.
3. 자신의 주장을 반박하는 설득력 있는 증거를 발견하면, 자신의 오류를 수정하
   려는 자세를 가져야 한다.
4. 새로운 연구문제, 사고체계 및 접근법에 대하여 편견 없이 검토하여야 한다.

창의적인 연구는 자유로운 환경 가운데서 꽃피게 되어 있기 때문에 무엇보다
도 학자에게는 학문의 자유가 중요하다. 그러나 자유에는 언제나 그에 상응하
는 책임이 뒤따르며 학자로서 학문 공동체뿐만 아니라 사회와 인류 공동체를
향한 책임도 기꺼이 져야 한다. 앞의 네 가지 규정을 관통하는 원리는 편견 없
는 객관적인 태도라고 볼 수 있다. 학자는 아무런 편견 없이 타인의 연구 업적
을 객관적으로 평가하고 인정할 뿐 아니라, 자신의 연구 업적도 무조건 옹호하
지 말고 객관적으로 평가하고 타인의 비평을 적극 검토해야 하며, 익숙한 것들
에 집착하지 말고 새로운 주제나 이론을 환영하고 객관적으로 검토해야 한다.

앞의 네 가지 항목은 연구윤리에 큰 영향을 끼친 머튼(Merton)의 과학의 규범
구조 이론과 관련이 있다. 머튼은 합리적이고 객관적인 지식의 산출과 민주적
인 사회를 지향하는 과학 공동체가 지켜야 할 가장 중요한 네 가지 규범을 제시
한다. 첫째, 공유주의(communism)로 과학자들은 데이터와 연구 결과를 서로 공
개하고 공유한다. 둘째, 보편주의(universalism)로 정치적, 사회적 요인들은 과학
적 아이디어 또는 개인 과학자를 평가하는 데 아무 역할을 하지 못하며, 과학적
성취 그 자체에 의해서만 평가된다. 셋째, 무사무욕(disinterestedness)으로 과학

자는 오직 진리 추구에만 관심을 두며, 개인적 또는 정치적 이해관계를 추구하지 않는다. 넷째, 조직화된 회의주의(organized skepticism)로 과학자는 높은 표준의 엄밀성과 증명을 추구하며 충분한 증거 없이 어떤 신념을 받아들이지 않는다(양옥경, 2007).

2) 연구에 대한 책임

연구에 대한 책임이라는 주제에서 중요한 원칙들은 다음과 같다. ① 연구참여자를 단순히 실험의 대상이 아니라 인격과 자율성을 가진 인간으로 존중해야 한다. ② 연구 결과가 참여자의 복지에 도움이 되는지 고려하고, 만약 해가 된다면 즉시 이를 알리고 연구방법을 수정하거나 다른 대안을 모색해야 한다. ③ 연구 결과가 사회와 대중의 이익에 이바지하고 법과 사회의 가치관과 사회정책의 발전에 도움이 되어야 한다. ④ 연구자는 자신의 능력에 대한 객관적인 평가를 하고 필요하다면 다른 전문가에게 자문을 구하여 연구참여자의 복지를 보장해야 한다(최해림, 이수용, 금명자, 유영권, 안현의, 2010). 연구 책임과 관련된 보다 세부적인 연구윤리 기준들을 살펴보도록 하자.

◆◆ **한국상담학회 윤리강령**

제19조(연구 책임)
① 상담연구자는 연구의 결과가 상담의 이론과 실제에 바람직한 기여를 하도록 노력해야 하고, 연구로 인한 문제에 대해 책임을 져야 한다.
② 상담자는 연구참여자를 대상으로 하는 연구를 수행할 때 윤리규정, 법, 기관 규정, 과학적 기준에 합당한 방식으로 연구를 계획, 설계, 실행, 보고한다.
③ 상담자는 윤리적인 연구 수행에 대한 궁극적인 책임이 연구책임자에게 있다는 것을 인식하고 연구활동에 참여하는 모든 사람이 윤리적 책임을 공유하며 각자의 행동에 대해 책임을 진다는 사실을 주지시킨다.
④ 상담자는 연구참여 때문에 연구참여자의 삶에 혼란이 초래되는 것을 피하기 위해 합당한 사전 조치를 취한다.

⑤ 상담자는 연구 목적에 적합하다면 문화적인 고려를 통해 연구절차를 구체화하도록 한다.

◆◆ **한국상담심리학회 연구윤리규정**

제8조(연구참여자에 대한 책임)

연구자는 연구참여자에 대해 다음과 같은 책임을 가진다.

1. 연구참여자의 인격, 사생활을 침해받지 않을 개인의 권리와 자기결정권을 존중한다.
2. 연구참여자의 안전과 복지를 보장하기 위한 조처를 하고, 위험에 노출되지 않도록 하여야 한다.
3. 연구참여자에게 심리적, 신체적 손상을 주어서는 아니 되며, 예상하지 못한 고통의 반응을 연구참여자가 보일 경우 연구를 즉시 중단하여야 한다.

　　연구자는 연구를 수행할 때 이론이나 실제에서 어떤 연구가 필요한가에 대한 문제의식을 갖고 출발해야 한다. 단순히 실적이나 명성이나 부를 축적하기 위해 필요성에 의문이 제기되는 연구를 수행해서는 안 된다. 또한 연구에 대한 전반적인 책임을 질 뿐만 아니라 함께 연구를 수행하는 이들과도 책임감을 분담해서 윤리규정뿐 아니라 법, 기관 규정, 과학적 기준에 부합되게 연구를 계획하고 실행하고 보고해야 한다.

　　책임 있는 연구를 수행하려면 철저한 연구계획 수립이 중요하다. 잘못된 설계도대로 지으면 건축을 망치듯, 허술한 계획은 연구에 치명적인 타격을 준다. 연구계획을 부실하게 세운다면 비과학적인 연구방법이 사용되거나 연구절차에 하자가 생길 가능성이 높아질 뿐만 아니라 연구자가 윤리적인 측면을 간과하기 쉬워진다.

　　연구자는 연구를 계획하고 수행할 때 과학적인 방법으로 해야 한다. 과학적인 방법이란 무엇인가? 전통적으로 상담학과 심리학의 연구방법은 자연과학의 방법론에 입각해 있는데, 이는 과학으로서의 정체성을 확립하는 과정에서 생긴 결과다(박성희, 2004; 장성숙, 2010). 자연과학적 방법론은 한마디로 경험론적 실증주의로서 현상을 관찰하고 가설을 수립하며 실험을 통해 가설을 검증하는 것이다. 이로 인해 과학적 발전은 이룩했지만, 인간의 자연스러운 심리현상이나 상담 장면을 다루는 데는 한계를 보였다. 이로 인해 실증적 모델에 대한 대안적 모델인 질적 연구방법이 최근 재조명되고 체계화되고 있다(장성숙, 2010). 박성희(2004)는 상담연구방법을 열여섯 가지 소개하면서 그중 다섯 개는 실증적(계량적) 방법이고 나머지 열한 개가 대안적(질적) 방법이라고 구분한다. 김계현(2004)은 질적 연구가 가설이나 이론을 새롭게 도출한다면 양적 연구는 가설이나 이론을 검증하거나 보편적인 경향성을 발견하기 때문에 두 가지 연구법은 갈등관계가 아니라 상호보완적인 관계로 보아야 한다고 주장한다. 두 가지 연구법 모두 공통적으로 연구대상을 체계적으로 관찰하여 최대한 객관적으로 설명하고 연구방법과 자료를 공개하여 다른 학자들도 검증할 수 있는 기회를 제공한다. 그러므로 양적 및 질적 연구방법론을 숙지하고 있을 뿐만 아니라 연구대상을 체계적으로 관찰하기 위해 구체적이고 정밀한 연구계획을 수립할 때 과학적인 방법으로 연구한다고 볼 수 있다.

연구자는 연구가 과학적으로나 윤리적으로나 법적으로 잘못될 가능성을 최소화하기 위해 과학적인 방법과 전문가 윤리강령과 국가의 법에 부합되도록 연구를 계획하고 수행해야 한다. 연구윤리는 연구자로서 기대되는 이상적인 기준이기에 이를 잘 지킨다면 최소한의 행동기준인 법에 저촉되는 일은 없겠지만, 연구를 수행하는 과정에서 일어날 수도 있는 다음과 같은 위법행동에 대해서도 알고 있어야 한다. ① 연구 수행 중에 연구참여자에게 신체적 위해를 가하거나 재산상의 손해를 끼친 경우, ② 연구참여자의 사생활을 보호하지 못하고 연구하면서 취득한 정보를 누설한 경우, ③ 연구 수행 중에 알게 된 아동학대, 청소년 대상 성범죄, 학교폭력, 가정폭력, 노인학대, 성매매 피해, 감염병 등을 수사기관이나 관계기관에 신고하지 않은 경우, ④ 연구 위조, 변조, 표절, 이중출판으로 인해 연구 제출기관의 업무를 방해하거나 저작권을 침해한 경우, ⑤ 연구비를 횡령한 경우, 만약 윤리적 및 법적 쟁점이 명확하지 않다면, 연구자는 윤리위원회나 동료나 법률가 등에게 적극적으로 자문을 얻는 것이 좋다.

연구를 수행하는 연구자와 연구보조자는 연구참여자의 인권과 사생활과 복지와 안전을 적극적으로 보호하고 책임져야 한다. 연구에 참여하는 과정에서 연구참여자들이 심리적으로나 신체적으로나 사회적으로 불편을 느끼거나 위해를 당하거나 위험한 일에 노출되는 일이 생기지 않도록 최대한 노력해야 한다. 최선을 다해 위험요소를 제거했음에도 불구하고 연구참여자가 예상치 못한 고통을 호소한다면 인권보호를 위해 연구를 즉시 중단해야 한다. 또한 연구자와 연구 보조자는 연구참여자의 복지를 위해 자신의 역량을 넘어서거나 훈련받지 않은 방법 또는 주제를 다루지 말아야 하며, 필요할 때마다 이론이나 실제에서 경험이 더 많은 연구자에게 자문을 구해야 한다.

3) 연구심의

연구에 대한 책임을 보다 철저하게 부여하고 인식시키기 위해 동료나 위원회의 검토를 받는 절차가 존재한다. 미국의 모든 대학과 연구기관들은 연방법에 따라 각 기관 고유의 기관생명윤리위원회(Institutional Review Board: IRB)를 구성하고, 국립연구법(National Research Act)의 규정에 따라 그 기관에서 이루어지는 모든 연구에 대해 철저한 심의를 하고 있다. 대부분의 연구기관과 대학은 따로 연구 관련 부처를 두어 연방법의 규정보다 훨씬 엄격한 연구윤리지침을 수립하고 연구윤리 관련 교육과 행정을 철저하게 관리하고 있다(정경미 외, 2010). 국내의 경우 기관생명윤리위원회는 주로 병원을 중심으로 운영되고 있다. 대학의 경우 심의해야 할 연구 영역이 넓고 방법론도 각각 다양하기 때문에 한동안 제도상으로는 존재하나 활성화가 되지 않았었다. 그러나 최근에 들어 국가와 사회적으로 연구윤리가 쟁점이 되면서 각 대학마다 기관생명윤리위원회가 체계적이고 정기적으로 운영되기 시작하면서 연구참여자를 보호하고 윤리적인 연구를 수행하는 풍토가 성숙해지고 있다. 이에 대한 연구윤리규정은 다음과 같다.

◆◆ **한국상담심리학회 연구윤리규정**

제7조(기관의 승인)
연구 수행 시 기관의 승인이 요구될 때, 연구자는 연구를 수행하기 전에 연구계획에 대한 정확한 정보를 제공하고 승인을 얻는다. 또한 승인된 연구계획안대로 연구를 수행하여야 한다.

연구심의를 통해 연구 설계가 적절한지, 자발적이고 숙지된 동의를 받는지, 취약계층에 대한 배려가 있는지, 개인정보를 엄격하게 보호하는지 등을 심사하여 연구절차의 윤리성과 연구참여자 보호의 윤리성을 지켜 나가는 것이 필요하다(서이종, 2008). 김항인(2005)은 기관생명윤리위원회에서 살펴봐야 할 것들을 다음과 같이 제시한다.

① 건전한 연구계획과 연구참여자의 불필요한 위험 노출을 피함으로써 연구참여자에게 미칠 위험이 최소화되어야 한다. ② 연구참여자들에게 미칠 위험은 예상되는 이익(합리적으로 예상되는 결과로 나타나는 지식의 중요성)과 관련하여 합리적이어야 한다. IRB는 연구에서 얻어지는 지식의 장기적인 효과(예컨대, 공공 정책에 관한 연구의 가능한 효과)를 고려하지는 않는다. ③ 참여자의 선정은 평등하게 이루어져야 한다. 이 점을 평가함에 있어서 IRB는 연구의 목적과 연구가 이루어지는 환경을 고려해야 하며, 특별히 아동, 죄수, 임산부, 정신지체인 혹은 경제적·교육적으로 열악한 사람들과 같은 취약한 대상을 참여시키는 연구의 문제점들을 고려해야 한다. ④ 동의서는 각각의 참여 예상자들 혹은 이들의 법적 대리인에게 얻어져야 한다. ⑤ 동의서는 문서화 형태를 갖추어야 한다. ⑥ 연구계획은 참여자들의 안전을 보장하기 위하여 수합된 자료에 대한 적합한 통제방안을 포함해야 한다. ⑦ 참여자들의 사생활 보호와 연구 자료의 비밀을 보장하는 방안이 제시되어야 한다. ⑧ 연구윤리에 대한 민감성이 매우 중요하다(문제의 심각성, 결과의 예측, 책임의식).

4. 연구참여자의 권리

상담연구를 비롯한 인문사회과학뿐 아니라 자연과학과 예체능 분야에서 이루어지는 연구들은 결국 개인이나 사회의 유익과 발전을 위해 수행되는 것이다. 그러므로 연구과정이나 결과가 개인이나 사회의 유익에 반한다면 지체 없이 위험요소를 제거하거나 연구참여를 중단할 수 있도록 배려해야 한다. 이에 따라 한국상담학회의 윤리강령에는 연구참여자가 누릴 수 있는 권리에 대한 기준이 다음과 같이 제시되어 있다.

◆◆ 한국상담학회 윤리강령

제20조(연구참여자의 권리)
① 상담자는 피험자에게 연구의 필요성을 포함하여 연구에 관한 전반적인 사항에 대해 상세히 설명하여 동의를 얻어야 하며, 그들이 자발적으로 연구에 참여하도록 해야 한다.
② 상담자는 내담자를 포함시키는 연구를 수행할 때 사전 동의 절차에서 내담자가 연구활동에 참여할 것인지에 대해 자유롭게 선택할 수 있다는 점을 명확하게 하고 동의를 받는다.
③ 상담자는 연구과정에서 연구참여자에 대해 획득한 정보를 비밀로 유지한다.
④ 상담자는 자료가 수집된 후 연구에 대해 참여자들이 가질 수 있는 오해를 해소하기 위해 연구의 특성을 명확하게 설명한다.
⑤ 상담자는 학술 프로젝트나 연구가 완료되면 합당한 기간 내에 연구참여자의 신분을 확인할 수 있는 자료나 정보가 포함된 오디오, 비디오, 인쇄물과 같은 기록이나 문서를 파기하는 조치를 취한다.

1) 자발적 참여

우선 연구자는 연구참여자를 선택하는 데 있어서 그 연구의 성격에 맞는 연구대상을 대표할 수 있는 표집을 하도록 충분한 시간을 가지고 신중한 노력을 기울여야 한다(최해림 외, 2010). 연구자는 연구참여자를 모집하고 참여를 요청할 때 인권과 자유의 대원칙에 입각하여 강압적인 수단을 사용해서는 안 된다. 연구자는 사람들이 참여 여부를 자유롭게 자발적으로 선택할 수 있도록 해야 하며, 이 사실을 동의받기 전에 미리 알려 줘서 선택의 자유가 그들에게 있음을 주지시켜야 한다. 더불어 연구에 참여하지 않아도 그들에게 아무런 불이익이 없다는 것을 분명히 밝혀야 한다. 비자발적인 참여는 그것이 연구대상자에게 전혀 해로운 영향을 끼치지 않거나, 관찰연구가 필요한 경우에만 가능하다. 윤리강령에 제시된 내용 외에 자발적 참여와 관련된 몇 가지 연구윤리규정은 다음과 같다.

◆◆ **한국상담심리학회 연구윤리규정**

제11조(내담자/환자, 학생 등 연구자에게 의존적인 참여자)
① 연구자가 내담자/환자, 학생 등 자신에게 의존적인 사람을 대상으로 연구를 수행할 때에는, 연구자는 이들이 참여를 거부하거나 그만둘 경우에 가지게 될 해로운 결과로부터 이들을 보호하는 조처를 한다.
② 연구참여가 수강 과목의 필수사항이거나 추가 학점을 받을 수 있는 기회가 될 경우, 수강학생에게 다른 대안적 활동을 제공하여 학생 스스로 선택할 수 있도록 한다.

제13조(연구참여에 대한 보상)
① 연구자는 연구참여에 대해 적절한 정도의 보상을 한다. 그러나 연구참여를 강요하게 될 정도로 지나치게 부적절한 금전적 또는 기타의 보상을 제공하지 않는다.

② 연구참여에 대한 보상으로 전문적 서비스를 제공할 시, 연구자는 그 서비스의 본질뿐만 아니라 위험, 의무, 한계를 분명히 하여야 한다.

연구자에게 의존적일 수밖에 없는 대상에게 연구에 참여하도록 권유할 때는 특별히 주의해야 한다. 연구자의 내담자나 환자나 학생의 경우 연구자의 권력이 상대적으로 크기 때문에 그들이 연구자의 부탁을 거절하기 어려울 수 있다. 그들에게 연구에 참여하지 않으면 서운할 것이라고 표현한다든지, 어떤 형태의 불이익이 있을지 모른다는 의도를 밝히거나 암시한다든지 하는 행동은 이들의 자율성을 침해하는 것이므로 비윤리적인 행위다.

연구에 참여할 수밖에 없을 정도로 과도한 금전적 또는 기타의 보상을 제공하는 행위도 사람들을 강압하는 것이다. 연구에 참여하여 수행하는 과제의 난이도와 참여시간에 어울리는 보상을 제공하는 것이 적절하다. 연구참여가 성적에 반영되는 것이라면 연구에 참여하지 않는 학생에게도 동일한 점수를 받을 수 있는 대안활동을 제공하여 둘 중 하나를 선택할 수 있는 자유를 주어야 한다. 혹시 연구자가 연구참여에 대한 보상으로 전문적 서비스, 예를 들어 집단상담이나 교육 등을 제공한다면 그 서비스를 받는 것의 장단점을 사전에 설명해 주는 것이 좋다.

2) 사전 동의

연구자는 연구참여자가 이해할 수 있는 언어를 사용하여 연구의 필요성과 목적, 절차 및 기대되는 효과 등 연구에 관한 전반적인 사항에 대해 상세히 설명한 후에 동의를 얻어야 한다. 이런 전반적인 사항들이 적힌 사전 동의서를 제작하여 연구참여자에게 제시하고 구두로 명료하게 설명한 후에 서명을 받는 것이 좋다. 이때 연구참여자가 질문을 한다면 성실하게 답변하도록 한다. 혹시 연구참여자가 미성년자일 경우는 미성년자뿐 아니라 부모나 법적 보호자의 동의도 받아야 한다. 연구자가 연구참여자에게 사전 동의를 구할 때 설명해야 할 내용은 다음과 같이 규정되어 있다.

◆◆ **한국상담심리학회 연구윤리규정**

제9조(연구참여에 대한 동의)

① 연구참여는 자유의지로 결정되어야 한다. 따라서 연구자는 연구참여자로부 터 연구참여에 대한 동의를 받아야 한다. 동의를 얻을 때에는 다음 사항을 알 려 주고, 이에 대해 질문하고 답을 들을 수 있는 기회를 제공한다(단, 미성년 자의 경우 부모, 법적 보호자 또는 법적 대리인으로부터 동의를 받는다).

  1. 연구의 목적, 예상되는 기간 및 절차

  2. 연구에 참여하거나 중간에 그만둘 수 있는 권리

  3. 연구참여를 거부하거나 그만두었을 때 예상되는 결과

  4. 참여 자발성에 영향을 미칠 것으로 예상되는 잠재적 위험, 고통 또는 해로 운 영향

  5. 연구에 참여함으로써 얻을 수 있을 것으로 예상되는 이득

  6. 비밀보장의 한계

  7. 참여에 대한 보상

② 실험 처치가 포함된 중재 연구를 수행하는 연구자는 연구 시작부터 참여자에 게 다음 사항을 분명하게 알려 준다.

  1. 실험 처치의 본질

  2. 통제집단에게 이용할 수 있거나 또는 이용할 수 없게 될 서비스

  3. 처치집단 또는 통제집단에의 할당방법

  4. 개인이 연구에 참여하고 싶지 않거나, 연구가 이미 시작된 후 그만두고 싶 어 할 경우 이용 가능한 처치 대안

  5. 연구참여에 대한 보상이나 금전적인 대가

앞의 내용을 동의서 양식으로 어떻게 옮길지 실례가 필요하다고 판단하여 연 구 설명문과 동의서의 예를 다음에 제시한다(권석만, 2006; 최해림 외, 2010에서 재 인용).

◆◆ 서울대학교 생명윤리심의위원회 연구 설명문 및 동의서 양식
 (인간행동연구의 예)

연구 설명문

연구과제명:
연구책임자명:

1. 이 연구는 왜 실시합니까?
2. 얼마나 많은 사람이 참여합니까?
3. 만일 연구에 참여하면 어떤 과정으로 진행됩니까?
4. 연구참여기간은 얼마나 됩니까?
5. 참여 도중 그만두어도 됩니까?
6. 부작용이나 위험요소는 없습니까?
7. 이 연구에 참여 시 참여자에게 이득이 있습니까?
8. 만일 이 연구에 참여하지 않는다면 불이익이 있습니까?
9. 연구에서 얻는 모든 개인정보의 비밀은 보장됩니까?
10. 이 연구에 참가하면 대가가 지급됩니까?
11. 이 연구에 대한 문의는 어떻게 해야 됩니까?

동의서

1. 나는 이 설명서를 읽었으며 담당 연구원과 이에 대해서 의논하였습니다.
2. 나는 위험과 이득에 관하여 들었으며 나의 질문에 만족할 만한 답변을 얻었습니다.
3. 나는 이 연구에서 얻어진 나에 대한 정보를 현행 법률과 생명윤리심의위원회 규정이 허용하는 범위 내에서 연구자가 수집하고 처리하는 데 동의합니다.
4. 나는 이 연구에 참여하는 것에 대하여 자발적으로 동의합니다.
5. 나는 담당 연구자나 위임받은 대리인의 연구 진행 및 결과 관리와 보건 당국, 학교 당국 및 서울대학교 생명윤리심의위원회의 실태 조사를 위하여 비밀로 유지되는 나의 개인 신상 정보를 직접적으로 열람하는 것에 동의합니다.

7. 나의 서명은 이 동의서의 사본을 받았다는 것을 뜻하며, 연구참여가 끝날 때까지 사본을 보관하겠습니다.

참여자 성명	서명	날짜(년/월/일)
동의서 받은 연구원 성명	서명	날짜(년/월/일)
연구책임자 성명	서명	날짜(년/월/일)

연구를 하다 보면 연구 수행과정을 녹화하거나 녹음할 때가 있다. 연구참여자의 행동을 촬영하거나 음성을 녹음할 때도 사전에 연구참여자에게 동의를 받아야 한다. 그러나 공공장소에서 기록되어 개인의 정체가 밝혀질 가능성이 없거나, 연구 설계의 특성상 기록하는 것을 미리 밝힐 경우 연구를 제대로 수행하기 힘들다면 사전에 동의를 받지 않아도 된다. 물론 사후에는 기록에 대해 동의를 받아야 하는 것을 잊지 말아야 한다. 이와 관련된 연구윤리규정은 다음과 같다.

◆◆ 한국상담심리학회 연구윤리규정

제10조(연구를 위한 음성 및 영상 기록에 대한 동의)
연구자는 자료 수집을 위하여 연구참여자의 음성이나 영상이 필요한 경우에는 기록하기 전에 연구참여자로부터 동의를 받아야 하는데, 다음의 경우는 예외로 한다.
1. 연구의 내용이 공공장소에서 자연 관찰하는 것이거나, 그 기록이 개인의 정체를 밝히거나 해를 끼치는 데 사용될 것으로 예상되지 않을 경우
2. 연구 설계에 속이기가 포함되어 있어서, 기록 후에 기록 사용에 대한 동의를 얻어야 하는 경우

아울러 사전 동의를 받지 않아도 되는 예외상황들도 다음과 같이 연구윤리규정에 제시되어 있다.

◆◆ **한국상담심리학회 연구윤리규정**

제12조(연구 동의 면제)

연구자는 다음 경우에 연구참여자로부터 동의를 받지 않을 수 있다.

1. 연구가 고통을 주거나 해를 끼치지 않을 것으로 판단되는 경우
   (1) 교육 장면에서 수행되는 교육실무, 교과과정 또는 교실 운영방법에 대한 연구
   (2) 연구참여자의 반응 노출이 참여자들을 형사상 또는 민사상 책임의 위험에 놓이지 않게 하거나, 재정 상태, 고용가능성 또는 평판에 손상을 입히지 않으며, 비밀이 보장되는 익명의 질문지, 자연관찰 또는 자료수집 연구
   (3) 조직 장면에서 수행되는 직업이나 조직 효율성에 관련된 요인들에 대한 연구로, 참여자의 고용 가능성에 위험이 되지 않고, 비밀이 보장되는 경우
2. 국가의 법률 또는 기관의 규칙에 의해 허용되는 경우

상담연구에서 가장 많이 활용되는 질문지 조사법의 경우 익명으로 조사되고 최소 위험 수준이기 때문에 사전 동의를 받지 않아도 되지만, 연구에 관한 간략한 소개와 함께 비밀보장과 자료처리에 대한 정보 및 연구자의 연락처 등을 설문지 표지 부분에 제시하고 구두로 설명하는 것이 바람직하다.

3) 사후 설명

사전 동의과정을 통해 연구의 성격이 정확하게 제시되는 경우도 있지만, 연구의 성격에 따라서 그렇지 않은 경우도 존재한다. 연구자가 정보를 숨기거나 사실과 다르게 알리는 것이 연구와 관찰에 필요한 경우도 있는데 이를 위장 연구라고 한다. 또한 연구참여자가 연구의 결과에 대해 정보를 요구할 때도 있다. 이와 관련된 연구윤리규정은 다음과 같다.

◆◆ 한국상담심리학회 연구윤리규정

제14조(연구에서 속이기)

① 연구자는 속이기 기법을 사용하는 것이 연구에서 예상되는 과학적, 교육적, 혹은 응용 가치에 의해서 정당한 사유가 되고, 또한 속임수를 쓰지 않는 효과적인 대안적 절차들이 가능하지 않다고 결정한 경우를 제외하고는 속임수가 포함된 연구를 수행하지 않는다.

② 연구자는 연구에 참여할 사람들에게 신체적 통증이나 심한 정서적 고통을 일으킬 수도 있다는 정보를 알려 주고 속이지 않는다.

③ 연구자는 실험에 포함된 속임수를 가능한 빨리, 가급적이면 연구참여가 끝났을 때, 아니면 늦어도 자료수집이 완료되기 전에 설명함으로써 참여자들에게 자신의 실험 자료를 철회할 수 있는 기회를 준다.

제15조(연구참여자에 대한 사후 보고)

① 연구자는 연구참여자들에게 연구의 본질, 결과 및 결론에 대한 정보를 제공하는 것이 과학적 가치와 인간적 가치를 손상시키지 않는 한, 연구참여자들이 이에 대한 정보를 얻을 수 있는 기회를 제공한다.

② 연구자는 연구절차가 참여자들에게 피해를 입혔다는 것을 알게 되면 즉시 그 피해를 최소화하기 위한 조처를 취하고, 차후 연구에서 같은 절차가 포함된다면 이를 수정해서 설계해야 한다.

어떤 경우에는 연구의 설계나 특성을 미리 알려 주면 연구참여자가 사회적으로 바람직하게 보이고 싶은 마음이 들어서 자신의 반응이나 행동을 꾸밀 수도 있다. 이런 경우 본래의 모습을 조사할 수 있는 다른 대안이 없다고 확신이 든다면, 연구자는 연구의 목표나 설계 등을 숨기고 사람들을 연구에 참여시킬 수 있다. 대표적인 예로는 동조 현상을 연구하기 위해 애시(Asch)가 사용한 선분 길이 맞히기 실험과 사람들의 복종 현상을 연구하기 위해 밀그램(Milgram)이 사용한 전기충격 실험을 꼽을 수 있다. 그러나 후자의 경우는 일부 연구참여자에게 심한 정서적인 고통을 안겨 주었기 때문에 비윤리적이라는 비판을 받았다. 연구자는 연구참여자에게 피해를 주는 연구절차를 발견한다면, 즉시 그 피해를 최소화하기 위해 조치를 취하고 차후 연구에서는 설계와 방법을 수정해야 한다.

연구자는 연구의 목표, 본질, 결과 등에 관한 정보를 연구참여자들이 원한다면 과학적 가치와 인간적 가치를 손상시키지 않는 범위에서 기꺼이 제공하고, 혹시 연구참여자들이 오해할 수 있는 여지가 있다면 이를 해소해야 한다. 특히 속임수를 사용한 연구라면 연구자는 가능한 빨리, 가급적이면 연구참여가 끝났을 때, 아니면 늦어도 자료수집이 완료되기 전에 연구의 목표와 설계 등을 반드시 연구참여자에게 설명해야 한다. 이런 사후 설명을 듣고 연구참여자가 자신의 자료를 삭제해 달라고 요청한다면 이를 수락해야 한다.

4) 비밀보장과 자료 보관

상담에서 비밀보장이 중요한 것처럼, 연구과정에서도 연구참여자에 대해 획득한 정보는 비밀로 유지해야 한다. 가능하면 모든 자료와 정보는 익명으로 처리하고 보관해야 한다. 만약 사전-사후 연구나 종단 연구 같이 신상정보와 자료를 연결시켜야 한다면, 자료는 일련번호를 부여하여 처리 및 보관하고 일련번호별 신상정보는 따로 보관하거나 다른 연구보조자가 관리하는 방법을 채택할 수 있다. 연구자는 연구나 프로젝트가 완료되면 연구참여자의 신분을 확인할 수 있는 자료나 정보가 포함된 오디오, 비디오, 인쇄물과 같은 기록이나 문서를 파기하는 조치를 취해야 한다.

5. 연구 결과의 보고

연구 결과의 보고와 관련된 조항들이 연구와 관련된 윤리적 기준들 가운데 가장 많은 부분을 차지하고 있다. 이는 기준을 마련해야 할 세부적인 사항이 많은 것은 물론 연구윤리나 세간의 평가에 있어서 가장 논쟁을 많이 일으키는 주제이기 때문일 것이다. 연구 결과의 보고와 관련된 윤리강령은 다음과 같다.

◆◆ 한국상담학회 윤리강령

제21조(연구 결과의 보고)

① 연구 결과를 발표할 때에는 그 결과와 관련된 모든 정보를 정확하게 서술해야 하며, 객관적이고 공정한 발표가 되게 하고, 연구 결과가 다른 상담자의 연구를 위한 자료가 될 수 있도록 해야 한다.

② 상담자는 출판된 연구에서 중대한 오류를 발견하면, 정오표나 다른 적절한 출판 수단을 통해 그 오류를 수정하는 합당한 조치를 취한다.

③ 상담자는 모든 연구참여자의 신분을 보호하고 복지를 위해 자료를 각색·변형하고 결과에 대한 논의가 연구참여자에게 해를 끼치지 않도록 합당한 조치를 취한다.

④ 상담자는 연구대상자의 요구가 있을 경우 연구의 결과와 결론을 제공하고 연구대상자가 요구하는 연구의 오류를 바로잡을 수 있다.

⑤ 상담자는 다른 사람의 저작을 자신의 것처럼 표절하지 않는다. 또한 자신의 작품을 이중출판하거나 발표하지 않는다.

⑥ 상담자는 공동저자, 감사의 글, 각주 달기 등의 적절한 방법을 통해 연구에 상당한 기여를 한 사람들에게 그런 기여에 합당하게 공로를 인정하고 표시한다.

연구 결과의 보고와 관련된 윤리적 기준들을 관통하는 원칙이 하나 있다면 그것은 바로 정직하고 정확한 보고일 것이다. 연구자는 연구 결과를 발표할 때 모든 정보를 정확하고 정직하게 제시하여 공정한 발표가 되게 하는 동시에 자격을 갖춘 다른 연구자들이 반복 연구를 할 수 있도록 배려해야 한다. 정확하고 정직하게 얻은 연구 결과가 자신과 관련된 연구소의 프로그램, 상담활동, 기존 관심과 일치하지 않을 경우에도 이를 숨기거나 부인하지 않고 있는 그대로 제시할 수 있어야 한다. 또한 자신의 연구 결과에서 중대한 오류를 발견하면 정직하게 이를 인정하고 그 오류를 수정, 철회, 정정해야 한다. 그리고 연구참여자를 보호하겠다고 약속한 것을 이행하기 위해 연구 결과에서 연구참여자의 신분이 드러나지 않도록 조치해야 한다. 이러한 전반적인 기준들 외에 세부적인 기준들은 연구자, 편집위원, 심사위원의 윤리규정으로 나눠서 제시되어 있는데, 특히 연구자의 윤리규정은 주요부정행위와 부적절 행위 항목으로 크게 구분되어 있다. 연구 결과의 보고와 관련된 윤리적 기준들은 비교적 자세히 나와 있기 때문에 부연설명을 많이 첨부하지 않았다.

1) 주요부정행위

◆◆ **한국상담심리학회 연구진실성 심사 운영세칙**

제2조(연구부정행위에 대한 정의)

연구부정행위라 함은 연구의 제안, 연구의 수행, 연구 결과의 보고 및 발표 등에서 행하여진 주요부정행위(위조, 변조, 표절, 이중출판)와 부적절행위를 말한다.

1. 주요부정행위

주요부정행위는 위조, 변조, 표절, 이중출판을 포함한다.

(1) '위조'라 함은 존재하지 않는 자료(data) 또는 연구 결과 등을 허위로 만들어 내는 행위다.

(2) '변조'라 함은 연구 재료 · 장비 · 과정 등을 인위적으로 조작하거나 자료(data)를 임의로 변형 · 삭제함으로써 연구 내용 또는 결과를 왜곡하는 행위다.

(3) '표절'이라 함은 타인의 아이디어, 연구내용, 결과 등을 정당한 승인 또는 인용 없이 도용하는 행위를 말한다.

　① 연구자는 본인 연구의 고유성과 창의성을 지녀야 한다. 그렇지 않은 경우는 표절에 해당한다. 연구의 아이디어, 연구도구 및 한 문장까지 타인의 것에는 원저자와 출처를 명시하여야 하며, 그렇지 않은 경우는 표절로 간주한다. 자신의 이전 저작물에 대해서도 마찬가지로 출처를 밝혀야 한다.

　② 자기표절의 범위는 다음과 같이 규정한다.

　　1. 동일 저자라도 논문의 내용이 1/2 이상 동일한 경우는 표절로 간주한다. 즉, 두 논문에서 연구문제와 연구대상이 동일한 경우 표절로 간주한다.

　　2. 논문의 분석 자료가 동일하더라도 두 논문의 연구문제와 연구 결과가 다를 경우에는 표절로 간주하지 않는다. 단, 선행연구와 동일한 자료를 사용하였음을 밝혀야 한다.

(4) 이중출판

국내외 출판을 막론하고 심리학자는 이전에 출판된 연구 결과(출판 예정이나 출판 심사중인 자료 포함)를 새로운 결과인 것처럼 출판하거나 출판을 시도하지 않는다. 이미 발표된 연구자료(data)나 결과를 사용하여 출판하고자 할 때에는, 출판하고자 하는 학술지의 편집자에게 심사 요청 시에 이전 출판에 대한 정보를 제공하고 이중출판에 해당하는지 여부를 확인하여야 한다.

① 연구자 본인의 동일한 연구 결과를 인용표시 없이 동일 언어 또는 다른 언어로 중복하여 출간하는 경우, 이중출판으로 주요부정행위다. 또한, 대부분의 연구 자료가 같거나 대부분의 문장이 같은 경우도 이중출판에 해당할 수 있다. 학위논문을 학술지논문으로 출판하는 경우는 예외로 한다.

② 학술지논문으로 발표된 연구 결과들을 모아서 저서로 출간하는 경우는 이중출판에 해당하지 않는다. 단, 이 경우에도 기 발표된 출처를 명시하고 이미 발표된 결과들을 충실히 인용하여야 한다.

③ 학술지에 실었던 논문내용을 대중서, 교양잡지 등에 쉽게 풀어 쓴 것은 이중출판에 해당하지 않는다. 그러나 이 경우 원출처를 명시하여야 한다.

④ 연구자는 투고규정이 허용하는 범위에서 짧은 서간 형태(letter, brief communication 등)의 논문을 출간할 수가 있다. 짧은 서간 논문을 출간한 후 긴 논문을 추가 출간하는 경우나, 연구 자료를 추가하거나, 해석이 추가되거나, 자세한 연구수행과정 정보 등이 추가되는 경우는 이중출판에 해당하지 않는다.

⑤ 이미 출판된 논문이나 책의 일부가 원저자의 승인하에 다른 편저자에 의해 선택되고 편집되어 선집(anthology)의 형태로 출판되거나 학술지의 특집호로 게재되는 경우 이중출판으로 간주하지 않는다.

⑥ 동일한 연구 결과를 다른 언어로 다른 독자에게 소개할 때 원 논문을 인용할 경우는 이중출판으로 간주하지 않는다.

⑦ 동일한 연구를 다른 언어로 번역하여 투고하는 것은 이중출판으로 간주한다. 단, 다른 언어의 학술지에서 그 논문을 인지하고 그 편집장으로부터 사전 동의를 받아 해당언어로 번역하여 투고하는 경우는 이중출판으로 간주하지 않는다.

⑧ 이미 출판한 학술지 논문이나 학술대회 발표집 혹은 심포지움 발표집 논문을 타 학술지에 게재하고자 하는 경우, 해당 학술지의 동의가 있으면 이중출판으로 간주하지 않는다. 단, 이 경우 원 논문을 인용해야 한다.

주요부정행위와 관련된 다른 윤리적 기준들을 확인하고 싶다면 한국상담학회의 연구윤리규정 제2장 제5조 용어의 정의, 한국상담심리학회 연구윤리규정 제18조 표절, 제20조 연구자료의 이중출판 항목을 참조하라.

표절과 관련하여 다음의 글을 읽어 보자.

> 표절은 글쓰기에 수반되는 유혹과 같은 것이다. 표절이 위험한 것은 남의 생각과 글을 몰래 내 것으로 훔쳐 오기 때문만은 아니다. 오히려 한 개인이 책읽기의 괴로움과 글쓰기의 막막함을 견디며 자신과 치열하게 씨름하며 보내야 하는 지독한 고독의 시간을 솜털처럼 가볍게 여기기 때문에 더 위험한 것이다. 표절에는 모니터 앞에 앉아 막막한 스크린을 지웠다 쓰기를 수십 번 반복하면서 한 개인이 절감하는 언어적 한계에 대한 깊은 절망감 같은 것이 없다. 그뿐이 아니다. 표절에는 그 언어적 절망감을 건넜을 때 찾아드는 통쾌한 창조적 쾌감 또한 찾아볼 수 없다. 절망과 쾌감이라는 글쓰기의 이중주를 무시하는 표절은 타인의 글이 갖는 독창적 질감과 질적 차이를 균질화하고 무력화시킨다. 결국 표절의 유혹은 자신과 남에게 모두 독이 되고 만다(국제신문, 2012. 4. 12.).

2) 부적절 행위

◆◈ 한국상담심리학회 연구진실성 심사 운영세칙

제2조(연구부정행위에 대한 정의)

2. 부적절행위

주요부정행위처럼 직접 책임이 있는 심각한 행위는 아니지만, 결과적으로 책임 있는 연구수행을 방해하거나 위해하는 행위다. 구체적으로는 아래의 각 호와 같다.

1) 부당한 논문저자 표시

연구내용 또는 결과에 대하여 과학적·기술적 공헌 또는 기여를 한 사람에게 정당한 이유 없이 논문저자 자격을 부여하지 않거나 그렇지 않은 자에게 감사의 표시 또는 예우 등을 이유로 논문저자 자격을 부여하는 행위. 단순히 어떤 지위나 직책에 있다고 해서 저자가 되거나 제1저자로서 기재되는 것은 연구부적절행위다.

2) 조사방해 행위

본인 또는 타인의 부정행위 의혹에 대한 조사를 고의로 방해하거나 제보자에게 위해를 가하는 행위

3) 연구비 부당사용 및 연구 결과 과장홍보

4) 주요부정행위 교사 · 강요

타인에게 부정행위를 행할 것을 제안 · 강요하거나 협박하는 행위 등을 말한다.

5) 주요연구부정행위로 인한 결과의 직접 인용

과거에 발생한 주요부정행위의 결과를 직접 인용하여 연구의 내용을 구성할 경우 부적절행위에 해당된다. 단, 학회에서는 이러한 주요부정행위 논문이나 출판에 대해 회원들에게 충분히 공지하여야 한다.

특별히 논문저자 표시와 출판 업적에 대한 세부규정은 다음과 같다.

◆◆ 한국상담심리학회 연구진실성 심사 운영세칙

제3조(출판 업적)

1. 연구자는 자신이 실제로 수행하거나 공헌한 연구에 대해서만 저자로서의 책임을 지며, 또한 업적으로 인정받는다.

2. 용어정의

1) 주저자(책임저자)는 주연구자, 연구그룹장(팀장) 또는 실험실 책임자 등이 된다. 주저자의 역할은 논문에 포함된 모든 자료를 확인하며 연구 결과물의 정당성에 대해 책임을 지는 일 그리고 논문원고 준비동안에 공저자 간의 의견교환이 이루어지도록 하는 일도 맡는다. 주저자는 제1저자, 공동저자, 또는 교신저자가 될 수 있고, 연구에 기여한 정도에 따라 저자명 기재의 순서를 정하기 위하여 저자들 간 합의를 도출한다.

2) 제1저자는 저자순서에서 제일 처음에 위치한 연구자로서 자료/정보를 만드는 데 중요한 역할을 하고 그 결과를 해석, 원고의 초안을 작성한 자로 규정한다. 주저자가 제1저자가 될 수도 있다.

3) 교신저자는 투고저자라고도 하며 학술지에 논문을 출판하기 위하여 원고를 제출하는 저자로 논문투고, 심사자와 교신역할을 하며, 연구물의 첫 장 각주에 교신저자의 연락처를 제시한다. 논문의 교신저자는 저자들 간 합의에 따라 주저자, 제1저자, 또는 공동연구자가 할 수 있으며 학위논문에 기초한 경우 학생 또는 논문지도교수가 할 수 있다.

4) 교신저자가 주저자가 아닌 경우에는 연구물의 첫 장 각주에 주저자의 연락처도 제시해야 한다.

5) 공동저자는 연구의 계획, 개념확립, 수행, 결과분석, 및 연구 결과 작성 과정에서 중요한 연구정보를 상의하고 결론에 도달하는 데 기여한 자를 말한다.

3. 출판물에서 저자로 기재되는 경우는 학술적 · 전문적 기여가 있을 때에 한정된다. 작은 기여는 각주, 서문, 사의 등에서 적절하게 고마움을 표하는 것으로 한다.

4. 학술적 · 전문적 기여라 함은 실제로 글을 쓰거나 연구에 대한 상당한 기여를 의미한다. 상당한 기여는 가설이나 연구문제의 설정, 실험의 설계, 통계분석의 구조화 및 실시, 그리고 결과해석을 포함하는 주요부분의 집필을 포함한다.

5. 예외적인 상황을 제외하고, 학생의 석사학위 또는 박사학위 논문을 실질적 토대로 한 여러 명의 공동 저술인 논문에서는 학생이 제1저자가 된다. 단, 학위논문을 대폭 수정하거나 추가 경험자료를 수집하여 보완한 경우, 그리고 기타 예외적인 상황이 존재할 때는 그렇지 아니하다.

6. 학위논문의 축약본이나 일부를 출판할 경우 그러한 사항을 논문 첫 쪽의 각주에 명시한다.

3) 편집위원의 연구윤리규정

◆◆ 한국상담학회 연구윤리규정(2017)

제8장 편집위원의 윤리규정

제23조(편집위원의 책임윤리)

편집위원은 투고된 논문의 게재 여부를 결정하는 모든 책임을 지며, 저자의 인격과 학자로서의 독립성을 존중해야 한다.

제24조(공정한 관리)

편집위원은 학술지 게재를 위해 투고된 논문을 저자의 성별, 나이, 소속기관은 물론이고 어떤 선입견이나 사적인 친분과도 무관하게 논문의 질적 수준과 투고규정에 근거하여 공평하게 취급하여야 한다.

제25조(논문의 심사 의뢰)

편집위원은 투고된 논문의 평가를 해당 분야의 전문적 지식과 공정한 판단 능력을 지닌 심사위원에게 의뢰해야 한다.

1. 심사 의뢰 시 저자와 지나치게 친분이 있거나 지나치게 적대적인 심사위원을 피함으로써 가능한 객관적인 평가가 이루어질 수 있도록 한다.
2. 단, 동일한 논문에 대한 평가가 심사위원 간에 현격하게 차이가 날 경우에는 해당 분야 제3의 전문가에게 자문을 받을 수 있다.

제26조(논문 내용의 비공개)

편집위원은 투고된 논문의 게재가 결정될 때까지는 심사위원 이외의 사람에게 저자에 대한 사항이나 논문의 내용을 공개하지 말아야 한다.

제27조(중복출판 논문의 거부)

편집위원회는 심사 중이거나 혹은 출판이 결정된 논문이 이미 다른 학술지에 출판된 적이 있는 논문에 대해 출판을 거부하고 투고자에게 불이익을 줄 수 있다.

1. 편집위원회는 위와 같이 중복출판 논문의 경우, 저자들 및 소속기관에 중복출판 사실을 알리고 출판된 적이 있는 학술지 발간 기관에도 고지한다.

2. 편집위원회는 심사받을 논문이 중복 제출된 것이라 하더라도 저자 및 소속기
관, 기 출판된 학술지 발간과 협의가 된 경우 출판을 결정할 수 있으며, 이 경
우 중복 출판임을 반드시 밝힌다.

제28조(부정행위 조사)

편집위원은 저자, 심사위원, 편집자에 의한 부정행위를 발견하였을 경우, 출판된
논문, 출판되지 않은 논문 모두에서 적법한 절차에 의한 조사를 실시할 의무가
있다. 어떤 이유에서건 조사가 불가능할 경우, 편집자는 문제해결 및 수정을 위
해 결의를 이끌어야 한다.

제29조(출판물에 대한 책임)

편집위원은 학술지에 출판되는 모든 출판물에 대해 다음 각 호의 책임을 져야
한다.

1. 편집위원은 학술지 업무 담당자, 저자, 심사위원들 간에 이해갈등의 가능성을
알고 이를 조절할 수 있는 시스템을 마련해야 한다.
2. 편집위원은 심사 과정의 진실성을 확인하며 편집과정의 참여자를 관리 감독
한다.
3. 편집위원은 출판이 결정된 이후 중요한 실수나 윤리적인 문제점이 밝혀진 것
을 제외하고 출판이 결정된 모든 논문을 출판해야 할 의무가 있다.
4. 편집위원은 필요한 경우 논문 심사 과정을 명확하게 공개해야 하며 모든 과정
에 대해 정당한 이유를 설명해야 한다.
5. 편집위원은 심사위원이 자신의 신원을 공개하는 것을 허가한 경우가 아니라
면 모든 심사위원을 익명으로 한다.
6. 편집위원은 심사받을 논문의 출판이 결정되기 전까지 논문의 저자들을 익명
으로 한다.
7. 명백한 오류, 왜곡된 결과가 출판되었을 때에는 즉시 수정하고 저자의 소속기
관에 이를 알린다.
8. 논문에서 거짓 보고나 중요한 실수가 발견되었다면 학술지 출판 이후라도 해
당 논문은 철회되어야 한다.

4) 심사위원의 연구윤리규정

◆◆ **한국상담학회 연구윤리규정(2017)**

제9장 심사위원의 윤리규정

제30조(심사위원의 책임윤리)

① 심사위원은 학회지편집위원과 전문심사위원을 모두 포함한다.

② 심사위원은 논문연구자의 독립성을 인정해 주어야 한다.

③ 편집위원은 독자, 저자 또는 전문심사위원에게 보내는 편지나 전자 우편을 최대한 정중하고, 간략하고, 명확하게 쓴다. 게재 거부를 통지하는 경우 해당 원고가 본 학술지 게재의 적합성 여부를 평가한 결과라는 점을 정중하게 표현한다.

④ 심사위원은 학술지편집위원(회)이 의뢰하는 논문을 심사규정에서 정한 기간 내에 성실하게 평가하고 평가 결과를 편집위원(회)에 통보해야 한다.

⑤ 심사위원의 부정행위가 확인되었을 때 편집위원원장은 편집위원회를 소집하여 사안에 따라 주의, 경고, 심사 및 편집업무 배제 또는 일정기간 본 학회지 투고 금지 등의 결정을 내릴 수 있다.

제31조(공정한 심사평가)

① 심사위원은 심사 의뢰받은 논문을 개인적인 학술적인 신념이나 연구자의 사적인 이해관계를 떠나 공정하게 평가하여야 한다. 충분한 근거를 명시하지 않은 채 논문을 탈락시키거나, 심사자 본인의 관점이나 해석과 상충되는 이유로 논문을 탈락시켜서는 안 되며, 심사 대상 논문을 충분하게 읽지 않고 평가해서도 안 된다.

② 심사위원이 재정적인 관계, 이익 경쟁과 같은 사적인 관계, 연구경쟁과 지적인 관심사의 충돌과 같은 이해관계가 있을 것 같은 경우에는 논문심사 시 이를 고지한다.

③ 간행위원이나 전문 심사위원 중의 누구라도 직접적인 이해관계에 연루된 논문이 있는 경우 판정에 관여하지 않는다.

④ 전문심사위원에게 원고를 의뢰할 때 전문 심사자가 해당 원고 또는 저자와 이해관계가 있을 때 어떻게 처신해야 하는지 미리 알려 주어야 한다.

제32조(연구자의 인격 존중)

심사위원은 전문 지식인으로서의 연구자의 인격과 독립성을 존중하여야 한다. 평가의견서에는 논문에 대한 자신의 판단을 밝히되, 보완이 필요하다고 생각되는 부분에 대해서는 그 이유도 함께 상세히 설명해야 한다. 가급적 정중하고 부드러운 표현을 사용하고, 저자를 비하거나 모욕적인 표현을 하지 않는다.

제33조(비밀서약)

심사위원은 심사 과정을 비공개로 하고 대상 논문에 대한 비밀을 지켜야 하며 제출자의 정보 소유권을 존중한다. 논문 평가를 위해 특별히 조언을 구하는 경우가 아니라면 다른 사람에게 보여 주거나 논문 내용에 대해 다른 사람과 논의하지 않는다. 또한 논문에 게재된 학술지가 출판되기 전에 저자의 동의 없이 논문의 내용을 인용해서는 안 된다.

제34조(심사위원의 책임)

심사위원은 심사의 전 과정에서 다음의 책임을 져야 한다.

1. 심사위원은 논문투고자와 이해 갈등 관계가 있으면 이를 편집자나 기관에 밝힌다.
2. 심사위원은 의뢰받은 후 정해진 기간 내에 심사를 완료하고 뚜렷한 이유 없이 심사를 지연시키지 않는다.
3. 심사위원은 심사 과정이 공정하지 못하거나 과정의 진실성이 의심될 때에는 심사를 거부할 수 있다.
4. 요청받은 심사물이 이미 다른 학술지에 출판되었거나 중복 심사 중이거나 혹은 기타 결과에 이상한 점을 발견했을 때에는 편집위원회에 알린다.

'연구윤리'하면 연구부정의 문제와 대처법만 떠올리기 쉽지만, 더 중요한 것은 연구윤리를 잘 지키는 것을 넘어서서 '좋은 연구'를 하는 것이다(손화철 외, 2010). 좋은 연구란 무엇인지에 대한 다음의 글을 읽어 보라.

좋은 연구가 단지 저명한 학술지에 출판된 논문의 숫자를 늘리거나 높은 인용 지수를 갖는 논문을 출판하는 것을 의미하는 것은 아니다. 좋은 연구란 공정하고 객관적으로 수행된 연구 결과로 동료연구자들을 설득할 수 있는 실험자료나 통계자료, 논증 등을 제시하려 노력하는 것을 의미한다. 또한 자신의 연구 결과를 부풀리지 않고 동료학자의 연구 결과를 적절하게 인용하면서 학문공동체의 일원으로 연구 결과에 대한 공동 검토에 참여하여 전체적으로 인류의 학술적 지식을 성장시키는 작업도 좋은 연구가 지향할 바다. 여기에 더해 다음 세대의 학문연구를 책임질 학문후속세대를 성실하게 교육하고, 연구과정에 참여하여 연구경험을 쌓을 수 있게 하며, 그 과정에서 그들을 동료연구자로 공정하게 대우하되 그들이 학문공동체의 가치를 내면화할 수 있도록 지도하는 것 역시 좋은 연구의 중요한 부분이다(조은희 외, 2011).

이러한 좋은 연구는 결국 나와 너와 우리 모두를 배려하는 것이라 할 수 있다. 결국 연구윤리의 주체가 연구자라는 사실을 기억하는 것이다. 서구의 연구부정행위 정책과 연구진실성 정책이 정교하고 뛰어나더라도 이를 무비판적으로 도입하기보다는, 선비와 학자의 도덕적 수양을 중요시하고 윤리적인 학자에게서 윤리적인 연구가 나온다는 전통사상을 계승 및 발전시킬 필요가 있다(이재웅, 2008).

제9장
집단상담 윤리

| 임정선 |

    집단상담은 내담자의 변화를 돕기 위한 부차적인 접근이 아니라 중요한 상담형태로 많은 상담소와 기관에서 활용되고 있다. 집단상담은 개인과의 작업이 아니라 여러 사람들과의 집단작업이라는 특징으로 인해 상담자는 개인상담과는 다른 다양한 상황과 윤리적 문제에 부딪히게 된다.

    집단상담을 진행하기 위해서는 개인상담과 다른 특징을 가진 집단상담만의 특징을 이해하고, 이에 따른 집단상담의 윤리적 문제를 인식하고 자신의 윤리적 기준과 능력을 점검해 보는 것이 필수적이다. 집단상담의 확산과 더불어 앞으로는 개인상담뿐만이 아니라 집단상담에서도 더욱 윤리적, 전문적, 법률적 문제에 대한 인식과 실천이 필요 불가결하다. 특히 집단상담의 긍정적인 효과를 최대화하기 위해서는 집단상담자가 집단상담의 특징과 치료적 요인을 이해하고, 실제상황에서 진정성을 가지고 윤리적인 자세를 항상 견지해야 한다.

    윤리적인 집단상담자가 된다는 것은 단순히 윤리강령에 따르는 것을 의미하는 것이 아니다. 이를 위해서는 상담에 대한 깊은 이해와 철학이 요구되며, 실제 상담장면에서 이에 따라 항상 적용하는 것을 의미한다. 또한 일상에서의 삶에서도 인간에 대한 이해를 넓히는 작업을 끊임없이 하며 자신의 가치관을 성찰하고, 편견이나 편협한 시각에서 벗어나려고 노력함으로써 윤리적인 집단상담자가 될 수 있다.

이에 이 장에서는 먼저, ① 집단상담의 특징 이해, ② 집단상담자의 자질, ③ 집단상담에서의 사전 동의와 비밀보장, ④ 집단원의 심리적 위험 보호, ⑤ 집단상담기법의 적용과 남용, ⑥ 집단상담자의 가치관, ⑦ 집단상담에서의 관계에 대해서 다루고자 한다.

1. 집단상담의 특징 이해

집단상담은 집단원의 규칙적인 참가와 그들의 독립성을 바탕으로 하나의 전체가 탄생한다고 볼 수 있다. 집단은 전체로서의 역동성을 지니며 개인상담에서 볼 수 없는 집단원 간의 신뢰와 집단원의 피드백 등 다양한 치료적 요인을 통해 집단원의 문제를 해결한다.

집단상담의 특징을 린더(Linder)는 다음과 같이 설명하고 있다(Hutter-Krisch, 2007).

- 자신에 대한 인식을 통한 성장: 자신의 행동에 대한 무의식적인 조건들을 이해하고 변화한다.
- 아동기 관계상황의 재현: 자신의 오래된 아동기 관계상황이 다시 재현되고, 이는 집단에서 갈등을 일으키며, 이것은 지금 현재 상황으로 설명된다.
- 전환: 집단상담 안에서 실험한 것이 자동적으로 집단상담 밖에서도 이뤄지는 것으로 당연하게 여기지 않는다.
- 다른 사람의 반응을 통한 배움: 개인상담에서는 경험할 수 없는 집단상담의 중요한 점은 다른 집단원과의 개방적인 소통과정에서 다양한 반응을 경험할 수 있다는 것이다.

노안영(2011)은 코리(Corey)가 언급한 집단상담의 장점을 다음과 같이 요약하고 있다.

- 다양한 배경을 가진 집단구성원들이 경험하는 일상생활의 재창조를 제공해 준다.
- 사회의 축소판으로서 구성원들은 다양한 유사 경험을 공유한다.
- 다양한 경험을 가진 집단구성원들에게서 다양한 관점으로 비롯된 풍부한 피드백을 받을 수 있다.
- 집단구성원들이 보이는 이해와 지지를 바탕으로 자신의 문제를 기꺼이 탐색하게 한다.
- 집단구성원들은 소속감을 갖게 되며 형성된 집단응집력을 통해 친밀감, 돌봄, 도전의 방법을 학습한다.
- 집단구성원들은 지지 집단분위기에서 새로운 행동을 실험해 볼 수 있다.
- 집단구성원들이 보이는 격려를 바탕으로 그들이 획득한 통찰을 실생활에 적용할 방법을 배운다.

강진령(2006)은 집단상담의 장점으로 경제성, 다양한 자원획득, 인간적 성장환경 제공, 실생활의 축소판, 문제예방, 상담에 대한 긍정적 인식확대를, 단점으로는 비밀보장의 한계, 개인에 대한 관심 미약, 역효과의 가능성, 집단압력의 가능성을 꼽고 있다.

집단상담의 치료적 요인을 코리 등(Corey, Corey, & Corey, 2016)은 자기개방, 직면, 피드백, 응집력과 보편성, 희망, 모험과 신뢰, 관심과 이해, 힘, 정화, 인지적 요인, 변화의 의지, 시도의 자유, 유머 등을 들고 있다.

2. 집단상담자의 자질

1) 집단상담자의 전문적 역량

집단원에게 도움을 주는 효과적인 집단상담을 이끌기 위해서 집단상담자의 전문적 역량이 요구된다. 집단상담을 진행한 경험이나 훈련을 받지 않은 상태에서 집단을 구성하고 모집해서 집단상담을 진행하는 것은 상담자와 내담자 모두에게 부정적인 영향을 미칠 가능성이 있다. 집단상담자는 집단을 이끌 수 있는 능력이나 자격이 있는지 스스로 자문하고 자제할 필요가 있다. 상담자가 집단을 이끌 자격이 있는지, 집단상담자의 능력수준을 결정하는 기준이 무엇이며, 어떻게 자신의 한계를 인식할 수 있는가에 대한 문제들을 상담자는 사전에 점검해 볼 필요가 있다.

집단상담자로서 적절한 훈련이나 경험이 없이 집단을 구성하고 운영하기보다는 자신의 능력에 맞는 훈련과 경험을 한 후에 그에 적합한 집단을 운영을 하도록 노력해야 한다. 예를 들어, 아동대상의 집단을 이끄는 훈련과 경험을 쌓은 집단상담자가 정신장애가 있는 환자집단을 잘 이끌 수는 없을 것이다. 또한 학위소지를 소지했다는 것이 유능한 집단상담자라는 것을 보장하지 못한다. 학위와 자격증이 전문지식과 경험이 있다는 것을 암시하기는 하지만 집단상담을 효과적으로 운영할 수 있는지에 대한 보장을 하는 것은 아니다. 현재 심리학과나 상담 석사학위 교과과정 중 한 과목으로 집단상담 강좌가 있는 경우가 대부분이며, 박사학위나 상담자격증이 있다고 해도 이것이 집단상담 운영에 필요한 경험과 훈련이 충분하다는 것을 보장하지는 않는다.

집단상담자라고 해서 모든 유형의 집단과 집단원을 상담할 수는 없기 때문에 윤리적이고 전문적인 집단상담자는 자신의 한계를 인식하고, 자신이 감당할 수 없는 집단상담은 진행하지 않고 다른 전문가에게 의뢰한다. 또한 집단상담자의 전문적 역량은 계속 성장·발달하는 과정이라고 볼 수 있다. 이를 위해서 집단상담자는 지속적으로 교육 및 수퍼비전을 받으며 지식과 기술의 확장과 향상을 위해서 노력하고, 자신의 개인적인 문제가 전문적인 집단작업에 방해가 되지 않도록 스스로의 문제에 대해서도 도움을 받을 수 있는 개방적인 자세가 필요하다.

한국상담학회 산하 집단상담학회의 윤리강령(2016)에서는 집단상담자의 능력에 대하여 〈표 9-1〉의 규정을 두고 있다.

ooo **표 9-1 집단상담자의 능력에 관한 윤리강령**

2. 전문적 태도
(1) 집단상담자는 전문상담자로서 갖추어야 할 이론적 지식, 임상 경험 및 연구능력을 유지 및 향상시키기 위해 지속적으로 노력한다.
(2) 집단상담자는 집단 역동에 대한 전문적 이해를 바탕으로 내담자의 정신건강 향상에 노력한다.
(3) 집단상담자는 자신의 능력 및 기법의 한계를 잘 인식하고, 내담자에게 도움을 줄 수 없다고 판단될 경우에는 다른 전문가 및 관련 기관으로 의뢰한다.

출처: 집단상담학회(2016).

2) 집단상담자의 전문훈련 기준

집단상담을 성공적으로 운영하기 위해서 최소한 두 가지의 역량에 대한 수준이 요구된다. 첫 번째는 전문지식이고, 두 번째는 기법능력이다.

기본적으로는 집단상담에 관한 전문적인 지식을 습득해야 하는데, 이는 집단상담의 이해와 관련된 부분으로 집단과정이 어떻게 발달하는지와 각 발달단계에서의 특징, 집단상담자의 역할, 집단원을 다각적으로 이해할 수 있는 지식과 집단 및 집단원에 대한 평가의 중요성 등을 이해하고 있어야 한다.

두 번째 집단상담자에게 필요한 상담기법으로는 집단상담을 시작하고 끝내기, 집단원들을 위한 적절한 행동 모델링, 집단원들이 피드백을 주고받도록 돕는 것, 집단원들이 집단에서 자신의 경험에 의미를 가지도록 돕는 것, 집단원들이 학습한 것을 적용하고 해석하도록 돕는 것, 집단상담에 윤리기준을 적용하고 표현하는 것을 포함한다.

이러한 집단상담의 전문적인 지식과 기법능력의 학습과 더불어 다양한 집단상담의 대상이나 집단상담의 유형에 따라 자신의 전문 분야를 개발하고, 이에 대한 훈련을 지속적으로 하는 것이 중요하다. 다시 말해 아동, 청소년, 성인, 노인, 외국인 등 대상에 따른 전문지식과 상담기법뿐만이 아니라 치료집단, 교육집단 등 집단의 유형에 따른 전문지식과 상담기법을 지속적으로 연마해야 한다.

집단상담자가 전문성을 향상하기 위해서 자신을 위한 개인상담 및 집단상담에 참여하고 집단상담 수퍼비전을 받는 것이 매우 중요하다. 집단상담을 효과적으로 운영하기 위해서는 집단상담자가 자신에 대한 이해를 충분히 하고 있어야 한다. 개인상담을 통해서 자신에 대해서 깊이 이해함으로써 자신이 진행하는 집단상담에서 집단원의 문제에 집중하고 자신의 역량을 최대한으로 발휘할 수 있다. 그렇지 않을 경우에 집단에서 자신의 개인적인 미해결문제로 인해 예상하지 못한 상황에 부딪힐 수 있고, 이로 인해 집단상담자와 집단원 모두 어려움에 처할 수 있다.

집단상담자로 집단을 이끌기 전에 집단상담에 집단원으로 참여함으로써 집단의 역동과 치료적 효과를 직접 체험해야 할 필요가 있다. 집단상담자가 아닌 집단원의 경험은 집단원의 심정을 깊이 이해할 수 있도록 하며 이론적인 지식습득으로는 이해하기 어려운 실제적인 집단원과 집단과정 및 집단기술에 대한 이해를 돕고, 차후에 집단상담자로서 집단을 효과적으로 운영할 수 있게 한다. 마지막으로 수퍼비전을 받으며, 자신이 익힌 지식과 기술을 적용하면서 집단상담을 운영할 때 더욱더 집단상담의 전문적 역량을 향상할 수 있다.

3. 집단상담에서의 사전 동의와 비밀보장

집단상담에 참여한 집단상담자와 집단원 모두 집단원의 권리와 책임에 대한 인식을 확실하게 하고 있어야 한다. 특히 집단상담자는 집단원의 복지와 자율성에 대한 인식을 가장 기본으로 생각하고 있어야 한다. 집단상담에 처음 참가하는 집단원들은 집단상담에 대한 정보가 없기 때문에 집단상담에서의 활동 및 지침이 제시되면 무조건 이에 따라 행동해야만 한다고 생각하기 쉽다. 그러나 집단원은 집단원으로서의 권리가 있으며 이와 더불어 집단참여에 따른 책임이 있다. 특히 집단상담자는 집단상담에 대한 집단원의 권리에 대해서 잘 알고 있고, 이를 집단원에게 알려 주어야 할 책임이 있다.

집단상담에 참가하기 전에 집단원은 자신이 참여하게 될 집단상담에 대한 사전정보를 알 수 있어야 한다. 집단상담자는 집단상담에 대한 소개를 충실하게 함으로써 집단원이 이에 대한 정보를 충분히 검토하고 상담자와 논의한 후에 집단상담 참여를 결정할 수 있도록 하여야 한다. 자발적으로 집단상담 참여를 결정했을 때 집단원은 집단상담에 능동적이고 책임감 있게 참여하게 된다. 집단상담에 참여하기 전에 알아야 할 정보로는 집단상담의 목적, 집단상담 활동의 이론적 토대, 상담자의 자격, 집단상담 활동 내용, 비용과 시간, 집단상담에 참여하면서 얻을 수 있는 효과, 비밀보장 및 한계 등이 될 수 있다. 이러한 내용을 사전 면접이나 집단 오리엔테이션에서 충분하게 설명할 때 집단원은 집단상담에 대한 신뢰와 기대가 생기고 자신의 결정에 대한 책임감이 생기게 된다.

또한 집단원이 원한다면 집단을 떠날 수 있다는 것도 알려 주어야 한다. 다만, 떠날 때에는 집단을 떠나는 이유를 집단상담자와 미리 논의하고 떠나는 것이 떠나는 집단원이나 남아 있는 집단원에게 피해를 주지 않고, 남은 집단원들이 오해 없이 집단을 진행해 나갈 수 있다는 것을 설명하고, 집단을 떠나는 것의 기준을 사전에 합의하는 것이 중요하다.

사전 면접이나 집단 오리엔테이션에 참가한 후 집단상담에 참여하는 것에 동의한다면 서면으로 합의하도록 한다. 그러나 모든 집단상담 참여가 자발적으로 이루어지는 것은 아니다. 가족이나 교정기관과 같은 제삼자에 의해 집단상담에 강제적으로 참여해야 할 경우도 있다. 비록 집단상담 참여가 비자발적일 경우라도 집단상담자는 집단상담에 대한 정보를 가능한 자세하고 세심하게 전달해야 한다. 이때에도 집단상담의 성격과 목표, 집단상담 활동, 참여시간, 집단상담 참여로 얻을 수 있는 효과, 비밀보장 및 한계에 대해서 충분하게 설명해야 한다. 예를 들어, 성폭력 가해자의 교정 프로그램과 같은 비자발적인 집단상담의 경우 집단상담에 참가하지 않을 경우 생길 수 있는 피해와 비밀보장의 한계에 대해서 알려 주어야 한다. 〈표 9-2〉는 코리(2005)가 소개하는 집단원의 권리목록이다.

ooo **표 9-2 집단상담 동안의 내담자 권리에 관한 목록**

- 그들이 기대할 수 있는 것에 관한 교육
- 자신이 기대하거나 원하거나 요구하는 것이 나타나지 않았을 경우 집단을 떠날 자유
- 집단과 관련된 연구나 집단회기의 오디오 및 비디오 테이프 기록에 관한 안내
- 이 기록이 참가자의 참여를 제한한다는 생각이 들 때에는 기록을 하지 못하게 할 권리
- 집단에서 학습한 것을 생활에 적용시킬 때의 집단리더의 도움
- 집단에서 배운 것에 논의하고 집단을 종결할 기회를 가져서 참가자들이 불필요하게 미해결된 일에 매달리지 않을 권리
- 어떤 위기가 집단참여에 의한 직접적인 결과일 때 집단리더와 상의할 권리, 집단리더에게서 유용한 도움이 없을 때 다른 전문가의 도움을 받을 권리
- 집단의 위험을 최소화하기 위한 리더의 노력
- 드러내기 수준이나 내용에서 참가자의 사생활 존중
- 집단활동에의 참여, 의사결정, 개인적인 일에 대한 드러내기, 다른 참가자가 제안한 것 수용하기 등에 대해 부당한 집단압력을 받지 않는 자유
- 리더와 다른 참가자들에 대한 비밀보장의 준수
- 리더나 다른 참가자들의 가치관에서 자유로울 수 있는 권리
- 성장을 위해 집단자원을 사용할 수 있는 기회
- 적절한 위신과 존중 그리고 인간으로서 대접받을 권리

출처: Corey (2005).

미국집단상담학회는 사전 동의를 하기 전에 일정한 선별과정을 거쳐 집단원의 집단상담의 효과를 최대화하고 위험을 최소화하는 것을 권유하고 있다. 집단원을 선별할 수 있다면 집단상담자는 집단원이 집단상담을 통해서 얻을 수 있는 효과를 극대화할 수 있는 장점이 있다. 그러나 현실적으로는 그럴 수 없는 상황이 많기 때문에 집단상담자의 전문적 역량이 많이 요구된다. 특히 다양한 종류의 집단원과 작업해야 하기 때문에 집단상담에서 집단상담자의 전문적 역량이 더욱더 중요하다. 미국상담학회는 집단선별과 내담자 보호를 〈표 9-3〉과 같이 규정하고 있다.

ooo **표 9-3 집단작업의 선별과 내담자 보호에 관한 미국상담학회 윤리강령**

A.8. 집단작업(group work)
A.8.a. 선별(screening): 상담자는 예정된 집단상담/치료 참가자를 선별한다. 가능한 한 상담자는 참가 희망자 중 요구와 목표가 집단의 목표와 일치하는 사람, 집단 진행을 방해하지 않을 사람, 그리고 집단 경험으로 인해 참가자의 안녕이 위협받지 않을 사람들을 선발한다.
A.8.b. 내담자 보호(protecting clients): 집단 장면에서 상담자는 내담자들을 신체적·정서적·심리적 외상으로부터 보호하도록 온당한 주의를 기울인다.

출처: ACA(2005).

비밀보장은 상담에서 중요한 윤리적인 문제다. 특히 집단상담에서는 더욱 강조될 필요가 있는 부분이다. 개인상담에서는 상담자가 비밀을 유지하는 것으로 충분한 상황이지만 집단상담에서는 상담자뿐만이 아니라 집단상담에 참여하는 다른 집단원이 비밀유지를 하는 것이 중요한 사항이다. 이를 위해서 집단상담자는 사전 면접 및 집단 오리엔테이션에서 비밀유지의 중요성을 알려 주고 의도하지 않은 비밀유출을 방지하도록 해야 한다. 집단원과 함께 초기단계에서부터 비밀유지의 중요성을 논의하고 합의한 후 비밀보장을 서면으로 작성하고, 이렇게 할 때 집단원이 더욱 비밀유지를 중요하게 생각할 수 있다. 초기단계에서부터 집단을 진행하는 중 수시로 비밀유지에 대해서 환기시킬 필요가 있다. 특히 집단 안에서 비밀유지가 안 되는 상황이 발생하면 집단상담자는 이에 개입해서 비밀유지를 환기시키고, 비밀유지가 안 되어서 괴로움을 겪는 집단원이 있다면 이 주제에 대해서 이야기할 수 있도록 개입해서 피해를 최소화하도록 노력해야 한다. 또한 집단상담 중에 집단원들이 비밀보장에 대해서 문제의식이 생길 때는 언제든지 비밀보장에 대해 문제를 제기할 수 있도록 해야 한다.

집단원이 비밀유지를 잘할 수 있는 방법으로 집단상담에서 배운 것이나 성찰한 것을 이야기할 때 구체적인 상황이나 사람을 묘사하지 않고 성찰하고 깨달은 것만을 말하도록 교육한다. 염두에 두어야 할 것은 집단상담자가 아무리 비밀유지를 강조해도 집단상담자의 비밀보장은 확실히 할 수 있지만 다른 집단원들의 비밀유지까지 보장할 수는 없다는 것이다. 한국상담심리학회 상담심리사 윤리강령(2018)에서는 비밀보호의 한계를 〈표 9-4〉와 같이 명시하고 있다.

집단원 중에 자신이나 다른 사람에게 해를 끼칠 가능성이 있는 경우, 예를 들어 자살위험이 있거나 아동학대 등을 행하고 있는 경우, 이를 해당기관이나 가족에게 알리고 수퍼바이저 또는 다른 동료와 의논하면서 문제를 해결해야 한다.

ᴑᴑᴑ **표 9-4 비밀보호의 한계에 관한 한국상담심리학회 윤리강령**

다. 비밀보호의 한계

(1) 내담자의 생명이나 타인 및 사회의 안전을 위협하는 경우, 내담자의 동의 없이도 내담자에 대한 정보를 관련 전문인이나 사회에 알릴 수 있다.

(2) 내담자가 감염성이 있는 치명적인 질병이 있다는 확실한 정보를 가졌을 때, 상담심리사는, 그 질병에 위험한 수준으로 노출되어 있는 제삼자(내담자와 관계 맺고 있는)에게 그러한 정보를 공개할 수 있다. 상담심리사는 제삼자에게 이러한 정보를 공개하기 전에, 내담자가 자신의 질병에 대해서 그 사람에게 알렸는지, 아니면 스스로 알릴 의도가 있는지를 확인한다.

(3) 법원이 내담자의 동의 없이 상담심리사에게 상담 관련 정보를 요구할 경우, 상담심리사는 내담자의 권익이 침해되지 않도록 법원과 조율하여야 한다.

---

(4) 상담심리사는 내담자 정보를 공개할 경우, 정보 공개 사실을 내담자에게 알려야 한다. 정보 공개가 불가피할 경우라도 최소한의 정보만을 공개한다.

(5) 여러 전문가로 구성된 팀이 개입하는 상담의 경우, 상담심리사는 팀의 존재와 구성을 내담자에게 알린다.

(6) 비밀보호의 예외 및 한계에 관한 타당성이 의심될 때에 상담심리사는 동료 전문가 및 학회의 자문을 구한다.

출처: 한국상담심리학회(2018).

집단상담자는 집단상담의 내용이 녹음되거나 녹취가 될 경우에 이를 알리고, 어떤 목적으로 사용되는지를 알린 후 서면 동의를 받도록 해야 한다. 또한 집단상담자가 수퍼비전을 받아야 할 경우에도 이를 집단원에게 알려야 한다. 집단원은 자신의 상담내용을 수퍼바이저에게 공개하는 것을 허락하지 않을 권리가 있다. 집단원이 다른 집단원을 위협하는 상황이 발생하면 이를 동료나 수퍼바이저 등에 알리고 의논하며, 심각한 상황에서는 해당기관이나 경찰 등에 신고해야 한다.

비자발적 참여자를 대상으로 하는 집단상담의 경우, 예를 들어 보호관찰 대상자, 교정기관, 정신병원 등에서 집단상담을 진행할 경우 집단원들에게 상담내용이 보고되고 있다는 것을 알려서 자기개방의 수위를 스스로 조절할 수 있도록 해야 한다. 이렇게 했을 때 비록 비자발적인 집단상담이지만 집단상담자에 대한 신뢰가 형성되어서 집단상담이 진전될 수 있다.

아동·청소년 집단상담에서도 비밀유지는 중요한 사안이다. 상담자는 집단원 간의 비밀유지에도 주의를 기울여야 하지만, 부모에게도 비밀유지를 지키는 모습을 보여야 한다. 미성년의 보호자로서 부모는 자녀의 상담내용을 자세히 알고 싶어 하고 자녀에 대해서 많은 질문을 하게 된다. 이때 상담자는 상담내용을 부모에게 모두 말해 줄 필요는 없다. 일정 부분 부모에게 자녀에 대한 정보를 알려 줄 수는 있으나 아동·청소년과의 신뢰관계를 손상시키지 않는 범위에서 정보를 제공하도록 해야 한다. 집단상담자는 아동·청소년이 비밀보장에 따른 신뢰를 확실하게 형성할 수 있도록 해야 하며, 비밀노출을 하지 않으면서도 부모와 협력적으로 일할 수 있도록 해야 한다. 부모가 알고 논의해야 할 사항이 있으면 아동·청소년과 부모 및 상담자가 함께 있는 자리에서 정보제공을 함으로써 아동·청소년이 상담자를 신뢰하고 자신의 의견도 피력할 수 있도록 하는 것이 좋다. 한국상담학회 산하 집단상담학회 윤리강령(2016)에서는 비밀보장에 관해서 〈표 9-5〉와 같이 명시하고 있다.

ooo **표 9-5** 집단상담에서 비밀보장에 관한 집단상담학회 윤리강령

3. 비밀보장
(1) 집단상담자는 비밀보장과 그 한계를 규정함으로써 상담 수혜자를 보호할 조치를 취한다. 단, 상담 수혜자 개인 및 사회에 심각한 위협을 줄 수 있다고 판단될 경우에는 충분히 고려한 후, 상담 수혜자에 관한 정보를 가족, 보호자, 적정한 전문인, 사회기관, 정부기관에 공개한다.
(2) 집단상담자는 집단의 특성상 집단 내에서는 비밀유지가 완벽하게 보장될 수 없다는 사실을 집단구성원들에게 분명히 전달한다.
(3) 집단상담자는 상담 수혜자에 대한 정보를 상담사례 발표, 상담교육, 연구의 목적으로 사용할 경우에는 상담 수혜자의 동의를 받아야 하며, 동의를 받았다 하더라도 구체적 신분에 대해 익명성이 보장되도록 한다.
(4) 집단상담자는 상담 수혜자에 관한 정보를 보관 혹은 처분할 경우 소속기관의 방침에 따르도록 한다.

출처: 집단상담학회(2016).

4. 집단원의 심리적 위험 보호

집단상담 중 집단원은 다른 집단원들에게 피드백을 받을 수 있고, 집단의 역동에 따라 생동감 있는 작업을 할 수 있으며, 집단응집력을 통해 정서적인 지지감을 경험할 수 있다. 그러나 집단상담의 많은 장점에도 불구하고 여러 사람이 참가하는 집단작업이기 때문에 위험 또한 존재한다. 집단상담자는 이 점을 이해하고 집단원에게 잠재적 위험이 있을 수 있다는 것을 알리고, 이에 대처할 수 있도록 도와야 한다. 집단상담자는 심리적 위협의 가능성을 인지하고 경계를

넘지 않도록 유의해야 한다. 또한 집단상담자는 집단상담의 힘을 집단원의 심리적인 성장에 활용하는 데 최선을 다하는 윤리적인 자세를 항상 견지해야 한다. 집단상담자는 집단상담 중에 집단원의 심리적인 상태를 정확하게 파악해서 매우 세심하게 개입을 해야 한다.

　기본적으로 집단상담자는 집단원을 존중하고 요구를 들어주며 집단원의 한계를 파악해서 경계를 침입하는 개입을 하지 않아야 한다. 집단원을 판단하지 않고 수용하는 자세를 가지며, 집단원이 자신의 한계 이상으로 무리하게 집단에 참여하지 않도록 돕고, 집단상담자의 의견이나 생각을 강요하지 않아야 한다.

　코리 등(2016)은 집단상담에서 집단원이 경험할 수 있는 심리적 위험으로 집단상담자의 힘의 남용, 자기개방, 비밀유지, 희생양 만들기, 직면을 들고 있다. 집단상담자는 전문적 지식과 힘을 가지고 있고 이러한 힘과 영향력을 책임감 있게 다뤄야 한다. 집단상담자가 이 힘을 남용할 경우 집단원에게 심리적으로 해를 입힐 수 있다. 집단상담자는 자신의 힘과 영향력을 집단원들이 자신의 잠재력과 역량을 발견하고, 성장할 수 있도록 조력해야 한다. 자기개방의 위험성은 집단원들이 집단상담을 하면서 은연중에 자신에 대해서 많은 이야기를 해야 된다고 오해를 하고, 집단분위기나 압력에 의해 준비되지 않거나 원하지 않는 자기개방을 할 수 있다. 이럴 경우 집단원은 자기개방에 따른 갈등을 하게 되고 자책감, 후회, 대인기피 등의 여러 가지 후유증을 겪을 수 있다. 따라서 집단상담자는 집단 초기부터 집단원이 자기개방을 항상 자신이 감당할 수 있을 만큼 할 수 있도록 집단원의 자율성을 강조해야 한다. 비밀유지가 되지 않을 경우에도 집단원은 심리적인 피해를 받을 수 있다. 그렇기에 집단상담자는 수시로 비밀유지에 대해 상기시킬 필요가 있다. 희생양 만들기도 집단상담에서 일어날 소지가 있는 부분이다. 집단 내의 갈등과 긴장을 해소하기 위해서 한 집단원을 비난하거나 적대적으로 대할 경우에 해당 집단원이 받게 될 심리적인 위험은 매우 크다. 그러므로 집단상담자는 집단상담에서 일어나는 역동을 민감하게 살피고, 이런 일이 생기지 않도록 개입해서 집단원이 심리적인 해를 입지 않도록 해야 한다. 직면은 상담기법으로 매우 중요한 기법이지만 이 기법을 시기적절하게 사용하는 것은 더욱 중요하다. 직면이 집단원의 자기이해를 돕기 위한 수단으로 사용되어야 하는데 집단상담자나 집단원이 자신의 욕구와 만족을 위해서 사용할 경우 잠재적인 위협이 될 수 있다. 집단상담자는 집단원이 직면을 수용할 수 있는지 잘 파악하고 개인적인 경계를 침입하지 않도록 해야 한다. 직면을 하는 데 있어서도 단정적이기보다는 제안하는 방식으로 직면을 하고 집단원들도 이를 모델링할 수 있도록 한다.

집단상담을 통해 긍정적인 변화만이 있지 않다는 것도 알려 줄 필요가 있다. 집단상담을 통해 새로운 자신의 측면을 발견하게 되면서 집단원은 심리적으로 혼란스러울 수 있고 기존의 가치관을 점검하는 과정에서 주변 사람들과 불화를 일으킬 수 있다. 이 가운데 집단원은 자신의 삶에서 성급한 결정을 내릴 수도 있다. 집단상담자는 집단원이 신중한 선택을 할 수 있도록 조력해야 한다.

집단상담자는 집단상담 중에 염려, 걱정과 두려움 등이 생길 때 집단에서 이에 대해 논의하도록 집단원을 격려해야 한다. 집단상담은 여러 사람들과의 관계에서 진행되기 때문에 집단원은 여러 가지 두려움을 겪을 수 있다. 자신이 수용될 것인가 거절될 것인가에 대한 두려움, 판단되는 것에 대한 두려움, 자제감이나 통제력을 잃을 것 같은 두려움 등으로 고민할 수 있다. 집단상담자는 집단상담을 하기 때문에 생길 수 있는 이러한 고민을 집단원이 해결할 수 있도록 이러한 고민이나 감정이 생겼을 경우에는 집단상담 중에 이에 대해 이야기하기를 격려하고, 함께 탐색하고 극복할 수 있도록 조력해야 한다. 그렇지 않을 경우 집단상담을 통해 오히려 심리적인 부담감과 위축감이 증가할 수 있다.

심리적 위험을 완전히 제거하려고 노력하여도 그 위험성은 언제나 존재한다. 중요한 것은 집단상담자는 이러한 위험 가능성을 인지하고 예방에 노력하고, 집단원에게도 정보를 제공함으로써 문제가 발생했을 때 같이 논의하면서 문제해결을 해 나갈 수 있도록 해야 한다. 〈표 9-6〉은 코리 등이 제안한 집단원이 알아야 할 위험에 관한 목록이다(2008).

∘∘∘ **표 9-6 집단원이 알아야 할 위험에 관한 목록**

- 집단원은 집단작업을 한 결과 삶의 와해를 경험할 수도 있다.
- 집단참여자는 완전히 개방하도록 권장받는 경우가 흔하다. 자기를 공개했다가 사생활이 희생되는 때도 있다.
- 집단압력도 관련된 위험요소 중 하나다. 특정 문제를 탐색하지 않거나 특정 지점에서 멈추고자 하는 참여자의 권리가 존중되어야 한다. 또한 집단원은 활동에 참여하도록 강요받아서는 안 된다.
- 희생양 만들기는 집단에서 일어날 수 있는 또 다른 위험이다. 논의하지 않은 투사와 책임전가가 표적 인물에게 무서운 영향을 끼칠 수도 있다.
- 직면은 집단에서 선용될 수도 있고 오용될 수도 있다. 타인에게 상처를 주는 공격이 '나눔'이라는 명목하에 허용되어서는 안 된다.
- 상담자가 집단에서 일어나는 일을 외부인과 논의하지 말아야 할 필요성을 계속 강조할지라도 모든 집단원이 의사교환과 비밀보장의 특성을 존중하리라는 보장은 전혀 없다.

출처: Corey, Corey, & Callanan (2008).

5. 집단상담기법의 적용과 남용

집단상담자는 기본적으로 자신이 사용하는 상담기법이 집단원을 도울 수 있는 가장 적합한 방법인지 고려해야 한다. 그리고 그러한 기법을 사용하는 이론적 근거를 가지고 있어야 한다. 집단상담자가 집단원을 돕기 위해서가 아니라 집단과정을 촉진하기 위해서, 자신을 과시하기 위해서, 자신의 무능력을 감추기 위해서 등 다른 이유를 가지고 비윤리적으로 기법을 적용할 때 그 피해는 집단원이 받게 된다.

집단상담에서 사용되는 상담기법들은 집단원들이 정서를 잘 표현하고 자기탐색과 자기이해를 증진하도록 하는 것이다. 이 기법들은 집단원들 각각의 상황에 맞게 정서적 표현을 돕고, 새로운 관점을 배우며 새로운 행동을 시도해 볼 수 있도록 사용되어야 한다. 무엇보다도 이러한 기법은 내담자에 대한 존중을 기본으로 매우 섬세하고 시기적절하게 사용되어야 한다. 일반적으로 집단상담이 진행되는 각각의 구체적인 상황에서 집단상담자는 이론적인 근거를 가지고 적절하게 고안된 기법을 사용한다. 집단상담자가 사용하는 기법에 대한 지식을 기본적으로 가지고 있고, 그 기법을 경험했거나 수퍼비전을 받은 기법일수록 더 안전하다고 볼 수 있다. 코리 등(2007)은 기법을 남용하지 않도록 〈표 9-7〉의 지침을 제시하였다.

∘∘∘ 표 9-7 집단상담기법 남용 예방을 위한 지침

- 감정을 촉발하기 위해서가 아니라 내담자가 먼저 제시한 감정적인 문제를 치료적으로 다루기 위해 기법을 사용해야 한다. 이런 기법은 감추어져 있거나 겨우 드러나기 시작하는 감정을 집단원이 경험하도록 하는 데 유용하다.
- 집단상담자의 불편함이나 무능력을 감추려고 기법을 사용하지 않는다.
- 기법을 도입할 때는 세심하고 시기적절하게 한다.
- 기법을 적용했으나 효과가 없다고 판단되면 그 기법을 포기한다.
- 기법을 적용할 때는 집단원에게 강제하는 것이 아니라 단지 이들에게 참여할 기회를 주는 태도로 해야 한다.

출처: Corey & Corey (2007).

집단상담자는 또한 자신이 사용하는 기법으로 나타날 수 있는 결과에 대처할 수 있어야 한다. 기법사용 후의 결과를 모두 예측할 수는 없지만, 기법사용 후에 나타나는 정서적인 반응 등을 잘 다루지 못하면 집단상담자도 집단원도 모두 난처하고 심리적인 혼란감에 빠질 수 있다. 초보 집단상담자의 경우 이론적인 지식은 있으나 실제적인 상황에서 나타나는 다양한 감정에 대처하는 경험이 부족하기 때문에 집단원이 강력한 감정을 표출하며 우는 경우 어쩔 줄 몰라 하는 상황이 흔히 발생한다. 따라서 다양한 감정을 수용할 수 있는지, 자신의 상태를 점검하고 집단상담 지도의 경험을 쌓아야 한다. 집단원이 강렬한 감정을 표출한 후에는 그러한 감정표출에 따른 집단원의 현재 상태와 다른 집단원이 느낀 점을 서로 공유할 수 있는 시간을 가지는 것이 좋다. 예를 들어, 집단상담에서 강렬한 작업을 하고 난 지금, 어떤 느낌인지를 묻고 이후에 어떠한 느낌이나 생각이 들지를 이야기해 보기를 권할 수 있다. 특히 다른 집단원이 긍정적인 피드백을 하게 되면 그러한 피드백을 기억하게 함으로써 이후에 자신의 경험을 평가절하하지 않도록 한다.

6. 집단상담자의 가치관

　한 개인으로서 고유한 가치관을 가지고 있는 집단상담자는 치료 도구로써 어떠한 방식으로든 집단원에게 영향을 미치게 된다. 집단상담자는 자신이 중요하게 생각하고 있는 것이 무엇인지에 대한 정확한 인식이 필요하며, 특히 집단상담 중에 자신의 가치관을 직접적으로 또는 간접적으로 어떻게 표현하고 있는지에 대한 점검이 필요하다. 집단상담의 목적은 집단상담자가 옳다고 믿고 있는 것을 집단원이 수용하게 하는 것이 아니라, 집단원 자신이 가지고 있는 가치관 및 신념을 파악하고 신중히 고려한 후 변화할 수 있도록 돕는 것이다.

　집단상담자는 집단원의 가치관을 존중해야 하며 이는 집단상담 중에 집단원이 자신의 가치관을 스스럼없이 표현하는 것으로 나타난다. 집단원이 집단상담자의 가치관을 궁금해 할 경우에는 솔직하게 답할 수 있어야 한다. 이럴 경우 집단상담자의 개인적인 의견임을 밝히고 집단원이 집단상담자의 가치관에 따르지 않고 고유의 신념이나 가치관을 재점검하고 성찰할 수 있도록 조력하여야 한다. 집단원이 자신의 문제에 대해서 집단상담자가 어떻게 생각하는지를 물어보았을 때 자신의 생각이나 가치관과 다를지라도 이를 솔직하게 표현하는 태도를 보임으로써 집단원들은 서로 다른 생각을 가지고 있어도 그것을 표현할 수 있고 다른 가치관도 수용될 수 있다는 것을 배울 수 있다. 각 집단원의 가치관과 신념이 다를 수 있다는 것을 수용하고, 이를 자유롭게 표현하고 집단상담자나 다른 집단원의 생각과 가치관을 통해 자신의 가치나 신념을 점검해 볼 수 있는 곳이 집단상담이다. 〈표 9-8〉은 한국상담심리학회의 윤리강령(2018) 중 다양성의 존중에 관한 규정이다.

○○○ **표 9-8** 다양성의 존중에 관한 상담심리학회 윤리강령

다. 다양성 존중

(1) 상담심리사는 모든 인간의 기본적인 권리, 존엄성, 가치를 존중하며 성별, 장애, 나이, 성적 지향, 성별 정체성, 사회적 신분, 외모, 인종, 가족형태, 종교 등을 이유로 내담자를 차별하지 않는다.

(2) 상담심리사는 내담자의 다양한 문화적 배경을 이해하려고 적극적으로 시도해야 하며, 상담심리사 자신의 고유한 문화적 정체성이 상담과정에 어떤 영향을 주는지 인식해야 한다.

(3) 상담심리사는 자신의 고유한 가치, 태도, 신념, 행위를 인식하고, 내담자에게 자신의 가치를 강요하지 않는다.

출처: 한국상담심리학회(2018).

집단상담자가 집단상담 시작 전에 자신의 이론적 근거를 밝히면 집단원이 이를 근거로 집단상담 참여를 결정할 수 있고 집단상담에서 가치관의 충돌로 인한 갈등상황을 감소시킬 수 있다. 예를 들어, 이혼을 생각하고 있는 여성이 여성주의 이론에 근거한 집단상담에 참여할 경우 집단상담에서 주체성과 독립성과 같은 부분이 강조될 것이라고 예상할 수 있고, 이에 동의했기 때문에 자신의 주체성과 독립성을 강화하는 데 적절하게 집단상담을 이용할 수 있다. 그러나 집단상담자의 이론적 근거를 모르거나 선택의 여지가 없는 상태에서 집단상담에 참여했는데 집단상담자가 이혼에 부정적인 가치관과 이론적 근거를 가졌을 경우 집단원이 이혼을 다시 고려해 볼 수 있는 기법을 사용할 것이다. 이때 집단원은 자신의 생각과 상황을 고려해서 자율적인 결정을 할 수도 있지만, 은연중에 집단상담자의 영향을 받고 자신이 원래는 원하지 않았던 결정을 할 수도 있다. 특히 다른 사람 또는 권위 있는 인물의 인정에 민감한 집단원은 자연스럽게 집단상담자의 의견에 따를 수 있다.

표현되지 않는 가치관은 더 악영향을 미칠 수 있다. 낙태, 이혼, 혼외정사, 동성애 등과 같은 민감한 주제에 대한 자신의 생각과 감정을 점검해 보지 않은 집단상담자는 집단상담 중에 자신이 수용할 수 없는 문제를 가진 집단원에게 은연중에 부정적인 태도를 취할 수 있다. 의식적으로는 집단원을 수용하고자 하지

만 비언어적인 표현을 통해 부정적인 감정이 드러나게 될 경우 집단원은 집단상 담자가 솔직하게 집단원과 다른 의견을 표현했을 때보다 더 수치감이나 부적절 한 감정을 가질 수 있고, 이는 심리적으로 집단원에게 악영향을 미친다. 이러한 문제가 발생할 경우 집단상담자는 수퍼비전을 통해 집단에서 나타나는 자신의 감정을 점검해 보고 더욱 성장할 수 있는 계기로 삼고, 그 집단원에게 악영향이 미치지 않도록 유의해야 한다.

7. 집단상담에서의 관계

1) 집단상담자와 집단원의 관계

집단상담자와 집단원의 관계에서도 집단상담자는 윤리적인 자세를 견지해 야 한다. 집단상담자는 전문가로 집단상담을 통해 리더로서 일정한 힘을 보이 기 때문에 집단원은 이에 대한 동경을 하고 매력을 느끼면서 집단상담자와 개 인적인 관계를 가지고 싶어 할 수 있다. 집단상담자는 집단원의 욕구가 자신에 게 향한 것이 아니고 집단원이 탐색해 보아야 할 주제로 인식하고, 이를 오용해 서 사적인 관계를 맺지 않아야 한다. 집단상담자의 자신에 대한 이해가 중요한 부분으로 집단원의 문제와 자신의 취약점을 구분해서 인식함으로써 관계가 혼 란스러워지지 않도록 해야 한다. 이러한 문제가 야기될 수 있기 때문에 상담자 에게 개인상담이나 수퍼비전을 통해서 자기에 대한 이해를 심도 있게 할 수 있 도록 전문훈련에서 강조하고 있다. 다시 말해, 집단상담자는 자신의 위치를 이 용해서 어떠한 목적으로도 집단원을 이용해서는 안 된다. 집단상담자는 집단 원과 친구관계, 금전관계, 특히 성적 관계를 피해야 한다. 한국상담심리학회 (2018)의 윤리강령에서는 상담자의 성적 관계에 대하여 〈표 9-9〉와 같이 명시 하고 있다.

ㅇㅇㅇ **표 9-9 성적 관계에 관한 한국상담심리학회 윤리강령**

나. 성적 관계

(1) 상담심리사는 내담자 및 내담자의 보호자, 친척 또는 중요한 타인에게 자신의 지위를 이용하여 성희롱 또는 성추행을 포함한 성적 접촉을 해서는 안 된다.

(2) 상담심리사는 내담자 및 내담자의 보호자, 친척, 또는 중요한 타인과 성적 관계를 가져서는 안 된다.

(3) 상담심리사는 이전에 연애 관계 또는 성적인 관계를 가졌던 사람을 내담자로 받아들이지 않는다.

(4) 상담심리사는 상담관계가 종결된 이후 적어도 3년 동안은 내담자와 성적 관계를 맺지 않아야 한다. 그 후에라도 가능하면 내담자와 성적인 관계는 갖지 않는다.

출처: 한국상담심리학회(2018).

또 집단상담자는 집단원과의 이중관계에도 주의를 기울여야 한다. 예를 들어, 상담을 공부하는 학생이 교수에게 집단상담을 받아야 하거나 관련 분야에 종사하면서 사회적 관계가 이미 형성되어 있는 경우, 기존의 관계가 형성되어 있는 상태에서 집단상담자와 집단원으로 만나기 때문에 집단원은 자기개방에 대하여 어려움을 갖고, 집단상담 참여에 능동적으로 참여하지 않을 수 있다. 가장 좋은 방법은 집단을 구성하기 전에 이중 및 다중관계를 갖지 않도록 다른 집단을 찾을 수 있는 대안을 찾는 것이 좋다. 그러나 그럴 수 없는 경우에는 집단원이 이중관계나 다중관계에 대한 염려와 두려움을 집단상담에서 탐색할 수 있도록 해야 한다. 이러한 경우에도 집단상담 중에 집단원이 자기개방의 수위 조절을 스스로 결정할 수 있도록 존중해야 한다. 집단상담자는 집단상담의 원활한 진행 등을 목적으로 집단원의 자기개방에 압력을 가해서는 안 된다. 이중 및 다중관계는 집단상담에 참여한 다른 집단원들에도 영향을 미칠 수 있는데 다른 집단원은 이미 관계가 형성된 집단상담자와 집단원에게 질투나 소외감을 느낄 수 있다. 그러므로 이중 및 다중관계로 나타날 수 있는 감정들에 대해서 집단상담자와 집단원이 함께 집단상담 중에 표현하고 탐색하는 시간을 갖도록 하는 것이 중요하다. 한국상담심리학회(2018)의 윤리강령에서는 상담자의 다중관계에 대하여 〈표 9-10〉과 같이 명시하고 있다.

ooo **표 9-10 다중관계에 관한 상담심리학회 윤리강령**

가. 다중관계
(1) 상담심리사는 객관성과 전문적인 판단에 영향을 미칠 수 있는 다중관계는 피해야 한다.
가까운 친구나 친인척, 지인 등 사적인 관계가 있는 사람을 내담자로 받아들이면 다중
관계가 되므로, 다른 전문가에게 의뢰하여 도움을 준다. 의도하지 않게 다중관계가 시
작된 경우에도 적절한 조치를 취해야 한다.
(2) 상담심리사는 상담할 때에 내담자와 상담 이외의 다른 관계가 있다면, 특히 자신이 내
담자의 상사이거나 지도교수 혹은 평가를 해야 하는 입장에 놓인 경우라면 그 내담자를
다른 전문가에게 의뢰한다.
(3) 상담심리사는 내담자와 상담실 밖에서 연애 관계나 기타 사적인 관계(소셜미디어나 다
른 매체를 통한 관계 포함)를 맺거나 유지하지 않는다.
(4) 상담심리사는 내담자와의 관계에서 상담료 이외의 어떠한 금전적, 물질적 거래를 해서
는 안 된다.
(5) 상담심리사는 내담자의 선물로 인해 발생할 수 있는 문제를 숙고해야 한다. 선물의 수
령 여부를 결정함에 있어서 상담관계에 미치는 영향, 선물의 의미, 내담자와 상담자의
동기, 현행법 위반 여부 등을 신중하게 고려해야 한다.

출처: 한국상담심리학회(2018).

2) 집단원들 간의 관계

집단상담자는 집단상담을 하면서 집단원 간의 관계가 형성되는 것에 대해서
집단원들과 논의할 필요가 있다. 집단원들이 개인적으로 친밀한 관계를 형성하
거나 소집단을 만드는 등 관계를 형성하게 될 경우 집단상담이 본래의 목적대로
운영되는 데 어려움이 생길 수 있다. 예를 들어, 집단상담에서 탐색할 문제를 집
단 밖에서 탐색하고 집단에 대해서 이야기를 나누면서 집단상담이 이차적인 집
단이 되면서, 집단 안에서는 탐색을 하지 않게 될 수 있다. 집단 안에서 자신의
문제를 탐색하지 않게 되면 집단응집력이 떨어지고, 집단상담을 통한 치료적 효
과도 감소하게 되면서 전체적인 집단상담이 정체 현상을 겪게 될 수 있다. 그러
한 경우에 집단상담이 친밀한 관계를 형성하는 자리가 아니라는 점을 집단원들
에게 알리고 이 문제에 대해서 집단원들과 함께 논의하는 것이 좋은 방법이 될
수 있다. 그러나 사회적 관계가 모두 부정적이라고 할 수는 없다. 예를 들어, 요

양기관의 노인집단의 경우 집단상담을 통해서 알게 된 집단원과 상담 외의 시간에도 교류를 하면서 집단상담이 더욱더 활성화될 수도 있다.

제10장
부부 및 가족상담 윤리

| 정혜정 |

　부부 및 가족상담 윤리의 독특성은 상담의 초점이 개인에서 부부나 가족단위로 바뀐다는 데 있다. 일반체계이론과 사이버네틱스를 기초로 발달한 초기 가족상담은 개인이나 관계의 문제를 가족체계의 역동과 사회적 맥락 안에서 다루기 때문에 상담과정 내내 윤리적으로 복잡하고 독특한 문제에 직면하게 한다. 이 장에서는 한국가족치료학회 윤리강령(2012)과 미국부부가족치료학회(AAMFT, 2001) 윤리강령을 기초로 부부 및 가족상담에서 흔히 일어나는 몇 가지 윤리적 이슈에 초점을 두고 살펴본다. 우선 부부 및 가족상담에서의 윤리원칙과 관련된 몇 가지 문제를 다루고, 두 번째로 부부 및 가족상담자의 윤리적 실천을 위해 고려해야 하는 이슈에 대해 살펴본다. 다음으로 부부 및 가족상담의 독특한 윤리적 딜레마 상황을 가정폭력, 아동이 포함된 가족상담, 가족상담에서 정신장애 진단의 사용을 중심으로 살펴본다. 마지막으로 이야기 치료를 중심으로 한 후기 가족상담 시각에서 발전된 상담윤리에 대해 살펴봄으로써 다양한 가족상담 모델을 적용하는 상담자들이 자신이 선호하는 모델의 틀 안에서 윤리적으로 적합하게 실천할 수 있는 방안을 모색할 수 있도록 돕는다.

1. 부부 및 가족상담에서의 윤리적 원칙 문제

1) 복수의 내담자

개인상담이나 정신치료가 개인에 초점을 두고 내담자 개인의 권리와 의무를 존중하고 고려하는 반면, 가족상담은 가족체계에 초점을 두기 때문에 개별가족원, 가족원과의 관계 혹은 전체로서의 가족 등 대부분 내담자가 한 명 이상이다. 이때 상담자는 한 가족원의 이익이나 복지에 도움이 되는 개입이 다른 가족원에게는 그렇지 못할 때가 있으므로, 누구의 이익을 우선으로 할 것인가의 윤리적 딜레마에 직면하게 된다(Wilcoxon, Remley, & Gladding, 2012). 경우에 따라서는 상담에 영향을 미치는 제삼자나 외부기관(예, 사법기관, 학교 등)의 가치가 윤리적 딜레마를 일으키기도 한다. 상담자가 누구의 이익과 복지를 우선하느냐에 따라 무엇을 문제로 볼 것이며, 상담 목표를 어떻게 설정하고, 상담과정에서 누구와 먼저 친밀감을 형성할 것인가 등 전체 상담과정이 달라진다(Goldenberg & Goldenberg, 2002). 가족상담에서 복수 내담자의 정체성, 권리, 상담의 이슈를 다룬 윤리강령의 예는 미국부부가족치료학회(AAMFT, 2001)에서 "부부, 가족, 집단 치료상황에서, 치료자는 사전에 내담자 개인에게 문서로 된 동의서를 받지 않으면 내담자의 비밀을 다른 사람에게 누설할 수 없다."라고 규정하고 있고, 미국상담학회(ACA, 2005)에서 "부부 및 가족상담에서 상담자는 누구를 내담자로 볼 것인가를 분명히 정의하고 비밀보장에 대한 기대와 한계를 논의한다."라고 규정하고 있다. 또한 국제부부가족상담학회(International Association of Marriage and Family Counselors, 2005)는 "부부 및 가족상담자는 주 내담자가 누구인가를 결정하고 상담 참석자들에게 알릴 의무가 있다. 부부 및 가족상담자는 개인, 부부, 가족, 제삼자 혹은 기관에 대한 책임이 언제 있는가를 분명히 해야 한다."(Wilcoxon et al., 2012: 73)라고 규정하고 있다.

복수의 내담자와 작업할 때 자율, 선행, 정의라는 윤리원칙은 한 사람 이상 가족원의 복지를 고려해야 하는 가족상담상황에서 복잡한 윤리적 문제를 야기할 수 있다. 복수 내담자의 권리와 이익을 보장하는 문제는 상담 초기부터 시작되어야 하며, 대개 비밀보장의 이슈와 함께 시작된다. 예를 들어, 부모와 17세 아들이 가족상담을 받으러 온 상황을 가정해 보자. 부모는 아들이 부모의 말이나 지시를 좀 더 잘 따르게 해 달라고 요청했으며, 상담을 받는 동안 아들의 행동은 파괴적이라고 말할 수는 없으나 매우 불손했다. 이 상황에서 아들이 부모의 말이나 지시에 더 잘 반응하기를 원하는 부모의 목표는 부모의 긴장을 완화시키고 더 나아가 부부관계를 개선하는 데 도움이 될 수 있다. 그러나 아들은 가족에게서 독립하고자 하는 발달주기에 있으므로, 부모의 목표 달성이 아들의 전반적인 발달에 반드시 유익하지만은 않게 된다.

부부상담에서도 부부가 서로 상반되는 목표를 제시하는 상황은 매우 흔하게 발생한다. 예를 들어, 아내는 이혼상담을 원하고, 남편은 부부관계 개선을 목표로 상담을 받고자 한다. 이 경우 대부분의 가족상담자는 부부의 문제를 관계 문제로 정의하고 부부가 관계적인 목표를 설정하도록 돕는다. 궁극적 상담 목표가 이혼이든 관계개선이든 부부간 상호작용을 재확립하여 부부가 문제를 보다 더 효과적으로 해결할 수 있도록 도울 때만 두 사람 모두에게 최상의 이익이 될 수 있다는 관점이 지배적이다(Wilcoxon et al., 2012).

복수의 내담자와 작업하는 가족상담자는 가족원 중 누구의 대변인인가의 문제와 계속 직면하게 되며, 특정 가족원에게 불이익이 될 수 있는 성역할 기대를 강요하지 않도록 조심하여야 한다. 또는 자녀에 반하여 부모의 대변인이 되거나 부모에 반하여 자녀의 대변인이 되며, 한쪽 부모에 반하여 다른 쪽 부모의 대변인이 되는 위기에도 처할 수 있다. 경직된 가족체계에서 가족원 한 사람에게 주는 도움이 일시적으로 다른 가족원의 권리를 침해하거나 박탈감을 주는 것일 수도 있다(Goldenberg & Goldenberg, 2002).

이와 같이 복수의 내담자가 참여하는 가족상담상황에서 상담자가 어떠한 입장을 취해야 하는가에 대해 세 가지 시각이 제시되고 있다(정문자, 정혜정, 이선혜, 전영주, 2011). 첫째, 체계로서의 가족에 초점을 두어야 한다는 입장으로 가족치료가 체계론적 시각에 입각하므로 상담자는 개별 가족원의 이익을 우선하기보다 가족체계의 맥락에서 문제를 이해하고 가족원 각자의 문제를 관계 차원의 문제로 정의하고 접근하여야 한다. 둘째, 가족 대 개인의 균형을 강조하는 입장으로 가족단위와 개인의 역동에 대한 이해의 균형을 강조하는 시각이다. 상담자는 각 가족원의 목표를 중심으로 가족유대를 강화하는 데 참여하는 것이 중요함을 강조하고 가족체계 내 개인이 심한 억압이나 학대를 받고 있는지 살피는 자세로 임하는 것이 중요하다. 셋째, 개인의 복지를 우선시하는 입장으로 폭력이나 학대 및 유기 등 가족원 개인의 복지가 심하게 위협을 받는 상황에서 임상적 개입이 필요한 경우 상담자는 가족의 어떤 다른 욕구보다 그 개인의 복지를 우선시하고, 필요한 경우 법에 따라 관계당국에 그 사실을 보고하며, 가족체계에 대한 개입은 이차적 관심사로 두는 입장이다. 그 어떤 경우든 상담자는 가족원 개인에 대해서 그리고 전체로서의 가족에 대해서 치료적 책임의 균형을 유지할 수 있도록 노력해야 한다.

2) 부부 및 가족상담에서의 비밀보장

모든 상담자는 내담자 개인에 대한 비밀보장의 의무가 있지만 가족상담자는 배우자나 다른 가족원에 대한 비밀보장이라는 추가적인 의무까지 맡게 된다. 가족상담 시 가족원 간의 비밀은 얼마나 어떻게 보장되어야 하는가? 부모의 비밀은 자녀나 다른 가족원에게 공개해야 하는가? 아니면 부부상담에서만 다루어야 하는가? 배우자에게 숨겨 왔지만 개인회기에서 노출된 남편의 외도는 부부나 가족상담 시 어떻게 다루어야 하는가? 어린 시절의 근친상간 경험이나 성폭력 경험 같은 가족원 개인의 비밀은 어떻게 다루어야 하는가? 자녀에 대한 신체적 폭력이나 남편의 아내 폭력은 어떻게 다루어야 하는가? 부부 및 가족상담에서 비밀보장은 개인상담에서와 같이 단순하지 않으며 매우 복잡한 양상을 띤다. 다음의 사례를 보자.

한 남성이 처음에는 대인관계 갈등을 해결하고자 개인상담을 요청하였는데, 그 가운데 하나가 자신의 현재 혼외관계로 인한 아내와의 갈등이었다. 그 후 아내가 남편을 상담에 데리고 와서 부부 공동회기를 갖고자 하였다. 남편은 여전히 혼외관계를 맺고 있었고 상담자가 보기에 그의 혼외관계는 아내와의 관계 개선에 방해가 되었다. 그러나 남편은 개인회기에서 말했던 일을 아내에게 비밀보장해 달라고 상담자에게 요청하였다.

앞의 사례는 부부 및 가족상담 시 나타나는 독특한 비밀보장의 이슈로 개인상담에서는 거의 일어나지 않는다. 가족상담에서 독특한 비밀보장의 이슈는 두 가지인데, 가족의 비밀형태와 관련된 것과 상담형태가 개인에서 체계로 변화한다는 점과 관련된다(Wilcoxon et al., 2012). 첫째, 가족의 비밀에는 세 가지 형태(Karpel, 1980)가 있다. 즉, 모든 가족원이 알고 있고 지키고 있는 공유된 가족비밀과 몇몇 가족원만 알고 있고 지키고 있는 가족 내적 비밀, 그리고 가족원 한 사람만 알고 있고 지키고 있는 개인 비밀의 세 가지 형태가 있다. 또 가족비밀은 세 가지 범주로 나누어지는데 혼외관계, 불법행위, 중독과 같은 금기된 주제 그리고 성적 행위, 음주 등 사회적 규범을 깨는 것과 관련 있는 규칙 위반, 마지막으로 학업, 건강, 갈등, 종교 등 일상적 대화주제와 관련된 관습적 비밀의 범주로 나눌 수 있다. 부부 혹은 가족과 작업할 때 이러한 비밀을 쉽게 만날 수 있다. 또한 카펠(Karpel, 1980)은 비밀정보와 사생활 정보를 구분했다. 예를 들어, 잘 해결되었고 현재의 관계에 중요한 영향을 미치지 않은 아동기의 외상 경험은 사생활 정보라고 할 수 있다. 내담자는 어느 시점에서인가 이런 경험을 배우자나 자녀와 공유할 것이다. 마찬가지로 현재의 부부관계에 영향을 미치지 않는 과거의 연애경험은 비밀정보가 아니라 사생활 정보라 할 수 있다. 반대로 혼외관계를 맺고 있는 배우자는 배우자를 속이고 있고 신뢰를 위반하였기 때문에 비밀정보를 갖고 있는 것이다. 자녀를 입양한 사실을 숨기고 있는 부모는 자녀의 자기정체성 확립 권리를 위반하고 있으므로 비밀정보라 할 수 있다. 부부 및 가족상담 시 상담자는 가족마다 고유한 비밀의 형태와 작업하게 되며, 내담자가 노출하는 비밀은 문화나 성별 등에 따라 달라질 수 있음을 인식할 필요가 있다.

둘째, 상담의 초점이 개인에서 개별 가족원, 부부 또는 다른 가족원을 포함하는 형태로 바뀐다는 데 있다. 복수의 내담자와 작업하는 가족상담자는 대개 훨씬 더 복잡한 비밀보장의 이슈와 직면한다. 상담자는 개인회기에서 얻은 정보를 어떻게 다루어야 하는가? 필요한 경우 그 정보를 공동회기에서 다룰 수 있도록 내담자의 허락을 받을 수 있다. 만일 내담자가 허락하지 않으면 상담자는 비밀을 지켜야 하지만, 공동회기에서 개인의 비밀보장을 선호하지 않는 상담자에게는 결코 좋은 해결책이 아니다. 내담자가 비밀을 공유하고자 한다고 하더라도, 정보를 얻고 난 다음에 허락을 받아야 한다. 왜냐하면 내담자는 비밀보장이 될 것이라고 생각했던 상태에서 털어놓았던 비밀을 모두 기억하는 것은 아닐 것이며, 상담 초기에 어떤 정보는 배우자와 공유될지도 모른다고 알고 있으면 개인회기에서 다르게 반응할 수도 있기 때문이다. 복수 내담자의 비밀은 조심스럽게 다루어야 하며, 비밀이 무심코 노출되면 개인, 관계, 가족은 물론 상담에 부정적 영향을 미치게 된다. 상담자는 또한 비밀보장의 본질과 한계를 분명히 해 주고, 비밀의 노출이 가족 구성원들에게 미칠 영향을 주의 깊게 고려해야 한다(Woody & Woody, 2001b; Wilcoxon et al., 2012).

부부 및 가족상담 시 비밀보장 유지에 대해 공통되지만 반대되는 두 가지 입장이 있다(Margolin, 1982). 첫 번째 입장은 상담자가 개별 가족원에게 개인회기, 전화 혹은 문서로 얻은 개인 비밀을 배우자나 가족에게 누설하지 않는다는 입장이다. 이 입장은 개인회기에서 관계의 역동을 더 잘 이해하기 위해 비밀을 공유할 것을 적극 권장하고, 개인이 부부회기나 가족회기에 치료상 적절한 정보를 누설할 수 있도록 작업한다. 그러나 개인이 비밀을 노출하기를 원하지 않으면 상담자는 개인의 비밀을 지켜 준다. 두 번째 입장은 무비밀의 원칙이다. 상담자는 가족원 개인과 동맹을 맺게 하는 정보를 공유하지 않으며, 일반적으로 개인적 비밀유지를 피하기 위해 부부회기나 가족회기만 갖고자 한다. 그러나 이 경우는 내담자가 상담을 시작할 때 무비밀 원칙에 대한 설명을 듣고 또 그 결과를 충분히 고려할 때만 상담을 받으려 할 것이다. 일부 상담자는 중간 입장을 취하는데, 개인회기에서 공유된 정보가 부부나 가족에게 아주 큰 도움이 된다고 결정하면 누설할 수 있다는 점을 내담자에게 알린다. 어떤 입장이든, 상담자는 윤리적 실천을 위해 상담 초기 각 가족원에게 비밀보장에 대한 자신의 입장을 분명히 밝힐 필요가 있다.

가족상담자가 내담자의 개인정보를 노출하지 말아야 할 윤리적 의무가 있음에도 불구하고, 가족상담 상황에서 비밀보장이 깨질 수 있는 예외가 있다. 그 첫 번째 예는 아동학대, 근친상간, 노인학대, 가정폭력, 성폭력이 발생할 경우 상담자는 경찰이나 관계 기관에 보고하도록 법에 명시되어 있다. 현재 우리나라에서 부부 및 가족상담과 관련하여「성폭력특별법」「가정폭력특별법」「성매매방지법」이 제정되어 시행되고 있다. 이 경우 가족상담자는 내담자의 복지와 법적 책임 사이에서 갈등할 수밖에 없다(최선령, 2011). 두 번째는 내담자를 자해로부터 보호하거나 잠재적으로 위험한 내담자에게서 다른 사람들을 보호해야 할 의무가 생길 때다. 자해의 경우, 내담자가 심각하게 자살을 고려하고 있다고 생각한다면 상담자는 다른 가족원이나 경찰에 연락할 필요가 있다. 어떤 상황이든 상담 초기 내담자에게 충분한 설명을 하는 것이 필요하다.

가족상담 시 비밀보장과 관련된 또 하나의 이슈는 특권적 의사소통(privileged communication)이다. 이는 상담 중에 내담자가 노출한 비밀을 상담자가 법적 소송 중에 공개하지 못하도록 하는 내담자의 법적 권리로, 상담자가 증인석에서 내담자의 사전 동의 없이 내담자의 비밀을 공개하는 것을 막기 위한 것이다(Hecker & Sori, 2010; Woody & Woody, 2001c). 그러나 특권은 개인 대 개인 관계에 초점을 두기 때문에 두 명 이상의 내담자를 동시에 상담하는 가족상담자의 경우 특권적 의사소통의 이슈는 더 복잡해진다. 예를 들어, 이혼 중인 부부의 한 배우자는 상담자에게 증언을 얻으려고 하는 반면, 다른 배우자는 정보가 드러나지 않기를 바라는 경우 딜레마에 빠진다. 어떤 경우라도 상담자는 다른 사람이나 관계 기관에 정보를 공개하기 전에 내담자에게 동의를 받아야 한다(Goldenberg & Goldenberg, 2002). 변호사가 상담자에게 상담 내용을 요구할 때에도 상담자는 변호사가 직접 내담자 모두에게 상담 내용을 얻어도 된다는 서면 동의를 받아야 한다고 알려 줘야 한다(Wilcoxon et al., 2012).

3) 부부 및 가족상담에서의 사전 동의

상담 전 동의에 관한 문제와 상담을 거부할 권리 역시 복수의 내담자가 상담에 대해 갖는 동기와 소망에 차이가 있기 때문에 가족상담에서 특히 중요한 윤리적 주제가 된다. 가족상담자는 상담의 초점이 중심인물인 IP(Identified Patient)의 증상보다 가족체계에 있다고 보는 가족상담적 접근이 가져올 수 있는 부정적 결과(예, 이혼, 실직)나 위험에 대해 내담자들에게 충분히 알리지 않으면 문제에 빠질 수 있다(Goldenberg & Goldenberg, 2002). 다음의 사례를 보자.

> 부부갈등으로 한 부부가 상담을 요청했다. 상담과정에서 아내는 부부관계 개선을 위해 더 이상 노력하고 싶지 않으며 이혼을 원한다고 하였다. 아내의 말에 대해 남편은 "상담을 받으면 우리 부부관계가 더 좋아져야 되는 것 아닌가요!"라고 언성을 높여 상담자를 공격했다.

앞에서 아내의 이혼 결정과 같이, 가족상담은 한 명 이상의 내담자가 원하지 않는 결과를 가져올 수 있음을 내담자에게 미리 공지해야 한다. 일부 가족원이 예측하지 못하는 변화의 다른 예는 부부간 권력 불균형이 균형 방향으로 변화되는 것, 배우자나 자녀의 폭력 피해가 노출되는 것; 알코올 의존을 유지시켰던 가족 상호작용 패턴을 직면시키는 것 등이다(Wilcoxon et al., 2012).

또 가족체계의 이익과 복지에 우선을 둔다는 것은 개인의 복지를 위협하지는 않더라도 개인의 복지가 부차적임을 의미한다는 점을 알려 줄 필요가 있다. 가족의 전반적인 기능 향상에 목적을 둔 가족상담 결과 가족원들이 상담에서 얻은 이익이 적어도 상담 초기에는 불평등할 수 있다. 가족상담자는 가족상담의 위험을 최소화할 책임이 상담자에게 있음을 인식하고 이러한 점을 내담자들과 나누어야 한다. 또한 가족상담자는 가족상담의 목적(예, 만족스러운 가족관계와 효과적 의사소통)과 상담 형식(예, 상담 시간, 주기, 빈도, 기간 등)에 대해 설명해야 한다. 때로는 자신의 상담 모델이나 성향에 대해서 설명할 필요도 있다. 상담자는 윤리적 차원에서 긍정적 변화를 보장할 수는 없지만, 내담자의 불안을 감소시키고 그들의 기대를 충족시키며 상담 목표 달성에 헌신할 수 있도록 상담의 긍정적 결과에 대해 희망을 갖도록 설명할 필요가 있다.

가족상담자가 사전 동의서에 대해 자신이 추구하는 상담 목표를 분명하게 잘 설명하면 윤리적으로 가장 적절한 실천을 하는 것이다. 가족원들이 상담 목표에 대해 질문할 수 있도록 격려해야 하고, 그래서 개별 가족원의 욕구가 부부나 가족관계의 전체 목표와 어떻게 조화가 되거나 반대되는지 확인할 수 있어야 한다. 상담자는 개인의 목표가 관계나 가족의 목표와 양립할 수 없는 정도에 대해 분명히 말해 주어야 하고, 개인의 목표가 관계의 목표에 부차적이며, 배우자나 다른 가족원에게 용납될 수 없는 정도를 분명히 알려 주어야 한다. 또한 상담자는 자신이 사용할 상담절차의 성격, 그 절차가 가져올 결과, 대안적인 상담방법, 상담의 위험에 대해 가족원들에게 알릴 책임이 있다. 그러나 현실적으로 일어날 수 있는 위험을 모두 이야기하기는 어려우며, 단지 가족원들이 상담을 받기로 동의할 것인지의 여부를 결정하는 데 중요하다고 생각하는 위험에 대해서는 반드시 알릴 필요가 있다. 가족은 상담에 대한 설명을 들은 후 상담참여에 대한 결정을 내리기 위해 사실적 정보가 필요하지만, 동시에 이런 위험을 무릅쓰고라도 상담을 받도록 지지하고 격려하며 낙관적 태도를 취하도록 도울 필요가 있다(Wilcoxon et al., 2012).

4) 문제 정의와 목표 설정 문제

부부 및 가족상담에서 중요하게 고려해야 하는 또 하나의 윤리적 주제는 가족상담자가 가족체계론적 시각에서 문제 정의와 목표 설정을 하고 상담과정을 이끈다는 것이다(Wilcoxon et al., 2012). 문제를 새로운 시각에서 재정의하는 것이 가족상담에 국한하는 것은 아니지만 다른 상담접근에 비해 가족상담에서 더 분명하다. 가족상담자가 문제와 해결의 초점을 관계의 역동에 두는 것은 전문 가로서 지켜야 하는 윤리적 가치의 중요한 일부분이다. 다양한 가족상담 모델 은 기능적인 관계나 가족에 대해 특정 가치를 담고 있기 때문에 상담자는 목표 달성 과정에서 특정한 신념을 기초로 작업하게 된다. 상담자가 관계나 가족의 역동에 초점을 두는 것이 바로 가족상담의 독특성이고 개인상담과 질적으로 다 르다는 점을 내담자에게 알리고 자발적으로 상담에 참여하기로 동의할 때, 내담 자들은 상담자의 전문성과 능력을 신뢰하고 상담자의 설명을 사실로 받아들이 는 경향이 있다.

상담의 초점을 선택하는 것은 문제를 어떻게 정의하는가에서 출발한다. 상담 자가 내담자의 가족체계와 작업할 때, 가족체계의 상황을 분명하게 설명해 줄 필요가 있다. 부부 혹은 자녀와 부모에 대해 개입한다고 해서 개별 가족원의 중 요성을 부정하는 것은 아니며, 오히려 그런 노력은 가치의 차이에 대한 존중을 필요로 한다. 예를 들어, 10대 중반의 두 아이들이 부모의 지시에 무조건 따라 야 한다는 데 대해 불평했다. 상담 초기 부모가 지나치게 권위적인 반면, 아이들 의 행동은 발달적으로 정상인 것으로 평가되었다. 상담이 진행됨에 따라 부모 는 결국 자신들의 '과잉부모역할'이 제시된 문제의 주요 부분임을 인식하게 되 었다. 그럼에도 불구하고 부모는 자녀들이 독립적이도록 허용하는 것을 상당히 어려워했다. 가족상담 시 흔히 마주치는 이 상황과 같은 경우 상담자는 어떻게 해야 하는가?

부부, 가족, 개인이 스트레스를 경험하고 위안을 원하기 때문에 상담을 받고 자 하는 것은 분명하다. 그들은 임상 지식과 기술을 갖추고 있는 상담자에게 권 력을 부여한다. 그러므로 상담자가 문제의 본질을 개념화할 때 전문적 판단과 개인의 편견의 차이를 인식하는 것은 매우 중요하다. 전문적 훈련을 받은 상담 자는 문제사정과 상담계획 시 자신의 개인적 가치보다 전문가적 가치를 우위에 두도록 주의를 기울여야 한다. 체계론적 시각을 바탕으로 하는 가족상담에서 이러한 점은 윤리원칙상 특히 중요하다.

제시된 문제를 개인문제가 아니라 관계 문제로 재정의하는 것은 개인으로 하

여금 적어도 일시적으로 자신의 개인적 이익과 자율을 최소화할 것을 요구한
다. 상담자는 가족원들의 협조를 얻어야만 관계체계 속에서 문제를 정의할 수
있다. 이때 상담자의 전문가적 권위는 매우 중요하다. 상담자는 내담자들이 문
제 정의에 대한 상담자의 정의에 대한 이론적 근거를 이해할 수 있도록 도울 윤
리적 의무가 있다. 또한 상담자는 자신의 선호나 편견이 내담자와의 권력관계
에 어떤 영향을 미치는지 검토할 윤리적 의무가 있다. 요약하면, 가족상담에서
의 문제 정의는 문제의 복잡성, 문제해결에 대한 가족원들 간의 경쟁 혹은 둔감,
가족문제 지각에 대한 이해의 차이 등의 이유 때문에 부부 및 가족과 작업하는
상담자에게 윤리적으로 독특한 도전이 된다.

5) 불평등과 불균형 문제

불평등과 불균형의 문제는 부부와 가족관계뿐 아니라 모든 상담 맥락에 존재
하지만 가족상담에서 특히 세심한 주의가 요구되는 윤리적 주제다(Wilcoxon et
al., 2012). 미국부부가족치료학회 윤리강령 1.1.(AAMFT, 2001)에 "부부가족치료
사는 인종, 연령, 민족, 사회경제적 지위, 장애, 성별, 건강상태, 종교, 국적, 성적
지향에 따른 차별을 하지 않고 내담자에게 전문적 도움을 제공한다."라고 제시
되어 있어서, 가족상담자는 어떠한 이유로든 내담자를 불공평하게 대하거나 차
별해서는 안 된다. 그러나 부부 및 가족상담에서 더 민감하게 고려해야 하는 불
평등과 불균형의 이슈는 사회적 범주(성별, 연령 등)에 따른 차별이라기보다 문
제를 개념화하고 상담 목표를 설정하고 실천하는 과정에서 마주치는 측면이다.

가족상담은 관계의 고유한 성격을 강조하기 위해 체계적, 상호작용적, 맥락적
이라는 용어를 쓴다. 그러나 인과관계와 변화에 대한 순수한 체계론적 가족상
담 시각에서 상담을 하다 보면 몇 가지 어려움에 직면한다. 가장 대표적인 어려
움은 가족체계의 모든 구성원들 간의 권력, 기회, 희망에서 평등과 균형을 지나
치게 가정할 때다. 그러나 가족상담자는 어떤 경우에는 가족 외 기관이나 전통
(예, 종교집단, 문화유산 등)이 기본적으로 부부나 가족원 간의 위계질서나 불평등

을 가치롭게 여기고 있고, 따라서 가족을 대상으로 한 상담 목표를 공평과 균형에 두는 것은 처음부터 잘못일 수 있음을 인식해야 한다.

가족상담의 개념화와 실천이 강한 성차별적 요소를 포함한다는 비판은 오래전부터 페미니스트들로부터 받아 왔다. 예를 들어, 가족상담 시각은 어머니의 자녀양육 역할을 당연시하고 직업 역할을 무시하면서 성인자녀의 문제에까지 어머니를 비난하는 불공평의 요소가 있다는 비판이다. 또한 성역할 고정관념에 따라 여성은 의존적이고, 직업적 야망이 별로 없으며, 감정적이고 자기희생적일 때 인정을 받는 경향을 당연시한다고 비판한다. 특히 심각한 가정폭력 발생 상황에서 권력과 기회의 공평성을 기하기 위해 상담에 부부나 가족을 불러 모으는 것은 너무 순진하고 솔직하지 못한 접근이라고 비판한다.

가족상담자는 부부 및 가족문제의 인식이나 상담 요청에서도 성별 간 차이가 있어서 여성이 문제에 더 민감하고 상담을 받으려는 경향이 더 강함을 인식할 필요가 있다. 상담을 시작하고 상담에 헌신하는 정도에서의 불공평은 부부상담에서 중요한 요인이다. 특히 여성이 문제해결을 위해 상담을 받으려 하는 것을 사회적 의무로 여기고 또 여성을 문제해결의 주요 요인으로 여길 때 특히 그러하다.

가족상담에서 불공평의 또 다른 형태는 변화를 시작하고 실행하는 데 있어서 아동의 권력과 관련된 것이다. 가정의 안전과 관리를 위하여 부모가 리더십과 결정권을 행사할 때 불공평이 있기 마련이다. 그러나 부모의 평등한 양육스타일이 자녀의 발달에 반드시 도움이 되는 것은 아니다. 어떤 가정에서는 부모의 양육스타일이 아니라 자녀가 부모화(parentification) 역할을 하기 때문에 자녀의 불공평이 있을 수 있다. 부모화된 자녀는 부모가 가져야 하는 권력과 책임을 떠맡고 있기 때문이다.

또 다른 형태의 불공평은 불균형 때문에 존재한다. 관계에서의 주된 불균형은 삼각관계로서 이는 대부분 만성적이고 세대 간 전수되는 경향이 있다. 삼각관계가 있는 가족에 개입하여 상담자가 부부나 가족 중 한 사람 편만 들거나 동맹을 맺을 경우 관계향상에 파괴적일 뿐 아니라 윤리적으로 심각한 문제가 된다. 또한 상담자가 내담 가족보다 가족을 상담에 의뢰한 외부기관과 결탁하고 삼각관계를 맺어 불균형을 이룰 때도 윤리적으로 문제가 된다. 그러므로 상담자는 삼각관계의 불균형에 의해 야기되는 윤리적 딜레마를 피하기 위해 민감한 주의를 기울여야 한다.

2. 가족상담에서의 윤리적 실천 문제

1) 변화의 대행자 대 내담자의 자기결정권

가족상담자가 윤리원칙을 실천할 때 마주치는 첫 번째 윤리적 실천의 이슈는 상담자가 변화 대행자로서의 역할을 어느 정도 성공적으로 수행하느냐의 여부다(Wilcoxon et al., 2012). 가족상담자는 부부나 가족의 변화를 촉진하기 위해 자신의 지식, 경험, 기술, 능력, 에너지를 활용하여 다양한 역할을 수행한다. 가족의 변화과정에 영향을 미치기 위한 상담자의 권력은 주장, 개입, 조정, 지시 등을 통해 이루어지며, 상담자가 변화의 대행자 역할을 적절히 수행하지 못하면 의미 있는 변화가 가능하지 않고 상담은 상담 전의 관계 패턴을 그대로 반복할 가능성이 크다.

상담이 효과적이기 위해서 가족상담자는 자신의 전문 권력을 확립하고 활용함으로써 영향력을 행사해야 한다. 가족상담자는 변화의 대행자로서 권력을 가지고 문제 정의, 목표 설정, 상담기법의 선택에 직접적인 영향을 미친다. 상담자의 전문적 권력은 상담자로서의 훈련과정에서 습득한 전문적 가치와 연결된다. 그러면 상담자가 어느 정도까지 부부나 가족의 변화를 통제해야 하는가? 어떻게 변화가 일어나야 하는가를 정의하는 주요 책임이 부부나 가족이 아니라 상담자에게 있어야 하는가? 라는 질문을 하게 된다. 윤리적인 상담자는 "나의 이러한 시도나 노력이 본질적으로 유익한가?"라는 질문을 하며, 또 치료적 변화를 위한 "나의 이러한 지시는 정의, 자율, 충성이라는 윤리의 기본 원칙을 지지하는

가?"라는 질문을 스스로 하게 된다. 모든 부부와 가족은 그들만의 독특한 의사소통 방식, 관계규칙, 가족체계 차원의 가치를 가지고 상담을 시작한다. 상담자가 이러한 패턴을 잘 모른다는 점은 변화의 대행자로서의 역할을 윤리적으로 수행하기 위해 불리한 위치에 있음을 의미한다.

부부 및 가족문제를 사정하고 상담하는 데 있어 자신의 능력과 경험의 영역을 벗어나는 것은 비윤리적이다. 상담자는 자기 능력의 경계를 알아야 하고, 상담자의 전문적인 훈련이나 경험을 넘어서는 서비스를 요구하는 내담자들에게는 다른 전문가에게 상담을 의뢰하여야 한다. 가족상담자가 입원을 결정할 특권이 없거나 훈련과정에서 입원치료를 다룬 적이 없는 경우 약물을 처방하거나 내담자를 입원시키기 위해 정신과 자문을 받아야 한다(Goldenberg & Goldenberg, 2002). 상담자가 자신의 전문 권력을 잘못 사용하면 의미 있는 변화가 가능하지 않고 직업윤리에 위배되는 행위를 하는 것이다. 상담자가 권력을 잘못 이용한 대표적 예는 내담자가 상담이나 상담자에게 의존하도록 권장할 때다. 변화의 방향에 대한 책임을 내담자가 스스로 갖도록 하지 않고 상담자가 가질 때, 변화 대행자로서 상담자의 역할이 위험해질 수 있다.

가족상담자가 변화의 전문적 대행자로서 역할을 수행할 때 마주치게 되는 윤리적 딜레마 상황은 내담자의 자기결정권에 대한 존중이라는 윤리원칙을 고려할 때다. 미국가족치료학회 윤리강령 1.8.(AAMFT, 2001)은 "부부가족치료사는 내담자의 자기결정 권리를 존중하며 내담자가 내린 결정의 결과를 이해하도록 돕는다. 가족상담자는 내담자 스스로 동거, 결혼, 이혼, 별거, 화해, 양육권, 면접교섭권과 같이 관계에 대해 결정할 책임을 갖도록 조언한다."라고 제시한다. 이 조항에는 상담자가 '관계'에 대해 내담자가 결정할 책임을 갖도록 '조언'할 필요가 있다는 내용이 있다. 어떤 내담자는 상담자가 자신을 위해 어떤 결정을 내려 주기를 원할 수 있고 반대로 어떤 상담자는 너무 쉽게 특정 선택을 하도록 강요할 가능성이 있기 때문에 '조언'이라는 말이 중요하다. 가족상담자가 가족 변화과정에서 마주치는 가장 어려운 윤리적 딜레마는 내담자가 이혼 이야기를 꺼낼 때다. 이때 가족상담자가 윤리적 성실을 지키기 위해서는 무엇보다 배우자

간의 관계를 우선시하고 상담해야 하며, 그래서 부부관계를 신중히 사정하고 부부관계를 통해 작업하며 부부가 자신의 결혼생활을 평가하도록 돕고, 계속 살기로 하든 이혼을 하기로 하든 결정하도록 도와야 한다(Negash & Hecker, 2010).

가족상담자가 변화를 촉진하면서 마주치게 되는 또 하나의 윤리적 갈등상황은 변화과정에서 가족체계 내 스트레스가 증가하고 가족원들이 불안과 불편을 심하게 느낄 때다. 부부와 가족이 특정 가족원을 문제의 원인으로 여겨 희생양으로 삼을 때 가족의 경직된 항상성적 균형을 깨고 가족관계를 근본적으로 변화시킬 필요가 있다. 이 과정에서 가족원 개인의 스트레스가 위험 수준까지 증가하고 증상이 더 심해질 수 있다. 상담자는 가족이 불안과 긴장을 이겨 냄으로써 가족이 역기능적 상호작용에서 벗어날 수 있도록 도와야 한다. 또 내담 가족이 상담 시간 내 스트레스를 더 많이 받을 경우, 상담자는 상담이 끝났을 때 내담자의 행위에 관심을 가져야 한다. 가족원은 상담 동안 노출을 하라는 압박을 받을 때 배우자나 다른 가족원 앞에서 당황, 불안, 존중의 상실로 고통을 받을 수 있다. 분노나 부정적 감정을 표현하거나 가족원 간에 서로 직면하게 하는 것은 가족상담에서 흔히 일어날 수 있는데, 이것을 상담 회기에서 해결하지 못하면 적대감과 상처를 오히려 강화시킬 수 있다.

가족상담에서 전체 가족체계의 기능 향상을 위해 중심인물(IP)이나 다른 가족원이 위험을 무릅써야 하는 정도에 따라 문제가 악화될 수도 있다. 악화와 재발은 다른데(Gurman & Knistern, 1978), 악화는 상담을 받는 동안 증상이 부정적으로 변화하거나 더 심해지는 것을 말하며, 반대로 재발은 치료 후에 문제가 치료 전의 수준으로 돌아가는 것을 말한다. 상담자에게 더 심각한 윤리적 문제는 재발보다 악화다. 재발은 치료가 효과적이지 않았지만 반드시 해로운 것은 아니었음을 나타내기 때문이다. 적극적이고 지시적인 변화 대행자 역할을 하는 가족상담자는 문제를 악화시킬 가능성이 더 크다(Wilcoxon et al., 2012). 이러한 가능성들을 충분히 다루지 못하는 상담자는 가족문제해결에 대한 언급 없이 상담을 조기에 종결할 위험이 있다. 특히 사전 동의서를 작성할 때, 상담자는 상담 회기 동안 스트레스가 가중될 수 있고, 가족의 항상성적 균형이 깨어져 일시적으로 문제가 악화될 수도 있다는 등을 내담자에게 알려 주어야 한다. 또 사적인 가치(예, 종교적 성향, 가부장적 가치)에 기반하여 변화를 촉진하는 것은 내담자를 착취하는 것일 수 있으며, 내담자 돌봄과 윤리적 적절성에서 상당히 벗어났음을 나타내므로 상담자 자신의 편견에 대해 자각할 필요가 있고, 가족상담적 접근의 위험과 이익의 균형을 고려하여 윤리적으로 신중히 접근해야 한다.

2) 비참여 가족원의 소집 여부

가족상담 실천에서 독특한 또 하나의 측면은 문제해결을 위해 중요한 가족원들을 모두 소집하느냐의 여부다(Peterson, 2001; Wilcoxon et al., 2012). 가족문제를 해결하기 위해 부부와 가족원 모두가 상담을 요청하는 것이 아니라, 스트레스를 더 많이 받는 사람이 대개 상담을 요청한다. 그렇기에 많은 가족상담자는 상담 초기 중요한 가족원이 다음번 상담에 참여하도록 소집해야 할 것인가의 갈등에 직면하게 된다. 비참여 가족원의 소집은 여러 면에서 중요하다. 관계에 대해 적절히 사정하기 위해서는 관계의 중요한 구성원들이 출석할 필요가 있고, 부부나 전 가족원의 소집은 제시된 문제와 그에 대한 상담의 체계론적 본질을 상징적으로 표현하며, 상담이 일단 진행되면 비참여 가족원을 불러 모으는 것은 점점 더 어렵고, 소집은 저항을 효과적으로 관리하는 상담자의 능력과 헌신의 첫 번째 시험을 나타내기 때문이다.

가족상담자가 모든 가족원을 상담에 참여시키고자 하는 것은 내담자의 자발적 참여라는 윤리원칙과 충돌한다. 그러나 상담자는 상담이 어떻게 진행될 것인가를 조사하기 위해 적어도 초기 사정회기에 비참여 가족원이 참여하도록 독려할 필요가 있다. 상담자는 무엇 때문에 어떤 가족원은 참여하고 또 다른 가족원은 상담에 참여하고 싶어 하지 않는지 고려할 필요가 있다. 일반적으로 느끼는 불안, IP만을 대상으로 한 개인상담 주장, 상담을 먼저 시작한 가족원의 노력 부족, 제시된 문제의 부인, 참여한 가족원이 다른 가족원을 배제시키고자 은밀히 조정하는 상황 등이 이유가 될 수 있다.

가족을 소집하는 과정에서 제기되는 가장 흔한 윤리적 딜레마는 상담자가 가족의 모든 구성원과 작업한다는 원칙을 주장할 때다. 이 경우 어떤 가족원이 상담참여를 원하지 않으면, 자발적으로 상담받기를 원하는 가족원에게도 상담을 하지 않아야 하는가? 상담과정에서 비참여 가족원을 부를 것인지에 대한 상담자의 결정은 문제 정의와 관련이 있다. 가족상담자가 어떤 모델을 사용하든, 치료적 변화를 위해 상호작용 관점을 취한다는 것은 가족원들을 모두 소집하기 위한 노력을 기울여야 한다는 것을 의미한다. 많은 경우, 상담에 불참한 가족원은 제시된 문제나 증상에 기여한 자이며, 문제를 정확히 파악하고 효과적으로 개입하기 위해 매우 중요하다.

일부 가족상담자는 가족원이 모두 참여하지 않으면 상담을 거부한다. 이 상황은 가족의 역동을 중시하는 상담자의 가치와 내담자의 자율 및 자기결정권이 서로 충돌하는 윤리적 딜레마 상황이다. 상담자가 비참여 가족원을 불러 모으는 것은 내담자의 자발적 참여 권리에 도전하는 것이며, 반대로 가족원이 모두 참여하지 않는다고 상담을 하지 않는 것은 상담자가 전문적 도움을 필요로 하는 사람에게 헌신해야 한다는 윤리원칙을 위반하는 것이다(Negash & Hecker, 2010). 또 상담자가 상담을 받고자 하는 가족원들에게 상담을 보류하는 것은 비참여 가족원들과의 동맹을 암시할 수 있으므로 윤리적 문제가 될 수 있다(Huber, 1994).

한편, 상담을 보류하는 것이 상담을 원하는 부부와 가족원에 대한 서비스를 부정하는 것이고 상담자와 불참한 가족원 간의 암묵적 동맹을 야기할 위험이 반드시 있는 것은 아니다. 상담참여를 원하지 않는 가족원을 참여시키는 두 가지 전략이 있다(Teismann, 1980). 하나는 상담자가 비참여 가족원에게 직접 요청하는 대신 관계자나 의뢰기관을 통해 간접적으로 상담에 참여하도록 독려하는 것이다. 두 번째는 상담자가 비자발적 내담자를 직접 움직여 상담에 참여하도록 하는 것이다. 상담에 참여하면 위협을 느낄 가능성은 줄어들고 개인적으로 이득이 있음을 설득하는 것이다. 처음에 직접 만나 상담참여의 매력을 충분히 설명해 줄 수 있으면 좋은데, 이때 개인의 강점과 가능성을 확인시켜 주고 관계 안에서의 위치와 중요성에 대해 말해 주면 도움이 된다. 예를 들어, 상담자는 비참여 아버지에게 아들이 강하고 능력 있는 남성역할 모델이 필요하며 아버지만이 그 모델이 될 수 있다고 말해 준다. 상담자의 이러한 설명은 흔히 비자발적 내담자가 상담에 참여할 목적의식을 갖게 한다. 또한 상담자는 상담에 불참하면 잃는 것이 있고 부차적인 문제가 생길 수 있음을 주지시킬 수 있다. 중요한 가족원을 상담에 불러 모으기 위한 이러한 시도가 모두 성공하지 못할 때에도 상담자는 상담을 하지 않기보다 상담을 원하는 가족원에게 상담을 할 수 있지만, 관계 문제에 대한 개인적 접근은 가족상담 접근보다 효과가 확실히 덜하다는 사실을 주지시킬 필요가 있다(Wilcoxon et al., 2012).

네가쉬와 헤커(Negash & Hecker, 2010)도 이런 상황에서 생길 수 있는 윤리적 위반을 최소화하기 위해 몇 가지 방법을 제안하였다. 우선 상담자는 상담 초기 중요한 가족원이 모두 상담에 참석하도록 독려하기 위해 참석한 가족원과 함께 비참여 가족원을 상담에 오게 할 계획을 세운다. 또한 상담자는 비참여 가족원에게 가족상담 참석의 효과에 대한 연구 결과를 제공하고, 상담에 참석하도록 공식적으로 요청한다. 비참여 가족원을 위해 녹음이나 녹화를 하여 듣게 하거나 보게 하는 것도 도움이 된다. 만일 상담자가 가족 모두가 상담에 오기를 바라는데 모두 오지 않을 경우에는 적절한 기관에 내담자를 의뢰해야 한다.

3) 역설적 기법의 사용

가족상담, 특히 전략적 가족상담(Haley, 1976)은 가족이 상담에 순응하지 않을 때 변화를 도입하기 위한 시도로 역설적 기법을 사용한다. 이 기법은 역기능적 행동 패턴을 차단하거나 변화시키기 위해 겉으로 보기에는 비논리적 수단을 사용함으로써 증상을 확대시키는 의도적 개입이며 상담자는 문제에 대처하기보다 문제행동을 더 많이 하도록 부추긴다.

가족상담 시 역설의 사용은 윤리적 논쟁의 이슈가 되어 왔다(Keim, 2000). 부부나 가족에게 이렇게 상호작용하는 것이 일면 도움이 된다고 설명하면서 역기능적 행동 패턴을 계속하라고 제안하는 것은 문제해결에 대한 부부나 가족의 기대와 반대되는 개입처럼 여겨진다. 역설적 개입을 윤리적이고 책임 있게 사용하기 위해 상담자는 관계체계 내 증상의 역할에 대한 철저한 이해, 역설 사용에 대한 이론적 접근, 임상에 대한 충분한 지도감독(수퍼비전)과 지속적인 자문을 기초로 한 능력과 경험을 갖추어야 한다. 어떤 상담자는 내담자를 기만하고 조종하기 위해 역설적 개입을 사용하는데, 이 경우 상담자는 성실(integrity)의 윤리 원칙을 위반하는 것이 된다(Wilcoxon et al., 2012).

역설적 개입이 비윤리적인 경우는 명백한 설명이나 이론적 근거 없이 제한된 자료를 기초로 즉석에서 충동적으로 사용되는 상황이다. 그러나 가족체계 내 증상의 역할을 충분히 이해하는 상담자가 역설적 기법을 신중하고 계획된 방식으로 사용하면 윤리적이고 치료적이라 할 수 있으며, 역설적 기법이 해로운 결과를 가져오지 않는 경우 윤리적으로 정당화될 수 있다(Doherty & Boss, 1991; Goldenberg & Goldenberg, 2002에서 재인용). 다만, 상담자가 내담자의 자율성을 위반하는 기만적인 수단을 통해 내담자에게 부적절한 권력을 행사하기 위해 역설적 기법을 사용하면 윤리적으로 문제가 된다. 즉, 역설적 기법이 내담자의 자율을 침해하고 상담자의 신용을 손상시키는 방법으로 사용된다면 윤리적인 문제가 제기될 수 있다. 역설적 개입은 신중하게 처방하고, 적절한 시간에 맞추어 설득력 있게 전달되고 시행되어야 한다. 역설적 개입을 하기 위해서는 상담자가 먼저 능동적이고 직접적인 개입을 하는 데 필요한 기술을 지녀야 한다 (Goldenberg & Goldenberg, 2002).

역설적 개입 시 상담자는 부부나 가족원에게 선택적으로 노출할 필요가 있다. 그렇다고 상담자가 윤리적이기 위해서 내담자에게 모든 것을 노출할 필요는 없다. 다만, 상담자는 훈련된 전문가로서의 역할을 하면 되고 내담자와 동등한 파트너가 될 필요는 없다. 또 상담자는 역설적 개입 시 윤리적 적합성을 갖기 위해서 내담자에게 미칠 수 있는 위험에 대해 잘 알고 있어야 한다(Wilcoxon et al., 2012).

3. 부부 및 가족상담의 독특한 윤리적 딜레마 상황

1) 가정폭력

가족상담자가 마주치는 복잡하고 어려운 윤리적 원칙과 실천문제의 대표적 상황은 가정폭력이다. 가정폭력은 자녀학대나 노인학대를 포함하여 여러 형태가 있지만, 여기서는 주로 아내학대와 폭력에 초점을 둔다. 가족상담자가 가정폭력 사례를 다룰 때, 문제가 개인에게 있지 않고 가족원 간의 상호작용에 있으며 상담자의 중립성이 중요하다고 가정하는 전통적인 가족체계론적 시각과는 충돌하는 입장에 있다. 또 가해자에게서 피해자를 분리시키려는 상담자의 시도는 상담자의 내담자 보호와 내담자의 자기결정 존중 간의 윤리적 딜레마 상황에 처하게 한다. 보챔프와 차일드리스(Beauchamp & Childress, 2009; Wilcoxon et al., 2012에서 재인용)는 상담자의 어떤 행위가 내담자의 복지를 최우선으로 할 수 있을지 결정하는 데 도움이 되는 다섯 가지 원칙을 제시하였다. 첫째, 선행의 원칙으로, 상담자가 내담자의 이익과 복지를 촉진하는 것이다. 가정폭력 문헌에 따르면, 가해자와의 분리가 피해자의 심리적 성장을 극대화하고 관계를 보다 더 객관적으로 사정할 수 있으며 상해나 사망이라는 즉각적 위험의 가능성을 줄일 수 있다. 둘째, 악행금지의 원칙으로, "그 무엇보다 해를 입히지 말라."라는 문구로 요약될 수 있다. 즉, 피해자에게 명백히 위험한 상황을 떠나지 말라고 하는 것은 이 윤리원칙을 위배하는 것이다. 상담자가 개인적으로 해를 입히지는 않겠지만, 앞으로 학대를 당할 가능성이 충분한 상황에 피해자를 그대로 두는 것도 이 윤리원칙을 위반하는 것이다. 셋째, 정의의 원칙으로, 똑같은 욕구를 가진 내담자는 상담자에 의해 어떤 차별도 받아서는 안 된다. 그러나 독특한 욕구를 가진 내담자는 특별한 개입이 요구되는 고유의 치료를 받을 자격이 있다. 가정폭력 피해자는 폭력 환경에 살아감으로써 수반되는 심리적 어려움 때문에 독특한 특성과 욕구를 보이므로 정의의 원칙에 의해 피해자를 지속적으로 지지할 필요가 있다. 넷째, 충성의 원칙으로, 내담자에 대한 상담자의 충성이 중요하다. 구타 피해 여성은 일반적으로 구타 남편이 그 누구라도 유혹할 수 있다고 믿는다. 상담자는 가해 남성과 사적 관계를 맺거나 결혼생활을 유지하도록 이끌기보다 피해 여성에게 먼저 충실할 것이라는 점을 확신시켜야 한다. 또한 충성은 상담자가 내담자에게 진실할 것을 요구하는데, 상담자는 피해 여성에게 구타 남성에게 돌아가는 것은 위험하며 심리적으로 도움이 되지 않는다는 연구 결과를 알릴 의무가 있다. 다섯째, 자율의 원칙으로, 개인은 자신의 의사결정이 다른 사람의 권리를 위반하지 않으면 스스로 결정할 권리가 있음을 의미한다. 피해 여성에게 집을 떠나라고 말하는 것은 개인의 자율을 침해하는 것일 수 있다. 피해자의 자율성 존중은 피해자의 취약하고 의존적인 성격 때문에 더 중요하다고 할 수 있다. 내담자의 자율 권리는 심리적 유능성 수준에 의해 영향을 받는데, 가정폭력 피해자는 흔히 학습된 무기력감을 경험한다. 이때 가족상담자는 피해 여성이 자율적 결정능력이 있는가라는 질문을 하게 된다. 가정폭력 피해자는 극도의 공포상태에서 옴짝달싹 못하는 상태에 처하게 된다. 이 경우 특정 시점에서 상담자는 필요한 정보를 찾아 신뢰로운 관계를 바탕으로 한 결정을 해야 한다. 그렇지 않고 결정을 미루거나 하지 않게 되면 이는 선행이라는 기본적 윤리 원칙과 상충한다.

가정폭력 피해자를 대상으로 상담자가 내담자를 대신하여 '더 나은 삶'을 선택하도록 도울 때 제기되는 윤리적 딜레마의 핵심은 상담자의 결정이 그다음에 무엇을 확실히 보장하는가다. 상담자는 피해자가 이상적으로 더 좋은 삶을 살도록 처방할 의무가 있는가? 많은 경우, 결정의 핵심은 내담자 안전의 문제와 자율의 문제가 겨루게 되는 것이다. 가정폭력 사례를 다룰 때 윤리적 딜레마에 대한 의사결정과 관련된 네 가지 과정이 있다(Kitchener, 1986). 첫째, 특정 상황에 대해 윤리적 결정이 필요하다고 해석할 수 있는 민감성, 지식, 지각과 관계된다. 상담자는 다양한 관계 패턴에서 발생하는 가정폭력의 발생 현황 및 그것이 유발하는 해로움의 체계적 본질에 대해 민감성, 지식, 인식을 지녀야 한다. 둘째, 행위의 윤리적 과정을 체계화하는 것이다. 가정폭력 사례의 경우, 상담자가 선택한 행위의 과정은 윤리강령, 기본 윤리원칙, 윤리이론에 비추어 철저히 검토되어야 한다. 어떤 경우든 피해자의 안전을 지지하는 결정은 정당화된다. 셋째, 결정을 할 때 개인적 가치와 전문적 가치를 통합하는 것이다. 애매한 결정에서 비롯되는 불공평과 불균형을 다루어야 하기 때문에 이 과정은 특히 중요하다. 문제가 분명하고 절차가 확립되어 있으면 윤리적 딜레마는 일어나지 않는다. 의무, 가치, 관점, 전통이 충돌하는 경우 명확성이 부족하고, 이 경우 가장 경험이 많은 상담자도 좌절감을 느낄 수 있다. 이 과정에서 행동에 대해 헌신할 필요성을 전달하기 위해 '통합'이라는 용어가 강조된다. 넷째, 마지막 결과인 행동이다. 상담자가 가정폭력에 관한 공평성의 균형을 이루어야 하는 자신의 역할을 검토하게 되면 상담자의 안전에 대한 옹호는 정당화될 수 있고 근거를 갖게 된다.

마지막으로 가정폭력에 대한 가족상담이 윤리적 실천이 되기 위해서는 다음과 같은 네 가지 상호 연관된 입장이 필요하다(Wilcoxon et al., 2012). 첫째, 가족 내 폭력이 있을 때면 언제라도 상담의 분명한 목적은 폭력의 중단이며, 둘째, 가정폭력이 상담의 초점일 때 중립성이 주요한 상담절차가 되어서는 안 된다는 입장이며, 셋째, 상담자는 폭력행동에 대한 개인의 책임을 주장함에 있어 자신의 윤리적 판단을 이용해야 한다는 것이고, 넷째, 폭력행사 가족원이 폭력을 하지 않겠다는 약속을 할 수 없다면 가족상담은 바람직하지 않다는 것이다. 가정폭력은 가족생활의 기반, 가족 구성원들의 안전에 대한 책임을 가족이 기꺼이 맡고자 하는 것을 무너뜨릴 수 있다. 그러므로 상담자는 중립성이 아니라 옹호의 자세를 취해야 한다. 비록 대부분의 가족상담자 훈련이 부부 중 한 사람을 옹호하지 못하도록 한다고 하더라도, 폭력이 있을 때 가장 중요한 개입은 폭력에 대한 책임이 누구에게 있는가에 대해 강하고 분명한 메시지를 전달하는 것이다. 한편, 피해자가 집에 남아 있기를 원하면 안전, 재교육, 지지를 촉진하는 상담적 개입이 매우 중요하다. 일시적인 분리도 권장할 만하며, 그다음에는 부부집단 상담을 받는 것이 폭력을 줄이는 데 큰 도움이 된다.

2) 아동이 포함된 가족상담

아동이 포함된 가족상담 시 상담자에게 윤리적으로 도전이 되는 문제는 아동 개인과 가족의 복지 모두에 주의를 기울여야 된다는 점, 가족의 중요한 결정을 위해 성인의 권리를 존중해야 한다는 점, 미성년자가 상담에 포함될 때 동의와 비밀보장의 복잡성에 대해 이해해야 한다는 점, 전문적 능력과 성실성에 기초하여 임상실천을 하여야 한다는 점, 상담자의 개인적 가치와 욕구가 부적절한 영향을 미칠 수 있음을 주시하여야 한다는 점이다(Woody & Woody, 2001a).

부모가 자녀를 상담에 데려올 경우, 상담자는 먼저 문제가 아동 개인의 문제인지 아니면 가족체계에서 비롯된 문제인지 그 정도를 평가해야 하며, 그 다음에 상담단위를 결정해야 한다. 가족은 아동문제와 해결의 일부분일 수 있으나 증상 완화를 위해 아동 개인상담이 필요할 때도 있다. 아동은 부모, 학교, 종교인, 법원 혹은 제삼자나 기관의 요구에 의해 상담을 받으러 가기 때문에 가족상담과 아동상담에서 분명한 것은 아동이 자발적 내담자인 경우는 거의 없다는 점이다(Hecker & Sori, 2010).

아동을 포함한 가족상담 시 고려해야 하는 윤리적 이슈는 크게 세 가지다. 내담자 단위의 결정, 비밀보장, 사전 동의에 관한 것이다. 첫째, 내담자 단위의 결정은 아동을 포함한 가족상담에서 누가 내담자인가의 이슈로 흔히 상담 목표를 설정할 때 생기는 갈등이다. 상담자는 자신이 세운 목표를 따를 것인가? 아니면 아동의 목표나 아동을 위한 부모의 목표를 따를 것인가? 만일 아동이 상담 목표를 말하지 못하면 상담을 계속해야 하는가? 언제 그리고 어떻게 부모와 가족은 상담에 통합해야 하는가? 실제로 문제 아동과 가족을 통합하여 상담하는 것은 쉽지 않으며, 학교나 법원 같은 외부기관까지 개입하면 어려움은 더 복잡해진다. 아동을 상담에서 제외하는 것도 문제가 될 수 있다(Hecker & Sori, 2010). 연구 결과(Johnson & Thomas, 1999)에 따르면, 아동 자신이 상담의 초점이 될 때조차 아동은 가족과 함께하는 상담에 참여하고자 하는데, 실제로 많은 아동은 가족상담에서 배제되는 경향이 있다. 그 이유는 아동이 함께하면 상담자가 편안하지가 않고, 아동중심 가족상담에 대한 적절한 훈련을 받지 못했기 때문이다. 따라서 가족상담자는 가족체계 맥락에서 아동을 성공적으로 개입시키고 상담하는 데 필요한 훈련을 받을 윤리적 책임이 있다. 내담자 단위의 결정은 상담의 전 과정에 영향을 미친다. 문제 사정은 아동 개인의 입장에서 상담할 것인가, 아니면 가족체계의 관점에서 상담할 것인가의 이슈를 포함한다. 심리평가 도구, 상담 방식, 치료적 개입, 진단명은 누구(아동, 가족체계, 부모체계, 외부기관)를 상담할 것인가에 관한 상담자의 관점에 따라 다르다. 아동에게 진단명을 붙이는 것은 평생 영향을 미칠 수 있고 또 상담자의 능력과 사례개념화는 장기적인 영향을 미칠 수 있다(Hecker & Sori, 2010). 한편, 가족체계론적 상담자는 전체 가족을 보는 것을 옹호하며, 아동이나 청소년을 따로 보는 것이 반치료적이라고 믿는 경향이 있다. 아동의 많은 문제는 가족체계의 역기능에서 비롯되므로 가족상담을 받으면 약화될 수 있으나 가족상담이 성공을 한 후에도 아동은 계속 증상을 보일 수 있다(Sori, Dermer, & Wesolowski, 2006). 그렇기에 아동문제에 대해 가족체계론적 상담만 고집하는 것은 윤리적, 임상적 문제를 야기할 수 있다. 예를 들어, 상담자가 부모를 배석하지 않고 미성년자만 개인적으로 만났을 때 미성년 자녀들의 대부분이 자살구상에 대해 털어놓았다. 또 아동이나 청소년의 자살시도의 84%는 부모가 배석하지 않았을 때의 면담에서 드러났다(Hecker & Sori, 2010).

둘째, 상담에 대한 사전 동의에 관한 것으로, 미성년 자녀와의 상담을 시작하기 위해 부모의 동의가 필요하다. 일반적으로 부모 중 한 사람이 자녀의 정신건강 상담을 받을 권리를 갖는다. 그러나 미성년 자녀와의 상담에 대한 동의를 부모 모두에게 받는 것이 더 좋다. 이혼한 경우나 자녀양육권 문제의 경우, 양육부모가 비양육부모의 동의 없이 자녀를 상담에 데려올 수 있다. 아직 이혼은 하지 않고 공동양육을 하고 있는 경우, 부모 중 누구라도 자녀를 상담에 데려올 수 있다. 아동에 대한 상담 내용의 공개나 노출 또한 부모의 동의가 필요하다.

셋째, 비밀보장의 이슈로 상담에서 얻은 내담자의 개인정보를 노출하지 않겠다는 윤리적 의무다. 미성년 자녀가 개인회기에서 노출한 비밀은 어느 정도 지켜야 하는가? 미성년과의 상담 시 부모는 상담의 비밀보장에 대한 설명을 들을 권리가 있다. 아동을 포함한 가족상담 시 비밀보장을 정의하는 여섯 가지 방법 (〈표 10-1〉 참조)이 있으며(Hendrix, 1991; Sori & Hecker, 2006에서 재인용), 이 과정은 상담 시작 전에 문서로 정의되어 전달되고 동의를 받아야 한다.

아동을 포함한 가족상담에서 윤리적으로 고려해야 하는 몇 가지 다른 이슈를 살펴보면 다음과 같다. 첫째, 학대가 의심될 때 관련 기관에 신고하는 것이다. 아동학대는 신체적 학대, 성적 학대, 방임을 포함하는데, 상담자가 윤리적으로 곤란한 경우는 아동학대가 분명히 드러나지 않는 경우다. 예를 들어, 심하고 습관적인 폭언, 적대적이고 거부적인 훈육, 부적응적 행동(무단결석, 약물남용)을 하도록 방치하는 것 등이 학대인지의 여부에 대해 혼란스러울 수 있다(Hecker & Sori, 2010).

둘째, 상담 시 아동을 신체적으로 접촉하는 경우다. 아동을 신체적으로 접촉하지 않고 상담하는 것은 쉽지 않은 일이나, 그것은 윤리적 딜레마를 야기할 수 있다. 부모는 아동에 대한 접촉을 허용하는가? 아동에게 성인의 부정적인 신체접촉 경험은 없었는가? 신체적 접촉 전에 상담자는 항상 누구의 욕구를 충족시키기 위한 것인지 스스로 체크해야 하며, 당연히 아동의 욕구가 최우선이 되어야 한다. 아동에 대한 신체적 접촉에서 오는 윤리적, 전문적 이슈는 다음과 같다 (Hecker & Sori, 2010).

- 경계: 상담자는 상담적 접촉을 함으로써 친밀감을 향상시킬 때와 부적절하게 신체적 접촉을 할 때의 경계를 어떻게 알고 있고 어떻게 구분하고 있는가?
- 성별: 이성 간의 신체적 접촉이 동성 간 접촉보다 경계위반의 위험이 더 크다고 여겨진다.
- 내담자의 배경: 학대 경험이 있는 아동은 그렇지 않은 아동에 비해 신체적 접촉을 매우 다르게 해석할 것이다. 상담자는 그런 접촉을 위협으로 보는 아동에게 더 큰 상처를 주지 않아야 한다.
- 사전 동의: 상담자는 어른들 간에 경계가 있는 것처럼 아동의 경계도 존중

ooo **표 10-1** 상담자, 아동, 부모 간 비밀보장 동의 형태

비밀보장 형태	부모와 공유하는 것	장점	단점
완전한 비밀보장	법에서 명하는 정보만 부모와 공유	아동은 보복에 대한 두려움 없이 상담 시 더 많은 개인정보를 노출할 것임	상담자는 부모에게 중요하다고 생각하는 자녀의 정보(예, 임신, 약물남용)를 알 수 있지만 활용할 수 없음
제한된 비밀보장	일부 정보를 부모와 공유하지만, 상담을 시작할 때 아동은 부모에게 무엇이 노출될 것인지 알 권리를 포기함	상담자가 비밀을 다룰 능력을 더 많이 갖게 되며, 위험하거나 해로운 상황에 있는 아동을 돕는 데 있어서 부모를 도울 수 있음	아동은 이러한 동의를 하도록 강요받는다는 느낌을 가질 수 있으며, 중요한 정보를 상담자에게 덜 노출할 것임
고지된 비밀보장	상담자가 부모에게 정보를 노출하기 전 아동이 설명을 듣지만, 노출에 관한 결정을 할 때 아동은 아무 의견도 내지 못함	상담자는 비밀을 활용할 능력을 전적으로 갖게 되며, 아동에게 비밀노출의 중요성을 설명할 기회를 가짐. 부모는 위험하거나 해로운 상황에 있는 아동을 도울 수 있음	아동은 이 상황에서 어떤 권한도 갖지 못하며, 중요한 정보를 상담자에게 덜 노출할 것임
비밀보장 없음	어떤 정보든 공유될 수 있음	상담자는 적당한 때 모든 정보를 활용할 능력을 전적으로 가짐	아동은 이 상황에서 어떤 권한도 갖지 못하며, 중요한 정보를 상담자에게 덜 노출할 것임
상호 동의한 비밀보장	상담 시작 시 상담자, 부모, 아동이 공유하기로 동의한 정보만 노출(법에서 명하는 정보는 당연히 포함됨)	부모와 아동 모두 이 상황에서 어떤 권한을 가졌다는 느낌. 아동은 부모와 어떤 정보가 공유될 것인가를 미리 알게 됨	동의한 정보 밖의 정보가 노출될 수 있으며, 상담자가 부모에게 그것을 지킬 때 불편해 할 것임
최대 이익 비밀보장	상담자가 건강, 복지, 중요한 관계에 관하여 아동의 최대 이익을 위해 공유될 필요가 있다고 여기는 것만 공유	부모와 아동은 무엇이 공유되고 어떤 것이 비밀유지가 될 것인가에 대해 확실하지 않을 수 있음	아동이 자신에게 최대 이익이라고 상담자가 마음속으로 생각하는 것을 믿을 수 없을 가능성 있음. 혹은 무엇이 최대 이익에 포함되는지 분명하지 않고, 그래서 사적 정보 노출이 천천히 혹은 급작스럽게 이루어질 수 있음

출처: Hendrix (1991), Hecker & Sori (2010)에서 재인용.

해야 하며, 아동을 껴안거나 만져도 되는지 물어보아야 한다. 또한 치료적
접촉에 대한 부모의 입장을 물어보는 것도 좋다.

• 상담자의 자기보호: 상담자는 신체적 접촉이 만약의 경우 법적 현장에서 어
떻게 해석될지 생각해 보아야 한다.

• 권력의 차이: 상담자는 아동과의 권력 차이에 대해 인식해야 하며 어떤 종류
의 착취도 하지 않도록 주의해야 한다.

3) 정신장애 진단명의 사용

가족상담 시 가족원 개인에 대해 정신장애 진단을 해야 하거나 가족이 정신
장애 진단을 요청하는 경우가 있다. 가족원 개인에게 내려진 진단명은 소송 또
는 가족 내 권력다툼의 형태로 사용되기 때문에 가족상담 시 중요하게 고려되어
야 하는 윤리적 사항이다(Goldenberg & Goldenberg, 2002). 또한 정신장애 진단
을 위한 편람(DSM-IV-TR, American Psychiatric Association, 2000)은 개인의 정신
장애에 초점을 두기 때문에 가족상담자의 정신장애 진단은 치료적 지향의 불일
치, 진단에 대한 부정적 인식, 진단능력의 문제라는 윤리적 문제를 야기할 수 있
다(Wilcoxon et al., 2012).

첫째, 치료적 지향의 불일치라는 윤리적 문제를 보면, DSM은 정신장애에 대
한 개인주의적 관점에 근거하여 개인에게서 역기능이 발생한다고 보는 반면, 가
족상담은 체계이론에 근거하여 문제는 개인 간의 상호작용 혹은 가족체계의 역
기능에서 발생한다고 보기 때문에 두 시각은 완전히 충돌한다. 또한 DSM은 IP
에 초점을 두지만, 가족상담은 문제가 가족 안의 모든 구성원을 포함한다고 본
다. 그리하여 많은 가족상담자는 개인에게 정신장애가 있다고 진단하는 것은
역기능적 가족체계를 영속시킬 것이며, 다른 가족원은 변화에 대한 동기를 갖지
않게 할 것이라고 생각하는 경향이 있다(Negash & Hecker, 2010). 그러나 가족상
담자는 때로 자신이 일하는 기관에서 내담자의 정신장애 진단을 요구받기도 한
다. 이 경우 가족상담자가 순수한 가족체계론적 시각을 고집할 경우 어려움을

겪을 것이다. 그러나 체계이론을 보다 폭넓은 관점에서 보면, 가족체계뿐 아니라 더 큰 사회체계까지 확대할 수 있고, 상담자는 자신의 전문적 가치와 더불어 기관의 가치도 받아들일 수 있다. 가족상담자가 서로 상호작용하는 다양한 체계수준으로서 개인, 가족, 더 큰 사회체계를 통합하는 입장을 가질 경우 DSM의 시각과 양립할 수 있을 것이다(Beach & Kaslow, 2006).

둘째, 진단에 대한 부정적 인식과 관련된 윤리적 딜레마다. 가족상담자는 가족원들이 DSM 진단을 어떻게 지각하고 어떻게 사용할지 잘 알고 있어야 한다. 한 가족원에 대해 진단(예, 주요 우울증)을 내리면 그 가족원에 대한 비난이 줄어들 수 있다. 왜냐하면 그 사람의 고립이나 사회적 위축 행위를 '병'과 '보살핌을 받지 못함'으로 볼 수 있기 때문이다. 한 가족원이 '병'을 앓는 것으로 받아들이면 가족상담에 다른 가족원들의 참여를 쉽게 유도할 수도 있다. 또 가족원들은 병에 대한 가족체계론적 개념화로 인한 비난을 덜 느낄 수 있다. 그러나 그것이 가족원 개개인의 책임이 없다는 변명으로 잘못 사용되어서는 안 된다. 가족상담자는 진단에 대한 부정적 인식을 고려하여, DSM을 적용할 때 진단에 붙은 편견에 대해 잘 알고 있어야 한다. 진단에 대한 낙인과 관련된 문제에 접근하기 위해 가장 윤리적인 방법은 내담자 및 가족원들과 함께 DSM 진단의 위험에 대해 직접 논의하는 것이다. 즉, 가족상담자는 상담을 시작할 때 사전 동의서 작성의 일부로서 DSM 진단의 이익과 위험에 대해 말해 주어야 한다(Wilcoxon et al., 2012).

셋째, 진단능력과 관련된 윤리적 딜레마다. 미국부부가족치료학회 윤리강령 3.11항에 따르면 '부부 및 가족상담자는 자신의 능력 밖의 문제에 대해 진단하거나 상담하거나 조언하지 않는다'고 규정되어 있다. 그러나 많은 가족상담사들은 관련 분야에서 훈련을 받았고, 훈련의 일부로서 정신병리와 DSM 진단에 대한 공부를 하였다. 또한 미국부부가족치료학회 임상회원의 기준은 정신병리와 진단에 대해 알고 있을 것을 요구한다. 그러나 진단능력은 고정되어 있는 것이 아니라 지속적인 교육과 훈련의 기회를 통해 최신 정보를 습득하고 실천할 때 보장되는 것이다. 가족상담자는 개인의 심각한 정신병리 증상의 중요성에 대해 인식하고 이해할 수 있어야 하며 그래서 필요하면 적절히 의뢰할 수 있어야 한다. 많은 문제들이 가족체계 요소에 의해 악화될지라도, 가족상담자는 문제가 더 심각해지는 것을 예방하기 위해 우울증이나 자살, 정신분열증 같은 심각한 정신병리를 진단할 수 있는 기술을 갖추어야 한다. 따라서 정신병리나 이상행동 그리고 DSM 사용에 대한 적절한 훈련을 받지 못했거나 최근 갱신된 부분에 대한 훈련을 받지 못한 가족상담자는 적절한 기술과 지식을 획득함으로써 진단 능력을 향상시키기 위해 모든 노력을 기울여야 한다. 그리하여 DSM과 가족상담 간의 상호작용이 필요할 때 일어날 수 있는 윤리적 딜레마를 잘 다룰 수 있어야 한다(Wilcoxon et al., 2012). 미국의 연구 결과에 따르면, 가족상담자는 대부분 개인의 문제를 윤리적이고 효과적으로 파악하고 상담하기 위해 DSM 진단에 대해 잘 알고 있다. 또한 정신과 진단을 받은 개인도 가족상담을 받을 수 있으므로 가족상담자가 DSM 진단을 할 때에도 가족체계이론을 제쳐 놓을 필요는 없다(Negash & Hecker, 2010).

4. 후기 가족상담에서의 윤리

초기 가족상담이 일반체계이론과 사이버네틱스를 기초로 발전하였고 많은 부분이 모더니즘 사조를 반영하고 있는 반면, 후기 가족상담은 포스트모더니즘 시각에 입각한 후기구조주의와 사회구성주의를 기초로 발전하였다. 마찬가지로 가족상담 윤리에 대해서도 초기와 후기 가족상담 이론가들은 입장을 달리한다. 모더니즘이 보편성, 절대적 진실, 객관성, 이분법적 사고를 중시하는 반면, 포스트모더니즘은 다양성, 상대적 진실, 주관성, 변증법적 사고를 중시하기 때문이다. 모더니즘은 거대 담론(meta-narrative)을 다루는 데 중점을 두기 때문에 모더니즘 윤리는 주로 '위에서 아래'로 처방되고 강요되는 규칙 혹은 강령에 근거한 윤리를 선호하며, 이러한 윤리가 보편적이고 절대적이라고 본다. 미국부부가족치료학회를 비롯한 대부분의 전문가 조직에서 제시하는 윤리강령이 모더니즘 윤리다.

모든 윤리는 지배문화와 담론에 기초한다. 예를 들어, 병리에 대한 지배적 담론이 문제를 사람 안에 있는 것으로 보고 변화를 위한 첫 작업이 병리수준을 판단하는 것으로 본다면, 상담에서의 사생활 보호와 비밀보장의 윤리원칙은 매우 중요하다. 병리에 대한 지배적 담론의 영향 아래 그러한 윤리원칙이 담론에서 나온 것이 아니라 절대적인 것이라고 여긴다. 그러나 규칙이나 강령에 근거한 윤리는 때로 윤리적으로 깊이 사고하는 것을 어렵게 한다. 이러한 윤리는 특정한 사람이나 가족에게 특정한 실천이 미치는 영향에 대해 숙고하도록 돕지 못하고 그저 규칙만 따르도록 한다. 전문가 조직으로부터 징계나 제재를 받지 않으면 윤리적으로 문제없다고 여기며, 윤리강령을 따르지 않으면 큰 문제가 될 것이라고 생각한다. 그러나 지배적 담론은 시대나 문화에 따라 다르고 변화하는데 윤리강령은 그렇지 못하다는 점은 윤리적으로 또 다른 문제가 될 수 있다(Freedman & Combs, 2006).

한편, 포스트모더니즘에 기초한 후기 가족상담에서는 상담윤리에 대해 대안적 시각을 제시한다. 이 시각에서 현실은 절대적으로 존재하는 것이 아니라 개인이 사회적 상호작용을 통해 구성하는 것이기 때문에 상담에서 무엇이 윤리적인가는 상담에 참여한 모든 구성원들이 상호적·협동적으로 구성하는 작업을 통해 결정된다(Wilcoxon et al., 2012). 특히 이야기 치료 시각에서 볼 때(Freedman & Combs, 2006, 2009), 상담윤리에 나타난 담론은 하나의 이야기일 뿐 절대적 진실은 아니며, 윤리는 특정한 사람의 특정한 경험에 입각하여 이야기할 수 있을 뿐이다. 지배문화의 도덕성이나 윤리적 잣대를 비주류 문화에 모두 적용하는 것은 윤리적으로 문제가 된다. 이 입장은 지배문화의 주변인 혹은 비주류에 속한 사람들의 경험을 가치 있게 여기며, 그런 사람들의 목소리가 반영되고 이해되고 반응을 얻을 수 있는 통로를 만드는 데 앞장서는 윤리적 입장을 취한다. 그러므로 상담자가 윤리적이기 위해서는 무엇이 옳고 적합한지를 결정하는 데 있어서 비주류인 내담자의 목소리에 여지를 내어 주고, 내담자 스스로 무엇이 적합한지 선택하도록 여지를 주며, 상담자가 어느 입장에서 작업하는가를 밝혀 내담자가 상담자에게 적절히 반응할 수 있도록 돕는 것이다.

후기 가족상담 시각에서 윤리의 핵심은 관계와 책임 실천이다. 첫째, 관계윤리는 윤리원칙이 상담과정에 따라 그리고 상담자와 내담자 간의 관계에 따라 사회적으로 구성됨을 의미한다. 사회구성주의에 기초한 이야기 치료에서 '자아(self)'란 핵심적이거나 본질적이거나 미리 예정된 실체가 아니며, 다른 사람들과의 관계를 통해 구성된다. 따라서 상담에서 무엇이 옳고 그른가에 대한 윤리적 판단은 고정되어 있는 것이 아니라 특정한 상담관계를 통해 형성된다. 상담에 참여하는 모든 사람은 윤리기준과 윤리 행동을 상호적으로 정의하는 협조자로, 특정한 시점과 장소의 특정 문제를 놓고 볼 때 무엇이 윤리적인가를 의논하고 결정하는 데 참여한다. 그러한 논의는 내담자들이 모두 합의하는 윤리적 기준을 만들 때까지 지속된다(Storm, 2001). 그러므로 상담의 모든 단계에서 내담자들은 윤리와 전문가 조직의 윤리강령에 대해 솔직하게 의논하기 때문에 수많은 반응, 아이디어, 신념, 가치, 가능성이 제기된다. 이 과정에서 상담자는 특정한 맥락에서 특정 내담자와 함께하는 작업에서 자신의 행동의 영향을 비판적으로 숙고할 수 있게 된다.

둘째, 책임 실천(accountability practices)의 윤리는 사회의 구조적 권력 차이의 중요성을 인식하는 것에서 시작하는 윤리이며, 사람들이 서로에게 책임을 지도록, 특히 특권을 가진 집단원이 비주류 집단원에게 책임을 지도록 돕기 위하여 발전되었다(Freedman & Combs, 2006). 책임 실천을 하면 상담자는 상담 행위의 영향을 숙고하고 내담자와 더불어 실수와 잘못에 함께 대응하고 책임질 수 있다. 예를 들어, 집을 나간 20대 딸의 부모가 상담을 받으면서 딸의 행방을 매우 걱정하는 상황이다. 상담자는 우연히 딸의 친구를 상담하게 되고, 딸이 다른 친구 집에 있음을 알게 된다. 이 경우 상담자가 부모에게 연락하여 딸이 안전하게 잘 있으니 걱정하지 말라고 말하는 것은 비윤리적인가? 사생활 유지와 비밀보장이라는 윤리강령의 관점에서는 그렇다고 할 수 있다. 그러나 딸의 부모가 걱정을 덜하게 되고 그래서 좋은 방향으로 달라진다면 비윤리적이라고 말할 수 없을 것이다.

책임 실천은 동반자적 책임이라고도 하는데, 위계적 윤리 실천과 매우 다르다. 동반자적 책임은 사회정의, 비판적 자기평가, 책임감을 증진하는 윤리적 해결책 구성에 대한 헌신이라는 선의를 필요로 한다(Freedman & Combs, 2009). 이러한 윤리적 원칙을 실천하기 위해 취지가 비슷한 사람들이 함께하는 공동체, 즉 관심의 공동체(community of concern)를 형성할 필요가 있다. 관심의 공동체 안에서 우리 행동을 주의 깊게 성찰하고 해체하는 경험은 위계적이고 규칙에 근거한 윤리의 감독을 받을 때와는 매우 다르다. 관심의 공동체 안에서는 다른 사람들의 특별한 딜레마나 어려움에 기꺼이 감응하고 마음을 열 수 있으며, 그 안에서 이야기를 하고 다시 함으로써 의미를 찾고 확대시킬 수 있다. 의미가 퍼져 나가면 그것의 중요성도 커진다. 예를 들어, 폭력 피해 여성의 상담에 대한 이야기를 비슷한 처지에 있는 사람들에게 말하고, 비슷한 처지의 사람들이 피해 당사자에게 다시 말하기 과정을 거치면 그들이 폭력에 맞서 함께 싸울 역량을 키울 수 있다. 이런 실천은 피해 여성의 삶에 용기와 확신을 불어넣는 삶의 의미로운 경험이다. 상담자의 행위가 윤리강령 준수 여부에 의해서가 아니라 사람들의 삶에 미친 실천적인 영향에 의해 평가된다는 이야기 치료 시각에서 볼 때, 이러한 시도는 매우 중요한 윤리적 실천이라 할 수 있다.

제11장
학교상담 윤리

| 공윤정 |

　학교상담은 학교 장면에서 이루어지는 전문적인 상담자의 상담활동을 말한다. 학교상담자의 활동에는 면대면의 개인상담, 인터넷 등을 통한 사이버상담, 집단상담, 학부모 상담, 학교교사들을 대상으로 한 자문 등이 포함된다. 이 장에서는 초·중·고등학교에서 이루어지는 상담에 초점을 두어 기술하였다. 학교상담은 학교에서 상주하는 학교상담자에 의해 이루어지기도 하지만, 학교외부의 기관(예, 청소년상담복지센터, WEE 센터 등)에 속하는 상담자가 학교를 방문해서 상담을 진행하는 방식으로 이루어지기도 한다. 학교상담은 학교라는 특수한 장면에서 이루어짐으로 인해 고유한 윤리적인 쟁점들을 갖는데, 여기에서는 특히 학교상담자의 유능성, 상담자-내담자의 상담관계, 사전 동의, 비밀보장, 상담기록, 학교상담에서의 위기상담 등과 관련된 윤리적 문제를 중심으로 기술하였다.

1. 상담자의 유능성

상담자의 유능성과 관련한 윤리강령은 내담자에게 해를 끼치지 않고 도움을 줄 수 있는 충분한 능력을 상담자가 가지고 있어야 한다는 것을 주된 내용으로 한다. 이를 위해서 상담자는 관련 교육과 훈련을 받아 상담을 하기에 충분한 능력을 쌓고, 자신의 능력의 범위 안에서 상담을 진행해야 한다는 것이다. 학교상담자는 주로 아동과 청소년을 대상으로 상담을 진행하므로 아동·청소년의 발달적 특성의 이해, 이들이 경험하는 심리적 문제의 이해, 아동·청소년 대상의 개인상담, 집단상담 등에서 교육과 훈련을 필요로 한다. 또한 학부모 상담과 가족상담에서의 지식과 기술도 중요하다. 학교상담자의 유능성과 관련한 윤리강령은 다음과 같다.

◆◆ **학교상담학회의 윤리강령(2004)**

5. 자신에 대한 책임
학교상담자는
(1) 자신의 전문능력 범위 내에서 직무를 수행하고, 자신의 행동 결과에 책임을 진다.
(2) 자신의 기능 수행과 효율성에 대해 스스로 평가하고, 전문적인 상담으로서 적절하지 못하거나 내담자에게 해를 끼치는 활동은 하지 않는다.
(3) 상담 전문직의 혁신과 경향을 숙지하며, 전문적인 능력을 유지하기 위해 주도적으로 노력한다.
(4) 자신에게 상담을 받는 내담자들의 다양한 문화적 배경을 이해하도록 노력한다. 이것은 학교상담자 자신의 문화, 민족, 인종적 정체성이 자신의 상담과정에 대한 가치와 신념들에 어떻게 영향을 미치는지를 학습하는 것을 포함하지만, 그것에만 국한된 것은 아니다.

이와 같은 규정에 더해서 미국학교상담자학회의 윤리강령에서는 다음과 같

은 조항을 추가적으로 포함하고 있다.

◆◆ 미국학교상담자학회 윤리강령(ASCA, 2016)

B.3. 자신에 대한 책임
학교상담자는

a. 인증받은 기관에서 상담자 교육 프로그램을 이수하고, 학교상담에서 석사학위를 받는다.

b. 최신의 연구 결과를 확인하고 최근의 학교상담 관련 주제에서 전문적 유능성을 유지하기 위해 학교상담자 전문 학회에서의 자격을 유지한다. 학교상담자는 최근의 개입과 최고의 개입방법 등을 활용해 상담기술의 유능성을 유지한다.

c. 학교상담자는 교육, 훈련, 수련경험, 자격 등에 의해 자격이 있는 일자리에만 응한다.

d. 전문적 윤리기준, 공식적인 정책 및 관련법 등을 준수한다. 법과 윤리강령이 충돌할 때에는 양쪽을 가능한 많이 지킬 수 있도록 한다.

e. 전문가로써 전문성의 성장과 개인적 성장을 위해 노력한다. 전문성의 발달은 학회 참가와 학술지 논문 읽기 등을 포함한다. 학교상담자는 정기적으로 학교상담자의 법과 윤리적 책임에 관한 훈련에 참가한다.

f. 전문성이 효과적으로 발현되도록 하기 위해 자신의 정서적 신체적 건강을 모니터하고 웰니스를 실천한다. 전문적 유능성을 유지하기 위해 필요하다면 신체적, 정신적 건강을 위한 도움을 받는다.

g, 직장내에서 뿐만 아니라 밖에서도 개인적 행동을 모니터하고, 학교상담자로써 높은 행동기준을 유지한다. 학교에서의 전문성을 감소시킬 수 있는 활동을 인지하며 해가 되는 활동을 하지 않는다.

…… (이하 생략)

이상의 윤리강령을 보면, 학교상담자는 자신의 주된 서비스 대상에게 효과적인 상담을 제공할 수 있는 충분한 교육과 훈련을 받아야 하며, 자신의 상담이론과 기법이 뒤떨어지지 않게 최근의 상담 동향이나 연구 성과 등에 민감해야 하

며, 상담능력이 훼손되지 않도록 신체적, 심리적 건강을 유지할 것 등을 명시하고 있다. 현재 우리나라에서 학교상담은 상담자격을 가진 교사들(전문상담교사)과 상담자격을 가진 외부상담자들(예를 들어, 청소년상담복지센터의 청소년동반자가 학교를 방문해서 상담하는 경우), 상담자격을 가지고 교육청 소속으로 학교상담을 진행하는 경우 등 다양한 자격을 가진 사람들에 의해 이루어지고 있다. 이들은 학교에서 아동과 청소년 개인상담도 진행하지만 집단상담, 집단교육, 학부모상담, 심리검사 등을 모두 담당하게 되므로 이러한 영역에서 유능성을 가질 필요가 있다.

유능성과 관련한 윤리적 문제는 어느 정도 교육을 받았을 때 충분히 유능한 것인지의 문제, 자신이 충분한 교육과 훈련을 받지 않은 상담문제나 상담방식을 다루는 경우, 상담자의 유능성이 감소하거나 상담자의 소진이 일어나는 경우 등과 관련한 문제가 있다. 상담자가 새로운 상담이론이나 기법에 대해 어느 정도 교육을 받았을 때 충분히 유능하다고 볼 수 있는지에 대해 웰펠(Welfel, 2010)은 새로운 상담이론과 기법이 효과가 있다는 과학적인 증거나 객관적인 자료가 있는지, 새로운 정보를 받아들일 만한 충분한 교육시간이 있었는지, 새로운 이론이나 기법을 적용하면서 수퍼비전을 받았는지 등을 기준으로 유능성을 평가하는 것이 바람직하다고 제안하였다.

학교상담자 윤리강령에서는 상담자가 자신의 유능성의 한계 내에서 상담을 해야 한다고 규정하고 있지만, 대부분의 학교에서는 한 사람의 상담자를 두고 있기 때문에 학교상담자는 자신이 훈련받고 유능하게 상담할 수 있는 문제뿐만 아니라 훈련의 범위를 넘어서는 문제도 의뢰받게 된다. 예를 들어, 학교상담에서 나타날 수 있는 다음과 같은 상황을 생각해 보자.

상담자 A는 주로 청소년기의 비행이나 우울, 관계 문제 등에 대한 상담교육과 훈련을 받은 후 학교상담자로 일해 왔다. 어느 날 성적 정체성 문제를 호소하는 내담자 B가 상담신청을 하였다. A는 성적 정체성의 문제에 대해 이론적으로 한두 시간 배운 적은 있지만 이러한 문제를 다루는 상담방법을 배우거나 수퍼비전을 받은 경험은 없다. 상담자는 좀 더 전문적으로 성적 정체성의 문제를 다룰 수 있는 다른 상담자에게 내담자 B를 의뢰하고 싶지만, 그 지역에서 다른 적절한 전문가를 찾기도 어렵고 내담자 B는 다른 상담자에게 가야 된다면 상담을 받지 않겠다고 한다.

이러한 경우에 상담자는 자신의 능력의 한계 내에서 상담해야 하는 유능성의 윤리강령과 도움이 필요한 내담자에게 최선의 서비스를 제공해야 하며 내담자의 복지를 향상시키기 위해 노력해야 한다는 규정 사이에서 갈등하게 된다. 상담자는 자신이 효과적으로 도움을 주기 어려우므로 상담서비스를 제공하지 말아야 할지, 제한적이나마 내담자에게 도움이 될 수 있도록 상담을 해야 할지 결정해야 한다. 상담자가 자신의 유능성의 범위를 넘어선다는 판단하에 매우 제한적인 범위 내의 상담만을 제공한다면, 이러한 태도는 내담자의 문제나 상황에 따라 내담자를 차별하지 않고 공평하게 서비스를 제공해야 한다는 규정과도 위배된다. 따라서 학교상담자는 이러한 학교상담의 현실을 인식하고, 자신의 유능성의 범위를 넓혀 가려고 노력할 필요가 있다. 웰펠(Welfel, 2010)은 시골지역과 같이 전문가가 많지 않은 곳에서 상담하는 상담자는 다양한 문제에 대해 상담을 제공할 수 있도록 자신을 수련하는 것이 필요하다고 제안하였다. 앞의 사례에서도 내담자에게 도움을 줄 수 있는 다른 현실적인 방법이 없다면, 상담자가 자신의 지식을 넓히고 제한된 범위 내에서 상담을 제공하면서 상담에 대한 수퍼비전을 통해 한계를 극복해 나가는 것이 바람직하다.

상담자의 유능성과 관련한 마지막 주제는 상담자의 스트레스 및 소진과 관련한 것이다. 학교상담자는 개인상담을 기본으로, 학부모 상담, 교사를 비롯한 학교의 다른 전문가에 대한 자문과 상담과정에 대한 설득, 상담 관련 행정처리 등 다양한 업무를 다루게 된다. 상담 중 위기의 경험, 과다한 업무, 심각한 사례의 중복 등은 상담자에게 스트레스와 소진을 경험하게 할 가능성이 높다. 여러 상담자가 함께 일하는 상담센터라면 상담자 간에 심각한 사례를 나누어 다룬다거나, 심각한 사례와 비교적 가벼운 사례나 업무 등을 균형 있게 한 사람의 상담자가 담당한다거나 하는 방식으로 스트레스나 소진을 줄일 수 있지만, 보통 한 사람의 상담자가 일하는 학교상담에서는 이런 방식으로의 시간관리나 업무조정이 쉽지 않다. 그러므로 상담자는 타 기관의 학교상담자와의 협조관계 형성, 또래 수퍼비전, 학교의 다른 전문가로부터의 정서적 지지 등을 활용해 소진을 예방하도록 노력할 필요가 있다.

과도한 스트레스와 상담자의 소진은 상담자의 능력을 떨어트려 상담과정 및 성과에 부정적인 영향을 주게 되는데, 대표적인 상담자의 소진 증상은 공감과 경청능력의 저하를 들 수 있다. 상담자는 시간관리, 스트레스 관리, 사회적 지지체계 활용 등을 통하여 소진을 극복하기 위해 노력할 필요가 있으며, 필요하다면 개인상담을 통해 상담자의 능력이 회복되도록 노력하는 것이 바람직하다. 자세한 사항은 제3장 상담자 윤리 개요의 상담자의 소진을 예방하기 위한 자기보호방법을 참조하기 바란다.

2. 상담자-내담자 관계

상담자-내담자 관계에 관한 윤리의 핵심은 상담자가 내담자와의 관계에서 전문적 관계의 경계를 유지하며, 효과적인 상담서비스를 제공하는 데 방해가 될 수 있는 다른 관계, 즉 다중관계를 내담자와 맺지 말라는 것이다. 다중관계에는 상담자가 자신과 이미 관계가 있는 사람을 상담하거나(친구, 친척 등) 혹은 상담을 시작한 후에 내담자와 상담관계 이외의 다른 관계를 맺는 것을 포함한다. 학교상담학회의 윤리강령은 상담자-내담자 관계에 대해 '학생에 대한 책임' 항목에서 다루고 있다.

학교상담학회의 윤리강령을 보면 학교상담자는 상담자의 전문성을 손상시킬 수 있는 이중관계를 맺지 말 것을 권고하고 있지만, 이중관계를 피할 수 없는 상황이라면 내담자에게 상담을 제공하되 해를 끼칠 잠재적인 위험을 줄이기 위한 최선의 노력을 할 것을 제안한다. 이러한 규정은 학교상담이라는 특수한 영역에서 상담자의 이중관계 금지에 관한 측면보다는 필요한 내담자에게 상담서비스를 제공해야 할 상담자의 의무를 더 우선시하는 것으로 보인다. 미국학교상담자학회의 윤리강령(ASCA, 2016)은 이에 더해서 학교상담자가 학생과의 전문적 관계를 유지할 것, SNS를 사용해서 학생과 친구관계를 유지하는 것의 금지, 상담관계의 전문성을 침해할 수 있는 학교 교직원과의 이중관계의 금지 등을 포함하고 있다.

◆◆ 학교상담학회 윤리강령(2004)

1. 학생에 대한 책임
(4) 자신의 객관성을 손상시키거나 내담자에게 해를 끼칠 위험을 증가시킬 수도 있는 이중관계(가족, 가까운 친구 또는 동료를 상담하는 것)는 피한다. 이중관계를 피할 수 없는 상황이라면, 상담자는 해를 끼칠 잠재적 가능성을 없애거나 줄이기 위해 조치를 취해야 할 책임이 있다. 그러한 안전조치에는 사전 동의, 자문, 수퍼비전, 상담기록 등이 포함될 수 있다.

◆◆ 미국학교상담자학회 윤리강령(ASCA, 2016)

A.5. 이중관계와 경계의 유지
a. 학교상담자는 객관성을 해칠 위험이 있거나 학생에게 해를 줄 위험을 높이는 이중관계를 피한다(예, 가족 구성원을 상담하거나, 가까운 친구나 동료의 자녀를 상담하는 것). 이중관계를 피할 수 없는 경우에 학교상담자는 안전장치(예, 사전 동의, 자문, 수퍼비전, 기록 등)를 사용해서 학생에게 미칠 잠정적 위험을 줄이거나 제거할 수 있는 행동을 할 책임을 가진다.
b. 항상 학생과 적절한 전문적 관계를 형성하고 유지한다. 학교상담자는 현재의 보편적인 학교상담관계를 넘어서는 관계(예, 멀리서 학생이 나가는 운동경기 참가 등)로 확장하고자 할 때 그 위험과 이익을 고려한다. 경계를 확장할 때에는 사전 동의, 자문, 수퍼비전 등을 통해 적절한 전문적 주의를 기울인다. 학교상담자는 일반적인 상담관계를 넘어 확장된 관계의 상호작용의 본질이 무엇인지를 기록으로 남긴다(예, 확장된 관계에 대한 근거, 잠정적인 이익과 해 등).

> c. 학교 직원, 부모 및 보호자, 학생의 다른 친척 등과 전문적 수준 이상의 이중
> 관계를 피한다. (중략) 부적절한 이중관계는 직접적인 훈육을 제공하는 것,
> 학생의 성적을 평가하는 수업을 하는 것, 행정가가 없는 상황에서 행정업무
> 를 수행하는 것 등을 포함한다.
> d. 교육청에서 특별히 요청한 경우가 아니면 개인적 이메일이나 SNS 등을 사
> 용해서 학생들과 소통하지 않는다. 학교상담자가 학생, 부모 및 보호자, 학
> 교 직원들과 SNS를 사용할 때에는 전문적 기준, 법적·윤리적 기준, 교육청
> 의 기준을 따른다. SNS는 학교의 공식적인 계정을 통해 전문적 의사소통 및
> 필수적인 정보를 제공하는 경우 등에 한정해서 사용한다.

　　미국학교상담자학회의 윤리강령(ASCA, 2016)에서는 최근의 정보통신의 변화
를 반영해서 학생과 SNS 등을 통한 이중관계를 맺지 말 것을 새롭게 규정하고
있다. 페이스북이나 트위터와 같은 소셜네트워킹서비스에 학생과 동시에 가입
하게 되면, 전문적인 상담자의 모습뿐만 아니라 개인으로써의 상담자의 여러 행
동과 말들이 학생에게 전해지게 되는데, 일차적으로는 이를 통해 학생과 사회적
관계를 맺는 것을 경계하는 것이다. 그러므로 학교상담자는 SNS를 통해 학생과
연락할 수 있지만 이러한 관계가 상담자-내담자의 경계를 넘지 않도록 주의할
필요가 있다. 또한 학생과의 이중관계뿐만 아니라 학생과의 상담에 영향을 줄
수 있는 학교 교직원과의 이중관계도 피할 것을 권고하고 있다. 예를 들어, 상담
자가 상담 중인 학생의 부모나 친척인 교직원과 친구가 되거나 다른 친밀한 관
계를 맺는다면 이러한 관계는 학생과의 상담에 영향을 주게 된다. 따라서 학생
과의 이중관계뿐만 아니라, 더 포괄적으로 학생과 관계가 있는 교직원과의 이중
관계도 학생상담에 부정적인 영향을 줄 수 있다는 가정하에 금지된다.

　　그런데 학교상담에서 상담자는 상담시간뿐만 아니라 일과 중의 다른 시간에
도 내담자와 빈번하게 접촉하게 되므로 전문적 관계의 경계가 모호해질 수 있
다. 예를 들어, 학교상담자는 식사시간에 식당에서 혹은 쉬는 시간에 복도에서
내담자와 마주치기도 하고, 같은 지역에서 살고 있다면 내담자나 학부모를 일상

생활에서 만나게 되기도 할 것이다. 학교상담자에 따라서는 내담자가 상담실을 편안하게 느끼고 도움이 필요할 때 쉽게 올 수 있도록 하기 위해 평소에 상담실을 전체 학생에게 개방해 두기도 한다. 이런 경우 학생들은 쉬는 시간이나 점심 시간에 상담실에 들러 차를 마시거나 상담자와 수다를 떨게 되기도 한다. 따라서 엄격한 의미에서 학교상담자가 상담자-내담자의 전문적 관계의 경계를 엄격하게 지키기는 어렵다고 볼 수 있다.

상담자가 불가피하게 내담자와 이중관계를 맺거나 전통적인 상담자-내담자 간 전문적 관계의 경계를 벗어나는 경우라면, 윤리강령에서 제안하듯이 내담자와의 사전 동의, 자문, 수퍼비전, 상담기록 등을 통해 내담자에게 가해지는 잠 정적인 해를 줄이려는 노력을 하는 것이 도움이 된다. 상담자는 사전 동의를 통해서 이중관계의 의미, 이중관계가 상담에 미칠 수 있는 영향에 대해 내담자에게 미리 알려 줌으로써 이중관계의 위험을 줄일 수 있다. 자문이나 수퍼비전에서는 이중관계로 인해 상담자가 경험할 수 있는 객관성의 손실을 포함한 다양한 상담에서의 어려움에 대한 도움을 얻을 수 있다. 상담기록에서는 상담자가 이중관계를 맺게 된 배경, 상담자가 상담자-내담자 간의 전문적 관계의 경계를 넘기로 했다면 그 근거, 상담자가 선택한 행동의 결과 등을 기록함으로써 상담자가 자신의 행동을 좀 더 객관적으로 평가하고 적절한 행동을 선택할 수 있도록하는 것이다. 웰펠(Welfel, 2010)은 상담자가 전통적인 상담자-내담자의 경계를 넘는 행동을 했을 때 이 행동의 근거가 무엇인지(즉, 상담자의 이익보다는 내담자의 복지를 위해 선택한 행동인지), 주변의 동료들에게 상담자의 행동에 대해 공개적으로 알릴 수 있는지 등을 고려해서 선택을 하는 것이 바람직하다고 하였다. 학교상담에서는 상담자-내담자 간 전문적 관계의 경계가 외부에 비해 쉽게 깨어질 수 있는 만큼 상담자는 관계의 경계를 넘는 행동이 내담자에게 어떤 영향을 미치는지에 대해서 숙고하고, 이러한 숙고과정을 통해 행동을 결정할 필요가 있다.

3. 학교상담에서의 사전 동의

학교에 상담자가 상주하는 경우에 학생은 누구나 원하면 찾아가서 상담을 받을 수 있다. 학교상담에서도 상담을 시작하기 전에 상담의 진행과 절차, 관련사항에 대한 개략적인 설명을 하고, 이러한 정보에 근거해 내담자가 상담참여를 결정할 수 있도록 사전 동의를 얻는 것이 필수적이다. 그런데 학교상담의 내담자들은 미성년자이므로 보호자인 부모의 사전 동의를 함께 얻어야 하는지의 문제가 중요해진다. 학교상담자들을 대상으로 한 강의에서 학생을 상담하는 경우 부모의 사전 동의를 얻는지에 대해 물어보았을 때, 거의 대부분의 학교상담자들은 부모의 사전 동의를 얻지 않는다고 응답하였다. 미국의 학교상담자들도 부모에게서 사전 동의를 얻는다고 한 비율은 10% 이내로 낮게 나타났다(Ritchie & Partin, 1994). 학교상담에서 부모 동의를 얻지 않는 것은, 청소년상담복지센터의 청소년동반자들이 청소년들의 상담을 위해 부모 동의를 필수적으로 얻는 것과는 대비된다.

학교상담에서 상담자가 부모의 사전 동의를 얻어야 하는지에 대해서는 의견이 엇갈리는데, 다양한 의견들을 리뷰한 후 라조브스키(Lazovsky, 2008)는 다음의 두 가지로 의견들을 정리하였다. 한 가지는 부모가 학생을 학교에 보내는 이상, 부모는 학교의 교육과정에 따를 필요가 있으며 큰 틀에서 보면 학생상담도 학교가 학생에게 제공하는 교육적 개입의 일부이므로 이에 관한 동의를 학부모에게 얻을 필요는 없다는 입장이다. 이에 반해서 학교상담도 상담의 일부이고, 미성년자가 상담을 받게 할지에 대한 궁극적인 의사결정은 보호자가 해야 하므로 보호자의 사전 동의가 필수적이라는 의견도 있다.

미국의 학교상담자 윤리강령에서는 상담을 시작할 때 상담의 목표, 방법, 기법, 상담의 과정 등을 설명하고 내담자의 동의를 얻도록 하고 있다. 다만, 내담자의 발달단계에 따라 내담자가 상담자가 설명하는 내용을 이해하지 못할 수도 있으므로, 이런 경우 내담자의 보호자를 포함한 다른 사람이 내담자를 대신해서 사전 동의를 할 수 있도록 하고 있다. 우리나라의 학교상담학회 윤리강령에서는 사전 동의에 관한 부분을 윤리강령 내에 포함하고 있지 않은데, 이러한 윤리강령의 미비는 실제 상담에서 상담자가 사전 동의의 사용에 대해 혼란을 일으키게 할 수 있으므로 학교 현실에 맞는 윤리강령의 개정이 필요하다고 판단된다. 학교상담이 교육적 목적의 일부로 이루어지는 것이기는 하지만 모든 학생에게 개별적으로 상담이 이루어지는 것이 아니고, 상담과정에서 내담자가 자신의 문제를 탐색하는 과정에서 정서적인 어려움을 견뎌야 하는 부분이 있는 등 내담자에게 미치는 영향이 있으므로, 특별히 내담자에게 해가 가는 상황이 아니라면 보호자인 부모의 동의를 얻는 것이 바람직하다. 시아라(Sciarra, 2004)도 학교상담에 관한 논의에서 학교상담자가 내담자를 한두 번 부모 동의 없이 만날 수는 있지만 정기적으로 상담을 진행하게 된다면 부모 동의를 얻는 것이 바람직하다고 하였다. 우리나라에서도 점차적으로 내담자뿐만 아니라 부모의 동의를 받아서 상담이 이루어지는 방향으로 변화해 가는 것이 바람직하다고 여겨진다.

4. 학교상담에서의 비밀보장

상담에서의 비밀보장은 내담자가 상담에서 말한 내용뿐만 아니라 내담자가 상담을 받고 있다는 사실까지도 그 대상이 된다. 학교에서 내담자가 자발적으로 상담실을 찾아온 경우라면 좀 더 비밀보장이 수월하겠지만, 징계의 일부로 상담을 받도록 하고 상담이 수업 중에 이루어진다면 누가 상담을 받는지에 관한 비밀보장은 이루어지기 어렵다.

상담자는 상담 초기에 비밀보장과 그 한계에 대해서 내담자에게 알려 주어야 하는데, 비밀보장의 예외상황은 내담자가 자신이나 타인을 해칠 위험이 있는 경우, 현재 진행 중인 아동학대, 법원의 명령 등이다. 비밀보장의 예외상황에서 상담자는 그 상황에 대해 내담자와 의논해서 비밀보장을 깨더라도 내담자의 자율성이 존중되는 방향으로 상황을 다루는 것이 바람직하다. 그런데 학교상담에서는 내담자가 미성년자이므로, 내담자에게 해가 되는 상황이 어떤 상황인지를 판단하는 것이 성인의 경우보다는 더 복잡하다. 미국학교상담자 윤리강령(ASCA, 2016)에서는 내담자에 대한 위험의 판단은 위험요소, 내담자의 발달단계, 내담자의 환경, 부모의 권리 등을 종합적으로 고려해서 판단해야 한다고 규정하고 있다.

이스라엘의 학교상담자들을 대상으로 비밀보장의 예외사항에 대해 알아본 결과를 보면, 학교상담자들은 내담자의 위험한 행동이나 상황(마약이나 술, 담배, 정서적 문제나 건강문제, 자살 등의 위험상황)에서 비밀보장을 깨고 관련 정보를 알리겠다고 한 빈도가 가장 높았으며(64%), 그다음은 위법 행동(41.45%), 개인 혹은 가족 관련 정보(29.83%) 순이었다(Lazovsky, 2008). 아이작스와 스톤(Isaacs & Stone, 1999)의 연구에서는 청소년기에 주로 나타나는 위기상황을 제시하고 상담자들이 주어진 상황에서 비밀보장을 깰 것인지를 조사했는데, 학교상담자들은 자살 시도(97.6%), 피해를 당한 데 대한 보복 행동(94.2%), 코카인 사용(83.7%), 무장 강도(79.5%), 우울증의 징후(76.9%), 낙태(69.1%) 등에 대하여 비밀보장을 깰 것이라고 응답하였다. 학교상담자들의 응답은 관련된 상황에서 내담자의 나이, 상담자들의 일하는 학교 급(초·중·고등학교)에 따라 달라졌다. 내담자의 나이가 많을수록, 상담자들이 더 상급학교에서 일할수록 비밀보장을 깨겠다고 응답한 비율이 줄어들었다.

학교상담에서 비밀보장의 문제를 더 복잡하게 만드는 요소는 상담의 대상이 미성년자이므로 내담자의 문제에 대해 보호자와의 의사소통이 필요하다는 점, 학교라는 조직 내에서 상담이 이루어지므로 학교 조직에서 내담자의 복지를 담당하는 다른 전문가들—담임교사, 학생주임, 교장을 비롯한 관리자— 과의 의사소통과 협조가 필수적이라는 점과 관련된다. 미국학교상담자 윤리강령(ASCA, 2016)에서도 학교상담자는 내담자에 대한 부모의 권리와 책임을 존중하고, 내담자와의 상담에서 비밀보장이 상담관계 유지와 상담의 효과를 나타내는 데 필수적인 요소임을 부모에게 설명해 줄 것을 명시하고 있다. 이와 동시에 상담자는 부모가 내담자에 관해 알고 싶어 하는 부분을 최대한 존중하여 이에 따른 노력을 해야 할 것을 규정하고 있다. 이 두 가지 규정은 어떤 면에서는 충돌한다고 볼 수 있는데, 상담자는 내담자의 상담 내용에 대한 비밀보장을 하면서도 이와 동시에 부모의 알 권리를 존중하고 관련 노력을 기울여야 한다는 것이다. 학부모와의 관계에 대한 윤리강령은 다음에 자세히 제시되었다.

◆◆ **학교상담학회 윤리강령(2004)**

2. 학부모에 대한 책임
학교상담자는
(1) 자녀에 대한 학부모의 권리와 의무를 존중하고, 내담자가 최대한 발달하도록 촉진하기 위해 학부모와 적절한 협력적인 관계를 형성하도록 노력한다.
(2) 가족들의 문화적, 사회적 다양성에 민감해야 하고, 모든 학부모들은 양육권이 있든 없든 학부모로서의 역할 때문에, 그리고 법에 의해 자신들의 자녀들의 복지를 위해 정해진 권리와 책임을 가지고 있다는 것을 인식한다.
(3) 내담자와 상담자 간에 형성된 상담관계에 대한 비밀보장은 상담자의 중요한 역할임을 학부모에게 알린다.
(4) 학부모들에게 제공되는 정보는 정확하고, 종합적이며, 적절하고, 객관적이며, 배려하는 태도로 제공되고, 내담자에 대한 윤리적 책임과 적절하게 상응해야 한다.
(5) 학부모나 보호자가 내담자에 관한 정보를 공유하기를 원하는 바람이 존중되도록 적절하게 노력한다.

학교 내 다른 전문가나 동료와의 관계에서도 비밀보장 관련 규정은 유사하다. 상담자는 학교의 동료나 다른 전문가들에게 상담관계에서의 비밀보장에 대해 설명하고 이를 이해시킬 노력을 할 필요가 있는 동시에, 내담자에 관한 정확하고, 객관적이며, 의미 있는 정보를 제공해서 학교의 다른 전문가들이 내담자의 성장과 발달을 도와줄 수 있도록 해야 한다는 규정이 함께 존재한다(ASCA, 2016). 학교의 다른 전문가들에게는 이들이 알 필요가 있는 정보만 제공한다고 규정하고 있지만, 어떤 정보가 이들이 알 필요가 있는 정보인지에 대해서는 구

체적으로 설명하고 있지 않다. 특히 내담자가 징계의 일부로 상담을 받도록 비자발적으로 의뢰된 경우라면, 상담자는 내담자의 상담참여 여부와 상담을 통한 내담자의 변화에 대해 학교의 징계위원회 구성원들에게 정보를 제공해야 한다. 학교상담자는 내담자와의 상담을 진행함에 있어 학부모와 학교의 관계자들과 협조관계를 유지하고 이들이 상담의 비밀보장에 대해 이해하도록 노력함과 동시에, 이들에게 필요한 정보를 제공해서 이들이 내담자에게 도움이 되는 방식으로 행동할 수 있도록 보조하는 역할을 함께 수행해야 한다.

대학원에서 상담을 전공한 교사와 전문상담교사를 대상으로 학교상담의 윤리에 관해 조사한 결과를 보면, 이들은 자살의 위험이 있는 경우나 법원의 요청이 있는 경우가 비밀보장의 예외사항에 해당한다는 것은 잘 인지하고 있었으나, 상담사례를 내담자 동의를 얻은 후 발표하거나 집단상담에서의 비밀보장, 비밀보장과 학부모의 알 권리 사이에 갈등이 있는 경우의 윤리적 행동 등에 대해서는 인지 정도가 보통이거나 잘 모르고 있는 것으로 나타났다(강진령 외, 2007). 강진령 등(2007)의 연구에서 학교상담자들의 윤리 영역별 인지 정도는 〈표 11-1〉과 같다.

ㅇㅇㅇ 표 11-1 학교상담자들의 윤리강령 관련 인지 내용

구 분	학교상담 윤리 관련 내용	바람직한 응답비율(%)
잘 인지하는 영역	학생의 욕구, 가치관 존중	92.2
	동료와 다른 전문가에 대한 책임: 윤리강령 위반 시 처리	89.4
	심리검사	89.4
	비밀보장의 예외: 자살징후	89.1
	기준유지: 윤리위반 정책 강요당할 때 처리	87.6
	전문직에 대한 책임: 자격유지 노력	84.8
	전문직에 대한 책임: 부당이익 금지	78.8
	비밀보장 예외: 법원 요청	76.7
	동료와 다른 전문가에 대한 책임: 비밀유지와 동료권리	74.9
	이중관계	73.4
	아동학대	69.2

	학교와 지역사회에 대한 책임: 인정된 자격부분만 실시*	62.4
보통 정도의	비밀보장: 내담자 동의 후 사례발표	54.8
인지 영역	학생의 욕구, 가치관 존중*	51.6
	동료와 타 전문가에 대한 책임: 이중상담*	50.0
잘 인지하지	비밀보장: 집단에서의 비밀보장	5.9
못하는 영역	비밀보장: 서면으로 비밀보장과 그 한계에 대한 전달	36.4
	학부모에 대한 책임: 비밀보장과 학부모의 권리 사이의 갈등	30.1

* 상담자 지위에 따라 잘 인지하지 못한 내용임.
출처: 강진령 외(2007).

〈표 11-1〉에서 나타난 학교상담자들의 윤리적 인식에 관한 몇 가지 특징적인 부분은 다음과 같다. 첫째, 자살의 위험이 있는 경우와 같은 명백한 상황에서도 학교상담자들의 윤리적 의사결정의 결과가 100% 일치하지는 않는다는 점이다. 둘째, 학교상담자들이 윤리적인 행동이 무엇인지에 대해 잘 인지하지 못하는 영역에서의 세 가지 내용이 모두 비밀보장과 관련이 있다는 점이다. 비밀보장과 관련한 사항은 상담자들이 윤리강령을 배울 때 가장 먼저 접하는 영역이어서 비밀보장을 해야 한다는 것을 알지만, 비밀보장과 다른 윤리강령과의 사이에 갈등이 생기는 경우에는(즉, 비밀보장에 관한 윤리를 실제 적용할 때에는) 어떤 관련된 사항들을 고려해서 윤리적인 의사결정을 해야 하는지를 잘 인지하지 못하고 있는 것으로 보인다. 따라서 학교상담자에 대한 상담자 윤리교육에서 비밀보장에 관한 내용뿐만 아니라 학교상담자들이 비밀보장과 관련해 흔히 경험하는 윤리적 갈등상황을 제시하고 구체적인 상황과 사례를 통한 의사결정 연습이 함께 이루어지는 것이 바람직하다.

상담에서의 비밀보장과 관련해 학교상담자는 상담 대상과 상담 내용에 대한 비밀보장에 충실해야 하고, 비밀보장과 다른 윤리적 규정 간에 갈등이 일어날 때 상담의 성과에 영향을 주는 다양한 요소들을 고려해 의사결정을 내려야 한다. 그런데 이 과정에서 학교상담자는 상담에서의 비밀보장이 지켜질 수 있도록 비밀보장에 대해 미리 학교의 다른 전문가와 학부모에게 설명하고 홍보하여 상담의 비밀보장이 보호되도록 노력할 필요가 있다. 학교상담학회의 윤리강령에서는 학교상담자가 "내담자의 욕구를 충족시켜야 할 상담자의 역할과 기능에 대해 서술하고 홍보한다. 상담자는 프로그램과 상담을 제공하는 데 있어서 효과를 저해하고 제한을 가하는 상황을 해당 직원에게 알린다."라고 기술하고 있으며, 미국학교상담자 윤리강령(ASCA, 2016)에서는 상담자가 학부모에게 학생상담의 비밀보장에 대해 미리 설명하고 이에 대한 학부모의 협조를 구하도록 하고 있다. 그러므로 상담자는 상담의 본질, 상담에서 비밀보장의 필요성 등에 대해서 학교의 관련인과 학부모에게 미리 적극적으로 알려서 학생상담의 비밀보장이 최대한 유지되도록 노력해야 한다.

5. 학교상담에서의 상담기록

학교상담에서 내담자의 상담기록과 관련한 윤리적 사항은 상담기록의 생성, 보관, 기록에의 접근과 관련되어 있고, 전체과정은 비밀보장의 문제와 밀접하게 관련된다. 학교상담학회의 윤리강령에서는 기록과 관련한 부분을 따로 기술하고 있지 않아 여기에서는 미국학교상담자 윤리강령(ASCA, 2016)의 상담기록 관련 규정을 참고해서 기술하였다.

◆◆ 미국학교상담자학회 윤리강령(ASCA, 2016)

A.12. 학생 기록
학교상담자는
a. 가족의 교육적 권리와 사생활에 관한 법—누가 학생의 교육적 기록에 접근할 수 있는지를 규정하며, 부모가 자녀의 교육관련 기록을 리뷰하고 부정확한 부분에 대해 이의를 제기할 수 있도록 한—을 지킨다.
b. 학생 자료의 윤리적 사용을 옹호하고, 부적절하거나 해로운 방식으로 기록이 사용되는 경우 이를 알린다.

c. 학교상담자가 혼자 보관하는 기록(Sole-possession records)의 규준을 맞추기가 어려움을 인식한다.

d. 사례기록과 같이 상담자가 혼자 보관하는 기록의 경우 사례기록을 특별히 보호하는 법이 있지 않는 이상, 법원의 증거로 제출할 수 있음을 안다.

e. 학교의 담당자와 개별학생에 대해 전자문서로 소통한 기록도 학생에 관한 기록으로 간주될 수 있음을 안다.

f. 상담사례기록의 보관에 대한 적절한 시간기준을 세운다. 학년이 바뀔 때나 전학 갈 때 학생의 사례기록을 파쇄하는 것 등이 한 예가 될 수 있다. 아동학대, 자살, 성희롱이나 성폭력 등과 관련한 자료는 교육청의 법률담당관의 리뷰와 승인 없이 파쇄하지 않는다. 법률담당관과 접촉할 때에는 교육청의 정책과 절차에 따른다.

학교상담자는 학생과 학부모를 상담하는 과정에서 관련 기록—심리검사 결과, 상담 회기 요약, 내담자의 평가와 진단 결과 등—을 남기게 된다. 상담기록은 컴퓨터 파일의 형태나 문서의 형태로 보관할 수 있는데 이때 윤리적 이슈는 기록의 보관, 접근, 유효기간이 지난 기록의 말소 등과 관련된 내용들이다. 먼저 학교상담자는 상담기록을 학생이나 학교의 다른 전문가가 자유롭게 접근하지 못하는 안전한 장소에 보관해야 한다. ASCA(2010)의 윤리강령에서는 상담기록을 학생의 교육 관련 다른 기록과는 분리해서 보관할 것을 규정하였는데, 개정된 윤리강령에서는 이를 따로 규정하지는 않았다. 우리나라에서는 교육행정정보시스템(National Education Information System: NEIS)에 학생상담 관련 사항을 입력하도록 요구되기도 하고, 때로는 교육청에서 학생상담 관련 기록을 요구하기도 한다. 이런 경우에 학교상담자는 학생의 상담기록과 관련해 요청되는 내용이 무엇인지 파악하고, 학생의 개인정보가 최대한 보호되도록 하는 범위 내에서 상담정보를 제출할 수 있다. 예를 들어, 학생의 자세한 상담 내용과 진단 등을 알려 주는 대신에 개략적인 문제 영역과 상담 횟수 등을 제공함으로써 비밀보장의 위반을 최소화할 수 있다.

상담기록을 얼마나 오랫동안 보관해야 하는가와 관련된 문제는 우리나라에서 정해진 기준이 없어 학교상담자가 임의로 결정해야 하는 어려움이 있다. 대학원에서 상담을 전공한 현직 교사들에게 이 질문을 했을 때, 교사들은 각자 뚜렷한 기준이 없었으며 대체로는 학년이 바뀔 때까지라고 응답하였다. 그런데 내담자에 대한 상담기록은 현재 내담자와의 상담을 도와주기도 하지만, 상담 종결 후 내담자가 다시 상담을 원할 때에도 도움이 된다. 즉, 내담자가 이전 상담에서 어떤 문제로 상담을 받았고, 어떤 과정을 거쳐 어떤 성과를 얻었는지, 과거 상담에서 남은 과제는 무엇이었는지 등과 관련된 정보는 현재 상담의 효율성을 높이는 데 도움이 된다. 따라서 학교상담에서는 학년이 바뀔 때까지보다는 적어도 학생이 학교를 졸업할 때까지는 상담 관련 기록을 보관하고 필요한 경우 이를 참조해서 상담 및 프로그램을 진행하는 것이 내담자에게 도움이 될 것이다. 정해진 기간이 지난 상담기록은 다른 사람이 볼 수 없도록 완전히 파쇄한 후 폐기한다.

6. 학교에서의 위기상담

학교에서는 아동과 청소년의 안녕과 관련해 다양한 위기상황이 발생하고 학교상담자는 위기의 예방 및 위기의 사후 관리과정에서 일정한 역할을 담당하게 된다. 학교에서 일어나는 위기상황으로는 자살, 가출, 임신, 폭력, 따돌림, 다양한 아동학대, 성폭력이나 성희롱 등을 들 수 있다. 상담자들은 보통 내담자와 학부모를 대상으로 개별적인 상담을 진행하지만, 위기상황에서는 위기의 당사자 및 보호자, 학교의 관리자, 관련된 외부기관 등 다양한 사람들이 상황에 개입하게 되고, 학교상담자는 이때 내담자뿐만 아니라 관련인들에게도 개입하고 적절한 정보를 전달하는 역할을 하게 된다. 미국학교상담자 윤리강령(ASCA, 2016)에서는 '자신과 타인에 대한 심각하고 예측가능한 위험'과 관련된 부분에서 다음과 같이 기술하고 있다.

◆◇ 미국학교상담자학회 윤리강령(ASCA, 2016)

A.9. 자신과 타인에 대한 심각하고 예측가능한 위험
학교상담자는
a. 학생이 자신과 타인에 대한 심각하고 예측가능한 위험을 갖고 있을 때 부모/보호자와 적절한 관련인에게 알린다. 가능하다면 이러한 과정은 전문가와의 자문 이후에 진행한다. 학생을 위해 위험관련 정보에 대해 비밀보장을 해야 하는 특별한 경우(예, 부모님에게 알릴 경우 학생이 가출할 가능성이 높은 경우 등)가 아니면, 학교의 관련인과 학생의 보호자에게 이에 관해 알려야 하는 법적, 윤리적 의무가 있음을 알린다. 보호자에게 알려 학생을 위한 보호조치를 취하도록 하지 않는 경우 그 위험이 매우 크므로, 학생이 보여주는 작은 위험도 부모에게 알리는 편이 안전하다.
b. 위험평가는 주의 깊게 진행한다. 상담자가 위험평가를 진행한다면, 개입계획도 미리 짜 두어야 한다. 위험 평가를 할 때 학생이 자신의 위험을 최소화하여 보고할 가능성이 있으므로, 위험 평가의 결과를 부모에게 알릴 때에는 위험을 최소화하지 않도록 주의한다.
······ (중략) ······
c. 적절하고 필요한 지원이 마련될 때 까지는 자신이나 타인에게 위험한 학생을 그냥 보내지 않는다. 부모가 적절한 지원을 제공하지 않으면, 학교상담자는 관련 기관에의 신고를 포함해서 부모가 자녀에게 도움을 주어야 하는 필요성이 있음을 강조하는 적절한 개입을 한다.
d. 학생의 신체적, 심리적 안녕이 침해되었음을 알게 된 경우, 부모와 적절한 관련인에게 보고한다. 학생에게 위협이 되는 침해에는 신체학대, 성적 학대, 방임, 데이트폭력, 학교폭력, 성추행 등이 해당된다. 이때 관련법과 교육청의 규정에 따라 진행한다.

위기상황에서 상담자에게 필요한 기본적인 능력은 위기를 객관적으로 평가하고, 위험한 상황이 발생하지 않도록 예방하는 개입을 하는 것이다. 내담자의 위기를 평가하지 못하거나, 위기를 평가하더라도 적절한 개입을 하지 않는다면 이는 상담자가 내담자에게 해를 끼치지 않는다는 윤리적 기준에 어긋난다.

자신이나 타인에게 해를 끼칠 가능성이 있는 위기상황에서는 내담자가 스스로 충동을 조절하기 어려우므로 반드시 이를 도와줄 수 있는 환경적인 개입이 함께 이루어지는 것이 바람직하다. 미국학교상담자 윤리강령(ASCA, 2016)에 따르면 상담자는 위기의 평가가 이루어지면, 주로 부모나 다른 관련인들에게 이 사실을 알리고 내담자에 대한 적절한 보호가 이루어지도록 한다. 때때로 내담 자들은 부모에게 알리는 것을 피하려고 자살의 위험을 감추거나, 부모에게 알리면 상담을 그만두겠다는 등의 위협을 가하기도 하는데, 이때 상담자가 주의 깊게 평가할 것은 내담자의 위기의 정도와 충분한 보호망이 갖추어졌는가 하는 점이다. 부모는 내담자의 위기에 관한 정보를 얻고 내담자에게 필요한 개입을 할 권리와 의무가 있으므로, 상담자는 내담자의 위기상황에 대해 일차적으로 부모에게 알리고 필요한 협조체제를 만드는 것이 바람직하다.

학교에서는 상담자나 교사들이 예방적 개입을 하기 전에 위기상황이 발생하기도 한다. 자살, 폭력, 아동학대, 성폭력 및 성희롱 등의 사건이 발생하면 이는 상담자가 혼자서 해결할 수 있는 일이 아니며, 상담자, 담임교사, 학교관리자, 경찰, 아동보호기관, 병원 등의 다양한 기관과 관련인이 개입하게 된다. 위기상황이 발생한 후 사후 개입은 피해자, 가해자, 이들의 부모, 이러한 정보를 듣게 되는 전체 학생 등에 대한 개입이 전체적으로 이루어져야 한다. 학교상담자 윤리강령의 많은 부분들이 위기개입과 관련되는데, 위기상황을 관리하는 데 대한 상담자의 전문성, 내담자 및 일반학생들에 대한 복지의 증진, 비밀보장, 학교의 관리자 및 관련 교사들과의 협조체제의 유지, 학부모 및 지역사회의 관련인과의 협조적 관계의 형성 등이 그것이다.

위기상황을 어떻게 다루고 마무리하느냐 하는 데에는 피해자의 의견이 매우 중요하며, 상담자는 이 과정에서 피해자를 포함한 관련인들의 의견을 듣고 이를 개입과정에 반영할 필요가 있다. 예를 들어, 학교폭력 사건이 발생했다면 상담자는 피해자와 그 부모가 이 사건이 어떻게 처리되기를 바라는지를 먼저 듣고 가능한 한 이를 존중하는 개입을 하는 것이 바람직하다는 것이다. 위기상황에서 상담자는 관련된 사람들에게 피해자 상담에서 다루어진 내용에 대해 정보전달을 해야 하는 경우가 있는데, 이때 상담자는 누구에게 어느 범위의 정보를 전달하는 것이 바람직한지에 대한 의사결정을 해야 한다. 특히 자살사망 사건의 사후 개입과 같은 경우에는 이러한 사건이 전체 학생들에게 미치는 영향이 크므로 상담자는 학교의 관리자, 학부모, 관련위원회의 구성원과 함께 학생들에게 어떤 정보를 전달할지를 공개적으로 논의하고 학교에 필요 없는 소문이 생기지 않도록 할 필요가 있다.

위기상황에서 상담자는 위기를 평가하고 예방하는 전문적인 책임을 가지며, 위기상황이 발생한 후에는 피해자에 대한 상담 및 보호를 비롯해 관련인들에 대한 정보전달, 피해자, 가해자, 이들의 부모, 일반학생들에 대한 개입 등 다양한 개입을 담당하게 된다. 이 과정에서 상담자는 개별적인 위기상황에 적절하게 개입할 수 있는 전문성, 지역사회에서 협조를 구할 수 있는 기관(병원 등)과의 연계, 관련인들과의 협조관계의 유지와 비밀보장에 대한 검토 등 다양한 윤리적 기준을 고려해서 개입한다. 그런데 학교상담자가 개별적인 교육을 통해서 모든 위기상황에 대해 능숙하게 개입하기는 어려우므로, 학교에서 흔히 발생할 수 있는 위기의 파악과 이에 대한 비교적 표준화된 개입전략의 수립, 위기상황에서 자문을 구할 수 있는 체제의 구축 등이 이루어져서 이에 대한 학교상담자의 교육과 이를 기반으로 한 개입이 이루어지도록 하는 것이 현실적일 것이다. 한국청소년상담원(현 한국청소년상담복지개발원)(지승희 외, 2008)에서는 학교수준에서 사용할 수 있는 청소년자살예방 프로그램 및 사후 개입방안에 관한 프로그램을 발표했는데, 다양한 위기상황에 대해서 매뉴얼이 개발된다면 학교상담자들이 좀 더 효과적으로 위기에 대처하는 데 도움이 될 것이다.

7. 학교상담자들이 경험하는 윤리적 갈등

윤리적 갈등이란 다양한 윤리강령들이 현실에서 충돌해서 두 가지 이상의 규정을 동시에 만족시키기 어려워, 한 가지 규정을 다른 규정에 우선해서 적용해야 하는 상황을 일컫는다. 상담자 윤리강령은 상담자가 지켜야 될 바람직한 행동들을 제시해 두었지만, 실제 상담에서는 두 가지 이상의 윤리강령이 충돌해서 어느 하나를 선택해야 하는 상황이 생긴다. 예를 들어, 내담자가 자살충동이 크다면 상담자는 비밀보장보다 내담자에게 해를 끼쳐서는 안 된다는 무해의 원칙을 중시해서 비밀보장을 깨고, 내담자가 실제 자살시도를 하지 않게 하는 다양한 시도(전형적으로 가족에게 알려 내담자를 보호하도록 하는 일)를 하게 된다.

학교상담자들의 윤리적 갈등에 대해 조사한 연구(Bodenhorn, 2006)를 보면 미국 버지니아 주의 학교상담자들이 가장 흔히 경험하는 윤리적 갈등은 내담자 상담 내용의 비밀보장(67%), 내담자 기록의 비밀보장(36%), 내담자 자신 혹은 타인에 대한 위험이 있을 때 이에 대한 행동(33%), 부모의 권리 관련(22%), 학교의 타 전문가와의 이중관계(20%)의 순이었다. 같은 연구에서 학교상담자들이 가장 다루기 어려운 윤리적 갈등이라고 응답한 상황은 내담자 정보에 관한 비밀보장(46%), 내담자 혹은 타인에 대한 위험이 있을 때 이에 대한 대처(45%), 동료의 윤리적 위반을 알게 된 경우(34%), 부모의 권리(33%), 학교 교직원과의 이중관계(19%)를 들었다. 이 결과를 보면 학교상담자들은 비밀보장과 관련된 윤리적 갈등을 가장 빈번하게 경험하며, 또한 이런 상황을 다루기 어렵다고 지각하고 있는 것으로 나타난다. 윤리적 갈등을 경험할 때 학교상담자들은 다음의 단계를 거쳐 갈등을 해결할 것이 기대된다(ASCA, 2016).

- 문제를 정서적, 인지적으로 정의하기
- 관련 학회의 윤리강령과 법을 적용해 보기
- 학생의 연령, 발달적 단계를 고려하기
- 현재의 상황, 부모의 권리, 미성년자의 권리를 검토하기
- 도덕적 원칙을 적용하기
- 잠정적인 상담자 자신의 행동과 그 결과를 고려하기
- 선택한 행동을 평가하기
- 자문 구하기
- 선택한 행동을 실행하기

윤리적 위반이나 갈등이 일어날 때 상담자의 느낌은 이러한 상황을 감지하는 첫 번째 단서가 된다. 상담자가 '이렇게 해도 될까?' '뭔가 좀 이상한데'라는 느낌을 받는다면 이러한 상담자의 느낌이 윤리적 위반이나 윤리적 갈등과 관련되는 것이 아닌지 검토해 볼 필요가 있다. 상담자가 관련된 윤리강령을 모두 따를 수 없는 상황임을 파악했다면 관련 법과 규정, 관련된 사람들의 권리, 상담자가 선택할 수 있는 대안, 각각의 대안을 선택했을 때 관련인들과 상담에 미치는 영향 등을 고려해 의사결정을 하는 것이 바람직하다. 상담자가 윤리적 갈등상황에서 자신의 행동을 결정할 때 고려해야 하는 중요한 측면은 그러한 결정이 내담자에게 임상적으로 어떤 영향을 미치는지, 상담에 미치는 잠정적인 영향이 무엇인지와 관련된다. 상담자는 결정과정에서 내담자의 복지 및 내담자에게 해를 끼치지 않는 측면을 우선적으로 고려해야 한다. 가능하다면 상담자는 동료나 수퍼바이저에게 자문을 구해 잠정적인 결정에 대해 숙고해 보는 것이 도움이 된다.

앞의 ASCA규정에서는 다루고 있지 않지만, 웰펠(Welfel, 2010)은 상담자가 자신의 의사결정을 행동으로 옮긴 후 그 결정이 내담자와 관련인에게 미친 영향을 검토해 보는 과정이 도움이 된다고 제안하였다. 이러한 검토를 통해서 상담자는 자신의 결정이 올바른 것이었는지, 다음에 유사한 상황에서 어떻게 행동하는 것이 바람직한지 등을 평가해 볼 수 있다.

학교상담자들이 내담자 정보에 대한 비밀보장과 관련된 갈등을 가장 많이 경험하고, 또한 다루기 어렵다고 보고한 연구 결과(Bodenhorn, 2006)를 고려하면, 학교상담자들은 비밀보장과 관련된 갈등상황에 대해 미리 검토해 보고, 학회의 교육과정이나 동료들 간의 자문을 통해 자주 발생하는 갈등상황에서 갈등을 어떻게 다루는 것이 바람직한지를 미리 검토하고 논의해 보는 과정이 도움이 될 것이다.

학교상담자는 학생상담뿐만 아니라 학부모 상담, 학교의 일반학생들에 대한 개입, 관리자 및 다른 교사들과의 관계형성 및 개입 등 학교상담만의 고유한 과제를 가진다. 이 장에서는 학교상담자가 개입과정에서 경험하는 다양한 윤리적 기준 중 유능성, 상담자-내담자 관계, 사전 동의, 비밀보장, 상담기록, 위기상

담, 윤리적 갈등 등을 중심으로 기술하였다. 이 장에서 따로 소제목을 두어 다루
지는 않았지만 학교상담자는 내담자의 성장과 변화를 효과적으로 돕기 위해 개
인상담뿐만 아니라 학부모나 교사에 대한 개입을 병행하게 된다. 학부모 상담
이나 교육, 교사 대상의 자문과 교육이 효과적으로 이루어지기 위해서는 평소에
학부모 및 교사들과 협조관계를 유지하는 것이 필수적이다. 상담자는 평소에
상담이 무엇이며 어떻게 기능하는지에 대해서 이들에게 알리고, 학부모나 교사
에게 필요한 자문과 교육을 제공함으로써 문제가 생겼을 때 더욱 효과적으로 대
응할 수 있다. 학교상담자는 상담기관에서 여러 상담자와 함께 일하는 상담자
와 달리 흔히 혼자 근무하는 경우가 많으므로, 지역의 다른 학교상담자와의 연
계를 통해 문제에 대한 대처, 윤리적 갈등에 대한 자문, 상담자 소진의 예방 등
에 도움을 받는 것이 바람직하다.

제4부

학회의 상담윤리 현황과 미래

제12장
한국상담학회 윤리강령과 실제

|황임란|

이 장에서는 한국상담학회가 상담학 전문가들의 학회로서 추구하는 가치를 윤리강령을 통해 살펴보고 그에 따른 한국상담학회 윤리강령의 전반적인 내용을 구체적으로 검토해 볼 것이다. 나아가 현 상담학회의 윤리강령이 가지고 있는 문제점과 보완해야 할 점 그리고 추후 지향해야 할 방향성 등에 대해서도 논의할 것이다. 또한 그간 학회에 제소되었거나 문제가 제기되었던 주제들 그리고 그에 따라 논란의 여지가 많았던 사안들을 다루면서 향후 한국의 전문상담사들이 관심 가져야 할 측면을 조명해 본다.

1. 한국상담학회 윤리강령과 핵심 가치

한국상담학회는 2000년 6월 20일 창립하였으며 현행 한국상담학회 윤리강령 및 시행세칙의 최초 시안은 2002년 8월 17일 제정하였다. 그 후 2008년 8월 19일 1차 개정을 하였다. 1차 개정의 주요한 의의로는 윤리강령 '전문'의 개정을 통해 학회의 정체성과 그 추구하는 가치와 지향점을 더욱 분명히 하고 상담 영역의 차원을 심화ㆍ확대하였다는 데 있다. 그로부터 3년 4개월여 후인 2011년 12월 25일 2차 개정을 하였고 다시 2016년 4월 4일 3차 개정을 하였다. 그 후 현재까지 학회의 윤리강령은 회원들의 윤리교육과 각종 윤리문제 해결에 적극 활용되고 있다.

한국상담학회의 창립 이후 최초로 윤리강령을 제정할 때 견지한 기본적인 가치와 태도는 학회의 윤리강령이 전문적 상담활동을 위해 전반적이고 포괄적인 윤리를 제시하지만, 동시에 너무나 상세하고 자세한 기술로 인하여 전문상담사들의 활동 범위를 기계적으로 제한하지 않도록 한다는 것이었다. 이러한 윤리기준 제정에 따른 가치와 태도는 진정으로 학회의 전문가들이 드높은 윤리의식을 자발적으로 고양하여 더욱더 윤리에 민감하며 자율적 책임의식을 갖기를 바라는 희망이 내포되어 있는 것이었다. 그러나 창립 이후 지속적으로 학회가 양적, 질적으로 성장ㆍ발달하여 현재에는 그 규모 면에서 14개 분과학회와 9개 지역학회, 그리고 2만 5천여 명에 육박하는 회원 수로 확대되면서 여러 가지 윤리적인 문제의 제소와 함께 현 윤리강령의 적용에서 좀 더 상세하고 확인 가능한 기준이 제시되어야 한다는 욕구가 높아져 왔다. 회원들의 요구와 함께 윤리강령에 따른 문제점과 그 보완의 필요성이 드러나 2008년 학회의 윤리강령이 1차 개정되었고 그 이후 다시 한 번 윤리강령을 개정해야 한다는 요구가 대두되었으며, 2011년 12월 25일 그 필요성에 따라 윤리강령을 2차로 대폭 개정하였다. 2차 개정 후 보다 시대적 배경에 맞게 윤리강령을 개정할 필요가 있다는 요구에 부응하여 3차 개정이 이루어져 2016년 4월 4일부터 시행되었다. 세 차례의 개정이 그동안 이루어졌다 하여도 그 최초의 취지가 크게 변질되었다기보다는 보다 충실하게 보완되는 것을 지향하였다고 할 수 있다. 이 절에서는 한국상담학회의 현 윤리강령에 대한 기본적 이해와 해석을 도모하고자 한다.

현행 한국상담학회 윤리강령과 시행세칙의 구성을 살펴보면 윤리강령은 전문과 전문적 태도, 정보의 보호, 내담자의 복지, 상담관계, 사회적 책임, 상담연구, 심리검사, 윤리문제 해결, 회원의 의무로 9개 영역, 28개 조 112개 항 그리고 부칙으로 되어 있다. 시행세칙은 윤리강령을 시행하는 데 필요한 제반사항들로 서 9개 조 34개 항과 부칙으로 구성되어 있다. 이에 따라서 지금부터는 윤리강 령의 핵심 가치와 지향점을 함축하고 있는 '윤리강령 전문'을 중점적으로 이해 하고 그 후 핵심 가치와 지향점이 구체적으로 반영된 나머지 윤리강령들의 의미 와 실제적인 이해에 대해 살펴본다.

1) 전문

전문에는 한국상담학회의 정체성과 가치지향점, 상담활동의 목적 그리고 소 속 회원과 전문상담사들이 추구해야 할 인류와 사회에 대한 그 전문적 역할 및 책임 등이 제시되어 있다. 구체적인 전문의 내용은 다음과 같다.

> 한국상담학회는 교육적, 학문적, 전문적 조직체다. 상담자는 각 개인의 가치,
> 잠재력 및 고유성을 존중하며, 다양한 조력활동을 통하여 내담자의 전인적 발달
> 을 촉진한다. 상담자는 내담자의 신체적, 정신적, 사회적, 영적 안녕을 유지 · 증
> 진하는 데 헌신한다. 이러한 역할을 수행하는 과정에서 상담자는 내담자의 복
> 지를 가장 우선시한다. 상담자는 내담자와의 관계에서 의사소통의 자유를 갖되,
> 그에 대한 책임을 지며 내담자의 성장과 사회공익을 위하여 최선을 다한다. 이
> 를 위해 본 학회의 상담자는 다음의 윤리규준을 준수한다.

전문의 내용에 대한 좀 더 깊이 있는 이해를 도모하기 위해 한 문장씩 세밀히 살펴보자면 우선 학회의 정체성에 대한 자기 선언이 가장 먼저 제시되어 있음 을 알 수 있다. "한국상담학회는 교육적, 학문적, 전문적 조직체다."라는 자기선 언은 한국상담학회의 모든 활동이 과학적이고 체계적이며 그 활동과정은 지속 적인 연구와 실천적 검증으로 이어지며, 나아가 그 추구하는바 궁극의 지향점은 끊임없이 성장하고 발달하는 살아 있는 조직체임을 말하는 것이다. 다음으로 "상담자는 각 개인의 가치, 잠재력 및 고유성을 존중하며 다양한 조력활동을 통

하여 내담자의 전인적 발달을 촉진한다."라고 기술하고 있는데, 이는 상담자가 보편적 인간과 자신이 만나는 내담자에 대해 취해야 할 태도를 설명하는 것으로 상담자는 인간의 다양한 개인차와 그 존재 자체의 가치와 존엄성을 존중해야 함을 강조하는 것이다. 또한 상담자는 가치 있고 존엄한 내담자를 조력하는 데 있어 한 인간의 균형 잡힌 전체성을 동시에 볼 수 있어야 하며, 조력활동에서 자신의 전문적인 능력을 만발적으로 꽃피우며 그에 걸맞은 창의적 태도를 견지할 필요성을 제시하고 있다. "상담자는 내담자의 신체적, 정신적, 사회적, 영적 안녕을 유지·증진하는 데 헌신한다."라는 말은 상담활동의 목적을 제시함과 동시에 그를 위해 내담자의 전체성과 전인성에 대한 존중을 다시 한 번 강조한다. 더불어 상담자가 편협하거나 제한적이고 부분적인 인간관을 넘어서서 포괄적이고 신비한 인간에 대한 참다운 존재의 근원을 염두에 두면서 전문적 조력활동을 할 것을 권유한다. 이어지는 "이러한 역할을 수행하는 과정에서 상담자는 내담자의 복지를 가장 우선시한다."라는 말로 이러한 조력활동에서 상담자가 갖는 전문가로서의 능력과 위치는 항상 내담자의 복지를 우선함으로써 그 진정한 가치가 실현됨을 강조하고 있다.

　마지막에 제시된 "상담자는 내담자와의 관계에서 의사소통의 자유를 갖되, 그에 대한 책임을 지며 내담자의 성장과 사회공익을 위하여 최선을 다한다."라며 상담자의 전문적 활동에 대한 신뢰와 함께 그에 따르는 책임을 강조한다. 그리고 상담자는 개인의 성장과 건강한 삶은 그 개인이 속한 사회와 밀접한 관련이 있음을 기억할 것을 요구한다. 즉, 상담자는 전문가로서 사회 공동체에 대한 관심을 갖고 자신의 역할이나 내담자의 성장이 사회 공동체의 공동 이익에 부합되도록 최선을 다해 노력해야 함을 제시하고 있다. 따라서 한국상담학회 소속의 회원들과 상담자들은 전문 이후 제시하는 모든 윤리 영역에 대해 전문의 정신에 입각하여 그 이해와 해석을 펼쳐 나가야 한다.

2) 전문적 태도

전문적 태도 영역은 2개 조 총 10개 항으로 구성되어 있다. 즉, 전문적 능력 5개 항과 충실성 5개 항으로, 여기서는 상담자가 자기 자신의 전문적 능력을 어떻게 발달시킬 것인지와 내담자 조력에서의 충실성이 무엇인지를 제시한다. 또한 그 과정에서 스스로 자신의 한계를 평가할 수 있는 능력에 대해 다룬다.

(1) 전문적 능력

전문적 능력은 전문성 발달 노력, 자기한계 인식, 지속적인 연수와 교육참여, 자문 구하기, 수퍼비전의 필요성 등으로 구성되어 있다.

- 상담자는 상담에 대한 지식, 실습, 교수, 임상, 연구를 통한 전문성을 발달시키기 위해 지속적으로 노력해야 한다.
- 상담자는 자신의 능력 및 기법의 한계를 인식하고, 전문적 기준에 위배되는 활동을 하지 않는다. 만일, 자신의 개인 문제 및 능력의 한계 때문에 도움을 주지 못하리라고 판단될 경우에는 내담자에게 동의를 구한 후, 다른 동료 전문가 및 관련 기관에 의뢰한다.
- 상담자는 자신의 활동분야에 있어서 최신의 과학적이고 전문적인 정보와 지식을 유지하기 위해 지속적인 교육과 연수에 참여한다.
- 상담자는 윤리적 책임이나 전문적 상담에 대해 의문이 생길 때 다른 상담자나 관련 전문가들에게 자문을 구하는 절차를 따른다.
- 상담자는 정기적으로 전문가로서의 능력과 효율성에 대해 자기반성과 자기평가를 해야 하며, 필요한 경우 자신의 효율성을 증진시키기 위해 지도감독을 받아야 한다.

첫째, 상담자의 전문성 발달에 관한 항으로 상담자는 자신의 전문성을 유지·증진시키기 위하여 지속적으로 교육과 연수를 받아야 하며 그 과정에서 전문적으로 충분히 실습하고 훈련받아야 한다. 또한 상담활동과 더불어 연구를 지속하여 상담학의 발전에 기여한다. 이를 위해 한국상담학회는 전문상담사들이 전문적 자격을 지속적으로 유지하는 것을 돕기 위해 자격 취득 후 일정기간이 지나면 자격을 갱신해야 한다는 내용과 그 기준을 모 학회와 분과학회 차원에서 상세히 제시하고 있다(한국상담학회 전문상담사 자격규정 참조). 둘째, 앞의 항을 이행하면서 스스로 자신을 평가하고 그 한계를 자각하여 자신의 활동이 전문성을 위배하지 않도록 노력해야 함을 강조한다. 이것은 전문가가 훈련받았거나 준비된 내용이 아닌 어떤 조력활동에 대해 내담자를 이용하여 실험적 접근을 한다든지 내담자가 상담자의 전문적 능력을 넘어서는 조력을 요청할 경우 무리한 응대를 하는 것도 경계할 것을 요구하는 것이다. 또한 문제가 발생하기 전에 예방적인 대처를 할 수 있어야 하며, 이때 전문가가 독단적으로 결정을 하기보다는 문제해결을 위해 주변의 전문가와 전문기관 등의 사회적 협력이 원활히 이루어지도록 노력할 수 있어야 한다는 것을 의미한다. 셋째, 상담자는 자기활동 분야의 정보와 지식에 대해 관심을 기울이고 시대적 변화와 흐름 그리고 새로운 내용 등에 대한 보완을 위해 교육과 연수에 지속적으로 참여한다. 넷째, 상담자는 자신이 행하는 윤리적 문제나 전문성에 의문이나 불확실성의 문제에 직면하게 되는 경우가 있는데 이때 개인적인 판단을 내리기 전에 관련 기관이나 전문가들, 예를 들면 학회의 윤리위원회나 수퍼바이저 또는 동료들과의 자문을 진행하여야 한다. 자문의 과정을 통하여 상담자는 자신의 윤리적 안목과 식견을 정리하고 넓힐 수 있을 뿐만 아니라 다양한 시각과 해석에 대한 견해를 넓혀 당면 문제에 대응하는 적절하고 건강한 결정을 시행할 수 있다. 특히 윤리적인 문제가 대두될 때 상담자가 당면한 윤리문제와 관련하여 자문의 과정이나 제삼의 의견을 수렴하는 다양한 탐색의 노력을 하였는가는 상담자의 윤리적 태도 유무를 평가함에 있어 매우 중요한 기준으로 적용된다. 자문을 받을 때는 서로 다른 전문 인력과 기관이 동원되어야 한다. 다섯째, 상담자는 반성적 자기 사고와 평가를 통해 늘 자신의 전문적 능력과 수행에 대해 자각적 태도를 유지해야 하며, 자신의 능력 향상을 위해 조력이 필요한 경우를 민감하게 알아차리고 적극적으로 지도감독을 받아야 한다.

(2) 충실성

충실성은 상담자의 지속적인 노력과 내담자의 성장 촉진, 자신의 한계 자각과 의뢰 책임, 상황적 요인에 의한 종결 조치, 종결 시 내담자의 의사 존중, 상담자의 기술 관리 및 대처에 대한 내용으로 구성되어 있다.

- 상담자는 내담자를 보다 효과적으로 도울 수 있는 방법에 관하여 꾸준히 연구 노력하고, 내담자의 성장촉진과 문제의 해결 및 예방을 위하여 최선을 다한다.
- 상담자는 자신의 능력의 한계나 개인적인 문제로 내담자를 적절하게 도와줄 수 없을 때에는 상담을 시작해서는 안 되며, 다른 전문가에게 의뢰하는 등의 적절한 방법으로 내담자를 돕는다.
- 상담자는 자신의 질병, 사고, 이동, 또는 내담자의 질병, 사고, 이동이나 재정적 한계 등과 같은 요인에 의해 상담을 중단할 경우, 이에 대한 적절한 조치를 취해야 한다.
- 상담자는 상담을 종결하는 데 있어서 어떤 이유보다도 우선적으로 내담자의 관점과 요구에 대해 고려해야 하며, 내담자가 다른 전문가를 필요로 할 경우에는 적절한 과정을 통해 의뢰한다.
- 상담자는 자신의 기술이나 자료가 다른 사람들에 의해 오용될 가능성이 있거나, 개선의 여지가 없는 활동에 참여해서는 안 되며, 이런 일이 일어난 경우에는 이를 시정하여야 한다.

첫째, 상담자가 자신이 교육받은 이론이나 기술을 상담 장면에서 내담자를 위해 사용할 때 보다 더 정교한 접근을 하도록 노력해야 함과 동시에 자신의 전문성의 보완과 확충을 위해 다양한 최근의 연구와 경향에 관심을 갖고 그것들을 자신의 전문성에 통합하려는 노력을 기울일 것을 강조한다. 이렇게 할 때 다양한 내담자에 대한 포괄적이고 융통성 있는 조력과 접근이 이루어질 수 있다. 둘째, 상담자는 자신의 능력을 벗어나는 조력에 대해서는 내담자가 요구한다 할지라도 명확히 그 한계를 설명하고 조력이 여의치 않음을 내담자에게 전해야 한다. 동시에 자신의 개인적인 문제로 인하여 내담자를 조력하는 데 어려움을 느끼거나 최선을 다할 수 없는 경우 역시 상담을 진행해서는 곤란하다. 이때는 내담자에게 충분한 설명을 하고 양해를 구하며 다른 전문가에게 의뢰하거나 내담자가 도움 받을 수 있는 적절한 조치를 취하는 것이 윤리적이다. 셋째, 상담자와 내담자 양쪽의 일상의 삶에서 일어나는 상황적 변화나 불의의 사고, 재정적 문제 등이 발생하여 상담이 중단되는 경우라도 상담자는 상담의 중단으로 인하여 내담자에게 발생할 수 있는 원치 않는 결과를 예방하고 최소화하기 위하여 적절한 사전, 사후 조치를 취하는 것이 필요하다. 넷째, 상담의 종결에 대한 측면으로 상담의 구조화를 통해 상담자와 내담자가 상호 합의한 종결의 시기가 아니라 할지라도 상담자는 상담 종결 시 내담자의 태도를 존중하고 의견을 경청한 후 그 내용을 최대한 우선 고려하여야 한다. 특히 내담자가 다른 전문가의 조력을 필요로 하는 경우에 적극적인 태도로 내담자에게 도움이 되도록 그 과정을 안내하여야 한다. 다섯째, 상담전문가는 자신의 활동이 어떤 의도된 또는 고의의 부적절한 목적에 잘못 사용될 경우나 그 조력이 더 이상 유의한 효과를 내지 못할 것이라는 상황을 인지하였을 때는 조력활동을 중단하고 그에 상응하는 적절한 조치를 취하여야 한다. 이것은 상담자와 내담자를 불필요한 갈등이나 에너지 소진상황에 밀어 넣는 것을 방지하기 위한 것이다.

3) 정보의 보호

정보의 보호는 5개 조 총 18개 항으로 구성되어 있다. 정보의 보호는 전문상담의 윤리에서 가장 많이 다루어지는 영역 중 하나다. 어찌 보면 상담활동은 내담자 개인의 사적인 정보의 수집과 분석 및 평가를 기초로 이루어진다고 봐도 과언이 아니다. 한국상담학회의 윤리강령에서는 정보의 보호 영역에서 비밀보장 3개 항, 집단 및 가족상담의 비밀보장 3개 항, 전자정보의 비밀보장 3개 항, 상담기록 5개 항, 비밀보장의 한계 4개 항을 다룬다.

정보의 보호 영역에서 중점사항은 비밀보장에 대한 내담자의 권리와 상담자의 의무에 관한 것이다. 여기서 다시 한 번 상담자는 내담자의 복지를 최우선으로 한다는 윤리강령 전문의 정신에 입각하여 정보보호 영역을 이해하는 것이 필요하다. 전문상담사인 경우 최우선적으로 상담자는 항상 자신이 만나는 내담자의 권리를 정확히 알고 있어야만 한다. 특히 상담자는 내담자의 비밀과 내담자가 상담자를 만나기 전 그 어느 누구에게도 노출하지 않았던 정보를 내담자를 통해 들을 수 있고 얻을 수 있는 특권을 누린다는 사실을 기억해야만 한다. 이와 동시에 상담자는 그 특권에 따른 의무를 이행하여야만 하는데 그것은 상담자가 내담자의 비밀유지를 최대한 보장해 줌으로써 자신이 전문가로서 누리는 특권에 대한 의무를 이수하게 된다는 것을 이해하는 것이다.

(1) 비밀보장

비밀보장에서는 비밀보장에 대한 내담자의 권리와 상담자의 의무, 비밀보장의 예외와 한계에 대한 사전고지의 의무, 서면 동의에 따른 정보공개 등으로 구성되어 있다.

- 상담자는 사생활과 비밀유지에 대한 내담자의 권리를 최대한 존중해야 할 의무가 있다.
- 상담자는 내담자 또는 내담자의 법정대리인에게 비밀보장의 예외와 한계에 대해 설명해야 한다.
- 상담자는 제7조 비밀보장의 한계를 제외하고는, 내담자의 서면 동의 없이는 제삼의 개인이나 단체에게 상담기록을 공개하거나 전달해서는 안 된다.

첫째, 상담자는 상담이라는 전문적 활동의 특성상 어느 누구보다도 내담자의 사적인 정보와 비밀을 많이 공유할 수 있는 위치에 있다. 그것은 그만큼 더욱더 상담자가 내담자의 정보를 보호하고 존중해야 한다는 의무의 강조로 귀결된다. 상담자는 내담자의 비밀보장의 권리를 인권 존중과 보호의 맥락으로 이해할 필요가 있다. 둘째, 내담자 또는 내담자의 법정대리인에게 상담에서의 비밀보장은 무조건적인 것이 아니며 예외와 한계가 있음을 상담 초기의 구조화에서 분명히 밝혀야 한다. 상담자가 내담자에게 비밀보장의 예외와 한계를 사전 고지하는 것은 내담자의 자율성을 존중하고 한편으로는 그에 따른 책임도 강조하는 것이다. 셋째, 상담자가 상담 내용을 제삼자나 기관에 공개하거나 전달하는 것은 비밀보장 예외상황일지라도 가능하면 사전에 내담자에게 고지하는 것이 바람직하다. 일반적인 사항인 경우엔 더욱더 반드시 사전에 내담자의 서면 동의가 있어야만 한다.

(2) 집단 및 가족상담의 비밀보장

집단 및 가족상담의 경우 다수의 사람이 상담에 관련된다. 따라서 이 경우 상담에 관련된 내담자들에게 서로 간의 비밀보장에 대한 설명이 충분히 이루어져야 한다. 여기서는 집단상담과 가족상담의 비밀보장과 한계, 미성년자 상담 시 부모나 대리인의 동의 등을 다룬다.

- 상담자는 특정 집단을 대상으로 집단상담을 시작할 때 비밀보장의 중요성과 한계를 명확하게 설명한다.
- 상담자는 집단 및 가족상담시 개인의 비밀보장에 대한 권리와 그 비밀보장을 유지해야 할 의무와 관련해 참여한 모든 사람에게서 동의를 구한다.
- 상담자는 자발적인 동의 능력이 불가능하거나 미성년인 내담자를 상담할 때, 부모 또는 대리인의 동의를 받고, 그들이 참여할 수 있음을 알린다.

첫째, 집단상담 시 참여하는 모든 집단 구성원들에게 비밀보장의 중요성과 한계를 설명하여 집단상담 시 상호 간의 의사소통에서 이루어지는 정보의 노출에 대해 구성원들이 안전감과 신뢰감 그리고 상호 간의 존중을 유지할 수 있게 돕는다. 특정 집단인 경우, 예를 들어 아동 집단상담이나 법원 명령에 의한 집단 같은 경우 그 집단의 한계와 비밀보장의 한계 등도 아울러 분명하게 설명한다. 둘째, 집단 및 가족상담 시 각 집단 구성원과 가족 구성원에게도 비밀보장과 그 한계에 대해 설명해 주어야 한다. 특히 집단 및 가족상담자가 집단원과 가족의 상담 내용에 대해 비밀을 보장하는 것과 집단 및 가족 구성원 간의 비밀보장은 다르다는 것을 설명해 주어야 한다. 즉, 다수의 집단원이나 가족 구성원이 서로 비밀을 보장해 주기를 서면 동의하게 안내하지만 실제로 각각의 집단원이나 가족 구성원이 가지는 비밀보장 능력을 온전하게 동질화하기는 어렵다는 것도 정확히 이해하도록 충분히 설명한다. 집단 및 가족상담에서도 상담에 참여하는 구성원들에게 비밀보장에 대한 동의서를 문서로 작성하게 안내한다. 셋째, 미성년자나 동의에 있어서 타인의 도움이 필요한 내담자를 상담할 경우에는 사전에 부모나 대리인에게 동의를 받아야 하며, 동의가 있고 난 후에 그들은 상담에 참여할 수 있다. 이때 상담진행과 내용에서 그들의 부모나 대리인이 상담에 관여되거나 상담 내용을 알 권리가 있음도 사전에 알려 주어야 한다.

(3) 전자정보의 비밀보장

상담에서 전자 테크놀로지 사용이 이루어질 때 상담자가 관심을 기울여야 할 사항들로 그 장점과 한계, 전자정보 사용의 유용성과 유해 그리고 유의사항 등을 다루고 있다.

- 상담자는 컴퓨터를 사용한 자료 보관의 장점과 한계를 알아야 한다.
- 상담자는 내담자의 기록이 전자정보의 형태로 보존되어 제삼자가 내담자의 동의 없이 접근할 가능성이 있을 때, 적절한 방법을 통해 내담자의 신상이 드러나지 않도록 조치를 취한다.
- 상담자는 컴퓨터, 이메일, 팩시밀리, 전화, 음성메일, 자동응답기 그리고 다른 전자 테크놀로지를 사용해 정보를 전송할 때는 비밀이 유지될 수 있도록 사전에 주의를 기울인다.

첫째, 상담자는 컴퓨터 사용 시 그 기능에 능숙하여야 하며 자료의 유지와 손상, 유출에 대해 대처할 능력이 준비되어 있어야 함을 강조한다. 즉, 파일의 손상이나 삭제, 복사 그리고 복구 등의 사태를 예측할 수 있고 그에 대해 적절히 해결할 수 있는 준비가 되어 있어야 한다. 둘째, 컴퓨터나 기타의 전자기기를 상담기관에서 타 직원들과 공유하여 사용하거나 기기에 대한 타인의 접근에 대해 온전히 통제가 어려운 경우로서, 특히 전자정보 형태로 보관된 내담자 정보가 노출될 경우라도 개인 신상이 드러나지 않도록 사례 아이디나 번호 부여 등의 방법을 통하여 내담자가 노출되지 않게 관리가 이루어져야 한다는 것이다. 셋째, 모든 전자 테크놀로지의 사용 중에는 본의 아니게 정보가 유출되는 경로가 있음을 명심해야 한다. 그러므로 정보의 유출을 막기 위하여 화면 보호나 용지 파기 등을 통해 관리를 철저히 할 수 있어야 하며, 그에 대해 늘 경각심을 가지고 철저하게 환경과 상황을 통제하고 고려하는 능력이 상담자에게 필요하다는 점을 강조한다.

(4) 상담기록

상담자는 자신의 전문적 특성으로 인해 얻게 된 내담자의 정보를 상담과정의 내용 정보뿐만 아니라 기록물에 있어서도 기록물의 부실한 관리로 인한 정보의 누출이 없도록 보호하고 잘 관리해야 한다. 상담기록과 그 기록의 보관은 각 기관이 정한 상담기록 관리지침에 따르되 학회의 윤리강령과 시행세칙을 준수한다.

- 상담자는 내담자에게 전문적인 서비스를 제공하기 위해 내담자에 대한 상담기록 및 보관을 본 학회의 윤리강령 및 시행세칙에 따라 시행한다. 또한 상담기록을 안전하게 보관하고 허가된 사람 이외에는 기록에 접근할 수 없도록 한다.
- 상담자는 상담내용의 녹음 혹은 녹화에 관해 내담자 또는 대리인의 동의를 구한다.
- 상담자는 상담내용의 사례지도나 발표, 혹은 출판 시 내담자의 동의를 구한다.

- 상담자는 내담자가 상담기록의 열람을 요구할 경우, 그 기록이 내담자에게 잘못 이해될 가능성이 없고 내담자에게 해가 되지 않으면 응하도록 한다. 다만, 여러 명의 내담자를 상담하는 경우 내담자 자신과 관련된 부분에 대해서만 공개할 수 있다. 다른 내담자와 관련된 사적인 정보는 제외하고 열람하거나 복사하도록 한다.
- 상담자는 상담과 관련된 기록을 보관하고 처리하는 데 있어서 비밀을 유지해야 하며, 이를 타인에게 공개할 때에는 내담자의 동의를 구한다. 내담자에게 해를 끼치지 않는 범위 내에서 공개해야 한다.

첫째, 상담기록 관리 및 그에 대한 접근과 노출에 정확한 기준이 적용되어야 한다. 상담사례기록과 관련하여 그 보관 장소에 타인의 접근이 용이하지 않으며 정해진 공간과 시간에 사용되고 철저한 보안유지가 이루어져야 한다. 특히 상담자가 사례의 녹음이나 기록을 하는 경우에 상담자는 녹음과 기록의 사용 목적과 절차 등을 내담자나 대리인에게 안내하고 녹음과 기록에 대해 충분한 이해를 도운 후에 동의를 구한다. 둘째, 상담자가 상담내용에 대해 사례지도를 받거나 발표 및 출판을 할 때 역시 내담자에게 사전 동의를 받아야만 한다. 이때도 내담자의 익명성 보장에 최대한의 노력을 기울인다. 셋째, 간혹 내담자가 상담자에게 자신의 상담기록을 보여 달라거나 복사를 요구하는 경우가 있는데 이때는 내담자가 상담기록을 보고 오해를 하거나 충격이나 상처를 받는 등의 부작용이 일어나지 않는 범위 내에서 이루어져야 한다. 일례로 상담기록을 보여 달라는 청소년내담자의 요구에 상담자는 바로 응했는데, 그 상담기록에는 내담자에 대한 '의지박약'이나 '개전의 정이 부족함' 등의 표현이 기록되어 있었고 그 기록을 본 내담자가 상담이나 상담자에 대한 신뢰를 저버린 사례도 있다. 상담자는 상담내용의 기록과 공개에 늘 신중을 기하고 사전에 충분히 준비하여 내담자에게 기록을 공개해야 한다. 특히 상담기록에 내담자 이외의 사람들에 대한 기록이 같이 있을 경우에는 타인의 정보와 비밀을 유지하면서 내담자의 요청이 충족되도록 내담자 본인의 정보 기록이 아닌 것은 비공개를 원칙으로 하며 복사본을 제공할 경우에는 그 내용을 삭제하고 제공한다. 이런 상담자의 태도는 내담자에게 상담 내용에 대한 비밀보장 확인과 상담자에 대한 신뢰를 갖게 돕는다. 넷째, 상담자는 상담의 사전과 사후에 상담사례 관련 기록을 철저히 보관하고 사례기록 용지가 책상 위나 기타의 다른 곳에 노출되거나 펼쳐져 있지 않도록 주의해야 한다. 또한 전자기록인 경우 그 화면이 무심코 공공연히 노출되어 있어서도 안 된다. 특히 사례기록을 당사자인 내담자 이외의 사람에게 공개할 때는 내담자의 사전 동의를 구해야만 한다. 다섯째, 비밀보장의 예외사항 이외의 경우 제삼의 개인이나 단체가 내담자의 정보 공개를 요청할 시에는 반드시 사전에 내담자의 서면 동의를 받아야만 한다. 이때도 공개된 상담내용이 내담자에 대한 상담의 비유해성 원칙이 적용되어야 한다.

(5) 비밀보장의 한계

상담자가 알아야 할 비밀보장의 예외상황들, 내담자의 상담에서 교육과 감독이 진행되는 경우를 사전에 알리기, 내담자 정보 공개의 원칙, 비밀보장의 예외와 한계 상황을 결정하기 등으로 구성되어 있다.

- 상담자는 아래와 같은 내담자 개인 및 사회에 임박한 위험이 있다고 판단될 때 내담자에 관한 정보를 사회 당국 및 관련 당사자에게 제공해야 한다.
  - 내담자가 자신이나 타인의 생명 혹은 사회의 안전을 위협하는 경우
  - 내담자가 감염성이 있는 치명적인 질병이 있다는 확실한 정보를 가졌을 경우
  - 미성년인 내담자가 학대를 당하고 있는 경우
  - 내담자가 아동학대를 하는 경우
  - 법적으로 정보의 공개가 요구되는 경우
- 상담자는 만약 내담자에 대한 상담이 여러 전문가로 구성된 집단에 의한 지속적인 관찰을 포함하고 있다면, 그러한 집단의 존재와 구성을 내담자에게 알릴 의무가 있다.

- 상담자는 내담자의 사적인 정보의 공개가 요구될 때 기본적인 정보만을 공개한다. 더 많은 사항을 공개하기 위해서는 사적인 정보의 공개에 앞서 내담자에게 알리고 동의를 얻어야 한다.
- 상담자는 비밀보장의 예외 및 한계에 관한 타당성이 의심될 때에는 다른 전문가나 지도감독자 및 본 학회 윤리위원회의 자문을 구한다.

첫째, 접수상담이나 초기 상담의 구조화 과정에서 비밀보장과 관련하여 내담자에게 비밀보장의 한계를 설명하고 동의를 얻었다 할지라도 내담자가 늘 숙지하고 있기는 쉽지 않다. 따라서 상담자는 상담과정에서 수시로 비밀보장의 한계와 불이행의 경우를 내담자에게 확인 및 설명하여 내담자의 이해를 돕는 것이 바람직하다. 둘째, 내담자 사례에서 비밀보장 예외사항의 정보를 상담자가 감지한 경우 실제로 예외사항에 준하는 것인지를 충분히 고려한 후 사안에 맞는 전문가나 사회 당국에 그 내용을 제공해야 한다. 비밀보장 예외사항이라 할지라도 상담자는 가능한 한 그 사실을 알게 된 경우 바로 내담자에게 비밀보장의 예외사항임을 알려야 한다. 또 법적이나 사회적으로 내담자에 대한 정보 공개가 요청될 때도 기본적인 정보 그리고 최소한의 정보를 공개하는 것을 원칙으로 한다. 이 경우도 상담자는 최대한 내담자에게 사전 고지를 하고 정보를 공개하는 것이 바람직하다. 셋째, 상담자가 내담자를 상담하면서 그 사례를 수퍼비전 받는 경우 또는 여러 전문가들이 모인 팀을 구성하여 조력을 수행하는 경우, 나아가 기관의 수퍼바이저가 상담 훈련생들의 지도와 훈련을 위해 일방경이나 녹음 등의 장치를 통해 내담자 정보를 공유하는 경우에도 상담자는 사전에 내담자에게 이러한 상황과 조건을 알려야만 한다. 이 경우는 상담 시작 전 내담자의 동의를 구하는 것이 원칙이다. 넷째, 비밀보장의 예외와 한계를 결정하는 데 있어 어떤 의구심이 있을 때 상담자는 관련 전문영역의 전문가나 수퍼바이저, 그리고 재직 기관의 윤리위원회나 본 상담학회의 윤리위원회 등에 자문을 구하는 것이 바람직하다.

4) 내담자의 복지

내담자 복지는 상담윤리강령의 기본적인 전제 조건이다. 윤리강령 전문에 '역할을 수행하는 과정에서 상담자는 내담자의 복지를 가장 우선시한다'고 명시되어 있듯이 상담자는 상담활동의 최종 목적은 항상 내담자의 복지와 긴밀히 연결되어 있다는 것을 상시 기억해야 한다. 내담자 복지 영역은 2개 조 10개 항으로 구성되어 있는데 내담자 권리 보호 5개 항, 내담자 다양성 존중이 5개 항이다. 내담자의 복지 영역은 인권존중사상에 입각하여 전개되며 상담자에 의해 일어날 수 있는 내담자 이용, 통제, 차별 등의 예방에 관심을 둔다.

(1) 내담자 권리 보호

내담자의 인권과 전문적인 상담활동 시 발생 가능한 갈등에서의 내담자 보호, 내담자 중심의 상담효과 추구, 성장지향의 상담진행, 내담자 자율성 보장 등을 다룬다.

- 상담자의 최우선적 책임은 내담자의 존엄성을 존중하고 내담자의 복지를 증진시키는 것이다.
- 상담자는 상담활동의 과정에서 소속기관 및 비전문가와의 갈등이 있을 경우, 내담자의 복지를 우선적으로 고려하고 자신이 소속된 전문적 집단의 이익은 부차적인 것으로 간주한다.
- 상담자는 내담자에게 전문적인 도움을 주는 것이 어렵다고 판단되면 상담자는 상담관계를 시작하지 말아야 하며, 이미 시작된 상담관계인 경우는 즉시 종결하여야 한다. 이 경우 상담자는 내담자에게 적절한 다른 대안을 제시해 주어야 한다.
- 상담자는 내담자의 잠재력을 개발하여 건강한 삶을 영위하도록 도움을 주며, 어떤 방식으로도 해를 끼치지 않는다.
- 상담자는 상담관계에서 오는 친밀성과 책임감을 인식하고, 전문가로서의

개인적 욕구충족을 위해서 내담자를 희생시켜서는 안 되며, 내담자로 하여
금 의존적인 상담관계를 형성하지 않도록 노력하여야 한다.

　첫째, 상담자는 어떤 내담자라 할지라도 그의 존엄성과 인간으로서의 권리를
존중하고 보장하며, 상담의 경험이 최대한 내담자의 복지에 기여해야 한다는 것
과 그에 대한 책임감을 상시 숙지하고 있어야 함을 강조한다. 이것은 내담자가
처한 상황에서 상담자는 내담자의 옹호자가 되어야 한다는 것을 포함한다. 둘
째, 상담활동을 진행하면서 발생할 수 있는 일로 상담자가 내담자를 상담하는
과정에서 소속기관이나 비전문가와 해결해야 할 문제나 갈등이 야기된 경우라
도 늘 내담자의 복지를 우선 고려하여 대처해야 한다는 것이다. 내담자의 복지
가 우선 고려된 후에 상담자가 소속된 기관이나 집단의 이익을 추구하는 것이
보다 윤리적이라 하겠다. 셋째, 상담자는 내담자와의 관계에서 자신이 내담자
를 진정으로 도울 수 있는지 그리고 돕고 있는지에 대해 항시 평가하는 태도를
갖추고 있어야 한다. 자신의 능력으로는 도움을 주지 못하는 상담관계는 애초
에 맺지 말아야 한다. 또한 상담자는 상담과정에서 더 이상의 진척이 없거나 내
담자 조력에서 자신의 한계나 문제를 느낄 때에는 가능한 빨리 내담자와의 상담
을 종결해야 한다. 이때에도 상담자는 내담자가 자신과의 상담을 종결한 이후
에 어떻게 조력을 받고 성장할 것인지에 대한 책임 있는 대안을 제시하고 안내
하는 것을 잊어서는 안 된다. 넷째, 상담자는 내담자가 자신의 삶을 꽃피워 나가
도록 내담자와의 관계에서 적극적으로 도움을 줄 뿐만 아니라 자신에게 도움을
요청하지 않고 다른 곳에서 조력을 구하거나, 또는 상담자가 제공할 수 없는 것
을 다른 곳에서 찾는 내담자에게도 적극 도움을 주며 제지하지 않고 어떤 해도
주지 않아야 한다. 다섯째, 상담자는 상담관계에서 맺는 내담자-상담자의 인간
관계는 진정으로 귀하고 가치 있으며 양자 모두에게 배타적인 긍정적 만남이라
는 것을 숙지하고 있어야 한다. 이것을 숙지할 때 상담자가 내담자에게 받는 신
뢰와 존경, 그리고 사랑 등을 개인적인 것으로 취하고 유지, 독점하려는, 즉 윤
리적 조력관계를 위반하는 함정에 빠지는 것을 예방할 수 있다. 또한 상담자는

상담관계는 의도된 전문적 조력관계라는 것을 늘 염두에 두고 있어야만 내담자의 독립과 자율을 흔쾌히 돕고 권장할 수 있다. 상담관계가 의도된 전문적 조력관계라는 사실을 망각할 경우 상담자는 내담자의 의존을 유발하고 상담종결의 시기를 지연시키는 등 비윤리적인 문제를 야기할 수 있다.

(2) 내담자 다양성 존중

내담자의 인권과 발달단계, 문화의 존중을 포함하며 사용 언어가 다름으로 발생하는 문제의 해결과 각 개인의 가치관 존중, 그리고 이러한 문제에 대한 상담자 대처방안을 다룬다.

- 상담자는 모든 인간의 기본적인 권리, 존엄성, 가치를 존중하며 연령이나 성별, 인종, 종교, 성적 선호, 장애 등의 어떤 이유로든 내담자를 차별하지 않는다.
- 상담자는 내담자의 발달단계와 문화에 적합한 방식으로 정보를 전달한다.
- 상담자가 사용하는 언어를 내담자가 이해하는 데 어려움이 있을 때는 내담자가 명확하게 이해할 수 있도록 통역자나 번역자를 배치하여 필요한 서비스를 제공한다.
- 상담자는 자신의 고유한 가치, 태도, 신념, 행위가 사회에서 어떻게 적용되는지를 인식하고 내담자에게 자신의 가치를 강요하지 않는다.
- 상담자는 훈련이나 수련감독 실천에 다문화/다양성 역량 배양을 위한 내용을 적극적으로 포함시키고 수련생들이 이에 대한 인식, 지식, 기술을 습득할 수 있도록 적극적으로 훈련시킨다.

첫째, 상담자는 인간 존중과 평등 의식이 투철해야 함을 강조한다. 둘째, 상담자는 내담자 각 개인의 개인차를 존중하며, 특히 발달과 문화의 개인차에 대한 이해와 그 내용을 상담에 적용할 수 있는 능력을 갖추고 있어야 함을 강조한다. 따라서 상담자는 인간 발달과 다문화에 대한 지식과 인식의 확장과 심층적 이해를 갖추고 있어야 한다. 셋째, 상담자와 내담자 사이에 발생하는 언어의 다양성이나 사용 수준의 차이로 인해 내담자가 불이익을 얻지 않도록 상담자는 사전에 준비할 수 있어야 하고 이때 타인의 도움이 필요한 경우 통역자나 번역자 인력이 적시에 동원될 수 있도록 미리 조치가 취해져 있어야 한다. 넷째, 상담자는 자신의 개인차와 가치, 사회적 배경과 신념 등을 충분히 자각하고 이해하며 이 것들이 자신의 전문적 활동에서 어떻게 작동할 수 있는지도 분명히 알고 있어야 한다. 이것은 상담자가 내담자를 상담하면서 갖는 권위로 인하여 내담자가 상 담자의 가치관이나 신념에 무비판적으로 종속되거나 지배되는 일이 발생하지 않게 예방을 하는 데 매우 필요하다. 다섯째, 전문상담자는 다문화 관점과 다양성의 존중과 공존 등에 대한 훈련을 수련생에게 제공해야 함과 동시에 전문가를 준비하는 교육생이나 훈련생들은 다문화나 다양성에 관한 그들의 역량을 강화시키는 교육을 필히 습득하여야 한다.

5) 상담관계

상담관계는 3개 조 총 10개 항으로 구성되며 그 내용은 상담이라는 특수한 관계 속에서 발생하는 다중관계 5개 항과 성적 관계 5개 항을 중심으로 이루어져 있다.

(1) 정보제공 및 동의

- 상담자는 상담을 제공할 때에, 내담자에게 상담 관련 정보를 제공하고 이에 대한 동의를 받는다.

상담자는 상담 전에 상담관계에 영향을 줄 수 있는 상담의 목표, 기술, 규칙, 한계 등에 관해서 내담자에게 알려 주어야 한다. 또한 상담자가 상담을 시작할 때 내담자에게 상담자의 전문가 훈련배경이나 자격, 주된 상담전략이나 접근법, 나아가 책무성에 대해 정보를 제공하고 내담자의 역할과 상담의 관계 등을 가능한 진실하고 충분하게 제공한다. 상담관계는 그 목적 달성을 위하여 잘 구축되어야 하며 목적이 달성되면 종결이 온다는 사실도 설명에 포함되어야 하고 이 모든 것에 대해 내담자의 사전 동의를 얻어야 한다.

(2) 다중관계

다중관계란 상담자가 내담자와 맺는 전문적인 상담조력 관계에서 그 목적 달성을 방해하거나 훼손하는 여타의 관계가 동시 또는 연속으로 발생하는 것을 말한다. 상담자는 다중관계를 예방하기 위해 다음의 항을 사전에 숙지해야 한다.

- 상담자는 내담자와의 친밀한 관계를 인식하고, 내담자에 대한 존중감을 유지하며 내담자를 이용하여 상담자 개인의 필요를 충족하고자 하는 활동 및 행동을 하지 않는다.
- 상담자는 객관성과 전문적인 판단에 영향을 미칠 수 있는 다중관계를 피해야 한다. 상담자가 내담자를 지도하거나 평가를 해야 하는 경우라면 그 내담자를 다른 전문가에게 의뢰한다. 단, 내담자의 복지를 위해 상담자와 내담자가 사전 동의를 한 경우와 그에 대한 자문이나 감독이 병행될 때는, 상담관계를 맺을 수도 있다.
- 상담자는 특별한 경우를 제외하고는, 내담자와 상담실 밖에서 사적인 관계를 맺지 않는다.
- 상담자는 내담자와의 관계에서 상담료 이외의 어떠한 금전적, 물질적 거래관계도 맺지 않는다.

첫째, 상담자는 상담관계에서 발생하는 특별하고 의미 있으며 친밀한 인간관계는 그 목적이 내담자를 위한 전문적 조력과 복지를 증진하기 위해 만들어진 것이라는 사실을 명심하는 것이 필요하다. 상담자는 이런 상담관계의 질을 상담자 개인의 욕구나 이득을 충족시키기 위해 사용해서는 안 된다. 둘째, 상담자는 기존에 맺고 있는 관계가 상담진행에 영향을 줄 만한 관계인 경우 그 사람과는 상담하지 않는 것이 바람직하다. 부모-자녀관계나 친척, 친구 또는 사제관계 그리고 직장 등에서 중요한 영향력을 주고받는 관계 등이 해당된다. 그러나 내담자의 복지를 위해 이러한 관계임에도 꼭 상담이 이루어져야 하는 경우로 예를 들면 위기나 응급 상황, 다중관계 이외의 또 다른 대안적 선택이 없는 경우 등에서는 사전에 기존의 관계가 상담에 미칠 영향을 검토하고 서로 확인한 후 그럼에도 불구하고 상담을 진행하겠다는 상담자-내담자 간의 사전 동의가 필요하다. 그리고 다중관계로 인해 발생이 예상되는 문제의 예방과 해결을 위한 장치로 지도 감독이나 자문 등이 병행하도록 조치를 취하는 것이 바람직하다. 셋째, 내담자와의 만남은 상담의 목적을 달성하기 위해 미리 정해진 공식적인 장소에서 이루어지는 것이 바람직하다. 공식적인 장소는 상담자와 내담자 양자의 안전을 보장하기 때문이다. 상담에서 정해진 장소 이외의 사적인 만남이 이루어지는 경우에는 그에 상응하는 합당한 이유가 필요하다. 넷째, 내담자와는 상담료 이외의 어떠한 개인적인 금전적 거래나 선물 받기, 고용이나 금융 관련 정보의 제공과 자문 받기 등을 하지 말아야 한다.

(3) 성적 관계

상담관계와 관련하여 성적인 관계가 상담에 미치는 바람직하지 않은 영향을 예방 및 배제하기 위하여 상담자가 알아야 할 다양한 성적 관계에 대해 설명하고 있다.

- 상담자는 내담자 또는 내담자의 가족들과 성적 관계를 갖거나 어떤 형태의 친밀한 관계를 갖지 않는다.
- 상담자는 내담자 또는 내담자의 가족들과 성적 관계를 맺었거나 유지하는 경우 상담관계를 형성하지 않는다.
- 상담자는 상담관계가 종결된 이후에도 최소 2년 내에는 내담자와 성적 관계를 맺지 않는다.
- 상담자가 상담 종결 이후 2년이 지난 후에 내담자와 성적 관계를 맺게 되

는 경우에도 이 관계가 착취적이 아니라는 것을 철저하게 검증할 책임이
있다.
• 상담자는 다른 상담자가 자신의 내담자와 성적 관계를 맺는 것을 알았을
경우 묵과하지 않고 적절한 조치를 취한다.

첫째, 상담자와 내담자 또는 내담자의 가족들 사이에서는 성적 관계를 금한
다. 여기서는 어떤 성적인 신체 접촉이나 언행, 그리고 성관계 등 모두를 포함한
다. 그러나 문화적 차이로 인해 어떤 신체 접촉이나 언행이 사회적 기능인지, 성
적 접촉인지를 판단하기 어려운 경우도 발생할 수 있다. 성적 관계에서의 판단
이 애매한 경우에는 보수적 태도를 취하는 것이 권장되며 즉시 자문을 구하여
원치 않는 문제가 발생하지 않게 대처를 해야 한다. 둘째, 상담자는 과거나 현재
에서 자신의 성적인 파트너였던 사람들과는 상담관계를 맺지 말아야 한다. 이
경우 상담이 필요하다면 다른 전문가에게 의뢰하는 것이 윤리적이다. 또한 상
담과정에서 내담자나 내담자의 가족들 중 누구와 성적 관계를 맺은 경우 그 상
담을 지속해서는 안 된다. 셋째, 상담자는 자신의 내담자와는 영구히 성관계를
맺지 않는 것이 바람직하다. 이 말은 한 번 내담자는 차후에도 내담자로서 관계
를 유지하는 것이 바람직하다는 것이다. 또한 어떤 경우라도 내담자와의 성적
관계는 최소 2년간은 금지하는 것이 바람직하다. 넷째, 상담 종결 후 2년이 지
났다 하더라도 상담자가 내담자와 성적인 관계를 맺을 때는 그 관계가 착취적이
지 않음이 증명되는 것이 필요하다. 왜냐하면 내담자의 문제가 다 해결되었는
지의 여부 또는 과거 상담 장면에서 맺은 상담자와의 관계가 지금의 내담자에
게 어떻게 작동하고 있는지에 따라 상담자가 내담자와 맺은 성적 관계는 윤리적
문제에 봉착될 수 있다. 포프와 바스케즈(Pope & Vasquez, 2016)의 연구는 의뢰
인이 치료자와의 성적 관계를 통해 큰 감정적 상처를 받고 고통스러워 할 수 있
다고 보고한다. 코머(Comer, 2016)는 얼마나 많은 치료자가 실제로 내담자와 성
관계를 가졌는가에 대한 여러 조사에 대해, 약 4~5%의 치료자가 내담자와 어
떤 형태로건 성적 관계를 맺고 있으며, 이는 10년 전 10%에 비해 떨어진 수치라

고 보고하고 있다. 또한 포프와 바스케즈(Pope & Vasquez, 2016)는 치료자가 의뢰인과 성적 행위는 않지만 개인적인 감정을 가질 수는 있는데, 조사에 의하면 80%에 달하는 치료자가 최소한 가끔 의뢰인에게서 성적 매력을 느낀다고 보고하고 있다. 치료자 중 일부는 기분에 따라 행동하지만 다수는 죄책감과 불안을 느끼거나 성적 끌림에 대해 고민한다(Comer, 2016). 이 때문에 오늘날의 많은 선진국에서는 임상 훈련 프로그램에 성적 윤리 훈련이 우선적으로 포함된다. 이같은 내용은 외국의 연구 결과지만 한국의 상담자에게도 앞으로 내담자와의 성적 관계와 관련하여 전문적이고 윤리적인 훈련이 더욱 필요할 것으로 보인다. 다섯째, 상담자는 다른 상담자가 내담자나 내담자의 가족들과 성적 관계를 맺는 것을 알았을 경우 그에 대해 적절한 조치를 취해야만 한다. 적절한 조치를 취하지 않는 것 자체도 상담자가 내담자의 복지와 인권을 보호하는 데 있어서 부적절했으며 상담 영역의 전문성을 훼손하는 행위에 대해 적극적 조치를 취하지 않는 비전문적인 태도로 간주된다.

전반적으로 상담자는 성적 접근에 대한 충분한 이해를 갖추고 그로 인해 발생하는 위협이나 문제점 등에 대해 숙지하고 있으며 대처능력이 있어야 한다. 특히 내담자에게 성적 접근의 오해를 일으키지 않도록 언행에 주의해야 함은 물론이고 내담자의 잘못된 접근에 대해서도 적절한 조치와 함께 전문적 조력을 유지할 수 있어야 한다. 이때 발생하는 문제를 감당하기 어려운 경우 즉시 지도 감독을 받고 자문을 구하여야 한다.

6) 사회적 책임

사회적 책임은 5개 조 총 18개 항으로 구성되어 있는데 사회관계 4개 항, 고용기관과의 관계 5개 항, 상담기관 운영 3개 항, 타 전문직과의 관계 4개 항, 홍보 2개 항이다. 사회적 책임 영역에서는 상담자가 전문적인 활동을 하면서 가져야 할 사회적 책무성, 자신이 속해 있거나 운영하는 기관과의 관계 그리고 타 전문직과의 관계에 대해 다룬다.

(1) 사회관계

사회관계에서는 상담자의 사회적 책무성을 강조하며 경제활동의 기준과 수련생에 대한 책임을 제시하고 있다.

- 상담자는 사회윤리 및 자신이 속한 지역사회의 도덕적 기준을 존중하며, 사회공익과 자신이 종사하는 전문직의 올바른 이익을 위하여 최선을 다한다.
- 상담자는 경제적 이득이 없는 경우라 하더라도 전문적 활동에 헌신함으로써 사회에 봉사한다.
- 상담자는 내담자의 재정상태를 고려하여 상담료를 적정 수준으로 정하여야 한다. 정해진 상담료가 내담자의 재정상태에 비추어 적정 수준을 벗어날 경우에는 가능한 비용으로 적합한 상담 서비스를 받을 수 있도록 내담자를 돕는다.
- 상담자는 수련생에게 적절한 훈련과 지도 감독을 제공하고, 수련생이 이 과정을 책임 있고 유능하게 수행할 수 있도록 돕는다.

첫째, 사회 속의 상담자를 설명한다. 상담자 역시 그가 속한 사회의 일원으로서 그 사회의 윤리와 도덕, 그리고 문화적 기준을 존중해야 한다. 나아가 다양한 사회 속에서의 다문화적인 관점과 그에 따른 융통성 있는 태도가 필요하다는 것을 의미한다. 또한 상담자는 자신의 전문 활동이 사회공익에 기여하도록 노력해야 하고 전문직의 유익을 추구하는 과정에서도 사회공익을 염두에 두어야 한다. 둘째, 상담자의 사회적 봉사를 다룬다. 즉, 상담자는 경제적 이득이 발생하지 않더라도 인류애를 가지고 사회의 보편적 복지에 기여한다는 측면에서 자신의 전문성으로 사회에 봉사할 수 있어야 한다. 셋째, 상담비용의 책정을 다룬다. 상담자는 상담이 필요한 내담자가 상담비용 때문에 상담 서비스를 받지 못하는 경우가 발생하지 않도록 최선의 노력을 다하여야 한다. 즉, 기존에 일정한 상담료가 책정되어 있다 하더라도 기존 상담료를 지불할 경제 능력이 없는 내담자인 경우 그 내담자의 경제적 사정을 고려한 상담료를 책정할 수 있어야 한 다는 것이다. 외국에서는 이러한 상담료 책정 제도를 슬라이딩 스케일(sliding scale)이라고 한다. 넷째, 수련생에 대한 상담자의 책무성을 말한다. 상담자는 자신의 수련생이 교육과 훈련 받은 내용에 입각하여 전문적 상담을 수행할 수 있도록 책임감 있게 지도한다. 동시에 윤리적인 상담자로서 윤리에 관심을 가지며 나아가 윤리적 딜레마의 상황을 감당하고 해결해 나가는 일련을 과정을 숙지할 수 있도록 관심을 가지고 지도해야 한다.

(2) 고용기관과의 관계

고용기관에서 활동하는 상담자의 의무와 역할에 대한 것이다. 고용관계에서 상담자가 재직하는 기관의 목적에 동의하여 활동하는 것과 소속기관과 갈등을 갖게 되는 경우에 취해야 할 태도, 상담업무처리 방식에 대한 사전 동의와 소속 기관에 문제를 일으킬 만한 사항에 대한 사전 고지, 그리고 마지막으로 상담자 업무참여도에 따른 상업적 광고나 홍보에 대한 제한이 그 구성 내용이다.

- 상담자는 자신이 재직하고 있는 상담기관의 설립 목적에 기여할 수 있는 활동을 할 책임이 있다.
- 상담자는 자신의 전문적 활동이 재직하고 있는 상담기관의 목적과 모순되고, 직무 수행에서 갈등이 해소되지 않을 때는 상담기관과의 관계를 종결해야 한다.
- 상담자는 자신이 재직하고 있는 상담기관의 관리자 및 동료들과의 관계를 통해서 상담업무, 비밀보장, 기록된 정보의 보관과 처리, 업무분장, 책임에 대해 상호 간의 동의를 구해야 한다. 상담자가 재직하고 있는 상담기관과 비밀보장이나 정보의 보관과 처리 등 윤리적인 문제로 마찰이 생기는 경우 윤리위원회에 중재를 의뢰할 수 있다.
- 상담자는 자신이 재직하고 있는 상담기관의 고용주에게 해를 끼칠 수 있는 상황 혹은 기관의 효율성에 제한을 줄 수 있는 상황에 대해 미리 통보를 하

여야 한다.

- 상담자는 자신이 해당 기관의 상담활동에 적극적으로 종사하고 있지 않다면, 자신의 이름이 상업적인 광고나 홍보에 사용되지 않도록 해야 한다.

첫째, 상담자는 자신이 소속한 기관의 설립 취지나 추구하는 가치, 그리고 목적을 숙지함과 동시에 자신의 가치관과 목적 역시 잘 알고 있어서 상담자와 소속기관이 서로 상생에 기여할 수 있는 관계를 형성할 것을 강조한다. 둘째, 상담자와 소속기관과의 갈등에 대해 설명하고 있다. 상담자는 다양한 기관에서 전문적인 활동을 할 수 있는데 그 과정에서 기억해야 할 것은 어떤 기관에서 활동을 할지라도 상담전문가로서의 윤리를 지켜야 함을 강조한다. 소속기관에서의 활동과 책임이 상담전문가로서의 윤리에 위배될 경우 적극적으로 자신의 윤리적 전문성을 유지할 것을 강조한다. 셋째, 상담자가 재직하고 있는 기관의 관리자나 동료와 직무지침에 대해 확실한 이해와 동의를 구해 근무 중 윤리문제가 발생하지 않도록 사전에 준비해야 한다는 것이다. 나아가 재직 기관의 관리자나 동료들과 윤리적인 문제에 대해 갈등이나 의견 충돌이 있는 경우에는 재직기관의 상위 위원회나 전문가로서의 소속 단체나 학회의 윤리위원회에 중재를 요청하여 개인적 대응보다는 전문적인 해결책을 추구하여야 한다. 넷째, 상담자가 상담 업무의 특수성과 그와 관련된 윤리문제에 대해 소속기관의 고용주에게 사전에 충분히 설명하고 알려 주어야 하며 그 이전에 사안이 발생한 경우 최대한 빨리 소속기관의 고용주에게 당면한 문제에 대해 알려 주어야 한다. 다섯째, 상담자가 충분한 상담활동을 하지 않으면서도 마치 주도적으로 상담전문 활동을 하는 듯이 대중이 오해하도록 상업적 광고를 하거나 그런 광고에 상담자의 이름이 사용되는 것을 묵과하는 것도 비윤리적이다. 이는 상담자의 현업에 대한 과장광고나 허위광고의 위험을 예방하기 위한 것으로 이해할 수 있다.

(3) 상담기관 운영

상담기관 운영자들과 관련된 내용들로 구성되어 있다. 즉, 기관 운영자가 관심 가져야 할 주 내용으로 자격을 갖춘 전문가를 고용하는 것과 운영의 지침과 프로그램에 대한 명료한 제시, 그리고 기관 운영 시 기관에 속한 상담자들의 인사와 승진, 기관 홍보 및 수련생 수퍼비전에 대한 것 등으로 구성된다.

- 상담기관 운영자는 상담기관에 소속된 상담자의 증명서나 자격증을 그 중 최고 수준의 것으로 하고, 자격증의 유형, 주소, 연락처, 직무시간, 상담의 유형과 종류, 그와 관련된 다른 정보 등이 정확하게 기록된 목록을 작성해 두어야 한다.
- 상담기관 운영자는 자신과 현재 종사하고 있는 직원의 발전에 책임의식을 가져야 하고, 직원들에게 상담기관의 목표와 상담 프로그램에 대해 알려 주어야 한다.
- 상담기관 운영자는 고용, 승진, 인사, 연수 및 지도 감독 시에 연령, 성별, 문화, 장애, 인종, 종교 혹은 사회경제적 지위 등을 이유로 차별하지 않는다.

첫째, 상담기관 운영자는 전문적 자격을 갖춘 상담자를 고용하고, 특히 고용한 상담자의 자격 수준과 상담활동 유형과 종류에 대해 상담기관에 비치해 두어야 한다. 이런 준비성은 상담기관 운영자들이 상담기관을 홍보하면서 기관의 전문성과 고용하고 있는 전문가들의 자격과 분야 등에 대해 분명하고 정확한 제시를 하도록 하여 기관의 전문성과 담당할 수 있는 분야에 대해 과장하거나 불분명한 제시를 하는 것을 예방한다. 둘째, 기관 운영자는 기관 운영의 철학과 가치, 추구하고자 하는 목표 등을 제시하고 그것을 실천하고 진행하는 데 적합한 프로그램이 무엇인지를 고용한 상담자들에게 분명히 하여야 한다. 이 항이 지켜짐으로써 앞의 2조에서 제시한 '고용기관과의 관계'에서 상담자들이 적절한 윤리적 선택을 하는 데 도움을 주며 나아가 오해의 소지를 미연에 예방할 수 있다. 또한 기관 운영자는 직원에게 훈련과 수퍼비전을 지속적으로 제공함으로써 직원의 전문성을 유지 증진함과 동시에 내담자를 보호하여야 한다. 또한 상담기관의 목표와 프로그램에 대해 직원과 공유하고 직원들에게 발전의 기회를 제공하여야 한다. 셋째, 상담기관에서 발생하는 상담자들에 관한 고용과 승진, 인사, 연수 등에서 인권 존중과 평등 원칙에 입각하여 공정하고 공평하게 이루어져야 함을 강조한다.

(4) 타 전문직과의 관계

상담자가 전문적 활동을 함에 있어 타 전문직이나 동료들과의 윤리적 관계를 설명한다.

- 상담자는 상호 합의한 경우를 제외하고는 타 전문가에게 도움을 받고 있는 내담자를 대상으로 상담을 하지 않는다.
- 상담자는 자신의 전문적 자격이 타 전문분야에서 오용되는 것에 적절하게 대처하며, 자신의 이익을 위해 타 전문직을 손상시키는 언어 및 행동을 삼간다.
- 상담자는 자신의 상담접근 방식과 차이가 있는 다른 전문가의 접근 방식 및 전통과 관례를 존중한다.
- 상담자는 상담전문가로서의 자신의 관점, 가치, 경험과 다른 학문 분야에 종사하는 동료의 관점, 가치, 경험을 활용하여 내담자의 복지에 영향을 미칠 수 있는 결정에 참여하고 기여한다.

첫째, 윤리적인 상담자는 타 전문가에게 도움을 받고 있는 내담자를 동시에 중복적으로 상담하지 않는다. 그러므로 상담자는 내담자와 상담 계약을 할 때 타 전문가와 중복적 상담의 상황이 발생하는지를 확인할 필요가 있다. 예외상황으로 사전에 상호 합의를 한 경우에는 타 전문가의 도움을 받는 내담자라도 상담자는 상담할 수는 있지만, 이 경우에도 타 전문가와 내담자 조력에 대해 관계나 조건 등에 대해 사전에 분명히 해 두는 것이 바람직하다. 둘째, 상담자는 자신의 전문성이 타 분야에서 오용되지 않게 지킬 수 있어야 하며 동시에 타 전문직과 그 전문가들에 대해 존중하는 언행을 유지하여 전문가로서의 품위를 지킨다. 셋째, 앞의 항의 실천적 측면으로 상담자는 상담을 하는 데 있어 다양한 이론과 실제가 있음을 받아들이고 자신이 훈련받지 않은 접근법들에 대해서도 존중할 수 있어야 한다. 넷째, 상담자는 내담자 복지를 위하여 확장된 사고와 활동을 할 수 있어야 한다. 자신이 종사하는 상담 분야뿐만이 아니라 상담 이외의 분야와 그 전문가들과도 상호교류하고 협력하며 내담자의 복지에 영향을 미치는 의사결정에 참여하고 나아가 그 결정이 내담자의 복지에 기여하도록 노력해야 한다.

(5) 홍보
상담기관 운영자의 윤리적 기관운영과 홍보를 다룬다.

- 상담기관 운영자는 상담기관을 홍보하고자 할 때 일반인들에게 해당 상담기관의 전문적 활동, 상담 분야, 관련 자격 등을 정확하게 알려 주어야 한다.
- 상담기관 운영자는 내담자나 교육생을 모집하기 위해 개인상담소를 고용이나 기관가입의 장소로 이용하지 않는다.

첫째, 상담기관의 운영자들은 상담기관의 홍보에서 내담자나 기관을 이용하는 이용자들이 사전에 기관에 대한 충분한 정보를 얻을 수 있도록 도우며 전문가 구성에 대해 알려 줌으로서 부적절한 기대나 오해를 하지 않게 돕는다. 둘째, 내담자나 교육생의 모집에 있어서도 기관과 이용자 간에 다중관계가 발생하지 않도록 주의하여야 한다.

7) 상담연구

한국상담학회는 윤리강령 전문에서 학회가 교육적, 학문적, 전문적 조직체라는 것을 첫 줄에서 천명하고 있다. 또한 학회의 전문가 자격에서는 전문상담사들에게 전문성에 따른 연구 업적을 요구하고 있다. 이는 상담연구가 상담자의 역할 수행에서 매우 중요한 영역으로 다루어진다는 것을 의미하며 동시에 상담자의 연구 수행은 윤리적 기반 위에서 이루어져야 한다는 것을 강조함을 알 수 있다. 상담연구 영역은 4개 조 17개 항으로 상담 연구 1개 항, 연구 책임 5개 항, 연구참여자의 권리 5개 항, 연구 결과의 보고 6개 항으로 구성되어 있다. 상담연구 영역에서는 상담과 관련된 포괄적인 연구윤리를 다루고 있다.

(1) 상담연구

상담에서 연구란 전문성을 입증하는 중요한 전문 활동이다. 상담연구는 한국상담학회 윤리강령에서 연구윤리규정을 따로 두고 있으며 모든 연구관련 윤리는 그에 준한다.

- 상담연구는 연구윤리규정에 준한다.

한국상담학회 연구윤리규정은 총 10장으로 구성되어 있으며 그 각 장은 총칙, 용어의 정의, 연구자의 책임과 책무, 연구에 관한 동의, 인간 및 동물대상 연구의 윤리, 연구 발표의 진실성, 연구저작권의 공정성, 편집위원의 윤리규정, 심사위원의 윤리규정, 보칙 등으로 구성되어있다. 그 상세한 내용은 한국상담학회 윤리강령 연구윤리규정 본문을 참조한다.

(2) 연구 책임

상담연구자에게 자신이 행하는 연구가 상담의 목적에 부합하고 나아가 상담영역의 발전에 기여하도록 노력할 것, 연구에 따르는 다양한 문제 상황에 대해 사전 조치를 취하고 그에 따른 책임의식을 가질 것 등을 제시하고 있다.

- 상담연구자는 연구의 결과가 상담의 이론과 실제에 바람직한 기여를 하도록 노력해야 하고, 연구로 인한 문제에 대해 책임을 져야 한다.
- 상담자는 연구참여자를 대상으로 하는 연구를 수행할 때 윤리규정, 법, 기관 규정, 과학적 기준에 합당한 방식으로 연구를 계획, 설계, 실행, 보고한다.
- 상담자는 윤리적인 연구 수행에 대한 궁극적인 책임이 연구책임자에게 있다는 것을 인식하고 연구 활동에 참여하는 모든 사람이 윤리적 책임을 공유하며 각자의 행동에 대해 책임을 진다는 사실을 주지시킨다.
- 상담자는 연구참여 때문에 연구참여자의 삶에 혼란이 초래되는 것을 피하기 위해 합당한 사전 조치를 취한다.
- 상담자는 연구 목적에 적합하다면 문화적인 고려를 통해 연구 절차를 구체화하도록 한다.

첫째, 상담연구자는 연구의 최종 목적이 상담학 발전에의 기여임을 기억하고 있어야 한다. 이것은 상담연구자에게 연구가 나아갈 방향을 알려 주며 또 연구 결과에 대한 책임의식을 고취시켜 준다. 둘째, 상담연구는 연구윤리규정을 준수하는 기초 위에서 시행되는 윤리적 연구임과 동시에 과학적으로 이루어져야 함을 강조한다. 셋째, 연구책임자는 윤리적 연구에 대한 최종 책임자이므로 연구가 윤리적으로 진행되도록 연구에 관여된 모든 연구자들에게 윤리적 연구를 주지시키고 윤리적 책임의 공유를 강조하는 태도를 요구한다. 넷째, 상담연구자는 연구에 참여한 연구참여자들의 삶이 연구에 참여함으로써 균형을 잃거나 해를 입지 않도록 사전 조치 및 예방을 할 것을 강조한다. 왜냐하면 상담연구는 연구에 참여하는 자체만으로도 참여자들의 심신에 영향을 미칠 수 있는 요소가 매우 다분하기 때문이다. 따라서 연구자는 연구 실시 전에 참여자들이 연구에 참여하기 적당한지를 평가할 수 있어야 하며 참여자들에게 연구의 의미, 방법,

연구에 참여하는 동안의 문제를 해결하기 위한 준비와 문제가 발생했을 시 진행
되는 과정과 대안 등에 대해 구체적으로 설명하고 동의를 구해야 한다. 다섯째,
연구자는 연구방법과 절차에서도 문화적 차이와 다양성을 고려하는 것이 윤리
적이다. 즉, 연구의 목적을 훼손하지 않으면서 연구를 진행하는 지역과 대상, 참
여자 등의 문화권에 적절하도록 연구 절차를 운영할 수 있어야 한다.

(3) 연구참여자의 권리

연구에서 참여자의 자발적 참여와 사전 동의 그리고 참여자들의 정보에 대한
연구 진행과정과 연구 완료 후의 비밀보장 등을 다룬다.

- 상담자는 피험자에게 연구의 필요성을 포함하여 연구에 관한 전반적인 사
  항에 대해 상세히 설명하여 동의를 얻어야 하며, 그들이 자발적으로 연구
  에 참여하도록 해야 한다.
- 상담자는 내담자를 포함시키는 연구를 수행할 때 사전 동의 절차에서 내담
  자가 연구활동에 참여할 것인지에 대해 자유롭게 선택할 수 있다는 점을
  명확하게 하고 동의를 받는다.
- 상담자는 연구과정에서 연구참여자에 대해 획득한 정보를 비밀로 유지
  한다.
- 상담자는 자료가 수집된 후 연구에 대해 참여자들이 가질 수 있는 오해를
  해소하기 위해 연구의 특성을 명확하게 설명한다.
- 상담자는 학술 프로젝트나 연구가 완료되면 합당한 기간 내에 연구참여자
  의 신분을 확인할 수 있는 자료나 정보가 포함된 오디오, 비디오, 인쇄물과
  같은 기록이나 문서를 파기하는 조치를 취한다.

첫째, 연구자는 연구에 참여하는 참여자들에게 가능한 범위 내에서 연구에
대한 목적과 과정, 연구의 결과의 활용 방안, 추후 작업 등에 대해 충분한 설명
을 제공하고 이해를 구한 후 참여자들이 자발적으로 선택하고 참여하도록 최선

의 노력을 하여야 한다. 이는 참여자들이 연구참여로 인해 개인적으로 경험하는 일련의 상황에 대해 알고 있어야 하며 주체적으로 대응할 수 있게 돕는다. 둘째, 참여자가 연구자와 맺어 온 외적인 조건이나 상황으로 인하여 마지못해 연구에 참여하는 것을 방지해야 한다. 이것은 추후 참여자의 비자발성이나 유해를 발생시키는 요인이 될 수 있을 뿐 아니라 연구 결과에도 영향을 미치기 때문이다. 참여자의 연구참여 선택권을 충분히 보장하고 사전 동의를 받은 후 연구를 시작한다. 셋째, 참여자 정보의 비밀보장으로 연구과정에서 얻은 참여자 정보는 비밀보장의 원칙이 적용되어야 함을 뜻한다. 이러한 비밀보장이 이루어지려면 참여자들에게 비밀보장에 대한 설명을 한 후 사전 동의를 얻어야 한다. 넷째, 연구의 진행과정에서 참여자들에게 얻은 정보를 연구의 어디에 어떻게 사용하는지를 연구자는 참여자들에게 설명하여 오해나 의문의 소지를 만들지 말아야 한다. 다섯째, 연구의 완료 후 연구자는 연구를 위해 수집한 참여자의 정보를 합당한 보존 기간 이상 보관하는 것은 윤리적이지 않다. 그러므로 연구자는 참여자들에게 합리적인 정보의 보관 기간을 설명하고 파기가 어떻게 이루어지는지에 대해서도 의문의 여지없이 설명하고 설명한 대로 참여자 정보의 파기를 수행하여야 한다. 정보의 파기 이후에 가능하면 참여자들이 알 수 있도록 돕는다.

(4) 연구 결과의 보고

연구과정과 마찬가지로 연구 결과의 보고에서도 윤리적인 절차가 지켜져야 한다. 여기서는 연구 결과에 포함될 내용과 연구 오류 발견 시의 대처, 연구 결과로부터의 참여자 보호 그리고 표절 방지를 다룬다.

- 연구 결과를 발표할 때에는 그 결과와 관련된 모든 정보를 정확하게 서술해야 하며, 객관적이고 공정한 발표가 되게 하고, 연구 결과가 다른 상담자의 연구를 위한 자료가 될 수 있도록 해야 한다.
- 상담자는 출판된 연구에서 중대한 오류를 발견하면, 정오표나 다른 적절한 출판 수단을 통해 그 오류를 수정하는 합당한 조치를 취한다.

- 상담자는 모든 연구참여자의 신분을 보호하고 복지를 위해 자료를 각색 · 변형하고 결과에 대한 논의가 연구참여자에게 해를 끼치지 않도록 합당한 조치를 취한다.
- 상담자는 연구대상자의 요구가 있을 경우 연구의 결과와 결론을 제공하고 연구대상자가 요구하는 연구의 오류를 바로잡을 수 있다.
- 상담자는 다른 사람의 저작을 자신의 것처럼 표절하지 않는다. 또한 자신의 작품을 이중출판하거나 발표하지 않는다.
- 상담자는 공동 저자, 감사의 글, 각주 달기 등의 적절한 방법을 통해 연구에 상당한 기여를 한 사람들에게 그런 기여에 합당하게 공로를 인정하고 표시한다.

첫째, 연구자는 연구 결과를 발표함에 있어서 정확한 진술을 해야 하는데 이는 추후 다른 연구자의 연구에 자료로 사용되기 때문이다. 연구의 부정확한 진술과 기술은 자신의 연구를 불명료하게 할 뿐 아니라 차후 타 연구에 오류를 제공할 수 있다. 둘째, 연구자는 연구 결과가 발표된 이후라도 그 결과의 오류에 대해 책임 있는 태도를 취하여야 한다. 즉, 연구 결과 발표 후 발견된 오류에 대해서도 오류를 발견한 즉시 그 내용을 바로잡고 수정하기 위해 최선을 다하고 사후 조치 결과를 확인해야 한다. 셋째, 상담자는 연구 결과를 발표함에 있어 그 내용에서 연구참여자들의 신분이 노출되지 않게 최대한 보호해야 함은 물론이고, 그 결과에 대한 논의를 함에 있어서도 그 논의 내용이 연구참여자 어떤 개인이나 집단을 폄하하거나 공격하거나 또는 비정상 등으로 몰아가는 오해의 소지가 일어나지 않도록 충분히 주의하여 기술하여야 한다. 넷째, 연구자는 연구참여자가 연구내용을 알고 싶어 하거나 요구할 때 연구의 결과와 결론을 제공하며 그 내용에 대해 연구참여자의 이의가 있거나 수정을 요구받을 때 적절하게 그 내용을 수정하고 연구참여자의 의견을 반영하여야 한다. 이러한 문제가 발생하지 않게 미연에 방지하기 위해서 연구자는 연구의 결과와 결론을 최종적으로 도출하기 전에 연구참여자에게 그 내용에 대한 의견을 제시할 수 있도록 연구 결과물에 대한 의견 개진의 기회를 줄 수 있어야 한다. 다섯째, 연구자는 타인의 연구를 자신의 연구처럼 도용하거나 표절하지 말아야 한다. 연구자가 타인의 연구 결과를 인용할 때는 그 출처와 자료를 본문과 참고문헌에 명확히 제시하여야 한다. 이런 절차가 지켜지지 않을 경우 연구자는 표절 시비에 휘말려 그 연구의 도덕성과 윤리성에서 치명적인 결과를 초래하게 된다. 또한 구두로 인용 허가를 받았다 할지라도 정확하게 인용의 출처를 연구물에서 밝히는 것이 윤리적이다. 구두로 인용을 허락 받았다 하더라도 그 출처를 본문이나 참고문헌에서 밝히지 않으면 표절의 문제에서 벗어나기 어렵다. 연구물의 이중 발표나 출판 역시 연구윤리에 어긋난다. 여섯째, 연구에 기여한 모든 사람들이 그의 기여에 합당한 인정을 받도록 연구책임자는 연구에 관련된 인사들의 공로를 최대한 타당하고 적절한 표현방법을 동원하여 연구물에 분명히 제시해야 한다. 연구물의 내용에 나타나는 공식적인 인용이나 참고문헌뿐만 아니라 연구과정 상의 도움이나 아이디어 제공이나 연구 진행과정 중 중간 점검 및 의견 교환 등의 모든 관여와 조력이 언급되어야 한다. 그렇지 않은 경우 이 부분도 역시 연구의 도용과 표절에 관련된다.

8) 심리검사

심리검사는 4개 조 21개 항으로 구성되어 있다. 심리검사와 관련된 일반 사항 5개 항, 검사 도구 선정과 실시 조건 5개 항, 검사 채점 및 해석 6개 항, 정신장애 진단 5개 항으로 이루어져 있다. 심리검사 영역에서는 심리검사의 목적이 내담자를 조력하고 복지에 도움을 주고자 실시된다는 기본 원칙이 적용된다.

(1) 일반 사항

내담자 개인차를 고려한 검사선정 및 실시, 유자격자에 의해 이루어지는 검사의 실시와 채점, 해석과 통보의 과정에 대해 다룬다.

- 상담자는 내담자의 환경(사회적, 문화적, 상황적 특성 등)과 개별적 특성을 고려한 후, 내담자를 조력하기 위한 목적에 적합한 심리검사를 선택해야 한다.
- 심리검사를 실시할 때에는 자격이 있는 사람이 표준화된 절차에 따라 실시 해야 하며, 그 과정을 경시해서는 안 된다. 또한 수련상담자는 지도감독자에게 훈련받은 검사 도구를 제대로 이용하는지의 여부를 평가받는다.
- 상담자는 검사 채점과 해석을 수기로 하건, 컴퓨터를 사용하건, 혹은 다른 서비스를 사용하건 상관없이 내담자의 요구에 적합한 검사 도구를 적용, 채점, 해석, 활용한다.
- 상담자는 검사 전에 검사의 특성과 목적, 잠재적인 결과, 수령자의 구체적인 결과의 사용에 대해 설명하고 내담자의 동의를 받는다. 이때 상담자는 내담자의 개인적·문화적 상황, 내담자의 결과 이해 정도, 결과가 내담자에게 미치는 영향을 고려한다.
- 상담자는 피검자의 복지, 명확한 이해, 검사 결과를 누가 수령할 것인지에 대한 결정에서 사전 합의를 고려한다.

첫째, 심리검사는 내담자의 개인 내적인 측면뿐만이 아니라 개인의 외적인 조건들까지를 충분히 고려하여 선택되어야 한다. 심리검사를 진행하는 데 있어 내담자가 심리검사의 목적과 유용성을 이해하고 그 실시에서 어떤 태도를 취하고 어떻게 협조하는가는 심리검사 결과에 매우 중요한 영향을 미치기 때문이다. 특히 어떤 검사를 실시할 경우 문화권에 따라 내담자의 거부 반응과 충격이 있을 수 있기에 사전에 심리검사의 선택을 충분히 숙고해야 한다. 둘째, 심리검사는 그 검사에 대해 충분히 훈련받은 유자격자가 실시하여야 하며 그 절차로서 실시 시간이나 공간적 조건, 날씨나 내담자의 개인적 환경이나 심리상태, 검사에 임하는 자세 등을 충분히 고려하고 언제나 표준화된 절차를 지켜 진행하여야 한다. 또한 수련상담자인 경우 훈련받지 않은 심리검사를 사용하여서는 안 되며, 훈련 중이라면 실사한 심리검사는 필히 지도감독자에게 평가를 받아야 한다. 셋째, 검사 실시와 채점, 해석을 할 때 그 접근의 다양성은 내담자의 요구나 수준에 준하여 선택하는 것이 바람직하다. 넷째, 검사 실시 전에 상담자는 검사의 종류, 실시 목적, 검사 결과에 따른 다양한 의미와 활용방안 등에 대해 내담자가 충분히 이해하고 받아들이는 것을 돕기 위해 내담자의 개인차를 고려하여 친절하게 설명해 주어야 한다. 상담자는 검사를 실시하기 전에 내담자가 검사의 목적에 대해 충분히 이해하고 유용함을 받아들이며 검사 실시에 온전히 동의하는지를 확인하여야 한다. 내담자의 충분한 이해가 있은 후에 그 검사의 실시에 대해 사전 동의를 구하고 검사를 진행한다. 다섯째, 상담자는 검사 실시 후에 내담자의 검사 결과에 대해 누가 어떤 방식으로 수령할 것인지를 내담자와 사전에 분명하게 합의를 해야 한다.

(2) 검사 도구 선정과 실시 조건

바람직한 검사 도구의 선정 조건과 그 실시 절차와 관련된 내용을 다룬다. 이는 검사의 목적이 내담자를 돕는 것이라 할지라도 그 검사지가 좋은 검사지로서의 조건을 갖추지 못했거나 또는 좋은 검사지로서의 조건을 갖추었다 할지라도 실시 절차가 적절하지 않았을 때 그 검사의 결과는 내담자의 복지와 조력에 원치 않는 문제를 초래할 수 있기 때문이다.

- 상담자가 검사 도구를 선정할 때 도구의 타당도, 신뢰도, 실용도, 객관도, 심리측정의 한계를 신중하게 고려한다.
- 상담자는 제삼자에게 내담자에 대한 검사를 의뢰할 때, 적절한 검사 도구가 사용될 수 있도록 내담자에 대한 구체적인 의뢰문제와 충분한 객관적인 자료를 제공한다.
- 상담자는 문화적으로 다양한 집단을 위한 검사 도구를 선정할 경우, 그러한 내담자 집단에게 적절한 심리측정 특성이 결여된 검사 도구를 사용하지 않도록 합당한 노력을 한다.
- 상담자는 검사 도구의 표준화 과정에서 설정된 동일한 조건하에서 검사를

실시한다.

- 상담자는 기술적 또는 다른 전자적 방법들이 검사 실시에 사용될 때, 실시 프로그램이 잘 기능하고 있는지 그리고 정확한 결과를 제공하는지에 대해 점검한다.

첫째, 검사 도구는 좋은 도구로서의 조건을 최대한 충실히 갖추고 있어야 한다. 좋은 도구를 선정하기 위해서 상담자는 검사 도구의 조건들을 충분히 숙지하고 있어야 한다. 둘째, 내담자에 대한 심리검사를 제삼자에게 의뢰하는 경우 상담자는 제삼자에게 검사 의뢰의 목적과 그에 필요한 내담자에 대한 객관적이고 적절한 정보를 제공하여야 한다. 이때도 내담자에 대한 필요 이상의 정보가 제공되지 않도록 주의하여야 한다. 셋째, 문화적으로 다양한 구성원들로 이루어진 집단을 대상으로 검사를 실시할 경우에 상담자는 문화적 다양성의 특성에서 검사가 자유로운지를 확인한 후 검사 도구를 선정하여야 한다. 이때 문화적 다양성의 특성으로 인해 검사 결과가 오염되거나 잘못 해석되는 결과를 초래해서는 안 된다. 넷째, 검사를 실시할 때는 그 검사 실시 요강에서 제시하는 적절한 절차를 지키는 것이 매우 중요하다. 검사 절차를 지키는 것은 검사 결과를 더욱 신뢰하고 타당하게 사용할 수 있게 돕는다. 다섯째, 검사 실시와 결과 제공에 동원되는 다양한 기술과 전자 테크놀로지의 작동에 대해 상담자는 확인, 검토하고 검사가 정확히 진행되도록 수시 점검을 하여야 한다.

(3) 검사 채점 및 해석

검사의 선정과 실시가 검사 목적에 맞게 정확히 이루어졌다 하더라도 채점 과정과 해석에서 문제가 발생한다면 그 검사 결과는 유용하지 않다. 여기서는 검사 결과의 채점, 보고와 해석에서의 유의 사항과 한계 등을 다룬다.

- 상담자는 개인 또는 집단검사 결과 발표에 정확하고 적절한 해석을 포함시킨다.

- 상담자는 검사 결과를 보고할 때, 검사 상황이나 피검사자의 규준 부적합으로 인한 타당도 및 신뢰도와 관련하여 발생하는 제한점을 명확히 한다.
- 상담자는 연령, 피부색, 문화, 장애, 민족, 성, 인종, 언어 선호, 종교, 영성, 성적 지향, 사회경제적 지위가 검사 실시와 해석에 영향을 미친다는 것을 인식하고, 내담자와 관련된 다른 요인들을 고려하여 적절하게 검사 결과를 해석한다.
- 상담자는 기술적인 자료가 불충분한 검사 도구의 경우 그 결과를 해석할 때 주의해야 한다. 그러한 도구를 사용하는 특정한 목적을 내담자에게 명확히 알린다.
- 상담자는 내담자 혹은 심리검사를 수령할 기관에 심리검사 결과가 올바로 통지되도록 해야 한다.
- 상담자는 내담자 이외에는 내담자의 동의를 받은 제삼자 또는 대리인에게 결과를 공개한다. 이러한 자료는 자료를 해석할 만한 전문성이 있다고 상담자가 인정하는 전문가에게 공개한다.

　첫째, 상담자는 검사 결과를 발표할 때 개인과 집단의 경우 모두에서 그 검사를 실시한 대상자와 그 결과가 일치하는지 정확히 하여야 한다. 검사와 그 대상 개인이나 집단이 일치하지 않을 경우 검사 결과는 도움을 주지 못할 뿐만 아니라 오해를 일으켜 내담자들에게 해를 줄 수 있다. 해석 역시 검사 목적에 맞게 이루어졌는지도 확인해야 한다. 둘째, 검사 결과 보고에는 검사 실시과정과 상황 조건들이 반드시 반영되어야 한다. 특히 내담자의 조건이 검사지에서 요구하는 검사 대상의 연령이나 학력 등과 같은 조건에 부합되지 않는 경우 등으로 발생한 제한점은 반드시 밝혀야 한다. 셋째, 내담자 이해와 조력에 검사 결과가 유용하게 사용되기 위해서는 내담자의 개인 내적 및 외적 환경의 다양성이 검사 결과의 해석에 충실하고 충분하게 반영되어야 한다. 이를 위해서 상담자는 검사 전에 내담자와의 충분한 라포 형성을 통해 개인적인 다양한 조건들에 대한 정보를 미리 파악하고 있어야 하며 그에 따른 내담자 이해가 선행되어야 한다.

넷째, 상담자가 검사 도구로서 갖추어야 하는 조건들이 충분히 갖추어지지 않은 어떤 검사를 내담자에게 실시할 경우에는 그 검사를 사용하고자 하는 특정한 목적을 내담자에게 분명히 설명하고 결과의 해석에서도 더욱 신중해야 한다. 다섯째, 상담자는 검사 결과를 통보할 때 내담자에게 자세한 해석과 설명을 해 주어야 한다. 이는 단순히 결과의 수치나 형식적인 해석지를 내담자에게 무책임하게 전달함으로써 내담자가 자의적으로 그 결과를 이해하고 해석하는 위험한 일이 발생하지 않게 하기 위함이다. 여섯째, 상담자는 내담자의 사전 동의에 입각하여 검사 결과를 제삼자나 대리인에게 알릴 수 있다. 관련된 검사 결과를 전문가에게 공개할 경우에는 그 자료에 대해 해석할 능력이 있는 전문가인지를 확인한 후 공개해야 한다.

(4) 정신장애 진단

전문가들의 진단은 내담자나 관련자들에게 매우 강렬한 영향을 미칠 수 있다. 그러므로 정신장애 진단에서 편견과 오류가 발생하거나 유해한 결과가 초래되지 않도록 상담자가 주의할 사항을 다룬다.

- 상담자는 정신장애에 대해 적절한 진단을 하도록 특별하고 세심한 주의를 기울인다.
- 상담자는 치료의 초점, 치료 유형, 추수상담 권유 등의 내담자 보살핌을 결정하기 위해 사용되는 개인 상담을 포함한 검사 기술을 신중하게 선택하고 합당하게 사용한다.
- 상담자는 정신장애를 진단할 때는 내담자의 문제를 규정하는 방식에 문화가 영향을 미친다는 것을 인식하고 내담자의 사회경제적·문화적 경험을 고려한다.
- 상담자는 어떤 개인이나 집단들에 대해 오진을 내리고 정신병리화하는 역사적·사회적 편견과 오류에 대해 충분히 이해하고 이러한 편견과 오류가 발생하지 않도록 특별한 주의를 기울인다.

- 상담자는 심리검사의 결과가 내담자나 다른 사람들에게 해를 끼칠 수 있다고 판단되면 진단이나 보고를 해서는 안 된다.

첫째, 상담자가 정신장애 진단을 하는 경우 그에 따른 충분한 교육과 훈련을 받고 적절한 자격을 갖추고 있어야 한다. 진단에 대해 내담자나 그 관련자들이 돌이킬 수 없는 부정적 선고로 받아들이지 않도록, 특히 정신장애 진단에서는 더욱더 세심한 주의가 필요하다. 둘째, 정신장애를 진단한 경우에 상담자는 그 내담자를 돕는 데 필요한 다양한 접근법과 검사 등에서 어떤 것이 가장 적합하고 효과적인지에 대해 매우 신중한 판단과 선택을 내려야 한다. 그리고 그 실천에서도 역시 신중해야 한다. 셋째, 어떤 사회문화적 배경에서는 정신장애로 규정하는 특성이 다른 사회문화적 배경에서는 장애로 규정되지 않는 경우도 있다는 것을 상담자는 충분히 고려하여 내담자의 정신장애를 진단해야 한다. 따라서 상담자는 사회문화적 다양성에 대해 충분한 이해와 준비를 갖추고 있어야 한다. 넷째, 상담자는 어떤 사회가 정신장애에 대해 어떻게 잘못 판단하며 또 정신장애를 갖고 있는 개인이나 집단에 대해 어떤 오류와 편견을 갖고 있는지에 대해 숙지하고 있어야 하고, 나아가 이런 잘못이 반복되거나 전수되지 않도록 적절한 조치나 주의를 기울일 수 있어야 한다. 다섯째, 상담자는 심리검사의 실시 목적이 내담자를 돕기 위한 것이라는 사실을 잊어서는 안 된다. 상담자는 검사 결과가 내담자나 관련자들에게 알려졌을 때 그 결과가 내담자에게 도움이 되지 않거나 해가 될 것이라는 판단이 서면 상담의 비유해성에 근거하여 그 결과를 보고하지 않아야 한다.

9) 윤리문제 해결

윤리문제 해결은 2개 조 7개 항으로 구성되어 있다. 내용은 윤리문제가 발생되었을 때 윤리위원회와의 협력에 대한 2개 항과 윤리위반이 발생되었을 때의 조치에 대한 5개 항이다.

(1) 윤리위원회와의 협력

상담자의 윤리는 강요에 의해 지켜지는 것이 아니고 상담자가 자발적이고 적극적인 태도로 추구해야 할 사항이다. 여기서는 윤리 실천의 의무를 다룬다.

- 상담자는 본 윤리강령 및 시행세칙을 숙지하고 이를 실천할 의무가 있다.
- 상담자는 본 학회의 윤리강령뿐만 아니라 상담 관련 타 전문기관의 윤리 규준에 대해서도 충분히 이해하고 있어야 한다. 상담자에게 주어진 윤리적 책임에 대한 지식의 결여와 이해 부족이 상담자의 비윤리적 행위에 대한 면책사유가 되지 않는다.

첫째, 본 학회의 회원과 소속 상담자는 학회의 윤리강령과 시행세칙에 대해 어떤 감시와 처벌 때문에 또는 타인의 강요에 의한 것이 아니라 자발적으로 탐구하고 숙지하며 실천할 의무가 있다. 둘째, 상담자는 본 윤리강령에서 상담자가 준수해야 할 모든 윤리적 측면을 다루는 데에는 한계가 있다는 것을 고려하여 자율적이고 적극적인 태도로 윤리에 대한 이해를 보충·확대하고 발전시키는 데 노력하여야 한다. 특히 자신의 전문 영역과 근접한 분야의 윤리에 대해서도 숙지할 것을 권장한다. 윤리문제의 발생 시 상담자는 단지 윤리에 저촉되는 것을 몰랐다는 이유나 변경된 개정안을 숙지하고 있지 못했다는 이유 등으로 그의 비윤리적인 행위가 면책되는 것이 아님을 기억하고 있어야 한다. 이것은 상담자들이 평소 윤리에 대해 늘 관심을 갖고 예민하게 대처할 것을 요구하고 강조하는 것이다.

(2) 윤리위반

윤리문제가 발생하였을 때의 처리 과정과 위반에 따른 조치 사항들을 다룬다.

- 상담자는 다른 상담자의 윤리적인 문제를 알게 되었을 때, 윤리위원회에

제소할 수 있으며 윤리위원회는 본 윤리강령 및 시행세칙에 따라 적절한 조치를 취할 수 있다.

- 상담자는 윤리강령을 위반한 것으로 지목되는 사람에 대해 윤리위원회의 조사, 요청, 소송절차에 협력한다. 또한 자신이 연루된 사안의 조사에도 적극 협력해야 한다. 아울러 윤리문제에 대한 불만접수부터 불만사항 처리가 완료될 때까지 본 학회와 윤리위원회에 협력하지 않는 것 자체가 본 윤리 강령의 위반이며, 위반 시 징계 등 상응하는 조치를 취할 수 있다.

- 상담자는 윤리적 책임이 법, 규정 또는 다른 법적 권위자와 갈등이 생기면 본 학회윤리규정에 따른다는 것을 알리고 갈등을 해결하기 위한 조치를 취한다. 만약 갈등이 그러한 방법으로 해결되지 않으면, 법, 규정, 다른 법적 권위자의 요구사항을 따른다.

- 상담자는 명백한 윤리강령 위반이 비공식적인 방법으로 해결되지 않거나, 그 방법이 부적절하다면 윤리위원회에 위임한다.

- 상담자는 그 주장이 그릇됨을 증명할 수 있는 사실을 무모하게 경시하거나 계획적으로 무시해서 생긴 윤리적 제소를 시작, 참여, 조장하지 않는다.

첫째, 상담자는 다른 상담자의 윤리적 문제나 윤리위반에 대해 알게 된 경우 윤리위원회에 제소할 수 있다. 이는 상담자의 의무가 내담자를 보호하고 상담 활동이 내담자의 복지에 기여해야 한다는 윤리의식에 입각한 것이다. 나아가 상담자는 자신의 전문성과 전문 영역이 훼손되지 않게 보호할 의무가 있기에 그렇다. 이때 윤리위원회의 활동은 당시의 윤리강령과 그 시행세칙에 준하여 윤리위반사항에 대한 조치를 한다. 둘째, 상담자는 자신이 관여되지 않은 윤리문제라 할지라도 윤리위원회의 활동에 적극 협조하는 것이 윤리적이다. 나아가 자신이 관여된 윤리위반의 사안에 대해서는 더욱 적극적으로 윤리위원회의 활동에 협력하는 것이 윤리적인 태도다. 이것은 상담자가 윤리문제에 대해 중요하게 생각하고 적극 대처하는 자세를 가지고 있다는 것을 나타낸다. 윤리위원회에서 도움과 관심, 그리고 협력을 요구하는 윤리문제 해결에 응하지 않는 상담자의 태도는 그 상담자가 윤리에 대해 관심을 갖지 않는다는 것으로 그 역시 윤리적이지 않기에 윤리위원회는 상담자에게 그에 상응하는 조치를 취할 수 있다. 셋째, 상담자는 윤리적 갈등이 생기면 우선적으로 본 학회의 윤리강령에 근거하여 대처하는 것이 우선이다. 우선적 대처가 효과적이지 않거나 문제해결을 이끌어 내지 못할 때 다른 조치를 취하는데 이 경우에 상급의 지도감독자나 윤리위원회에 자문을 구하여 문제를 해결하는 것이 바람직하다. 넷째, 상담자는 윤리위반을 발견한 즉시 그 해결에 적극적으로 임해야 한다. 이때 윤리위반 문제해결을 위한 개인적이거나 비공식적인 노력이 효과가 없거나 윤리문제 해결에 부적절하다면 공식적으로 윤리위원회에 위임하거나 제소 등을 통하여 해결을 강구한다. 다섯째, 상담자는 근거가 적절하지 않음에도 불구하고 계획적이고 고의적이거나 악의적 의도로 이루어지는 윤리문제 제소에 관여하지 않도록 한다. 그러나 이런 경우를 판단하는 것은 매우 신중하게 이루어져야 하므로 이 경우에도 상위의 지도감독자나 윤리위원회의 자문을 구하도록 한다.

10) 회원의 의무

윤리에 대한 기본적인 태도를 다룬다.

- 본 학회의 정회원, 준회원 및 평생회원은 학회 회원의 자격을 부여받기 이전이라 할지라도 본 윤리강령을 준수할 의무가 있다.

여기서는 본 학회의 회원이 되고자 하는 사람은 회원이 되기 이전이라도 본 학회의 윤리강령에 관심을 갖고 준수하도록 하는 것이 윤리적이며, 나아가 회원이 되고 난 이후에도 윤리강령을 준수하며 윤리의식을 고취하고 발전시켜 나갈 것을 늘 숙지하고 있어야 함을 강조한다.

11) 윤리강령 시행세칙

한국상담학회에서는 윤리강령을 제시하면서 전문상담활동을 실천하는 과정에서 발생하는 윤리와 관련된 문제를 해결하기 위해 시행세칙을 운영, 실행하고 있다. 시행세칙은 9개 조 34개 항과 부칙으로 이루어져 있으며 그 내용은 시행세칙의 목적, 위원회의 구성 4개 항, 위원회의 기능 3개 항, 제소 건 처리절차 9개 항, 징계의 절차 및 종류 7개 항, 결정사항 통지 3개 항, 재심 청구 5개 항, 징계 말소 및 자격 회복 절차 2개 항, 임의탈퇴 1개 항, 부칙 등이다. 주로 윤리문제를 해결하는 과정에서 숙지하고 있어야 할 절차와 관련된 것이므로 그 상세한 내용은 한국상담학회 윤리강령 시행세칙 본문을 참조한다.

2. 타 상담학회 윤리강령 비교

학회의 윤리강령은 각 학회가 추구하는 가치와 지향점 그리고 그들이 속한 문화와 밀접한 관련이 있다. 더불어 각 학회의 윤리강령 전문에는 그 학회의 가치 추구와 지향점이 윤리에 어떻게 반영되어야 하는지가 전반적으로 나타나 있다. 여기서는 미국상담학회와 한국상담심리학회의 윤리강령 전문과 구성을 살펴봄으로써 동시대에 같이 활동하는 타 상담학회나 관련학회의 윤리강령에 대한 이해를 도모하고자 한다. 윤리란 어느 한 시기나 사회에서 완성되는 것이 아니고 지속적으로 보완되고 발달해 나가는 특성을 지닌다. 그렇기 때문에 학회의 윤리강령 중 '윤리문제 해결' 영역 1조 2항에서도 타 상담학회나 관련 학회들의 윤리강령에 대해 이해를 도모하고 숙지하는 것을 바람직한 윤리적 태도로 기술하고 있고 또 적극 권장하고 있다. 이는 타 상담학회나 관련학회의 윤리강령들에 대한 비교 연구를 통해 전문상담사들은 윤리문제에 대한 민감성을 키울 수 있을 뿐만 아니라 윤리적 딜레마를 해결하고 문제를 예방하는 데 있어서 더욱 균형 잡힌 태도를 갖추고 바람직한 결정을 하는 데 도움을 받을 수 있기 때문이다.

1) 미국상담학회와의 윤리강령 비교

미국상담학회(American Counseling Association, 2014)의 윤리강령은 전문과 목적, 윤리 관련 9개 영역들로 구성되어 있으며 9개 영역들은 각 영역의 서문으로 시작된다. 윤리강령의 각 영역들이 서문으로 시작되는 이유는 각 윤리 영역의 서문들이 윤리적 행동이나 책임과 관련하여 무엇을 염두에 두어야 할지를 말해 주는 역할을 하기 때문이다. 즉, 서문은 특정 윤리강령의 논지를 설정하는 데 도움을 주고 강조점을 알려 줌으로써 전문상담사들이 윤리적 임무에 대해 숙고할 때 그 출발점을 제시해 주는 역할을 한다. 이제부터는 미국상담학회의 윤리강령의 전문, 목적, 윤리강령 9개 영역들 순으로 살펴보면서 한국상담학회의 윤리강령과 비교하며 이해를 도모해 본다.

미국상담학회(ACA, 2014) 윤리강령의 전문에서는 가장 먼저 미국상담학회가 교육적, 과학적, 전문적 기관임을 명시하며 정체성을 분명히 하고 있다. 이는 한국상담학회의 전문에서도 나타나는 것으로 자신의 정체성을 먼저 규명하고 있다는 점에서 공통적이다. 그러나 한국상담학회의 경우에는 과학적 정체성보다는 학문적 정체성으로 표현하고 있다. 이는 한국상담학회가 정체성에서 더욱 포괄적 태도를 취한다고 해석할 수 있다. 전문에 나타난 미국상담학회의 회원들의 사명은 전 생애를 통한 인간 발달의 촉진에 헌신하는 것으로 이때 가져야 할 태도로는 비교 문화적 입장을 취할 것을 제시한다. 한국상담학회에서는 이 부분에 대응하는 것으로 상담자는 내담자의 전인적 발달을 촉진하고 신체적, 정신적, 사회적 그리고 영적 안녕의 유지 증진에도 헌신할 것을 강조한다. 한국상담학회에서는 전 생애 발달에서 다루어야 하는 전인 발달의 최종 목적까지를 제시하면서 이 부분에서는 좀 더 구체적이고 진보적인 표현을 쓰고 있다. 이것은 미국상담학회는 과학적 정체성을 강조한다는 것과 한국상담학회는 학문적 정체성을 근거로 전인적 발달과 영적 성장까지를 포함한다는 입장에서 오는 미묘한 차이다. 한국상담학회는 상담자가 내담자의 전인적 성장에 기여하기 위해서는 구체적이자 추상적인 목적을 확인하고 합의하는 것을 매우 중요하게 보는 입장으로 상담자는 최종적으로 내담자의 영적 안녕까지 관심을 기울일 것을 제시한다. 한국상담학회는 현대 심리학과 상담 그리고 인간 조력 전문 분야에서 영성의 주제를 제외하고 논의를 전개하는 것은 시대와 내담자 요구에 충분히 부응하지 못한다는 연구들(정인석, 2009; Corey, 2010)에 동의하기 때문이다. 미국상담학회의 윤리강령 전문에서는 전문상담의 핵심적 가치로서 전문상담 활동은 사회 정의를 증진시켜야 한다는 내용이 명시되어 있는데 이는 상담자가 내담자의 복지와 사회적 공익을 위해 노력해야 한다는 한국상담학회의 전문 내용에 대응하는 구절이다. 전문적 가치와 윤리는 중요한 연결점이며 회원들은 윤리를 외부의 압력이나 강요에 의해서가 아니라 자발적으로 지켜 나가야 함을 강조하고 있다.

미국상담학회(ACA, 2014)는 윤리강령의 목적을 따로 두고 있는데 여기서는 윤리강령이 회원들의 공통된 윤리적 책임을 분명히 하고, 학회의 사명 실천을 지원하고 윤리적 행위의 최선의 원칙을 밝히며, 윤리문제가 발생할 시에 처리기준으로 삼기 위함이라고 설명한다. 미국상담학회(2014)는 윤리강령의 목적에서 윤리적 원칙 6개 항을 제시하고 있는데, 자율성(autonomy), 비유해성(nonmaleficence), 선의(beneficence), 공정성(justice/equality), 충실성(fidelity), 진실성(veracity)이다. 미국상담학회는 이 여섯 원칙이 모든 윤리적 행위와 의사결정의 기초를 이룬다고 선언한다. 한국상담학회의 경우에는 윤리강령의 목적을 따로 두고 있지는 않으며, 이런 목적의식은 전체적인 윤리강령의 이해에서 공유된다는 입장을 취하고 있다.

미국상담학회(ACA, 2014)의 윤리강령 영역 여덟 가지는, A. 상담관계, B. 비밀보장과 사생활 보호, C. 전문가 책임, D. 다른 전문가들과의 관계, E. 평가, 사정 및 해석, F. 수퍼비전, 훈련 및 교수, G. 연구와 출판, H. 원격 상담과 기술 및 사회적 매체, I. 윤리문제 해결 등이다. 각 영역들은 그 영역의 취지를 분명히 안내하는 서문으로 시작된다. 한국상담학회의 윤리강령과 비교해 보면 유사한 영역들을 다루고 있지만 눈에 띄는 차이점으로는, 한국상담학회에서는 전문가의 전문성과 사회적 책임을 보다 중요하게 다루고 있다면 미국상담학회는 개인적 관계, 즉 상담자-내담자 관계에서 발생하는 상담자의 책임과 의무를 강조하며 그를 위해 전문상담자의 수퍼비전, 훈련 및 교수 부분을 더 상세히 다루고 있다. 이는 각 학회가 활동하는 문화적 차이점의 반영으로도 해석이 된다. 미국상담학회의 이런 태도는 앞으로 한국상담학회에서도 사회적 책임을 강조하면서 동시에 상담자들의 전문성 훈련에 필요한 수퍼비전이나 훈련에 더 관심을 기울여야 한다는 데 시사점을 제공한다. 또한 미국상담학회(ACA, 2014)에서는 '원격 상담, 기술 및 사회적 매체' 영역을 관심 있게 다루고 있는데, 이는 현대 상담이 면대면 대인관계를 넘어서서 전자 기술 및 사회적 매체를 폭넓게 사용하고 있음에 주목한 것으로 현 시대 상황을 적극 반영한 것이다. 한국상담학회에서도 시대적 변화에 따른 전자기술이나 매체를 활용한 상담 형태들과 관련된 윤리적 주제의 다양성을 고려하여 차후 윤리강령의 개정 시 이에 대한 보완 작업을 할 필요가 있다. 나머지 구체적인 구성과 관련된 비교는 〈표 12-1〉을 참조한다.

ooo **표 12-1** 학회 간 윤리강령 구성 비교

한국상담학회 윤리강령(2016)	한국상담심리학회 윤리강령(2018)	미국상담학회 윤리규정(2014)
전문	전문	전문 목적
제1장 전문적 태도 제1조 전문적 능력 제2조 충실성	1. 전문가로서의 태도 가. 전문적 능력 나. 성실성 다. 자격 관리	A. 상담관계 서문 1. 내담자 복지 2. 상담관계에서의 사전 동의 3. 타인의 서비스를 받는 내담자 4. 해 입힘 피하기와 가치 주입 5. 금지된 비상담적 역할과 관계 6. 전문적 관계와 영역의 관리와 유지
제2장 정보의 보호 제3조 비밀보장 제4조 집단 및 가족상담의 비밀 보장	2. 사회적 책임 가. 사회와의 관계 나. 고용기관과의 관계	7. 개인, 집단, 기관, 사회수준에서의 역할 및 관계 8. 복수 내담자

제5조 전자정보의 비밀보장 제6조 상담기록 제7조 비밀보장의 한계	다. 상담기관 운영자 라. 다른 전문직과의 관계 마. 자문 바. 홍보	9. 집단 작업 10. 상담료와 직무 수행 11. 종결과 위탁 12. 내담자 유기와 방치
제3장 내담자의 복지 제8조 내담자 권리 보호 제9조 내담자 다양성 존중	3. 내담자의 복지와 권리에 대한 존중 가. 내담자 복지 나. 내담자의 권리와 사전 동의 다. 다양성 존중	B. 비밀보장과 사생활보호 서문 1. 내담자 권리존중 2. 예외 3. 타인들과의 정보 공유 4. 집단 및 가족 5. 사전 동의 능력이 결여된 내담자 6. 기록과 문서 7. 사례 자문
제4장 상담관계 제10조 정보제공 및 동의 제11조 다중관계 제12조 성적 관계	4. 상담관계 가. 다중관계 나. 성적 관계 다. 여러 명의 내담자와의 관계 라. 집단상담	C. 전문가 책임 서문 1. 기준에 대한 지식 2. 전문적 역량 3. 홍보와 내담자 구인 4. 전문적 자질 5. 무차별 6. 공적 책임 7. 치료 양식 8. 타전문가에 대한 책임
제5장 사회적 책임 제13조 사회관계 제14조 고용기관과의 관계 제15조 상담기관 운영 제16조 타 전문직과의 관계 제17조 홍보	5. 정보의 보호 및 관리 가. 사생활과 비밀보호 나. 기록 다. 비밀보호의 한계 라. 집단상담과 가족상담 마. 상담 외 목적을 위한 내담자 정보의 사용 바. 전자정보의 관리 및 비밀보호	D. 다른 전문가들과의 관계 서문 1. 동료, 고용인 및 피고용인과의 관계 2. 자문 제공

제6장 상담연구	6. 심리평가	E. 평가, 사정(assesment) 및 해석
제18조 상담연구	가. 기본 사항	서문
제19조 연구 책임	나. 검사를 사용하고 해석하는 능력	1. 일반
제20조 연구참여자의 권리	다. 사전 동의	2. 검사 도구 사용과 해석 역량
제21조 연구 결과의 보고	라. 검사의 선택 및 실시	3. 검사에서의 사전 동의
	마. 검사 결과의 해석과 진단	4. 유자격 전문가에게 자료 제공
	바. 검사의 안전성	5. 정신장애 진단
		6. 도구 선정
		7. 검사 실시 조건
		8. 검사에서의 다문화적 현안 및 다양성
		9. 검사 채점 및 해석
		10. 검사 보안
		11. 낡은 검사 및 시기가 지난 결과
		12. 검사 제작
		13. 법정 평가: 법정 소송절차를 위한 평가
제7장 심리검사	7. 수련감독 및 상담자 교육	F. 수퍼비전, 훈련 및 교수
제22조 일반사항	가. 수련감독과 내담자 복지	서문
제23조 검사 도구 선정과 실시 조건	나. 수련감독자의 역량과 책임	1. 상담자 수퍼비전과 내담자 복지
제24조 검사 채점 및 해석	다. 수련감독자와 수련생 관계	2. 상담자 수퍼비전 역량
제25조 정신장애 진단	라. 상담교육자의 책임과 역할	3. 수퍼비전 관계
		4. 수퍼바이저의 책임
		5. 학생과 수련생 책임
		6. 상담 수퍼비전 평가, 개선 및 인증
		7. 상담자 교육자의 책임
		8. 학생 복지
		9. 평가와 개선
		10. 상담자 교육자와 학생간의 역할 및 관계
		11. 상담자 교육 및 훈련 프로그램의 다문화와 다양성 역량
제8장 윤리문제 해결	8. 윤리문제 해결	G. 연구와 출판
제26조 윤리위원회와의 협력	가. 숙지의 의무	서문

제27조 윤리위반	나. 윤리위반의 해결 다. 상벌윤리 위원회와의 협조	1. 연구 책임 2. 연구참여자의 권리 3. 경계 설정과 유지 4. 결과 보고 5. 출판과 발표
제9장 회원의 의무 제28조 회원의 의무	9. 회원의 의무	H. 원격 상담, 기술 및 사회적 매체 서문 1. 지식과 법률 고려 2. 사전 동의 및 보안 3. 내담자 조회 4. 원격 상담관계 5. 기록과 웹 관리 6. 사회적 매체
부칙	부칙	I. 윤리문제 해결 서문 1. 기준과 법 2. 위반 혐의 3. 윤리위원회와의 협력

2) 한국상담심리학회와의 윤리강령 비교

한국상담심리학회(2018)의 윤리강령은 전문과 9개 영역 35개 조와 부칙으로 구성되어 있고 시행세칙은 14개 조와 부칙으로 이루어져 있다. 이제부터는 한국상담심리학회의 윤리강령 전문, 윤리강령 9개 영역들 순으로 살펴보면서 한국상담학회의 윤리강령과 비교하며 이해를 도모해 본다.

한국상담심리학회(2018)의 전문은 학회의 역할을 규명하는 것으로 시작된다. 즉, "한국상담심리학회는 학회 회원들이 인간의 존엄성과 가치를 존중하고 다양한 조력활동을 통해, 개인이 자기를 실현하는 삶을 살도록 돕는다."라는 것을 첫 시작에서 기술하고 있다. 다음으로는 학회가 인정한 상담심리사들은 전문가로서 능력과 자질을 향상하여 내담자의 복지 추구와 함께 사회적 공익에 기여하고 그에 따른 책임을 지도록 요청하며 그를 위해 윤리강령을 숙지하고 준수할 것을 강조한다. 미국상담학회나 한국상담학회의 윤리강령 전문과 비교해 볼 때 한국상담심리학회는 윤리강령 전문에서 학회의 정체성보다는 그 역할에 좀 더 강조를 두고 있는 것으로 보인다. 일반적으로 어떤 주체는 자기 정체성을 인식하고 그에 따른 가치와 추구하는 바를 밝히는데 한국상담심리학회는 그 사명과 소명에 더 큰 비중을 두는 것으로 해석된다. 더불어 한국상담학회 역시 전문에서 학회의 정체성에 대한 언급 다음으로 학회가 추구하는 가치를 제시한다. 즉, '상담자는 각 개인의 가치, 잠재력 및 고유성을 존중'해야 한다는 것을 통해 학회가 추구하는 가치가 인간 존중임을 제시하고 있다. 한국상담학회와 한국상담심리학회의 윤리강령 전문에서 강조하는 구체적인 공통점으로 두 학회는 상담자들이 내담자 복지에 기여함과 동시에 사회적 책임을 중시하고 사회 공익에 최선을 다해 기여하도록 강조한다는 것이다.

한국상담심리학회(2018)의 윤리강령 9개 영역은 전문가로서의 태도, 사회적 책임, 내담자의 복지와 권리에 대한 존중, 상담관계, 정보의 보호 및 관리, 심리평가, 수련감독 및 상담자 교육, 윤리문제 해결, 회원의 의무, 부칙 순으로 제시되고 있다. 한국상담학회의 윤리강령과 비교해 보면 한국상담심리학회 역시 유사한 영역들을 다루고 있다. 그런데 차이가 드러나는 영역 중 하나는 한국상담심리학회에서 '수련감독 및 상담자 교육' 영역을 독립적으로 다루고 있다는 점이다. 여기에서 주목할 점은 수련감독자와 수련생의 관계가 전문성 교육과 훈련의 관계를 벗어나는 것을 경계하는 것이다. 특히 양자 간의 성적 혹은 연애 관계나 상호 간 성추행이나 성희롱을 금지하고 있는데 이는 최근의 수련감독자와 수련생, 상담교육자와 교육생 간의 비전문적 관계의 문제점을 반영한 것으로 보인다. 미국상담학회(2014) 윤리규정 역시 이 영역을 중요하게 다루고 있다. 차후 한국상담학회도 윤리강령에 수련감독 및 상담자 교육 영역을 좀 더 심층적으로 반영해야 할 것이다. 나머지 구체적인 구성과 관련된 비교는 〈표 12-1〉을 참조한다.

3. 한국상담학회의 윤리적 문제 현황

본 학회가 제시하는 윤리강령은 상담자들이 당면한 윤리문제를 돕고 해결하는 데 도움을 주지만, 그 윤리강령에서 상담자들이 경험할 수 있는 모든 상황을 다 고려하여 기준과 지침을 제공하는 데는 한계가 있다. 그렇기에 윤리는 상담자들이 전문가로 들어서는 준비에서부터 가장 먼저 다루어지고 항상 검토되어야 할 주제다. 그럼에도 불구하고 한국에서의 상담자 양성관련 교육과정에서 '상담윤리'가 정식 과목으로 채택되어 교수와 훈련이 이루어지는 경우는 매우 드문 것이 현 상황이다. 예를 들어, 한국에서 '상담'이란 단어가 자격에 제시된 대표적인 국가 자격으로는 '전문상담교사'와 '청소년상담사'가 있다. 그런데 이 두 자격은 국가 자격임에도 불구하고 '상담윤리'가 필수과목이나 선택과목으로 지정되어 있지 않다(제5장 '상담자 윤리와 법' 참조). 이런 전문자격에서 요구하는 필수나 선택 과목 지정은 그 교육이 주로 이루어지고 있는 대학이나 대학원의 교육과정과 밀접한 연관을 갖는다.

한국에서 국가 자격 외의 전문상담사 자격은 주로 상담 관련 학회에서 주는 자격으로 이는 민간 자격의 차원으로 볼 수 있다. 그런데 학회에서 운영하는 전문상담사 자격 검정시험에서 '상담윤리'를 독립적인 과목으로 두고 있는 경우는 많지 않다. 물론 한국상담학회에서 운영하는 전문상담사 자격 취득과정에서는 전문상담사 1급의 경우 '상담 철학과 윤리'가, 전문상담사 2급의 경우 '상담 윤리'가 필수 과목으로 지정되어 있다. 그러나 앞 절에서 타 상담학회와의 윤리강령 비교에서 주요 학회로 거론된 바 있는 한국상담심리학회의 자격 검정에서조차 따로 윤리과목은 없으며 상담이론에 포함되어 시험문제에 출제된다(최해림 외, 2010). 이와 같은 상황을 종합해 보면 한국에서는 상담자들이 상담자로서의 윤리의식을 갖추고 그에 따른 적절한 훈련을 받지 못한 채 상담현장에 투입되는 경우가 많을 것임을 미루어 알 수 있다. 이는 앞으로 한국상담학회가 주체가 되어 해결해 나가야 할 당면 과제라고 할 수 있는데, 상담자는 전문가로서의 교육과 훈련을 받고 타인을 조력하는 전문직이며 상담자의 전문성은 곧 윤리의식과 태도의 발달과 밀접하게 관련되어 있기 때문이다.

2018년 현재까지 한국상담학회의 회원은 폭발적으로 증가하고 있는데 이는 현사회의 시대적 요구가 반영된 것으로 보인다. 즉, 많은 사람들이 상담과 상담자를 필요로 하고 선호한다는 증거이기도 하다. 반면, 그에 따른 공식·비공식적인 상담자-내담자 간 윤리문제의 증가와 갈등 역시 점점 늘어나고 있으며 그해결과정도 단순히 윤리의 차원을 넘어서서 법적인 문제로까지 얽히면서 점차복잡해지고 있는 실정이다.

한국상담학회에서는 이런 현안 사태에 적극적으로 대처하고자 전문상담사자격 취득시험에 상담윤리를 필수과목으로 지정하고 있을 뿐만 아니라 전문상담사의 자격갱신에서도 윤리교육을 필수로 수강할 것을 요구하고 있다. 또한전문상담사들의 윤리의식 고취를 위해 2010년도부터는 전문상담자 자격 수여식에서 '전문상담사 윤리선언문' 선서를 윤리위원장이 제시하고 그 내용을 신규전문상담사들이 전 학회 회원들과 학회장, 그리고 윤리위원장 앞에서 선서를 하면서 윤리적인 전문상담사가 될 것을 다짐하는 시간도 갖고 있다.

한국상담학회가 상담윤리를 중시하고 실천하려는 노력들은 학회운영의 대외적인 절차나 형식에 반영되어 드러나고 있지만, 그 교육의 시간과 질에서는 아직도 보완할 점이 있다. 우선적으로 전문상담사 자격 갱신의 경우 윤리교육과연수는 5년마다 재교육을 받아야 하는데 상담자들은 그 기간 동안 공식적으로는 한 번 윤리교육을 받는다는 것이다. 이때 이루어지는 윤리교육은 시간이 한정되어 있어서 상담자들이 윤리와 관련하여 가지고 있었던 의문이나 딜레마를해결하는 데는 그 시간이 턱없이 부족한 실정이다. 더불어 짧은 시간일지라도현장의 상담자들이 활동을 하는 데 실질적인 도움을 줄 수 있는 다양한 사례의제시와 토론의 장이 필요한데 그런 시간을 운영할 만한 인적 자원의 확보가 쉽지만은 않기 때문에 그 운영에서도 어려움이 있다. 또한 '전문상담사 윤리선언문'도 앞으로는 그 내용이 공식적으로 확정되고 명문화되어 배포될 필요가 있으며, 그 선언절차도 공고하게 정착되어야 할 것이다. 나아가 한국상담학회는 앞으로는 학회 차원에서라도 상담자 윤리교육의 실제적 강화와 함께 상담자 윤리교육과정의 개발과 교재 집필 등을 통하여 상담자를 교육, 양성하는 대학이나 대학원, 상담 관련 학회 등에 그 기본 지침을 제공해 주는 역할을 선도하여야 할 것이다. 물론 이와 같은 역할에 대한 중요성에 동의하고 구체적으로 활동하는 맥락에서 이 책이 집필되었다.

4. 사례를 통해 본 한국에서의 상담윤리 실제

한국상담학회는 모 학회 윤리위원회를 중심으로 14개 분과학회가 윤리위원회를 구성, 운영하고 있다. 그러나 모 학회를 포함하여 각 분과학회의 윤리위원회에서 그동안 어떤 제소들이 있었는지 공식적으로 취합하여 발표한 것은 아직 없다. 필자가 현재로서는 한국상담학회의 최장기 윤리위원장 역임자라는 것이 이 장의 집필을 위임받은 이유이기도 하다. 따라서 한국상담학회의 위원회에서 허락한 범위 내에서 그동안 윤리위원회에서 다루어졌던 사례들의 기본 쟁점과 과정 그리고 결과를 간략히 소개한다. 그 후 타 학회에서 발표한 사례들에 대해서도 살펴보도록 한다.

한국상담학회 윤리위원회에 제소되는 제소 건은 크게 두 가지 경우가 있다. 하나는 회원과 관련자들이 제소를 하는 경우이고, 다른 하나는 학회 차원에서 회원들의 문의나 문제 제기 또는 자체 관찰을 통하여 제소를 하는 경우다. 후자의 경우 가장 심각하게 다루어졌던 사례 중 하나는 전문가 자격을 가진 상담자들이 자신의 자격을 이용하여 전문가 자격이 필요한 사람들을 대상으로 학회에서 인정받을 수 없는 교육과정을 개설하거나 또 그 과정을 이수하면 마치 자격을 주는 듯이 오해할 수 있는 사업에 대해 홍보를 하여 참가자들을 모집하고 과도한 경비를 부과하여 제소된 사례였다. 이 사례의 경우 제소에 연류된 관련 전문가들이 일반적으로 윤리강령을 위반했다고 생각하기는 쉽지 않은 매우 고급의 전문가 자격을 소지한 경우였기에 논란의 여지가 더욱 컸다. 나아가 해당 제소 건에 대한 조사가 착수되었을 때 제소에 연류된 관련 전문가들이 윤리위원회에 적극 협조하지 않고 제소 상황을 거부하는 태도도 문제가 되었다. 결과적으로 이 제소 건에 연루된 관련자들의 태도로 인해 학회의 윤리강령이 더욱 주의 깊게 개정되는 절차를 갖게 되었다. 이 제소 건의 관련자들은 주의와 경고를 통해 지도되었다.

다른 사례로 분과학회의 자격에서 같은 접근법 관련 전문가들이 서로의 자격을 인정하기 어렵다 하여 제소한 사례로 이 경우는 외국에서 받은 자격증을 국내에서 인정하는 과정에서 같은 분과학회 전문가들 간의 갈등으로 제소된 경우였다. 이 사례의 경우 접근기법과 자격은 분과학회의 특성이 고려되어야 할 사항이었기에 분과학회에서 자체 논의한 후 사안이 정리되었다. 자격의 검증과 자격증 발급 및 활용 등에서 좀 더 전문가들의 윤리적인 태도가 요청된다 하겠다.

전문가 자격 소유와 관련된 활동 이외에 가장 많이 공식적·비공식적으로 문제가 제기되는 또 다른 사안은 연구의 표절 시비와 관련된 것이다. 주로 타인의 연구를 도용하거나 표절한 것으로 타인의 연구를 자신의 연구로 발표하거나 인용출처를 정확히 밝히지 않고 참고문헌에서 고의적으로 정보를 누락시킨 경우다. 피소인들은 대부분 잘 몰랐다고 반론을 제기하는데 윤리강령을 몰랐다고 해서 면책의 사유가 되는 것은 아니다. 또한 잘 몰랐다고 주장하는 피소인들은 대부분 박사과정 이상의 사람들이었기에 전문가 윤리의식에 더 큰 문제를 제기하는 계기가 되었다. 특히 이들의 공통된 주장은 인용이나 참고할 내용의 저자에게 구두로 인용 허가를 받았다는 것이다. 그런데 연구자가 선행연구자에게 구두로 인용을 언급하고 허가를 받는 것과 실제 연구물에 사용한 자료의 출처를 정확히 제시하는 것은 다른 사안이다. 가장 중요한 것은 인용 자료의 출처를 연구물 본문과 참고문헌에 정확하고 분명하게 제시하는 것이다. 이 제소 건들과 관련된 연구물들은 자발적 철회 또는 취소되었고 관련된 피소인들은 지도, 경고를 받았다.

그 외에 공식이나 비공식적으로 윤리위원회에 제소되거나 호소된 사안들은 다음과 같다. 상담자-내담자 간의 다중관계에 대한 배우자의 제소, 상담관계의 서면 동의가 이루어지지 않아 상담자 역할과 상담료에 대해 문제를 제기한 사안, 상담자 학력이나 자격에 대한 의문 제기, 상담이 가족관계에 도움을 주기는 커녕 해를 끼쳤다는 내용, 비밀보장 위반 등이었다. 대부분의 경우 상담자가 윤리강령을 한 번 숙고해 보거나 타 전문가나 윤리위원회에 자문을 구한다면 사전에 문제 발생을 예방할 수 있는 경우였다.

특히 어떤 제소인의 경우 습관적이고 고의적으로 상담자를 따라다니며 그 상담자가 관여된 각종 윤리위원회에 제소를 하는 경우도 있었다. 처음에는 상담자의 윤리의식 미숙으로 약간의 빌미가 제공되어 제소자의 제소가 시작되었다 할지라도 시간이 지나면서 상담자의 과실을 넘어서서 고의적으로 그 상담자를 괴롭히는 것으로 드러나 위원회에서는 상담자뿐만 아니라 제소자도 함께 지도하였다.

타 상담학회 중 한국상담심리학회의 상벌 및 윤리위원회에서도 해마다 상담자의 윤리적 행동과 관련하여 제소되는 사건이 늘어나고 있다고 보고한다(최해림 외, 2010). 한국상담심리학회에서는 많은 경우 상담자의 책무와 관련된 내용이 제소되었다고 보고하면서 상담자 사정에 의해 상담자가 내담자에게 조기 종결을 종결 2주 전 예고한 경우를 내담자가 제소한 사례, 상담자의 어떤 개입 행위에 대해 내담자가 성적 접촉이라고 제소한 건으로 상담자에게 자격 박탈과 제명의 처분이 가해진 사례, 수퍼바이저와 수퍼바이지의 친인척 관계와 지도교수와 지도학생 등의 이중관계에 관한 사례, 윤리적 딜레마로서 학교상담현장의 교사와 학생 사이의 다중관계 등의 사례들을 윤리문제의 주요 사례로 소개하고 있다(최해림 외, 2010).

지금까지 한국상담학회와 한국상담심리학회에 제소된 사례를 중심으로 한국에서 발생한 윤리 관련 사안들의 현황을 간략히 살펴보았다. 최근 들어 더욱더 학회들에서 전문상담사 윤리의식 고취를 위해 노력하고 있으나 아직은 그 노력이 더 필요하고 보완되어야 하는 상황이다.

내담자와 상담할 때 상담자는 내담자와 함께하는 특권을 누리고 있다는 것을 명심해야만 한다. 이런 특권이 내담자의 복지와 성장 그리고 사회적 공익에의 기여로 환원되고, 나아가 상담자 자신의 성장과 발달에 자원으로 활용되기 위해서는 가장 필요한 것 중 하나가 바로 상담자의 윤리의식이다. 투철하고 투명하며 섬세하고 정확한 상담윤리의 실천을 향한 노력이야말로 상담자나 내담자 모두의 바람을 실현하게 돕는 필요충분조건인 것이다.

제13장
최근의 상담윤리

| 김현아 |

 이 장에서는 먼저, 한국의 최근 상담 분야에서 이슈화되고 있는 다문화상담과 사이버상담 분야에서의 상담윤리에 대해 살펴볼 것이다. 과거 상담전문가의 취업분야는 주로 중·고등학교 및 대학교의 상담기관, 정부 및 민간단체의 상담기관이었으나 최근 개인상담소를 개소하여 상담기관을 운영하는 사례가 증가하고 있다. 이러한 현안에 비추어 보았을 때 앞으로 보다 더 많은 상담윤리 문제가 발생할 가능성이 있는, ① 다문화상담 윤리, ② 사이버상담 윤리, ③ 상담기관 운영의 윤리문제를 다루어 봄으로써 앞으로 상담학계가 나아가야 할 방향성을 제시해 보고자 한다.

1. 다문화상담 윤리

1) 다문화상담 윤리의 필요성

2016년 다문화 혼인은 21,709건으로 전년대비 3.4% 감소했으나 전체 혼인 중 다문화 혼인의 비중은 7.7%로 전년대비 0.3% 증가했다. 다문화 혼인의 유형은 외국인 아내(65.7%), 외국인 남편(19.4%), 귀화자(15.0%) 순으로 많았다. 그리고 2016년 국내 입국 총 체류인원은 402,000명으로 취업, 결혼, 교육 등의 다양한 목적으로 한국에 입국한 이주민 중 외국인 근로자 31.8%, 결혼이민자 10.5%, 유학생은 13.1%이다(통계청, 2017). 또한 국내 입국 북한이탈주민은 31,093명(여성비율 약 71%)(통일부, 2017년 9월 현재)이다. 이렇듯 최근 몇 년간 급증하고 있는 결혼이민자, 외국인 근로자, 유학생, 북한이탈주민들이 함께 거주하고 있는 한국의 다문화 현상은 상담에서 다문화적 접근의 필요성이 시급함을 말해 준다. 단일민족임을 강조하던 한국문화의 정서에 비추어 보았을 때, 이러한 국제 이주화 현상은 한국 상담자들의 역할을 혼란스럽게 하고 상담을 어떻게 진행해야 할지 고심하게 만든다. 외국의 경우, 이미 많은 나라들이 다문화사회에 살고 있어서 문화가 다른 내담자들을 실제로 많이 접하고 이들을 위한 구체적인 다문화상담자 교육 및 훈련이 마련되어 있다. 이제 우리나라의 상담자들도 언제 어디서든 상담자와 문화권이 다른 내담자를 만날 수 있게 된 것이다. 이러한 한국사회의 다문화적 변화에 발맞추어 상담자로서 다문화적 윤리에 대해서도 고민할 필요성이 있다.

2) 다문화상담 윤리기준의 현황

다문화상담의 윤리적 문제는 2003년 미국심리학회의 '심리학자를 위한 다문화 교육, 훈련, 연구, 상담, 조직변화를 위한 지침'이 마련되면서 강조되기 시작하였다. 다문화상담 윤리기준의 현황은 어떠할까? 미국상담학회(ACA) 윤리강령에서는 발달적 문화적 감수성, 다문화/다양성 고려, 무차별, 정신장애 진단에서의 문화적 감수성, 도구 선택, 사정에서의 다문화적 쟁점과 다양성, 상담교육자의 책임에서의 다문화/다양성 포함, 상담교육 및 훈련 프로그램에서의 다문화/다양성 역량으로서의 학생다양성, 다문화/다양성 역량을 다루고 있다. 한국상담학회의 다문화상담 윤리관련 주제는 내담자 다양성 존중, 검사 도구 선정과 실시조건, 검사 채점 및 해석, 정신장애 진단이다. 한국상담심리학회에서 다문화상담 윤리관련 주제는 다양성 존중, 검사의 선택, 검사 점수화와 해석, 진단과 관련된 윤리강령을 두고 있다. 한국상담학회와 한국상담심리학회에서 강조하는 주요 다문화상담 관련 원칙은 내담자 복지 증진을 위해 상담자가 존재하며 이를 위해서 상담자의 가치, 문화적 배경에 따라 내담자를 차별해서는 안 된다는 점이다. 미국상담학회 다문화상담 윤리항목과 비교해 볼 때 다문화상담자로서의 다문화/다양성 역량에 대한 부분이나 상담교육자로서의 다문화적 다양성이 강조되고 있지는 않다.

공윤정(2008)에 따르면, 다문화상담과 관련한 상담자의 행동을 현재보다는 구체적이고, 행동중심으로 기술하는 것이 상담실제에 도움이 되며, 다문화상담의 관점에서 상담자 윤리강령이 개선될 필요가 있다고 강조한다. 특히 다문화상담자로서의 자질이나 역량이 선행되어야 한다는 주장들이 대두되고 있다. 1999년 콜만(Coleman)은 다문화상담자의 자질 향상을 위한 필수적인 세 가지 조건으로, ① 다문화적 조력관계에 부정적 영향을 끼치는 상담자의 태도와 신념 자각, ② 다양한 내담자의 세계관을 이해할 수 있는 지식, ③ 문화적 소수자 집단에 적용할 수 있는 상담기법과 상담전략을 강조하였다. 한국상담학회와 한국상담심리학회의 다문화상담 윤리관련 주제 모두 다문화상담자로서의 태도나 신념에 대한 자각, 다양한 내담자의 세계관을 이해할 수 있는 지식, 문화적 특성을 고려한 상담기법과 상담전략 개발을 구체적으로 포함하지 않고 있다. 반면, 미국상담학회(ACA)의 다문화상담 관련 윤리강령에는 많은 부분에 다문화상담자의 자질(Coleman, 1999: 154-156)을 포함하고 있음을 알 수 있다.

∘∘∘ 표 14-1 콜만과 ACA의 다문화상담자 자질 비교

콜 만	ACA
• 상담자의 가설, 가치, 편견에 대한 인식, 다양한 내담자의 세계관을 이해할 수 있는 상담자로서의 신념과 태도	• 발달적 문화적 감수성, 개인적 가치, 다문화/다양성 고려, 무차별
• 내담자의 삶의 경험, 문화적 전통, 역사적 배경 이해 • 인종, 문화, 민족주의가 성격의 발달, 직업선택, 심리장애, 조력 추구행동, 적절한 (부적절한) 상담접근 방식에 미치는 영향 이해 • 인종적/민족적 소수자들의 삶에 영향을 끼치는 사회정치적 영향 이해(예, 통합, 가난, 인종주의, 고정관념, 정치적 무력함)	• 발달적 문화적 감수성, 다문화/다양성 고려
• 전통적인 토속적 조력행위에 대한 존중과 네트워크 형성을 위한 소수민족 지역사회 조력, 전통적 상담(문화적 한계, 신분의 한계, 단일 언어 사용)과 소수민족의 문화적 가치와의 갈등 이해 • 정확하고 적절하게 언어적 비언어적 메시지로 상호작용 • 내담자에게 심리적 개입과정에 대한 교육 실시(예, 상담 목표, 상담에 대한 기대, 법적 권리, 상담자의 이론적 지향) • 이중 언어 사용자의 가치를 존중하고 상담에서 언어 이질감을 장애물로 인식하지 않음	• 발달적 문화적 감수성
• 소수민족의 가족구조, 가족위계, 가치와 신념체계에 친숙해짐 • 필요시 전통적인 치유자나 정신적 지도자에게 자문을 구함 • 내담자가 선호하는 언어로 상호작용 • 상담교육자의 책임과 상담교육 및 훈련프로그램 다문화/다양성 역량	

• 평가도구의 편차 이해[즉, 심리평가 선정 과정과 그 결과 해석 시에는 내담자의 문화적, 언어적 특성을 고려, 심리평가와 검사과정에 대한 훈련(문화적 한계 숙지 포함)]	• 정신장애 진단, 도구선택, 사정에서의 다문화적 쟁점과 다양성
• 문화적으로 다른 집단에 대한 이해와 상담 효율성을 높이기 위한 지속적인 교육, 자문, 훈련 • 끊임없이 자기 자신을 인종적/문화적 존재로서 이해하고 비인종적 정체감 계발을 위한 노력	• 상담교육자의 책임과 상담교육 및 훈련 프로그램에서의 다문화/다양성 역량

늑러그(Neukrug, 2011)의 다문화상담자로서의 역할에 관련된 세부적 사항을 참고해 보도록 하자.

ooo **표 14-2 다문화상담자로서의 역할**

① 문화적 배경이 다른 내담자를 이해하기 위한 적절한 지식을 습득하고 그들에게 적합한 기법을 숙지하며, 바람직한 태도와 신념을 가지도록 하라.
② RESPECTFUL 모델(D'Andrea & Daniels, 2005: 37)에 따라 다문화상담자는 내담자와의 관계에서 종교적/영적 정체감, 경제적 수준, 성적 정체감, 심리적 발달수준, 민족정체감, 생활연령, 개인적 안녕감에 대한 위기와 트라우마, 가족사, 신체적 특성, 상담에 영향을 끼치는 언어와 거주지가 상담에 미치는 영향력을 학습하라.
③ 내담자가 사용하는 언어로 말하도록 하라. 또한 내담자에게 중요한 언어표현은 미리 알아 두고, 언어로 인해 상담의 장벽이 생길 경우는 이중 언어가 가능한 전문가에게 의뢰하도록 하라.
④ 내담자의 비언어적 해석을 정확히 확인하라.
⑤ 연극, 그림, 음악, 스토리텔링, 콜라쥬 등과 같은 의사소통의 대안적 매체를 활용하라.
⑥ 내담자 문제의 사회정치적 영향력을 평가하라.
⑦ 책, 사진, 신문기사, 문화적으로 의미 있는 자료를 통해 내담자를 문화적으로 더 이해할 수 있도록 하라.
⑧ 산책, 커피숍, 첫 면접 시 방문상담 등 상담환경을 다양화시켜라.

출처: Neukrug (2011).

3) 다문화상담 윤리의 주제

다문화상담 윤리의 주요 이슈인, ① 상담자의 문화적 감수성, ② 상담자 가치, ③ 심리검사, ④ 다문화상담 교육 및 훈련, ⑤ 이중관계의 문제를 살펴보고자 한다.

(1) 상담자의 문화적 감수성

다문화상담에서 상담자의 문화적 감수성 관련 윤리강령은 다음과 같다.

◆◆ **한국상담학회 윤리강령(2016)**

제9조(내담자 다양성 존중)
② 상담자는 내담자의 발달단계와 문화에 적합한 방식으로 정보를 전달한다.
③ 상담자가 사용하는 언어를 내담자가 이해하는 데 어려움이 있을 때는 내담자가 명확하게 이해할 수 있도록 통역자나 번역자를 배치하여 필요한 서비스를 제공한다.

◆◆ **한국상담심리학회 윤리강령(2018)**

나. 다양성 존중
(2) 상담심리사는 내담자의 다양한 문화적 배경을 이해하려고 적극적으로 시도해야 하며, 상담심리사 자신의 고유한 문화적 정체성이 상담과정에 어떤 영향을 주는지를 인식해야 한다.

◆◆ **미국상담학회 윤리강령(ACA, 1995)**

A.2.c. 발달적, 문화적 감수성(developmental and cultural sensitivity)
상담자들은 발달단계의 문화에 적합한 방식으로 정보를 전달한다. 상담자들은 사전 동의와 관련된 문제에 대해 논의할 때는 명확하면서도 이해 가능한 언어를 사용한다. 상담자가 사용하는 언어를 내담자가 이해하는 데 어려움이 있을 때는 내담자가 확실히 이해할 수 있도록 필요한 서비스를 제공한다(예, 자격증을 갖고 있는 통역자 또는 번역자를 배치함 또는 번역기를 마련하기). 상담자는 내담자와 협력하여 사전 동의 절차가 가진 문화적 시사점을 고려하고, 가능하다면 상담자들은 상담 서비스 실천을 그에 따라 조정한다.

현재 다문화상담은 주로 건강가정지원센터, 다문화가족지원센터, 개인상담소, 이주민지원센터, 지역적응센터(하나센터), 복지기관, 대학 내 학생생활상담소 등에서 이루어진다. 전문적인 상담을 자발적으로 신청하기보다는 한국어강좌, 다문화교육이나 다양한 문화체험 과정에서 상담이 연계되는 경우들이 일반적이다. 이때, 이중언어상담자의 활용이나 통번역자 포함 3인의 치료적 상황에 관한 다문화상담의 특수성을 감안해야 한다. 비교적 한국말과 유사한 중국 조선족, 북한이탈주민의 경우에도 언어의 미묘한 차이는 존재한다. 더군다나 베트남, 필리핀, 캄보디아, 몽골, 러시아 등의 언어를 사용하는 다문화 내담자는 한국어 표현이 가능한 단계에서 한국 상담자와 한국말로 상담을 하게 되는데, 이때 상담자가 평상시에 사용하는 긴 문장이나 심리학적인 전문용어는 상담과정에서의 의사소통을 방해한다. 그렇다면 상담자의 문화적 감수성이 상담에 어떠한 영향을 끼치며 문화적으로 민감한 상담개입방법은 무엇일까?

상담에서 내담자의 이야기를 잘 듣는다는 것은 판단하지 않는 동시에 내담자에게 중요한 주제가 무엇인지를 파악하는 것이다. 문화적 배경의 차이가 때로는 내담자의 이야기를 있는 그대로 받아들이지 못하게 할 수 있다. 문화적으로 둔감한 상담은, ① 상담자가 내담자의 형편을 잘 알지 못한다는 느낌을 전달하여 상담자와의 깊은 관계로의 발전을 저해한다. ② 내담자의 보다 깊은 감정이나 내면의 탐색이 이루어지지 못하게 한다. ③ 안심시키는 반응을 통해 부정적인 감정을 발산하지 못하게 한다. ④ 때론 지나치게 긍정적인 측면에 초점을 두어 내담자의 경험을 있는 그대로 이해하지 못하게 한다(조영아, 김현아, 김연희, 2011).

다문화상담에서 상담자가 문화적으로 민감하기 위한 상담개입방법은 다음과 같다(조영아 외, 2011).

① 상담자가 의식하지 못한 채 미묘한 차별이나 무시를 할 수 있다는 점을 인식한다

예를 들어, 직업을 구하기 위해 상담을 받으러 온 북한이탈주민 내담자에게 "네, 마음먹고 학원 시작하셨으니까 말씀하신 대로 천천히 생각해 보시고 적절한 직장을 찾으시는 것도 좋을 것 같아요. 북한에서 오신 분들이 대부분 직장을 구하셔서 얼마 못 버티고 쉽게 그만두시거든요."라고 반응하기보다는 "서두르지 않고 직장을 구하시는 게 더 좋겠다 생각하셨군요."라고 반응하는 것이 더 적절하다. 북한이탈주민은 가난하고 무지하며 적응을 못할 것이라는 미묘한 편견으로 판단할 수 있음을 자각하고, 상담자 자신의 가치를 주입시키지 않아야 한다. 주류 문화권의 상담자가 지닌 수혜적 태도는 이문화권에서 온 내담자에 관련된 정보나 경험을 가로막음으로써 내담자와의 의사소통을 가로막는다.

② 문제의 원인이 체계적이고 외적인 힘과 관련되어 있음을 인지하고 단순한 통찰보다 이러한 힘들을 다루도록 실제로 도와준다

예를 들어, 내담자가 "그래요. 뭐 하나원에서부터 우리네 사람들 직장 얼마 다니지 못한다고 그러면 안 된다고 뭐 들어오는 선생들마다 그러더라고. 그래 내가 얼마나 그런가 나와서 보니까 그런 점이 있기는 해. 하지만 사실 이게 조직적으로도 문제가 있단 말이야. …… (중략) …… 나 같은 사람은 일단 북한에서 사업소 관리 했으니까. 사무업무 같은 거. 다들 여기 와서 기술 배우라고 하는데 나하고는 좀. 내 해 본 것도 없고, 물론 이 나이에 그런데 취직하기는 어렵기는 하겠지만. 상담 선생은 어떻게 생각하는지 몰라도."라고 호소문제를 말할 때 상담자는 "국가에서 맞는 직업을 대충 찾아 주었으면 좋겠다는 말씀이시군요. 사무직 쪽으로 가능할까요?"라고 반응하기보다는 "북한이탈주민들이 알아서 직업을 찾기에는 현실적인 제약이 너무 많다는 말씀이시지요. 사무업무를 하고 싶으신 것 같은데 그 점에 대해 더 이야기해 볼까요?"라고 반응해 볼 수 있

1. 다문화상담 윤리

427

다. 이는 일반적인 상담에서 문제의 원인을 개인 내적으로 찾는 것에 비해 문화권이 다른 내담자의 경우, 사회·문화·정치·경제·신체적 외부 요인이 실제로 문제의 원인이 될 수 있음을 자각하고 이 점을 내담자에게 표현하며 내담자가 어떻게 다룰 수 있을지를 탐색해 보도록 한다.

③ 내담자의 문화적 가치에 적합한 상담기법과 전략을 사용한다

예를 들어, 타인에 대한 경계가 심하고 특히 이주 후 문화적 소외감을 많이 느끼는 내담자가 "원래 내 얘기하는 거 좋아 안 합니다. 얘기 많이 해서 좋은 걸 못 봤어요."라고 말할 때, 상담자는 "여기 오시는 게 불편하시군요. 개인적 이야기하시는 게 어려우시죠. 지금 어떤 느낌이신가요?"라고 반응하기보다는 "이렇게 자기 얘기를 하는 것이 편치 않으시죠. 그럼 제가 어떻게 도와드리면 좋을까요?"라고 반응하도록 한다. 이를 통해 느낌을 강조하는 서양문화권의 상담접근 방식이 아니라 내담자 문화권 내에서 정서표현이나 자기노출에 대한 생각을 물어보고 보다 더 도움이 되는 상담접근 방식에 대한 의견을 물어봄으로써 내담자를 존중하고 겸손한 태도로 상담에 임하는 것이 문화적으로 민감한 상담자 행동이라 할 수 있다.

(2) 상담자 가치

다문화상담에서 상담자 가치와 관련된 윤리강령을 살펴보면 다음과 같다.

◆◆ 한국상담학회 윤리강령(2016)

제9조(내담자 다양성 존중)
① 상담자는 모든 인간의 기본적인 권리, 존엄성, 가치를 존중하며 연령이나 성별, 인종, 종교, 성적 선호, 장애 등의 어떤 이유로든 내담자를 차별하지 않는다.
④ 상담자는 자신의 고유한 가치, 태도, 신념, 행위가 사회에서 어떻게 적용되는지를 인식하고 내담자에게 자신의 가치를 강요하지 않는다.

◆◆ **한국상담심리학회 윤리강령(2018)**

나. 다양성 존중

(1) 상담심리사는 모든 인간의 기본적인 권리, 존엄성, 가치를 존중하며 성별, 장애, 나이, 성적 지향, 성별, 정체성, 사회적 신분, 외모, 인종, 가족형태, 종교 등을 이유로 내담자를 차별하지 않는다.

(3) 상담심리사는 자신의 고유한 가치, 태도, 신념, 행위를 인식하여 그것이 어떻게 다양한 사회에서 적용되는지를 깨닫고 있어야 하고, 내담자에게 자신의 가치를 강요하지 않는다.

◆◆ **미국상담학회 윤리강령(ACA, 1995)**

A.4.b. 개인적 가치(personal values)

상담자들은 자신이 가지고 있는 가치, 태도, 신념 그리고 행동들에 대해 알고 있으며 상담 목표와 일치하지 않는 가치를 강요하지 않는다. 상담자는 내담자, 연수생, 연구참여자의 다양성을 존중한다.

B.1. 내담자 권리존중(respecting client rights)

B.1.a. 다문화/다양성 고려(multi-cultural/diversity consideration)

상담자는 비밀보장과 사생활 보호의 문화적 미래에 대한 인식과 민감성을 유지한다. 상담자는 정보 공개에 대한 다양한 다른 관점들을 존중한다. 상담자는 어떻게, 언제 그리고 누구와 정보를 공유할 것인지에 대해 지속적으로 논의한다.

C.5. 무차별(nondiscrimination)

상담자는 나이, 문화, 장애, 민족, 인종, 종교/영성, 성(gender), 성 정체성, 성적 지향, 결혼 상태/동거, 선호 언어, 사회경제적 지위 또는 법으로 금지한 어떤 원칙으로 차별하는 것을 묵과하거나 관여하지 않는다. 상담자는 내담자, 학생, 피고용인, 수련생 또는 연구참여자들에게 부정적인 영향을 끼치는 방식으로 차별대우하지 않는다.

가치는 태어나서 자란 문화적 규범이나 사회적 관습에 영향을 받기 때문에, 어떠한 문화적 배경을 지니고 있느냐가 상담자-내담자 간의 상호작용에서 중요한 문제다. 대부분의 상담이론에서 상담자의 가치판단은 지양하고 있다. 상담자가 내담자의 생각, 느낌, 행동에 대해서 옳고 그르다는 판단뿐 아니라 자신이 선호하고 선호하지 않는 것, 특정 민족은 어떠하다고 단정 짓는 것 등이 가치에 해당한다. 예를 들어, 고국에 가족을 두고 온 내담자가 불법체류로 한국에서 근무하고 있는 외국인 노동자이며 이 내담자가 동성애적 경향이 있다고 가정하자. 당신은 상담자로서 어떻게 이 내담자가 이해되겠는가? 혹은 이슬람교를 믿고 있는 내담자와 상담을 하게 되었을 때 당신이 지니고 있는 종교적 편견이 상담에 어떻게 관여되겠는가? 특히 상담자가 흑백 논리적 사고경향을 지니고 있다거나 분명한 가치관을 가지고 있다면, 자신이 옳다고 생각하는 행동으로 내담자에게 가치관을 주입시킬 수 있는 위험이 있다. 예를 들어, 노동에 대한 가치보다는 여가를 더 중요하게 생각하는 국가에서 이민 온 내담자와 상담을 하게 되었을 때, 상담자가 "한국 사람들은 일을 하지 않고 가만히 있으면 무능한 사람으로 봅니다. 한국에 빨리 적응하려면 어서 빨리 한국어도 배우고, 직업훈련도 배워서 자격증도 따서 취업을 하세요. 그래야 시어머니도 좋아하시지요."라고 반응했다면 이는 내담자의 문화와 다양성을 고려하지 않는 윤리적 위반을 경험하고 있는 것이다.

(3) 심리검사 및 정신장애 진단

다문화상담에서 심리검사 및 정신장애 진단과 관련된 윤리강령을 살펴보면 다음과 같다.

◆◆ 한국상담학회 윤리강령(2016)

제7장 심리검사
제22조(일반사항)
① 상담자는 내담자의 환경(사회적, 문화적, 상황적 특성 등)과 개별적 특성을 고려한 후, 내담자를 조력하기 위한 목적에 적합한 심리검사를 선택해야 한다.
③ 상담자는 검사 채점과 해석을 수기로 하건, 컴퓨터를 사용하건, 혹은 다른 서비스를 사용하건 상관없이 내담자의 요구에 적합한 검사 도구를 적용, 채점, 해석, 활용한다.
④ 상담자는 검사 전에 검사의 특성과 목적, 잠재적인 결과, 수령자의 구체적인 결과의 사용에 대해 설명하고 내담자의 동의를 받는다. 이때 상담자는 내담자의 개인적 · 문화적 상황, 내담자의 결과 이해 정도, 결과가 내담자에게 미치는 영향을 고려한다.

제23조(검사 도구 선정과 실시 조건)
③ 상담자는 문화적으로 다양한 집단을 위한 검사 도구를 선정할 경우, 그러한 내담자 집단에게 적절한 심리측정 특성이 결여된 검사 도구를 사용하지 않도록 합당한 노력을 한다.

제24조(검사 채점 및 해석)
② 상담자는 검사 결과를 보고할 때, 검사 상황이나 피검사자의 규준 부적합으로 인한 타당도 및 신뢰도와 관련하여 발생하는 제한점을 명확히 한다.
③ 상담자는 연령, 피부색, 문화, 장애, 민족, 성, 인종, 언어 선호, 종교, 영성, 성적 지향, 사회경제적 지위가 검사 실시와 해석에 영향을 미친다는 것을 인식하고, 내담자와 관련된 다른 요인들을 고려하여 적절하게 검사 결과를 해석한다.

제25조(정신장애 진단)
③ 상담자는 정신장애를 진단할 때는 내담자의 문제를 규정하는 방식에 문화가 영향을 미친다는 것을 인식하고 내담자의 사회경제적 · 문화적 경험을 고려한다.
④ 상담자는 어떤 개인이나 집단들에 대해 오진을 내리고 정신병리화하는 역사적 · 사회적 편견과 오류에 대해 충분히 이해하고 이러한 편견과 오류가 발생하지 않도록 특별한 주의를 기울인다.

◆◆ 한국상담심리학회 윤리강령(2018)

라. 검사의 선택과 실시
(2) 상담심리사는 다문화 배경을 가진 내담자를 위한 심리검사 선택 시, 그의 사
　　회문화적 맥락을 신중히 고려해야 한다.

마. 검사 결과의 해석과 진단
(1) 상담심리사는 검사 해석에 있어서 성별, 장애, 나이, 성적 지향, 성별 정체성,
　　사회적 신분, 외모, 인종, 가족형태, 종교 등의 영향을 고려하고, 다른 관련 요
　　인들과 통합 비교하여 검사 결과를 해석한다.

◆◆ 미국상담학회 윤리강령(ACA, 1995)

E.5. 정신장애 진단(diagnosis of mental disorders)
E.5.b. 문화적 감수성(cultural sensitivity)
　상담자는 내담자의 문제를 규정하는 방식에 문화가 영향을 미친다는 점을 인
식한다. 정신장애를 진단할 때는 내담자의 사회경제적 경험과 문화적 경험을 고
려한다.
E.6. 도구선택(instrument selection)
E.6.c. 문화적으로 다양한 집단(culturally diverse populations)
　상담자는 문화적으로 다양한 집단을 위한 사정도구를 선택할 경우 내담자 집
단에게 적절한 심리측정 특성이 결여된 도구를 사용하지 않도록 조심한다.
E.8. 사정에서의 다문화적 쟁점과 다양성(multi-cultural issues/diversity in
assessment)
　상담자는 내담자의 집단과 다른 집단을 대상으로 규준이 만들어진 사정 기술
법을 사용할 때는 신중을 기한다. 상담자는 연령, 피부색, 문화, 장애, 민족, 성
(gender), 인종, 선호 언어, 종교, 영성, 성(性)적 지향, 사회경제적 지위가 검사
실시와 해석에 영향을 미친다는 것을 인식하고, 다른 관련된 요인들을 고려하여
적절하게 검사 결과를 평가한다.

　상담사례개념화를 위해 상담자는 주로 내담자의 언어로 보고된 가족사, 심리
검사 및 행동관찰 결과, 타인보고, 기타 자료를 활용한다. 상담자는 심리검사 결

과를 바탕으로 내담자의 심리적 문제를 진단하고 면담 결과 및 기타 자료를 종합해서 내담자를 종합적으로 이해하고 내담자 문제에 적합한 상담전략을 수립한다. 그런데 문화가 다른 내담자의 경우에는 이러한 일반적인 상담진행 과정에서 주의해야 할 점이 있다. 그것은 심리검사의 선택과 활용 및 해석에 관련된 사항이다. 예를 들어, 심리검사가 익숙하지 않은 문화권에서 온 내담자라든지, 한국어가 익숙하지 않은 내담자에게 한국어로 된 심리검사 문항을 제시한다든지, 내담자에게 부정 문항, 의미의 혼동을 줄 수 있는 문항을 점검하지 않는다면 이러한 심리검사 결과는 내담자의 심리적 특성을 반영하기보다는 문화적 편차가 반영되었을 가능성이 크다.

한국인 규준으로 만들어진 심리검사의 상대적 점수를 문화적 소수자에게 적용하는 것 또한 해석 시 상담자가 주의해야 한다. 예를 들어, 표준화된 검사 중 스트롱 직업흥미검사를 해석할 때도 문화적 차이를 각별히 고려해야 한다. 문화에 따라서는 경험하지 않았던 직업분야가 많을 수 있고 이를 토대로 내담자의 직업흥미를 적성과 연관 짓는 것은 많은 편차가 작용하기 때문이다. 지능검사에서도 언어성 검사나 상식검사는 문화적 편차가 더 크게 작용할 수 있음을 감안해야 한다. 이에 그림검사와 문장완성검사와 같은 비교적 단순한 투사검사와 함께 병행하는 것이 도움이 된다.

다문화 심리검사에서는 내담자의 문화적 정체성 수준과 관련된 측정을 포함시키는 것도 필요하다. 또한 심리검사 결과보고서에도 정신병리에 대한 문화적 해석을 포함시키고 사회계층과의 관계를 기술하는 것이 좋다. 최근 MMPI-2 중국버전이나 미국버전이 각 나라의 언어로 소개되고 채점 시 규준도 제시되고 있다. 이는 한국어에 익숙하지 않는 결혼이민여성, 유학생, 중국에서 태어나 부모를 따라 한국에 입국한 중도입국 청소년을 상담할 때 유용하게 활용해 볼 수 있다.

한국판 MMPI-2 검사를 활용했을 경우, 한국인을 대상으로 한 규준에 의해 표준점수로 전환되는 T-점수로 정신건강 상태를 진단하게 되지만, 한국에 거주한 기간이 짧은 초기 정착민의 경우는 본국에서의 심리검사 기준을 활용하는 것이 문화적 편차를 고려한 심리검사 선정 및 해석방안이 될 것이다. 특히 동양권의 감정억압 문화권에서 성장한 내담자의 경우 '신체화' 관련된 원점수가 표준점수로 전환되는 과정에서 미국문화에 비해서는 평균적으로 낮아져 정신장애 진단기준이 확연히 다를 것이다. HTP(집-나무-사람) 검사에서 H(집) 검사 상에서 교회나 절을 그리는 경우 일반적으로는 가정에 대한 불만으로 해석할 수 있지만, 다문화 내담자일 경우, 이주로 인해 가정에 대한 감정이 불분명하고 실제로 거주지의 불안으로 인해 종교단체에서 기거하고 있을 수도 있다. 그러므로 심리검사 후 후속질문을 통해 내담자에게 어떤 의미를 주고 있는지 세심히 탐색하여 한국 상담자로서의 일반적 해석이 되지 않도록 주의해야 한다.

정신장애 진단에서도 문화적 배경을 고려하여 신중하게 살펴보아야 한다. 다문화상담에서 상담자는 내담자의 문화 특유 증후군(culture-boundsyndromes, DSM-IV)을 평가할 수 있어야 한다(예, 뇌 피로, 신경쇠약증, 신경발작, 유령 병). 후진국에서 온 내담자일수록 정신건강의 중요성이나 상담 및 심리치료에 대한 문화가 없는 경우들이 대부분이다. 예를 들어, 정서 및 행동장애, 발달장애, 학습장애 등에 대해서 들어 본 적이 없는 나라에서 온 내담자에게 이러한 정신장애 진단명은 문화적인 충격이 될 수 있고 더 나아가서 정신분열증과 동일한 정신장애로 인식할 수 있다. 상담을 받는다는 것이 더욱 문화적으로 거부감이 드는 행위일 수 있다는 뜻이다. 또한 공산주의국가에서 온 내담자들은 알코올이나 흡연이 비교적 허용적인 문화권에서 성장하였기 때문에 문제행동으로 보지 않으며, 어떤 경우는 폭력이 사회적으로 허용이 되기도 한다. 이에 증상과 관련된 문화적 특성이 정신장애 진단에 어떻게 영향을 미쳤을지를 감안하고 편견의 가능성을 고려한 문화적 이해가 필요하다.

(4) 다문화상담 교육 및 훈련

다문화상담에서 다문화상담자 교육 및 훈련에 대한 윤리강령을 살펴보면 다음과 같다.

◆◆ **한국상담학회 윤리강령(2016)**

제9조(내담자 다양성 존중)
⑤ 상담자는 훈련이나 수련감독 실천에 다문화/다양성 역량 배양을 위한 내용을 적극적으로 포함시키고 수련생들이 이에 대한 인식, 지식, 기술을 습득할 수 있도록 적극적으로 훈련시킨다.

◆◆ **미국상담학회 윤리강령(ACA, 1995)**

F.6. 상담교육자의 책임
F.6.b. 다문화/다양성 포함
　상담교육자는 전문적인 상담자 발달을 위해 다문화/다양성과 관련된 자료를 모든 과정과 워크숍에 포함시켜 넣는다.
F.11. 상담교육 및 훈련 프로그램에서의 다문화/다양성 역량
F.11.b. 학생다양성(student diversity)
　상담교육자는 다양한 학생을 신입생으로 모집하고 유지하기 위해 적극적으로 노력한다. 상담교육자는 학생들이 훈련 경험에서 오는 다양한 문화와 능력의 유형들을 인식하고 그것들에 가치를 부여함으로써 다문화/다양성에 대한 유능함을 보여 준다. 상담교육자는 다양한 학생들의 안녕과 학업 수행을 돕기 위해 적절한 편의를 제공한다.
F.11.c. 다문화/다양성 역량(multi-cultural/diversity competence)
　상담교육자는 훈련이나 수련감독 실천에 다문화/다양성 역량 배양을 위한 내용을 적극적으로 포함시킨다. 그들은 학생들이 다문화적 역량에 대한 인식, 지식, 기술을 습득할 수 있도록 적극적으로 훈련시킨다. 상담교육자는 다양한 문화적 관점을 조장하고 표현할 수 있는 사례(예, 역할극, 토의 문제, 다른 교실 내 활동)를 포함시킨다.

　다문화상담 교육 및 훈련은 상담자의 전문성과 관련된 윤리강령에 해당된다. 효과적인 다문화상담을 위해서 상담자는 내담자에게 적합한 상담기법과 상담전략을 개발하고, 내담자의 문화적 배경을 이해하기 위해서 그들과 관련된 지속적인 연구를 하거나, 상담의 효율성을 높이기 위한 지속적인 훈련, 교육, 자문을 받도록 하고 있다. 상담학에서는 상담교육 또한 중요한 부분이다. 빠른 시일 내에 한국 사회에 적합한 다문화상담 교육과정 및 수퍼비전 모형 개발과 다문화상담을 위한 수련감독급 전문가 배출이 시급한 실정이라 하겠다.

(5) 이중관계

다문화상담자의 이중관계와 관련된 윤리강령은 다음과 같다.

◆◆ **한국상담학회 윤리강령(2016)**

제4장 상담관계
제11조(다중관계)
① 상담자는 내담자와의 친밀한 관계를 인식하고, 내담자에 대한 존중감을 유지하며 내담자를 이용하여 상담자 개인의 필요를 충족하고자 하는 활동 및 행동을 하지 않는다.
② 상담자는 객관성과 전문적인 판단에 영향을 미칠 수 있는 다중관계를 피해야 한다. 상담자가 내담자를 지도하거나 평가해야 하는 경우라면 그 내담자를 다른 전문가에게 의뢰한다. 단, 내담자의 복지를 위해 상담자와 내담자가 사전 동의를 한 경우와 그에 대한 자문이나 감독이 병행될 때는, 상담관계를 맺을 수도 있다.
③ 상담자는 특별한 경우를 제외하고는, 내담자와 상담실 밖에서 사적인 관계를 맺지 않는다.
④ 상담자는 내담자와의 관계에서 상담료 이외의 어떠한 금전적, 물질적 거래관계도 맺지 않는다.

◆◆ **한국상담심리학회 윤리강령(2018)**

4. 상담관계
가. 다중관계
(1) 상담심리사는 객관성과 전문적인 판단에 영향을 미칠 수 있는 다중관계는 피해야 한다. 가까운 친구나 친인척, 지인 등 사적인 관계가 있는 사람을 내담자로 받아들이면 다중관계가 되므로, 다른 전문가에게 의뢰하여 도움을 준다. 의도하지 않게 다중관계가 시작된 경우에도 적절한 조치를 취해야 한다.

(3) 상담심리사는 내담자와 상담실 밖에서 연애 관계나 기타 사적인 관계(소셜 미디어나 다른 매체를 통한 관계 포함)를 맺거나 유지하지 않는다.

(4) 상담심리사는 내담자와의 관계에서 상담료 이외의 어떠한 금전적, 물질적 거래관계를 해서는 안 된다.

◆◆ 미국상담학회 윤리강령(ACA, 1995)

A.5.c. 비전문적 상호작용 또는 관계(nonprofessional interactions or relationships)

내담자, 이전 내담자, 그들의 배우자, 그들의 가족 구성원과의 상담자-내담자 비전문적 관계는 그 관계가 내담자에게 이익이 될 가능성이 있을 때를 제외하고는 피해야 한다.

A.5.d. 잠재적으로 이익이 되는 상호작용(potentially beneficial interactions)

내담자나 이전 내담자와의 상담자-내담자 간의 비전문적 상호작용이 내담자나 이전 내담자에게 잠재적으로 이익이 될 수 있을 때 상담자는 상호작용을 시작하기 전에 사례기록에 그러한 상호작용의 정당성, 잠재적인 이익 그리고 내담자나 이전 내담자와 중요한 관계를 가지고 있다는 다른 개인들에게 예상되는 결과를 문서로 남겨야 한다. 그러한 상호작용은 적절한 내담자의 동의하에 시작되어야 한다. 의도하지 않게 내담자가 이전 내담자에게 또는 내담자와 이전 내담자와 중요한 관계를 가지고 있는 개인에게 비전문적 상호작용으로 인해 해를 입히게 되면, 상담자는 그러한 위해를 치유하려 했다는 증거를 보여야만 한다. 잠재적으로 유익한 상호작용의 예는 공식적인 행사에 참여하기(예, 결혼식/언약식 또는 졸업식), 내담자나 이전 내담자가 제공하는 서비스나 상품을 구매하기, 아픈 가족 구성원에게 병문안하기, 전문 학회, 조직 또는 지역사회에서 상호관계가 있는 회원 가입하기 등이다.

한국상담학회나 한국상담심리학회에서는 이중관계나 다중관계를 지양하도록 권하고 있다. 하지만 다문화상담에서는 이중관계를 잠재적으로 이익이 되는 상호작용이지만 비전문적 상호작용으로 본다. 미국상담학회의 윤리강령을 보면 전통적인 상담학적 입장과는 달리 상담 장면 바깥에서도 소수민족과 관계를 맺도록 한다(지역사회 행사, 사회적/정치적 행사, 축하모임, 친교모임). 즉, 상담에 대한 초기 저항을 줄이기 위해 내담자의 문화적 기대와 행동양식에 배려하고 존중해 주는 것도 바람직하다는 것이다. 상담 초기에 관계 형성을 도모하기 위해서는 가정방문을 활용하는 것도 좋고, 친밀감과 감사를 표현하는 방법으로 식사를 함께 하는 것 등에 대해 좀 더 개방적일 필요도 있다. 신뢰 형성을 위해서 상담자가 자신의 이주와 관련된 개인적 배경을 좀 더 드러낼 수도 있다. 또한 상담업무 이외의 다중역할을 수행하는 것에 익숙하여야 한다. 여기에는 사회 정착교육, 서비스 자원 발굴, 진로 상담, 문화 행사 주관 등 다양한 공적인 역할뿐만 아니라 명절, 자녀 출산, 혼사 등 개인적 영역에서 가족과 같은 지지체계의 역할을 수행할 수 있는 유연성이 필요하다.

이렇듯 다문화상담 윤리강령에서 내담자, 이전 내담자, 그들의 배우자, 그들의 가족 구성원과의 상담자-내담자 비전문적 관계는 그 관계가 내담자에게 이익이 될 가능성이 있을 때를 제외하고는 피해야 한다고 되어 있으나 그 경계는 모호하다. 이러한 모호한 윤리적 경계는 다문화상담자로 하여금 다중역할에 대한 업무부담뿐 아니라 이중관계로 인한 역할혼란을 가져와 상담자 소진에 영향을 끼칠 수 있다. 이러한 상황에서는 윤리적 위반행동인지, 유연한 상담기법의 적용인지를 구분하기가 쉽지 않다. 이때는 윤리적 결정모형에 따라 어떠한 목적에서 쓰였는지 이것이 내담자 복지를 위한 것인지 판단을 해 보고 전문가의 자문을 받는 것이 도움이 된다.

2. 사이버상담 윤리

1) 사이버상담 윤리의 필요성

IT 강국 한국 사회에서 인터넷의 급속한 발전과 사용은 컴퓨터를 활용한 사이버상담의 발전을 가져오고 있다. 사이버상담이란 인터넷을 기반으로 하여 도움이 필요한 내담자가 상담자와 함께 자신의 문제를 해결함과 동시에 인간적인 성장을 도모할 수 있도록 도와주는 일체의 조력활동으로 정의하며 구체적인 방법으로 채팅상담, 이메일상담, 게시판상담, 영상상담을 포함한다(이영선, 2005). 그밖에도 모바일 문자상담이나 데이터베이스 상담도 사이버상담의 한 방법이다. 사이버 매체가 가지고 있는 공간과 시간이동의 자율성으로 인하여 최근 상담의 형태는 외국에 거주하고 있는 내담자와 화상을 통해 상담을 하기도 하며 지역적으로 고립되어 있는 시골이나 섬에서도 인터넷, 스마트폰 등을 활용하면 얼마든지 사이버상담이 가능한 시대에 살고 있다. 사이버상담의 형태는 주로 1:1의 개인상담도 있지만, 집단상담의 형태나 심리검사, 직업정보제공 등으로 이루어진다.

사이버상담에 대한 한국 내 현황은 1991년 BBS '등대'를 시작으로 1993년 '사랑의 전화', 1998년 한국청소년상담원의 'YouCoNet' 등 총 100개 이상의 상담기관이나 단체가 컴퓨터 통신 혹은 인터넷을 통한 사이버상담을 제공하고 있다(임은미, 김지은, 박승민, 1998). 사이버상담의 실태를 살펴보면, 사이버상담이용률은 35.1%이며 가장 많이 실시된 사이버상담은 심리검사, 성격검사, 적성검사 등 각종 검사를 받는 것(52.2%)으로 나타났다(허애지, 2003). 또한 추후 받고 싶은 사이버상담의 종류에 대해서도 심리검사(39.4%)가 가장 많았고 그다음은 진학이나 교육정보 등의 정보서비스(21.8%), 개인상담(17.%)이다(이영대, 정일동, 2001). 한국청소년상담복지개발원 사이버상담실 현황을 보면, 2011년 3~6월 기간 사이버상담 총 건수는 21,501건으로 일평균 175건이며 이 중 채팅상담이 10,128건으로 가장 많았다. 그다음이 DB상담 6,422건, 웹 심리검사 5,114건, 연계서비스상담 4,410건, 공개 및 비밀상담 1,774건으로 호소문제 유형은 대인관계가 35%, 학업 및 진로 17%, 정신건강 12%, 가족 10%, 정보제공 10%였으며 단회상담에서 장기상담으로 채팅상담과 게시판상담이 증가하고 있는 추세다(이영선, 유춘자, 차진영, 2011). 그런데 2016년 9월 말 1388 청소년상담 채널별 상담유형을 살펴보면(2016년 9월 말 기준), 1388전화, 1388문자, 사이버상담 포함해서 608,729명으로 2013년 728, 881명, 2014년 751,281명, 2015년 772,497명으로 2015년보다는 줄어들고 있다. 청소년전화 1388은 295,583명, 문자상담은 180,697명, 사이버상담은 132,449명이다(여성가족부). 사이버상담

추세를 살펴보면, 과거에는 심리검사나 DB 상담위주였다가 채팅상담과 게시판상담의 형태로 진화되었으며, 최근에는 모바일 문자상담, 카톡상담 등의 형태로 다양하게 전환되고 있음을 알 수 있다. 사이버상담의 대상에 있어서도 청소년뿐 아니라 여성, 성인, 결혼이민여성으로 호소문제에 있어서는 폭력, 성 소수자, 알코올 및 도박과 같은 면대면으로 호소하기 불편한 주제로 확대되고 있다. 구체적인 예를 들어보면, 여성가족부는 2017년 8월부터 여성긴급상담전화 1366을 도입하고 있으며, 여성폭력 사이버상담에서는 가정폭력, 성폭력, 성매매, 데이트폭력, 디지털성폭력, 성희롱 등 여성폭력 피해에 대해 채팅상담, 카카오톡상담 및 게시판상담, 긴급 상담을 운영하고 있다. 그 밖에도 성 소수자를 위한 사이버상담(예, 무지개 성 상담소, 별의별 상담연구소), 알코올 및 도박에 대한 사이버상담 등도 활성화되고 있다.

미국에서는 사이버상담의 윤리적 기준 마련이 필요하다는 요구가 있어 왔으나(Ibrahim, 1985), 한국 내 사이버상담의 보급화에 비해 사이버상담에 대한 윤리적 기준은 미흡한 실정이다. 사이버상담과 관련된 윤리강령에 대해 한국상담심리학회는 전자정보의 비밀보호에 관련된 윤리강령을 두고 있다. 미국상담학회(ACA) 윤리강령은 테크놀로지 적용에서 혜택과 한계, 테크놀로지 보조 서비스, 부적절한 서비스, 접근, 법규와 법령, 도움, 테크놀로지와 사전 동의, 인터넷 웹사이트의 윤리강령을 두고 있다. NBCC(National Board of Certified Counselors, 2001)는 '인터넷 상담의 윤리적 기준'을 직접적으로 언급하고 있다. 최근 필자는 개인상담소를 운영하고 있는 상담전문가와의 통화를 시도하던 도중 "지금 선생님은 미국 내담자와 화상상담 중이십니다."라는 직원의 안내를 받은 적이 있다. 이는 국가나 지역사회에서 무료로 운영하는 상담 전문기관이 아니라 개인상담소의 경우에도 사이버상담이 빈번히 이루어지고 있음을 시사해 준다. 이렇듯 사이버상담이 보편화되고 있는 한국의 시대적 흐름에 비추어 볼 때, 사이버상담에 대한 윤리적 기준을 마련하고 상담전문가들이 자율적으로 그러한 가치기준을 준수할 필요가 있겠다.

2) 사이버상담 윤리기준의 현황

강진령, 이종연, 유형근, 손현동(2009)은 사이버상담에서 상담자들이 알아야할 윤리적 문제로 사이버상담의 적절성 여부, 사이버상담자의 역량, 신원확인, 사전 동의, 사이버상담 오리엔테이션, 장애를 가진 내담자가 활용할 수 있는 환경 조성, 문화적 다양성 인정을 강조한다. 또한 사이버상담에서 가장 신경 써야할 부분은 내담자의 비밀보장을 위한 노력이라고 하였다. 안전한 웹사이트에서만 상담 서비스를 제공하고, 자료를 보관하거나 전송할 때는 여러 가지 조치를 취함으로써 내담자의 사적인 정보가 유출되지 않도록 노력해야 한다.

◆◆ **캐나다상담학회 윤리강령(CAC, 2000)**

비밀보장
A. 개인정보 보호
1. 안전한 웹사이트
2. 불안전한 웹사이트
3. 일반적인 정보보호
4. 비밀보장의 한계
B. 사전 동의
1. 전문적 상담자의 안전한 웹사이트
2. 전문적 상담자 자격
3. 내담자 확인(응급상황 대비)
C. 내담자 포기의 권리
D. 전자통신 내용의 기록
E. 내담자 정보에 대한 자료송신과 이동

사이버 상담관계
A. 사이버상담의 적절성
B. 상담계획
C. 지속적인 적용

D. 전문적 경계
E. 소수 혹은 사이버상담 불가능 내담자

법률적 고려사항

캐나다상담학회(CAC)의 상담윤리 사례집(Schulz, 2000)을 보면, 미국상담학회(ACA) 사이버상담에 대한 윤리기준을 바탕으로 비밀보장, 사이버 상담관계, 법률적 고려사항을 중심으로 하여 세부적인 윤리기준을 제시하고 있다. 예를 들어, 상담자의 이메일 아이디가 유출이 되어 해킹을 당하게 되었을 때 누설된 상담 내용은 비밀보장이 어렵다. 이러한 경우 사전에 상담자가 웹사이트가 안전한지 확인하여야 하고, 이것이 내담자 웹사이트의 문제인지, 상담자 웹사이트의 문제인지를 확인하여 처리하도록 한다. 만약에 이러한 불안전한 웹사이트에서의 상담 가능성이 있다면 사전에 이를 알려 주고 동의를 받도록 한다.

한국의 인터넷통신망 이용률과 사이버상담 현황에 비해서 상담 관련 학회에서는 사이버상담에 관련된 윤리강령을 비밀보장과 관련된 최소한의 내용만 다루고 있다. 반면, 미국이나 캐나다의 경우 사이버상담 윤리기준이 매우 다양하고 구체적인 각도에서 다루어지고 있으며 각 국가의 상황에 따라 사이버상담의 윤리는 조금씩 차이가 있음을 알 수 있다.

3) 사이버상담 윤리의 주제

사이버상담에서 다루어야 할 주된 이슈인 비밀보장, 안전한 웹사이트 운영, 사이버상담에서의 상담관계, 사이버상담 법규를 살펴보기로 하자.

(1) 비밀보장과 사전 동의

◆◆ 한국상담학회 윤리강령(2016)

제5조(전자정보의 비밀보장)
① 상담자는 컴퓨터를 사용한 자료 보관의 장점과 한계를 알아야 한다.
② 상담자는 내담자의 기록이 전자정보의 형태로 보존되어 제삼자가 내담자의 동의 없이 접근할 가능성이 있을 때, 적절한 방법을 통해 내담자의 신상이 드러나지 않도록 조치를 취한다.
③ 상담자는 컴퓨터, 이메일, 팩시밀리, 전화, 음성메일, 자동응답기 그리고 다른 전자 테크놀로지를 사용해 정보를 전송할 때는 비밀이 유지될 수 있도록 사전에 주의를 기울인다.

◆◆ 한국상담심리학회 윤리강령(2018)

바. 전자정보의 관리 및 비밀보호
(1) 전자기기 및 매체를 활용하여 상담 관련 정보를 기록·관리하는 경우, 상담심리사는 기록의 유출 또는 분실 가능성에 대해 경각심과 주의의무를 가져야 하며 내담자의 정보보호를 위해 적극적인 노력을 해야 한다.
(2) 내담자의 기록이 전산 시스템으로 관리되는 경우, 상담심리사는 접근 권한을 명확히 설정하여 내담자의 신상이 드러나지 않도록 조치를 취한다.

◆◆ 미국상담학회 윤리강령(ACA, 1995)

A.12.g. 테크놀로지와 사전 동의(technology and informed consent)
사전 동의를 구하는 절차의 일부로, 상담자는 다음의 것들을 수행한다.
1. 전자로 전송되는 통신은 비밀유지가 어렵다는 점과 관련된 문제를 전한다.
2. 전자전송에 접근할 수 있는 권한을 갖고 있거나 갖고 있지 않을 수 있는 모든 동료들, 수련감독자들 그리고 정보기술(IT) 관리자들과 같은 모든 고용인들에 대해 내담자에게 알린다.
3. 상담과정에서 내담자가 사용할 수도 있는 어떤 테크놀로지에 접근가능한 모든 사용자들(가족 구성원이나 동료들을 포함해서 권한을 갖고 있을 수도 또는 갖고 있지 않을 수도 있는)에 대해 알고 있어야 함을 내담자에게 촉구한다.
4. 주나 국경을 넘어선 전문적 서비스 제공과 관련된 법적 권리와 한계에 대해

내담자에게 알린다.
5. 가능한 한 비밀엄수를 위해서 암호화된 웹사이트와 이메일을 사용한다.
6. 교류한 기록이 문서로 저장되어 유지되는지와 얼마 동안 유지되는지에 대해 알린다.
7. 테크놀로지 고장의 가능성과 서비스를 제공하기 위한 대체방법에 대해 의논한다.
8. 상담자에게 연락이 안 되는 경우 내담자에게 119 전화나 지역의 직통 긴급전화로 연락하는 것과 같은 응급절차를 알린다.
9. 서비스 제공에 영향을 미칠 수 있는 시간대 차이, 지역풍습, 문화적 또는 언어적 차이에 대해 의논한다.
10. 테크놀로지에 의해 지원된 원격상담 서비스가 의료보험 혜택을 받을 수 없을 경우에는 내담자에게 알린다.

사이버상담은 즉시적으로 제공되며 인터넷이 가능한 곳이면 언제든지 활용할 수 있어서, 면대면 상담에 대한 거부감이 있거나 즉각적인 도움을 필요로 하는 내담자, 그리고 직업세계 탐색을 위한 진로상담에서 다양한 직업정보나 온라인 심리검사들이 활용된다. 이때 인터넷을 활용한 사이버상담의 비밀보장 문제나 인터넷 통신, 기록유지 및 여러 가지 상담에 관련된 한계를 통보해 주는 것이 필요하다. 사이버상담자 또한 각별히 상담 내용이나 내담자 인적 사항에 관련된 내용이 누출되지 않도록 사전에 대비하여야 한다는 것이다. 사이버상담의 경우 상담자를 달리하여 내담자의 상담 내용을 볼 수도 있는데 이럴 경우 다른 상담자가 함께 상담을 할 수 있다는 사실을 내담자에게 미리 알리고 동의를 얻는 것이 중요하다. 한국청소년상담복지개발원의 경우, 사이버상담에서 비밀보장의 한계를 사이트에 기본적으로 공지를 하고 있다. ① 자살 타살 위험이 있을 시 사전 동의 없이 개인정보를 활용할 수 있다는 것, ② 이전 상담기록을 상담자가 확인할 수 있다는 것, ③ 상담 내용이 자동 저장된다는 정도가 사이트에 기본적으로 안내되며 채팅을 처음 하는 내담자에게는 비밀보장의 한계에 대해서(주로 ①의 내용) 반드시 안내하도록 상담자 교육을 하고 있다. 예를 들어, 내담자들이 이러한 비밀보장의 한계를 공지하였을 때 상담기록을 여러 상담자들이 공유하는 것에 대해 물어보는 경우, 교대근무를 하고 있는 사이버상담의 특징 등에 대해 솔직하게 설명함으로써 충분히 내담자를 이해시키는 것이 바람직하다.

또한 자신의 상담기록이 남는 것에 대해 불만을 갖고 삭제 요청이 있을 경우, 내담자의 요청대로 삭제를 해 주는 것이 바람직하다. 단, 기관 차원에서 기록유지가 필요한 경우 무조건 일정기간 정도는 저장됨을 동의받고 진행하는 것도 한 방법이 될 수 있을 것이다. 만약 웹사이트의 불안정으로 인한 비밀보장의 한계를 미리 공지한 다음 상담에 거부적인 태도를 보인다면 내담자의 심리적 특성을 면대면 상담으로 유도할 수도 있겠고, 상담윤리 결정모형에 따라 윤리적 갈등을 해결할 수 있도록 한다.

(2) 안전한 웹사이트 운영

◆◆ **미국상담학회 윤리강령(ACA, 1995)**

인터넷 웹사이트(sites on the world wide web)
인터넷 사이트를 유지하고 있는 상담자는 다음의 것들을 수행한다.
1. 링크가 잘 작동하는지, 그리고 전문적으로 적절한지를 정기적으로 점검한다.
2. 테크놀로지가 고장인 경우 내담자가 상담자에게 연락할 수 있는 방법을 만들어 놓는다.
3. 소비자의 권리를 보호하고 윤리적인 관심을 불러일으키기 위해 관련 주 면허 교부처와 전문적인 자격증 위원회에 링크할 수 있도록 제공한다.
4. 내담자 신분을 확인할 방법을 만든다.
5. 내담자가 미성년 아동이거나 법으로 무능력한 어른 또는 사전 동의를 할 능력이 되지 않는 어른들의 경우에는 법적 보호자 또는 다른 법적 대리인의 서면 사전 동의를 받는다.
6. 장애인들이 접근할 수 있는 사이트를 제공할 수 있도록 노력한다.
7. 다른 모국어를 사용하는 내담자에게 번역의 불완전성을 전하면서 번역을 제공하려 노력한다.
8. 인터넷과 다른 테크놀로지 적용을 통해 알게 된 정보의 타당성과 신뢰성을 내담자가 결정할 수 있도록 지원한다.

사이버상담에서 사이버공간이나 통신망이 불안정하다면 상담을 지속하기가 어렵다. 따라서 시스템이 불안정하게 될 경우 상담자와 내담자가 다시 접촉할 수 있는 방법에 대해서도 상호 합의하에 결정하도록 한다. 또한 상담자는 사이버 공간을 활용할 수 없거나 익숙하지 않는 내담자의 경우 이들이 쉽게 사이버상담을 활용할 수 있도록 도와준다. 이러한 방식의 예로는 다문화상담지원센터에서 운영하는 상담인데 이중언어 사용자나 내담자와 모국어로 소통할 수 있는 상담자를 선정하거나 최대한 언어적 소통으로 인한 불편감이 없도록 노력한다. 만약 자살, 타인위해와 같은 위기상황이 발생할 경우 비밀보장의 예외 원칙을 적용하여 미리 내담자의 정보를 확인해 두는 것도 필요하다.

(3) 사이버상담에서의 상담관계

◆◆ 미국상담학회 윤리강령(ACA, 1995)

A.12. 테크놀로지 적용(technology application)
A.12.a. 혜택과 한계(benefits and limitation)
상담자는 내담자에게 상담과정이나 사무/요금 청구 절차에 정보 테크놀로지를 이용함으로써 갖게 되는 이익과 한계에 대한 정보를 제공한다. 그런 테크놀로지는 컴퓨터 하드웨어나 소프트웨어만 한정된 것이 아니고 전화, 인터넷, 온라인 사정 도구, 기타 통신 장비를 포함한다.
A.12.b. 테크놀로지 보조서비스(technology-assisted service)
테크놀로지를 활용한 원격상담서비스를 제공할 때 상담자는 내담자가 지적·정서적·신체적으로 그런 장비를 사용할 수 있는지, 그리고 그런 장비를 사용하는 것이 내담자의 욕구에 적합한 것인지를 결정한다.
A.12.c. 부적절한 서비스(inappropriate services)
상담자가 내담자가 테크놀로지를 활용한 원격상담서비스가 부적절하다고 생각하면, 상담자는 면대면 상담 실시를 고려한다.
A.12.d. 접근(access)
상담자가 테크놀로지를 활용한 원격상담서비스를 제공할 때는 컴퓨터 적용 장비에 접근한 적절한 방법을 제공한다.

미국상담학회(ACA)의 경우 사이버상담에서 상담관계란 사이버상담의 이익과 한계, 사이버상담이 적절한가에 대한 윤리적 규정을 판단하도록 되어 있다. 이는 강진령 등(2009)에서도 강조하고 있다시피 사이버상담에서 상담관계에 대한 윤리적 사항은 사이버상담자가 알아야 할 부분이다. 예를 들어, 70대 내담자가 컴퓨터 사용에 익숙하지 않고 청력에 문제가 있어서 여러 번 사이버 공간 활용의 장애를 문의하고 있다면, 상담자는 면대면 상담을 하도록 내담자를 설득해보는 것이 바람직할 것이다.

SNS가 활성화되면서 상담자가 현재의 내담자 혹은 이전의 내담자에게 '친구요청'을 받는 경우가 흔하므로 상담자는 스스로 소셜네트워킹 대비에 관한 정책을 수립하는 것이 필요하다(예, 친구 요청 제한 등). 이럴 경우, 대처방안은 SNS상에서의 개인정보 보호 작업을 규칙적으로 진행한다(예, 페이스북 정보공개 범위 확인)거나, 상담자와 내담자 간의 경계에 대한 윤리적 고려를 해결하기 위한 방법, 분리된 SNS 계정을 운영하는 방법도 있으며('전문적 용도의 계정'과 '개인적 용도의 계정'을 별도로 운영), SNS상에 상담내용을 암시하는 글을 게재하지 않도록 주의한다(예, '오늘 정말 트라우마가 되는 얘기를 들었다' '오늘 3시 스케줄' 등등)(주영아, 2017).

(4) 사이버상담 법규

> ◆◆ **미국상담학회 윤리강령(ACA, 1995)**
>
> A.12.e. 법규와 법령(laws and status)
> 상담자는 테크놀로지를 활용하는 것이 법에 위반하지 않는지를 확인하고 관련된 모든 법령을 준수한다.
> A.12.f. 도움(assistance)
> 테크놀로지 적용을 활용할 때, 특히 그러한 활용이 주나 국가의 경계를 넘나들 때, 상담자는 업무, 법, 기술차원의 도움을 구한다.

사이버상담 과정에서 국내법 및 국제법적인 문제는 없는지 검토하는 것이 필요하다. 앞으로 사이버상담이 지금보다 더 활성화된다고 보았을 때, 상담자의 기록보관 소홀로 내담자의 개인정보가 누출되고 경제적 손실을 입게 되어 법적 소송을 하게 된다면 이에 대한 대응방안 또한 마련해야 할 것이다. 예를 들어, 가상공간을 활용한 공포치료 등을 위해서 내담자가 상담과정에 참여한 이후 개인의 초상권이 다른 사이트에 돌아다닌다고 할 때 이러한 피해에 대한 법적 소송 또한 가능한 부분일 것이기 때문이다.

3. 상담기관 운영의 윤리

1) 상담기관 운영 윤리의 필요성

상담기관 운영은 크게 국가기관이나 학교, 기업체, 군 등과 같은 무료상담기관 운영과 개인상담소와 같은 유료상담기관 운영으로 나눌 수 있다. 이러한 상담기관 운영자의 자격은 한국상담심리학회의 경우 상담심리사 1급, 한국상담학회의 경우 전문상담사 1급 취득 후 2년 혹은 수련감독 전문상담사 자격을 취득한 자로서 교육연수기관 신청에 필요한 인적, 물적 자원을 충족하였을 경우다. 2017년 11월 현재 188개의 교육연수기관이 있는데. 최근 다양한 언론매체의 학교폭력 문제, 아동 및 가족치료 장면의 노출 등으로 인해 한국인의 상담에 대한 인식은 매우 긍정적으로 바뀌고 있으며 이는 상담기관 운영에도 변화를 가져오게 하고 있다. 상담료가 의료보험 혜택이 되지 않고 있으나 국가기관이나 학교, 기업체, 군에서의 외부기관 연계 상담 프로그램 운영이라든지 다양한 상담 바우처 제도 보급화 등으로 다양한 형태의 유료 상담이 가능하다. 이러한 상담에 대한 보편적 인식 개선과 다양한 상담 형태의 변화는 이미 많은 상담전문가들의 진로가 상담소 개소 형태로 변화하고 있음을 말해 준다.

2) 상담기관 운영 윤리기준의 현황

한국상담학회에서는 다음과 같이 교육연수기관의 역할을 규정하고 있다.

◆◆ **한국상담학회 교육연수위원회 규정(2017)**

제3조[역할]
① 교육연수기관이 상담 관련 전문기관으로서의 기능을 유지할 수 있도록 한다.
② 교육연수기관에서 제공하는 각종 교육·연수 프로그램과 교육이 일정수준 이상을 유지할 수 있도록 한다.
④ 한국상담학회 회원들이 자격의 취득이나 유지를 위해 필요한 교육경험을 신뢰할 만한 기관에서 받도록 함으로써 전문가로서 지녀야 할 자질을 갖추게 한다.
⑤ 한국상담학회가 국내·외 상담 관련 연구소나 교육기관과 긴밀하게 협력함으로써 학회 및 기관이 상호 질적인 발전을 추구한다.

이렇듯 하루가 다르게 증가하고 있는 개인상담소 설치는 상담이 활발해지고 있다는 신호이기도 하면서도 한편으로는 우려의 목소리 또한 적지 않다. 이들 상담소들이 전문상담기관으로 자리매김할 수 있는 질 관리가 요구되며, 이러한 차원에서 상담자의 전문 자격유지와 교육연수기관 운영에 필요한 시설확보 등은 내담자 복지를 위해서 우선되어야 할 사항들이다. 한국상담학회에서는 교육연수기관 윤리로 개업상담 관련 규정을 두고 있고, 한국상담심리학회는 상담기관 운영자, 홍보에 관련된 윤리강령을 두고 있다. 미국상담학회(ACA)에서 개업상담에 관련된 윤리강령은 상담료 및 물품교환에서 기관 내담자들에게 요금받기, 상담료 책정, 상담료 미납, 고용자격, 자격상실, 상담자 자격박탈 또는 상담종결, 홍보와 내담자 구인에서 정확한 홍보, 고용을 통한 구인, 상품과 훈련정보, 서비스를 받는 사람들에게 판촉하기, 직원선발과 배치에서 고용정책, 징계로부터 보호의 윤리강령을 두고 있다.

◆◆ 한국상담심리학회 윤리강령(2018)

라. 상담교육자의 책임과 역할

(1) 상담교육자는 상담과 관련된 자신의 지식과 능력 범위 안에서 교육을 제공하며, 상담 분야에서의 가장 새로운 정보와 지식을 활용한다.

(2) 상담교육자는 교육과정에서 상담자의 다양성 인식 증진 및 다문화적 역량 향상을 도모한다.

(3) 상담교육자는 교육생들이 상담이라는 전문직의 윤리적 책임과 규준을 숙지할 수 있도록 지도하고, 교육자 스스로 윤리적인 역할 모델이 될 수 있도록 노력한다.

(4) 상담교육자는 자신이 속한 기관의 정책과 실제가 수련과정의 취지와 어긋난다면, 가능한 범위에서 그 상황을 개선하도록 노력한다.

(5) 상담교육자는 수련중인 학회 회원의 상담료나 교육비를 책정할 때 특별한 배려를 함으로써 상담자 양성에 기여한다.

(6) 강의나 수업 중에 내담자, 학생, 혹은 수련생에 관한 정보나 이야기를 사례로 활용할 경우, 신상 정보를 충분히 변경하여 그 개인이 드러나지 않도록 보호한다.

(7) 상담교육자는 교육생들이 훈련 프로그램 중 상담자의 역할을 할 경우에도, 실제 상담자와 동일한 윤리적 의무와 책임이 있음을 인식하도록 지도한다.

(8) 상담교육자는 평가대상이 되는 학생과 상담관계를 맺지 않는다. 단, 학교 현장에서 교육의 목적으로 이루어지는 집단상담의 경우는 예외로 한다.

(9) 상담교육자와 교육생은 성적 혹은 연애 관계를 갖지 않는다.

(10) 상담교육자와 교육생은 상호 성희롱 또는 성추행을 해서는 안 된다.

상담자를 위한 교육 프로그램이 교육생들의 상담기술, 지식, 자기이해를 넓히기보다 상담소의 홍보나 교재를 팔기 위한 목적이라면 이는 엄연히 상담윤리에 어긋나는 행위다. 또한 특정 상담이론에 심취하여 도그마에 빠져 있는 상담자가 교육생들이 스스로 자신의 입장을 선택할 수 없도록 강요하고 있다면 이 또한 윤리적 문제가 될 수 있다.

◆◆ **미국사회복지사협회(NASW) 상담기관의 직장윤리**

상담기관은 상담소의 상담환경이 상담윤리와 일치하는지를 살펴야 하며 조직 내에서 윤리강령의 준수에 어긋나거나 방해되는 요소가 발견되면 그것을 제거하는 방안 모색과 실천이 있어야 한다(NASW 윤리강령 3.07).
상담자는 내담자의 기록이 안전하게 보관되도록 하고, 내담자의 기록은 허락 없이는 이용하지 못하도록 확실하게 합리적인 조치를 취해야 한다(NASW 윤리강령 1.07(1)).
또한 상담자는 상담자의 활동 종료, 자격 박탈, 사망의 경우에도 대비하여 내담자의 비밀을 보호하기 위한 합리적인 조치를 해 놓아야 한다(NASW 윤리강령 1.07(0)).

미국사회복지사협회(NASW)의 경우는 상담소의 상담환경과 내담자의 기록을 중요하게 강조하고 있다. 예를 들어, 창문이 없고 좁은 상담실이나 방음이 확보되지 않거나, 외부에서 상담실 안이 훤히 보이는 상담환경은 내담자가 안전한 환경에서 상담을 받을 수 없기 때문에 상담윤리에 어긋난다고 볼 수 있다.

3) 상담기관 운영 윤리의 주제

지금까지 상담기관 운영에 관련된 상담윤리 현황에 대해서 살펴본 바와 같이 상담기관 운영의 중요한 윤리적 문제라 할 수 있는 피고용인 선발과 보호, 상담비용, 상담자 전문성, 홍보를 중심적으로 살펴보기로 하자.

(1) 피고용인 선발과 보호

◆◆ 한국상담학회 교육연수위원회 규정(2017)

제14조[교육연수(인증)기관의 윤리 의무]
④ 상담기관 운영자는 자신과 현재 종사하고 있는 직원의 발전에 책임이 있다.
⑤ 상담기관 운영자는 직원들에게 기관의 목표와 상담 프로그램에 대해 알려 주어야 한다.
⑥ 상담기관 운영자는 고용, 승진, 인사, 연수 및 지도 시에 나이, 문화, 장애, 성, 인종, 종교 혹은 사회경제적 지위 등을 이유로 어떤 차별적인 대우를 해서는 안 된다.

◆◆ 한국상담심리학회 윤리강령(2018)

다. 상담기관 운영자
(3) 상담기관 운영자는 상담심리사를 포함한 피고용인의 권리와 복지 보장 및 전문성 제고를 위해 최선의 노력을 다할 책임이 있다.
(4) 상담기관 운영자는 업무에 적합한 전문성을 갖춘 상담심리사를 고용하고, 이들의 증명서, 자격증, 업무내용, 기타 상담자와 관련된 다른 정보 등을 정확하게 파악하고 관리하여야 한다.
(5) 상담기관 운영자는 직원들에게 기관의 목표와 활동에 대해 알려 주어야 한다.
(6) 상담기관 운영자는 고용, 승진, 인사, 연수 및 지도 시에 성별, 장애, 나이, 성적 지향, 성별 정체성, 사회적 신분, 외모, 인종, 가족형태, 종교 등을 이유로 차별적인 행동을 해서는 안 된다.
(7) 상담기관 운영자는 고용을 빌미로 상담심리사가 원치 않는 유료 상담, 유료 교육, 내담자 모집을 강제해서는 안 된다.

◆◆ 미국상담학회 윤리강령(ACA, 1995)

C.2.c. 고용자격(qualified for employment)
상담자는 교육, 훈련, 수련감독 등을 받은 경험, 주와 국가의 전문가 자격증, 적절한 전문적 경험 등에 의해 자격을 갖춘 후 상담자로서 일한다. 상담자는 전문적인 상담원 자리에 자격과 역량을 갖춘 사람들만 고용한다.

> D.1.f. 직원 선발과 배치
>   상담자는 유능한 직원을 선발하고 그들의 기술과 경험에 적합한 책무를 부과한다.
> D.1.j. 징계로부터의 보호
>   상담자는 책임감 있고 윤리적인 방식으로 부적절한 고용주 정책과 실천을 드러낸 피고용인을 위협하거나 해고하지 않도록 주의한다.

예를 들어, 내담자 모집을 강제하거나 상담인턴을 뽑아서 상담기관 운영자의 개인적 업무나 상담자 성장과 관련이 없는 업무만을 시킨다든지 대학원 과정에 입학시켜 주겠다는 거래적 관계에서 직원을 선발하고 있다면 이는 피고용인에 대한 상담 교육연수기관 윤리에 위배되는 행동이라 할 수 있다.

(2) 상담비용

> ◆◆ 미국상담학회 윤리강령(ACA, 1995)
>
> A.10. 상담료 및 물품교환
> A.10.a. 기관 내담자들에게 요금 받기(accepting fees from agency clients)
>   상담자는 상담자가 소속된 기관을 통해 어떤 서비스에 대한 자격을 가진 사람에게 그 서비스를 양도한 것에 대해 사적인 요금이나 다른 보상을 받는 것을 거부한다. 특정 기관의 책정은 기관 내담자가 직원에게 개인상담실에서 상담서비스를 받도록 명시하는 경우도 있다. 이런 경우, 내담자가 사설 상담서비스를 필요로 한다면 다른 가능한 선택권은 어떤 것들이 있는지에 대해 정보를 받아야 한다.
> A.10.b. 상담료 책정(establishing fees)
>   전문적 상담서비스 요금을 책정하는 데 있어서, 상담자는 내담자와 지역의 재정 상태를 고려한다. 책정된 요금 구조가 내담자에게 부적절할 시에 상담자는 내담자가 지불 가능하면서도 비슷한 서비스를 찾을 수 있도록 조력한다.
> A.10.c. 상담료 미납(nonpayment of fees)
>   동의한 서비스에 대한 요금을 지불하지 않는 내담자에게 요금을 수금하기

위해 미수금처리 대행 회사를 이용하거나 법적인 조치를 취하려면, 상담자는 우선 계획된 행위에 대해 알리고 요금을 지불할 기회를 준다.

◆◆ 한국상담심리학회 윤리강령(2018)

가. 사회와의 관계
(2) 상담심리사는 필요시 무료 혹은 저가의 보수로 자신의 전문성을 제공하는 사회적 공헌 활동에 참여한다.
(3) 상담비용을 책정할 때 상담심리사들은 내담자의 재정상태를 고려하여야 한다. 책정된 상담료가 내담자에게 적절하지 않을 때에는, 대안적 서비스를 받을 수 있도록 돕는다.

미국상담학회(ACA)는 상담비용에 대한 부분으로 다른 상담자에게 의뢰 시, 의뢰에 관련된 비용을 받지 말 것과 상담료의 책정, 상담료와 징수에 대한 내용을 포함하고 있다. 제12장의 한국상담학회 사회적 책임에서 언급한 것처럼 외국의 상담료 책정제도인 슬라이딩 스케일처럼 내담자의 경제적 상황을 고려할 수 있어야겠다. 예를 들어, 생활보호대상자의 저소득층 내담자가 무료상담의 형태로 상담을 신청하고자 할 경우 상담 바우처 제도를 안내하거나 인근지역의 국가기관에서 무료로 상담이 운영되는 기관에 의뢰할 수 있다.

(3) 상담자 전문성

◆◆ 한국상담학회 교육연수위원회 규정(2017)

제14조[교육연수(인증)기관의 윤리 의무]
① 상담기관 운영자는 기관에 소속된 수련감독자의 인적 사항, 자격증의 유형, 주소, 연락처, 직무시간, 상담의 유형과 종류 등을 기록해 두어야 한다.
⑧ 기관의 운영자와 수련감독자는 다른 수련감독자나 정신건강 전문가와 협력 체제를 맺을 수 있는데, 이럴 때 기관의 특수성을 분명히 인지하고 있어야 한다.

◆◆ 한국상담심리학회 윤리강령(2018)

다. 상담기관 운영자

(4) 상담기관 운영자는 업무에 적합한 전문성을 갖춘 상담심리사를 고용하고, 이들의 증명서, 자격증, 업무내용, 기타 상담자와 관련된 다른 정보 등을 정확하게 파악하고 관리하여야 한다.

7. 수련감독 및 상담자 교육

가. 수련감독과 내담자 복지

(1) 수련감독자는 수련생이 진행하는 상담을 지도·감독할 때, 내담자의 복지를 우선적으로 고려해야 한다.

(2) 수련감독자는 수련생이 내담자들에게 상담 서비스를 제공함에 있어서, 자신의 자격요건을 명확히 알리도록 지도한다.

(3) 수련감독자는 사전 동의 및 비밀보장 등의 권리가 내담자에게 있음을 수련생에게 주지시킨다.

나. 수련감독자의 역량과 책임

(1) 수련감독자는 사례지도 방법과 기법들에 대한 교육과 훈련을 받음으로써, 사례지도 역량을 향상시키기 위해 노력한다.

(2) 수련감독자는 전자 매체를 통하여 전송되는 모든 사례지도 자료의 비밀보장을 위해서 주의하고, 필요한 조치를 취한다.

(3) 수련감독자는 사례지도를 진행할 때, 학회에서 권고한 사례지도 형식과 시간을 준수해야 한다.

(4) 수련감독자는 사례지도를 시작하기 전에, 진행 과정에 대해 충분히 설명한 후 동의를 받음으로써, 수련생의 적극적 참여를 독려할 책임이 있다.

(5) 수련감독자는 수련생에게 그들이 준수해야 할 전문가적·윤리적 규준과 법적 책임을 숙지시킨다.

(6) 수련감독자는 지속적 평가를 통해 수련생의 한계를 파악하고, 그가 자신의 한계를 인식하고 보완할 수 있도록 돕는다.

(7) 자격 심사 추천을 하는 주 수련감독자는 수련생이 합당한 역량을 모두 갖추었다고 여겨질 때에만 훈련과정을 확인 및 추천한다.

◆◆ 미국상담학회 윤리강령(ACA, 1995)

C.2.g. 자격상실(impairment)

상담자는 자신의 신체적 · 정신적 · 정서적 문제에서 생긴 능력 상실의 신호에 깨어 있으며, 그러한 능력 상실이 내담자나 다른 사람에게 해가 될 것 같은 경우 전문적인 서비스를 제안하거나 제공하는 것을 금한다. 전문적인 능력 상실 수준에 이르게 한 문제에 대해 도움을 요청하고, 필요하다면 다시 안전하게 일을 시작할 수 있을 것이라는 결정이 이루어질 때까지 자신의 전문적인 책임을 제한하거나 연기하거나 또는 종료한다. 상담자는 동료나 수련감독자가 자신의 전문적인 능력 상실을 인식할 수 있도록 도우며, 동료나 수련감독자가 능력 상실의 신호를 보이는 것이 확실할 때는 자문과 지원을 제공한다.

예를 들어, 공공기관 상담자로 상담을 하다가 관료주의적이고 형식적인 보고를 강조하는 것에 회의를 느껴 상담기관을 개소하였다고 가정하자. 개인상담소이기 때문에 형식적인 상담절차를 생략하여 상담기록을 하지 않고 내담자에게 사전 동의를 구하지 않고 녹음을 하거나, 상담료 책정을 마음대로 하고 있다면 상담기관의 상담자 전문성 조합에 위배된다고 볼 수 있다. 또한 아동 · 청소년 상담에 대한 수련을 전혀 거치지 않은 부부상담 전문가가 내담자의 아동상담을 하고 있다면 비전문적인 상담기관 운영에 해당된다.

상담자가 자격유지에 관련된 교육연수나 지속적인 수련과정에 참여하지 않아 교육연수기관으로서 자격이 상실되었을 경우, 상담 교육연수기관에서 수련을 받은 상담수련생이 피해가 가지 않도록 자신의 자격유지에 관련된 사항을 준수해야 한다. 이로 인한 피해를 학회에 소송하는 일은 상담윤리에 위배되는 행동이라 볼 수 있다.

(4) 홍보

◆◆ **한국상담학회 교육연수위원회 규정(2017)**

제14조[교육연수(인증)기관의 윤리 의무]
⑦ 기관 운영자가 수련생을 모집하기 위해 홍보를 할 때, 수련감독경력, 상담경
  력, 이론적 배경, 비용 등을 정확하게 알려 주어야 한다.

◆◆ **한국상담심리학회 윤리강령(2018)**

바. 홍보
(1) 상담심리사는 전문가로서의 자신의 자격과 상담경력에 대해 대중에게 정확
  하게 홍보해야 하며, 오해를 일으킬 수 있거나 거짓된 내용을 전달해서는 안
  된다.
(2) 상담심리사는 일반인들에게 상담의 전문적 활동이나 상담 관련 정보, 기대
  되는 상담효과 등을 정확하게 알려 주어야 한다.
(3) 상담심리사는 출판업자, 언론인, 혹은 후원사 등이 상담의 실제나 전문적인
  활동과 관련된 잘못된 진술을 하는 경우 이를 시정하고 방지하도록 노력한
  다.
(4) 상담심리사가 워크숍이나 상담 프로그램을 홍보할 때는 참여자의 선택을 위
  해서 정확한 정보를 제공해야 한다.
(5) 상담심리사는 상담자의 품위를 훼손하지 않도록 책임의식을 가지고 홍보해
  야 한다.
(6) 상담심리사는 홍보에 활용하기 위하여 내담자에게 소감문 작성이나 사진 촬
  영 등을 강요하지 않는다.
(7) 상담심리사는 자신이 실제로 상담 및 자문 활동을 하지 않는 상담기관이 자
  신의 이름을 기관의 홍보에 사용하지 않도록 해야 한다.

◆◆ **미국상담학회 윤리강령(ACA, 1995)**

C.3. 홍보와 내담자 구인(advertizing and soliciting clients)
C.3.a. 정확한 홍보

대중들에게 자신의 서비스를 홍보하거나 다른 방법으로 알리게 될 때, 상담자는 위조하거나, 현혹시키거나, 속이거나, 사기를 치지 않도록 정확한 방식으로 자신의 자격을 밝힌다.

C.3.d. 고용을 통한 구인

상담자는 자신이 고용된 지위나 기관과 관계를 맺고 있는 것을 이용하여 자신의 사설 상담을 위한 내담자, 수련생, 피자문자를 모집하거나 획득하지 않는다.

C.3.e. 상품과 훈련 홍보

자신의 전문성과 관련된 상품을 개발하거나 워크숍이나 훈련 행사를 개최하는 상담자는 이 상품과 행사에 관련된 홍보가 정확하고 소비자들이 충분히 정보를 접한 후 선택을 할 수 있도록 적절한 정보를 공개해야 한다.

C.3.f. 서비스받는 사람들에게 판촉하기

상담자는 상담, 교육, 훈련, 수련감독 관계를 자신의 상품이나 훈련 행사를 판촉하기 위해 속이거나, 거절하지 못할 수 있는 개인에게 부당한 위압을 가하는 방식으로 이용하지 않는다. 그러나 상담교육자들은 수업 목적으로 집필한 교재를 채택할 수는 있다.

상담기관 운영을 위한 윤리기준을 보면 홍보에 대한 부분을 강조하여 여러 가지 조항을 포함시키고 있다. 특히 공신력 있는 학회를 활용하여 협회 관련 자격과정을 안내하거나 대학원생의 필수 수련과정으로 상담을 받도록 할 때, 이중관계로 인해 거절하지 못하고 강압적이라는 인상을 받지 않도록 주의해야 한다. 예를 들어, 상담 교육연수기관을 운영하고 있는 상담자가 상담운영기관의 교육내용만 이수하면 상담전문가로서 개업이 가능할 것처럼 과대홍보를 했다면 이는 정확한 홍보에 위배되는 행위라고 할 수 있다.

[참고문헌]

가토 히사다케(1999). 현대 윤리에 관한 15가지 물음. 경기: 서광사.

강진령(2006). 집단상담의 실제. 서울: 학지사.

강진령, 이종연, 손현동(2007). 학교상담자들이 직면하는 윤리적 갈등과 대처방법 분석. 청소년상담연구, 15(1), 17-27.

강진령, 이종연, 유형근, 손현동(2007). 학교상담자 윤리 교육 및 인지 실태 분석. 상담학 연구, 8(2), 751-768.

강진령, 이종연, 유형근, 손현동(2009). 상담자 윤리. 서울: 학지사.

고수현(2005). 사회복지 실천 윤리와 철학. 경기: 양서원.

고은희, 박성현(2015). 장자의 성심초월과 여성주의상담 원리의 상관성 연구. 상담학 연구, 16(5), 439-454.

고향자, 김소라(2008). 집단상담에서의 비밀보장과 다중관계 윤리에 대한 고찰. 아시아교육연구, 9(1), 49-72.

공윤정(2008). 상담자 윤리. 서울: 학지사.

곽미용, 이영순(2010). 상담자 자격의 윤리적 문제. 인문학논총, 15(1), 235-253.

곽영순(2009). 질적 연구: 철학과 예술 그리고 교육. 경기: 교육과학사.

구승영, 김계현(2015). 학교상담 관련 주체의 입장에 따른 상담자의 비밀보장 예외 판단 차이 분석. 상담학연구, 16(4), 321-338.

구영모(2010). 생명의료윤리. 경기: 동녘.

권경인, 조수연(2015). 집단상담 윤리 요소 도출을 위한 델파이 연구. 상담학연구, 16(6), 219-240.

김계현(1992). 카운슬링의 실제. 서울: 학지사.

김계현(2004). 상담심리학 연구: 주제론과 방법론. 서울: 학지사.

김계현, 김창대, 권경인, 황매향, 이상민, 최한나, 서영석, 이윤주, 손은령, 김용태, 김봉환, 김인규, 김동민, 임은미(2011). 상담학 개론. 서울: 학지사.

김남욱(1996). 발달수준, 지도목적, 지도과정에 따른 상담지도의 훈련 모형. 교육학연구, 34(5), 77-95.

김민정, 김수은(2017). 수퍼바이지가 지각하는 수퍼바이저의 윤리 행동 수준이 수퍼비전 작업동맹과 만족도에 미치는 영향. 한국심리학회지: 상담 및 심리치료, 29(3), 607-627.

김상균(2002). 사회복지 윤리와 철학. 경기: 나남.

김성희, 엄영숙, 이아람(2017). 가족상담사의 윤리적 이슈 경험에 대한 현상학적 연구. 가족과 가족치료, 25(1), 69-87.

김영진(1993). 임상철학을 위하여. 철학과 현실, 16, 26-37.

김영필, 김주완, 김석수, 신인섭, 이종왕(2008). 정신치료의 철학적 지평. 서울: 철학과 현실사.

김옥진(2008). 상담윤리적 결정모델. 신학과 신앙, 19.

김옥진, 김형수, 김기민, 장성화(2011). 상담윤리 결정모델을 통한 상담자 윤리교육의 필요성. 한국교육논단, 10(1), 141-168.

김유석(2009). 플라톤의 초기 대화편에 나타난 소크라테스의 엘렝코스. 서양고전학연구, 35, 57-92.

김정현(1998). 고통의 심층철학: 쇼펜하우어의 의지의 형이상학을 중심으로. 철학연구, 68, 119-146.

김정현(2007). 니체와 텍스트 해석, 그리고 철학치료. 범한철학, 44, 145-176.

김항인(2005). 연구자의 연구 윤리 정립 방안. 국민윤리연구, 59, 45-168.

김형수, 김옥진(2009). 상담자의 윤리적 판단모형. 상담학연구, 10(2), 701-717.

김혜숙(2010). 한국심리학회 연구진실성심사 운영세칙 제정의 의의와 앞으로의 과제. 한국심리학회지: 일반, 29, 133-147.

김화자(2014). 한국과 미국의 상담윤리규정 비교 연구. 복음과 상담, 22(1), 9-50.

남경희(2007). 소크라테스와 학문의 발견. 서양고전학연구, 28, 47-78.

노성숙(2009). 철학상담과 여성주의상담. 여성학논집, 26(1), 3-39.

노성숙(2010). 인간다운 삶을 위한 철학적 대화로의 초대: 철학상담의 배경과 발단. 인간연구, 19, 197-234.

노성숙(2011). 비극적 삶에 대한 현존재분석과 철학상담: 엘렌 베스트의 사례를 중심으로. 철학논집, 26, 59-92.

노안영(2011). 집단상담 이론과 실제. 서울: 학지사.

노안영(2018). 상담심리학의 이론과 실제(12판). 서울: 학지사.

대학상담학회(1993). 상담의 이론과 실제. 서울: 중앙적성출판사.

대한의사협회(1997). 의사윤리강령. 서울: 대한의사협회.

레러, 콘맨, 파패스(1990). 철학의 문제와 논증. 대구: 형설출판사.

박기범(2008). 연구진실성 검증의 실제적 문제와 해결 방안. 2008 연구윤리 관계자 워크숍
　　　자료집, 39-54.

박성현(2006). 마음챙김 척도 개발. 가톨릭대학교 대학원 박사학위 논문.

박성희(2004). 상담학 연구방법론: 사회과학 연구방법의 새로운 지평. 서울: 학지사.

박성희(2007). 논어와 상담. 서울: 학지사.

박외숙, 고향자(2007). 비성적인 이중관계의 윤리. 한국심리학회: 상담 및 심리치료, 19(4),
　　　863-887.

박정순(1991). 현대 사회의 도덕적 위기와 덕의 윤리의 부활. 철학과 현실, 가을호.

박종대, 이태하, 김석수(2002). 현대인의 삶과 윤리. 서울: 민지사.

박한샘, 공윤정(2011). 청소년동반자의 윤리적 갈등경험과 대처방안 연구. 상담학연구,
　　　12(3), 771-791.

방기연(2003a). 상담 수퍼비전. 서울: 학지사.

방기연(2003b). 상담 실제에서 윤리강령의 적용. 연세상담연구, 19, 81-93.

방기연(2004). 집단상담에서의 상담 윤리강령. 연세교육연구, 17(1), 99-111.

방기연(2014). 상담 수퍼비전에서 만나게 되는 윤리적 주제들. 경기: 양서원.

방기연(2016), 상담수퍼비전의 이론과 실제(2판). 경기: 양서원.

서영석, 이소연, 최영희(2010). 삶의 마지막에 관한 결정을 위한 윤리적 의사결정모델
　　　개발. 한국심리학회지: 상담 및 심리치료, 22(4), 1075-1102.

서영석, 최영희, 이소연(2009). 상담에서의 윤리적 의사결정모델 개관. 한국심리학회지:
　　　상담 및 심리치료, 21(4), 815-842.

서이종(2008). 인문사회과학 분야 인간대상 연구의 사전 심의의 주요과제 및 향후 심의
　　　체계. 2008 하반기 연구윤리 포럼 자료집.

손현동(2009). 상담자 윤리. 서울: 학지사.

손현동(2012). 학교상담자의 자문 관계에서의 윤리 문제와 해결. 학습자중심교과교육연구,
　　　12(3), 265-286.

손현동, 진명식, 유형근(2008). 학교상담자의 전문성 수준에 따른 윤리적 갈등상황에 대
　　　한 개념화 차이분석. 상담학연구, 9(4), 1801-1817.

손화철, 윤태웅, 이상욱, 이인재, 조은희(2010). 이공계 대학원생을 위한 좋은 연구 Q & A. 서울: 연구윤리정보센터.

신영화(2011). 가족치료의 윤리강령 및 연구윤리. 한국가족치료학회 2011년 직업윤리 보수교육 워크숍 자료집.

신옥희(2000). 일심과 실존: 원효와 야스퍼스의 철학적 대화. 서울: 이화여자대학교출판부.

심재룡(2002). 동양철학의 이해 I. 서울: 집문당.

안하얀, 서영석, 박성화, 이정윤, 최유리(2017). 수퍼바이지가 지각한 수퍼바이저의 윤리지침 이행. 한국심리학회지: 상담 및 심리치료, 29(4), 915-952.

양명주, 김가희, 김봉환(2016). 대학 진로, 취업상담자가 지각하는 윤리적 딜레마에 관한 개념도 연구. 상담학연구, 17(2), 101-119.

양옥경(1995). 사회복지실천과 윤리. 경기: 한울아카데미.

양옥경(2007). 사회복지학 연구의 책임성과 윤리. 한국사회복지학회 창립 50주년 기념 세계학술대회 자료집, 5-27.

연문희, 강진령(2002). 학교상담: 21세기 학생생활지도. 경기: 양서원.

연문희, 박남숙(2001). 교육과 상담에서의 질적 연구. 연세교육연구, 14(1), 243-263.

오대영(2006). 우리나라 연구윤리 실태와 개선 방안. 대학교육, 144.

오송희, 이정아, 김은하(2016). 상담윤리에 관한 국내 연구의 동향. 한국심리학회지: 상담 및 심리치료, 28(2), 267-289.

우홍련, 허난설, 이지향, 장유진(2015). 한국 상담자들이 경험한 윤리 문제와 대처 방법 및 상담 윤리 교육에 관한 실태 연구. 상담학연구, 16(2), 1-25.

유재령(2006). 아동상담자의 윤리적 신념 척도 개발연구. 한국놀이치료학회지, 18(2), 67-90.

유재령(2007). 아동상담자 윤리강령에 나타난 기본 윤리영역 연구. 한국놀이치료학회지, 10(1), 1-10.

유재령, 김광웅(2006). 내용분석을 통한 아동상담자의 주요 윤리적 딜레마 상황과 대처 행위. 아동학회지, 27(2), 127-151.

유재령, 김광웅(2006). 아동상담자의 윤리적 실천행동 척도개발. 한국심리학회지: 상담 및 심리치료, 18(2), 373-398.

유재령, 김광웅(2008). 아동상담자의 윤리적 실천행동 관련변인으로서 교육훈련배경. 아동학회지, 29(1), 133-153.

유혜령(2009). 교육현상학적 질적 연구에서의 성찰과 연구기법의 문제. 유아교육, 18, 37-46.

윤관현, 이장호, 최송미(2006). 집단상담: 원리와 실제. 경기: 법문사.

윤영대(2006). 현대상담의 윤리적 문제와 바람직한 상담자 윤리연구. 진리논단, 13(1), 625-643.

윤이흠, 박무익, 허남린(1985). 종교인구조사의 방법론 개발과 한국인의 종교성향. 장병길 교수 은퇴기념논총 발간위원회 편, 한국 종교의 이해(pp. 343-371). 서울: 집문당.

윤호균(1999). 불교의 연기론과 상담. 서울: 지식산업사.

윤호균(2008). 온마음 상담과 연기론. 불교평론, 35, 115-136.

이동혁, 유성경(2000). 상담연구의 주제 및 연구 대상 분석: 학위논문 및 학회지 논문을 중심으로. 청소년 상담연구, 8, 37-58.

이상로(1992). 상담윤리. 서울: 교육과학사.

이숙영, 김창대(2002). 상담 전공 대학원 교육과정 표준화 연구. 교육학연구, 40(2), 231-250.

이영대, 정일동(2001). 사이버 상담을 통한 효과적인 진학/진로상담 모형 개발 연구. 서울: 한국직업능력개발원.

이영선(2005). 채팅상담 성과척도 개발 및 타당화 연구. 숙명여자대학교 대학원 박사학위논문.

이영선, 유춘자, 차진영(2011). 사이버상담의 이해와 현황. 2011년 한국상담심리학회 학술대회 자료집, 255-269.

이용숙(1999). 청소년 상담학의 연구: 질적 연구방법의 적용. 청소년 상담연구, 7, 87-126.

이장호(1988). 상담심리학 입문(2판). 서울: 박영사.

이장호(1990). Comparisons of oriental and western approaches to counseling and guidance. 상담과 심리치료, 3, 1-8.

이장호(2005). 통합상담론 서설. 한국심리학회 연차학술대회 발표논문집.

이장호, 정남운, 조성호(2005). 상담심리학의 기초. 서울: 학지사.

이장호, 최송미, 최원석(2009). 통합상담론적 집단수련프로그램 효과에 관한 예비적 연구. 한국심리학회지: 건강.

이재경(2001). 상담학의 연구 동향 분석. 학생생활연구, 14, 123-140.

이재웅(2008). 연구윤리와 연구자의 정체성 인식. 서울대학교 대학원 석사학위논문.

이정모, 강은주, 김민식, 감기택, 김종오(2017). 인지심리학. 서울: 학지사.

이죽내(2005). 융심리학과 동양사상. 서울: 하나의학사.

이태하(2009). 다원주의 시대의 윤리. 서울: 민지사.

이형득(1985). 상담의 이론적 접근. 대구: 형설출판사.

이형득(1992). 상담이론. 서울: 교육과학사.

이혜순(2007). 표절에 관한 전통적 논의들. 경기: 집문당.

이혜순, 정하영(2007). 표절: 인문학적 성찰. 경기: 집문당.

이효선(2003). 사회복지윤리와 철학의 이해. 서울: 학지사.

임은미, 김지은, 박승민(1998). 청소년 사이버 상담의 실제와 발전방향. 청소년상담 연구, 6(1), 115-132.

장성숙(2010). 상담자의 어른역할이 상담성과에 미치는 영향: '이야기 방식'에 기초한 보고 형태. 한국심리학회지: 사회문제, 16, 311-329.

정경미, 양유진, 정상철(2010). 학과 연구심의위원회(DRB)의 설립 및 운영. 한국심리학회지: 일반, 29, 165-193.

정문자, 정혜정, 이선혜, 전영주(2011). 가족치료의 이해(2판). 서울: 학지사.

정인석(2009). 트랜스퍼스널 심리학: 동서 예지의 통합과 자기초월의 패러다임(3판). 서울: 대왕사.

조긍호(2008). 선진유학사상의 심리학적 함의. 서울: 서강대학교출판부.

조성호(2003). 상담심리학 연구동향: 상담 및 심리치료학회지 게재논문 분석(1988-2003). 한국심리학회: 상담 및 심리치료, 15(4), 811-832.

조영아, 김현아, 김연희(2011). 북한이탈주민을 위한 심리사회적 상담 매뉴얼. 서울: IOM(국제이주기구).

조은희, 이상욱, 윤태웅, 정영교(2011). 연구윤리 사례집: 좋은 연구 실천하기.

주성호(2007). 베르그송과 프로이트의 무의식 개념 비교 연구. 철학과 현상학연구, 34, 163-187.

주영아(2017). 분쟁과 윤리적 딜레마 상황에서 상담자의 권익보호에 관한 일고찰. 2017 한국상담심리학회 학술대회 자료집.

지승희, 김영식, 오승근, 김은영, 이상석(2008). 청소년 자살 예방프로그램 및 개입방안 개발. 서울: 한국청소년상담원.

진교훈(2007). 빈스방거의 인간이해: 현존재분석을 중심으로. 서강인문논총, 22, 375-406.

창화(2007). 왼손에 노자 오른손에 공자(박양화 역). 서울: 영림카디널.

최상진(1999). 동양심리학. 서울: 지식산업사.

최선, 고유림, 박정은, 신예지, 강민철(2012). 학교상담자 윤리강령에 대한 고찰: 학교상담학회 윤리강령 개정에 대한 제언을 중심으로. 상담학연구, 13(2), 505-524.

최선령(2011). 가족치료 윤리의 실천 적용: 치료사의 윤리적 딜레마. 한국가족치료학회 2011년 직업윤리 보수교육 워크숍 자료집.

최원호(2008). 상담윤리의 이론과 실제. 서울: 학지사.

최해림(2002). 한국 상담자의 상담 윤리에 대한 기초 연구. 한국심리학회지: 상담 및 심리치료, 14(4), 805-828.

최해림, 이수용, 금명자, 유영권, 안현의(2010). 전문적 상담 현장의 윤리. 서울: 학지사.

한국상담심리학회(2005). 상담전문가 윤리강령. 서울: 한국상담심리학회.

한국상담심리학회(2018). 한국상담심리학회 윤리강령. 서울: 한국상담심리학회.

한국상담학회(2002). 상담과 윤리강령. 서울: 한국상담학회.

한국상담학회(2007). 한국상담학회 전문상담사 자격규정. 서울: 한국상담학회.

한국상담학회(2016). 한국상담학회 윤리강령. 서울: 한국상담학회.

한국집단심리학회(1989). 한국집단심리학회 윤리강령. 서울: 한국집단심리학회.

한국청소년상담원(2007). 청소년상담사 자격소개. 서울: 한국청소년상담원.

한국학교상담학회(2004). 한국학교상담학회 윤리강령. 서울: 한국학교상담학회.

한국학중앙연구원(2007). 한국민족문화대백과사전. http://encykorea.aks.ac.kr/ '선비'

허애지(2003). 청소년 사이버 상담의 이용 실태 및 효용성에 관한 연구. 서강대학교 공
    공정책 대학원 석사학위 논문.

홍경자(2001). 상담의 과정. 서울: 학지사.

황순길, 이창호, 안희정, 조은경(2000). 청소년 상담사 자격검정 실시에 관한 연구. 서울: 한
    국청소년상담원.

AAMFT. (2001). *User's guide to the AAMFT code of ethics.* Washington, D.C.:
    American Association for Marriage and Family Therapy.

Achenbach, G. B. (2010). *Zur einführung in die Philosophische Praxis: Vorträge,
    Aufsätze, Gespräche, Essays.* Köln: Verlag für Philosophie Dinter.

American Counseling Association. (1995). Code of ethics and standards of practice.
    counseling today, 37(12), 33-40.

American Counseling Association. (2005). *ACA Code of ethics.* Alexandria, VA: Author.

American Counseling Association. (2014). *ACA Code of ethics.* Alexandria, VA: Author.

American Psychological Association. (1967). *Ethical standards of Ppsychologists.*
    washington, DC: Author.

American Psychological Association. (1973). *Ethical principles in the conduct of
    research with human participants.* Washington, DC: Author.

American Psychological Association. (1992). *Ethical principles of psychologists and
    code of conduct.* Washington, DC: Author.

American Psychological Associatio. (2002). Ethical principles of psychologist and
    code of conduct. *American Psychologist, 57*(1), 1060-1073.

American Psychological Association. (2011). Report of the ethics committee, 2010.

American Psychologist, 66(5), 393-403.

American School Counselor Association. (2010). *Ethical standards for school counselors.* Alexandria, VA: Author.

Association for Counselor Education and Supervision. (1989). *Standards for counseling supervisors.* Alexandria, VA: Author.

Baker, E. K. (2003). *Caring for ourselves: A therapist's guide to personal and professional well-being.* Washington, DC: American Psychological Association.

Bang, K., & Park, J. (2009). Korean Supervisors' Experiences in Clinical Supervision. *The Counseling Psychologistm, 37*(8), 1042-1075.

Bang. K. (2017). Applying the ADDRESSING model to Korean Supervisees' Experience of and Response to Negative Supervision Events. *Counselling psychology Quarterly., 27*(4), 353-378.

Beach, S., & Kaslow, N. (2006). Relational disorders and relational processes in diagnostic practice: Introduction to the special section. *Journal of Family Psychology, 20*(3), 353-355.

Beck, A. T. (1987). Cognitive models of depression. *Journal of Cognitive Psychotherapy, An International Quarterly, 1*(1), 5-37.

Beck, A. T. (1991). *Cognitive therapy and the emotional disorders.* New York: New American Library.

Beck, A. T. (1991). Cognitive therapy: A 30-year retrospective. *American Psychologist, 46*(4), 368-375.

Bentham, J. (1962). *An introduction to the principles of morals and legislation in the works of jeremy betham* (Eds.). by J. Bowering. Russell & Russell.

Bernard, J. M. (1982). Ethical and legal responsibilities of clinical supervisors. *The Personnel & Guidance Journal, 60,* 486-491.

Bernard, J. M., & Goodyear, R. K. (1998). *Fundamentals of clinical supervision* (2nd ed.). Needham Heights, MA: Allyn & Bacon.

Bernard, J. M., & Goodyear, R. K. (2013). *Fundamentals of Clinical Supervision* (5nd ed.). Pearson.

Binder, J. L., & Strupp, H. H. (1997). Supervision of psychodynamic psychotherapies. In C. E. Watkins, Jr. (Ed.), *Handbook of psychotherapy supervision* (pp. 44-62). New York: Wiley.

Bodenhorn, N. (2006). Exploratory study of common and challenging ethical dilemmas experienced by professional school counselors. *Professional School Counseling, 10*(2), 195-202.

Bouhoutsos, J., Holroyd, J., Lerman, H., Forer, B. R., & Greenberg, M. (1983). Sexual intimacy between psychotherapists and patients. *Professional Psychology: Research & Practice, 14*, 185-196.

Boxley, R., Drew, C., & Rangel, D. (1986). Clinical trainee impairment in APA approved internship programs. *Clinical Psychologist, 39*, 49-52.

Boy, A. V., & Pine, G. J. (1972). *Values in counseling relationship, Counseling and Values.* APGA Press.

Bradey, J., & Post, P. (1991). Impaired students: Do we eliminate them from counselor education programs? *Counselor Education & Supervision, 31*, 100-108.

Brems, C. (2000). *Dealing with challenges in psychotherapy and counseling.* Practice Groove, CA: Brooks/Cole.

Brems, C. (2000). The challenge of preventing burnout and assuring growth: Self-care. In C.

Burns, C. I., & Holloway, E. L. (1990). Therapy in supervision: An unresolved issue. *Clinical Supervisor, 7*(4), 47-60.

Campbell, T. W. (1994). Psychotherapy and malpractice exposure. *American Journal of Forensic Psychology, 12*, 5-41.

Canter, M. B., Bennett, B. E., Jones, S. E., & Nagy, T. F. (1994). *Ethics for psychologists.* Washington, DC: American Psychological Association.

Cohen, B. Z. (1987). The ethics of social work supervision revisited. *Social Work, 32*, 194-196.

Coleman, H. L. K. (1999). Training for multi-cultural supervision, In E. Holloway, & M. Carrol, *Training counseling supervisor: Strategies, method and technique.* London: SAGE.

Comer, R. J. (2016). *Fundamentals of abnormal psychology* (8th ed). NY: Worth Publishers.

Corey, G. (1992). 상담학 개론. (오성춘 역). 서울: 장로회신학대학교 출판부. (원전은 1984년에 출판).

Corey, G. (2005). 집단심리상담의 이론과 실제. (조현춘, 조현재, 이희백 역). 서울: 시그마프레스.

Corey, G. (2010). 심리상담과 치료의 이론과 실제. (제8판, 조현춘 외 공역). 서울: Cengage

Learning Korea. (원전은 2009년에 출판).

Corey, G., Corey, M. S., & Callanan, P. (1993). *Issues and ethics in helping professions* (4th ed.). Pacific Grove, CA: Brooks/Cole.

Corey, G., Corey, M. S., & Callanan, P. (2007). *Issues and ethics in the helping professions* (7th ed.). Belmont, CA: Brooks/Cole.

Corey, G., Corey, M. S., & Callanan, P. (2008). 상담 및 심리치료 윤리. (제7판, 서경현, 정성진 역). 서울: Cengage Learing. (원전은 2007년에 출판).

Corey, G., Corey, M, S., & Callanan, P. (2014). *Issues and ethics in helping professions* (9th ed.). Pacific Grove, CA: Brooks/Cole.

Corey, M. S., Corey, G. & Corey, C. (2016) 집단상담 과정과 실제. (9판, 김진숙, 유동수, 전종국, 한기백, 이동훈, 권경인 역) 서울: Cengage Learning Korea

Corey, M. S., & Corey, G. (2007). 집단상담: 과정과 실제. (7판, 김진숙, 김창대, 박애선 역). 서울: 시그마프레스.

Cormier, L. S., & Bernard, J. M. (1982). Ethical and legal responsibilities of clinical supervisors. *Personnel & Guidance Journal, 60*(8), 486–491.

Cottone, R. R., & Tervydas, V. M. (2016). *Ethics and decision making in counseling and psychotherapy.* Springer Publishing Company.

Cottone, R. R., & Tarvydas, V. M. (1998). *Ethical and professional issues in counseling.* Upper Saddle River, NJ: Merrill.

Cottone, R. R., & Tarvydas, V. M. (2003). *Ethical and professional issues in counseling* (2nd ed.). New York: Prentice-Hall.

Denzin, N. K., & Lincoln, Y. S. (2000). *The handbook of qualitative research.* thousand oaks and new delhi: Sage Publications.

Ellis, A. (1977). The basic clinical theory of rational-emotive therapy. In A. Ellis & R. Grieger (Ed.), *Handbook of rational-emotive therapy* (pp. 3–34). New York: Springer.

Ellis, A., & Harper, R. A. (1975). *A new guide to rational living.* North Hollywood, CA: Wilshire Books.

Ellis, M. V., & Douce, L. A. (1994). Group supervision of novice clinical supervisors: Eight recurring issues. *Journal of Counseling & Development, 72,* 520–525.

Frankle, V. E. (1970). *The will to meaning: Foundations and applications of logotherapy.* New York: Penguin Books.

Frankle, V. E. (2005). 의미를 향한 소리 없는 절규. (오승훈 역). 서울: 청아출판사. (원전은 1985년에 출판).

Freedman, J. & Combs, G. (2006). 이야기 치료의 이론과 실천: 부부상담을 중심으로. (허남순, 이경욱, 여혜숙, 오세향 공역). 서울: 학지사. (원전은 2002년에 출판).

Freedman, J. & Combs, G. (2009). 이야기 치료: 선호하는 실재의 사회적 구성. (김유숙, 전영주, 정혜정 공역). 서울: 학지사. (원전은 1996년에 출판).

Freud, S. (2003a). 정신분석에서의 무의식에 관한 노트. 정신분석학의 근본 개념, 프로이트전집 11. (윤희기, 박찬부 공역). 서울: 열린책들. (원전은 1912년에 출판).

Freud, S. (2003b). 본능과 그 변화. 정신분석학의 근본 개념, 프로이트전집 11. (윤희기, 박찬부 공역). 서울: 열린책들. (원전은 1915년에 출판).

Freud, S. (2006). 나의 이력서, 정신분석학개요, 프로이트전집 15. (박성수, 한승완 공역). 서울: 열린책들. (원전은 1925년에 출판).

Fromn, E. (1991). 선과 정신분석. (권오석 역). 서울: 홍신문화사. (원전은 1957년에 출판).

Gabbard, G. O. (1994). Teetering on principice: A Commentary on Lazarus's "How certain boundaries and ethics diminish therapeutic effectiveness". *Ethics and Behavior, 4*(3), 283-286.

Goldenberg, I. & Goldenberg, H. (2002). 가족치료. (김득성, 윤경자, 전영자, 전영주, 조영희, 현은민 공역). 서울: 시그마프레스. (원전은 2000년에 출판).

Green, S. L. & Hansen, J. C. (1986). Ethical dilemmas in family therapy. *Journal of Marital and Family Therapy, 12*, 225-230.

Green, S. L. & Hansen, J. C. (1989). Ethical dilemmas faced by family therapist. *Journal of Marital & Family Therapy, 15*, 149-158.

Gurman, A. S. & Kriskern, D. P. (1978). Deterioration in marital and family therapy: Special problems for the family and couples therapist. *Family Process, 20*, 11-23.

Haas, L. J. (1991). Hide-and-seek or show-and-tell? Emerging issues of informed consent. *Ethics & Behaviors, 1*, 175-189.

Haas, L. & Malouf, J. (1995). A framework for ethical decision making. In L. Haas, J. Malouf & N. Mayerson (1988). Personal and professional characteristics as factors in psychologists' ethical decision making. *Professional Psychology: Research & Practice, 19*(1), 35-42.

Hadot, P. (2002). *Philosophie als Lebensform: Antike und moderne Exerzitien der Weisheit.* Frankfurt am Main: Fischer Taschenbuch Verlag.

Haley, J. (1976). *Problem-solving therapy: New strategies for effective family therapy*. San Francisco: Jossey-Bass.

Hall, J. E. (1988). Dual relationships in supervision. *Register Report, 15*(1), 5-6.

Hampton, J. (1990). The nature of immorality. In E. F. Paul et al. (Eds.), *Foundations of moraland political philosophy* (pp. 25-26). Cambridge: Basil Blackwell.

Handelsman, M. M. & Gavin, M. D. (1988). Facilitating informed consent for outpatient psychotherapy: A suggested written format. *Professional Psychology: Research & Practice, 19*, 223-225.

Hare, R. (1981). The philosophical basis of psychiatric ethics. In S. Block & P. Choodoff (Eds.), *Psychiatric ethics*. Oxford: Oxford University.

Harrar, W. R., VandeCreek, L., & Knapp, S. (1990). Ethical and legal aspects of clinical supervision. *Professional Psychology: Research & Practice, 1*, 37-41.

Harrington, A. (2009). 마음은 몸으로 말을 한다. (조윤경 역). 경기: 살림. (원전은 2008년에 출판).

Hecker, L. L. & Sori, C. F. (2010). Ethics in therapy with children in families. In L. Hecker (Ed.), *Ethics and professional issues in couple and family therapy* (pp. 51-70). New York: Routledge.

Heidegger, M. (1972). Sein und Zeit. Tübingen: Max Niemeyer Verlag.

Hendrick, D. H. (1991). Ethics and intra family confidentiality in counseling with children, *Journal of Mental Health Counseling, 13*(3), 323-333.

Hill, C. E. & O'Brien, K. M. (2012). 상담의 기술. (주은선 역). 서울: 학지사. (원전은 2001년에 출판).

Hoffman, L. W. (1990). *Old scapes, new maps: A training program for psychotherapy supervisors*. Cambridge, MA: Milusik Press.

Huber, H. (1994). *Ethical, legal, and professional issues in the practice of marriage and family therapy*. New Jersey: Merrill.

Husserl, E. (1962). *Die Krise der europschen Wissenschaften und die transzendentale Phänomenologie: Eine Einleitung in die phänomenologische Philosophie*. Walter Biemel (ed.). Husserliana Bd. VI. Haag: Martinus Nijhoff.

Huppert, J. D., Bufka, L. F., Barlow, D. H., Gorman, J. M., Shear, M. K., & Woods, S. W. (2001). Therapists, therapist variables, and cognitive-behavioral therapy out-come in a multicenter trial for panic disorder. *Journal of Consulting and*

Clinical Psychology, 69, 747-755.

Hutter-Krisch, R. (2007). *Grudriss der Psychotherapieethik, Praxisrelevanz, Behandlungsfehler und Wirksamkeit.* Wien: Springer-Verlag.

Ibrahim, F. A. & Arredondo, P. M. (1986). Ethical standards for cross-cultural counseling: Counselor preparation, practice, assessment, and research. *Journal of Counseling & Development, 64*(5), 349-352.

Isaacs, M. L. & Stone, C. B. (1999). School counselors and confidentiality: Factors affecting professional choices. *Professional School Counseling, 2,* 258-266.

Jaspers, K. (1938). *Existens philosophie.* Berlin.

Jensen, J. & Bergin, A. (1988). Mental health values of professional therapists: A national interdisciplinary survey. *Professional Psychology: Research and Practice, 19*(3), 290-297.

Jensen, R. E. (1979). Competent professional service in psychology: The real issue behind continuing education. *Professional Psychology: Research & Practice, 10*(1), 381-389.

Johnson, L. & Thomas, V. (1999). Influences of the inclusion of children in family therapy. *Journal of Marital & Family Therapy, 25*(1), 117-123.

Josselson, R. (2008). 어빈 D. 얄롬의 심리치료와 인간의 조건. (이혜성 역). 서울: 시그마프 세스. (원전은 2007년에 출판).

Kant, I. (1956). *Critique of Practical Reason.* Translated by Lewis White Beck, Macmillan.

Kant, I. (1981). *Grounding for the Metaphysics of Morals.* Translated by James W. Ellington. Hackett Pub Co.

Karpel, M. A. (1980). Family secrets: I. Conceptual and ethical issues in the relational context: II. Ethical and practical considerations in therapeutic management. *Family Process, 19,* 295-306.

Keim, J. (2000). Strategic family therapy: The Washington school. In A. M. Horne (Ed.), *Family counseling and therapy* (3rd ed., pp. 170-207). Itasca, IL: F. E. Peacock.

Kierkegaard, S. (1941). *The sickness unto death.* Princeton University Press.

Kitchener, K. S. (1986). Teaching applied ethics in counselor education: An integration of psychological processes and philosophical analysis. *Journal of Counseling & Development, 64,* 306-310.

Kitchener, K. S. (1988). Dual role relationships: What makes them so problematic? *Journal of Counseling & Development, 67*, 217-221.

Kohlberg, L. (1981). *The philosophy of moral development*. New York: Harper & Low.

Kurpius, D., Gibson, G., Lewis, J., & Corbet, M. (1991). Ethical issues in supervising counseling practitioners. *Counselor Education & Supervision, 31*(1), 48-56.

Ladany, N., Hill, C. E., Corbett, M. M., & Nutt, E. A. (1996). Nature, extent, and importance of what psychotherapy trainees do not disclose to their supervisors. *Journal of Counseling Psychology, 43*, 10-24.

Lahav, R. (1995). *Essays on Philosophical Counseling*. Lanham: University Press of America.

Lamb, D. H., Cochran, D. J., & Jackson, V. R. (1991). Training and organizational issues associated with identifying and responding to intern impairment. *Professional Psychology: Research & Practice, 22*, 291-296.

Lamb, D., Presser, N., Pfost, K., Baum, M., Jackson, R., & Jarvis, P. (1987). Confronting professional impairment during the internship: Identification, due process, and remediation. *Professional Psychology: Research & Practice, 18*, 597-603.

Lazarus, J. A. (1995). Ethical issues in doctor-patient sexual relationships. Speical issue: Clinical sexuality. *Psychiatric Clinics of North America, 18*, 55-70.

Lazovsky, R. (2008). Maintaining confidentiality with minors: Dilemmas of school counselors. *Professional School Counseling, 11*(5), 335-346.

Lee, C. (1990). Comparisons of oriental and western approches to counseling and guidance. 한국심리학회지: 상담과 심리치료, 3(1), 1-8.

Levy, C. S. (1976). *Social Work Ethics*. New York: Human Science Press.

Lewis, H. (1984). Ethical Assessment. Social Casework.

Loewenberg, R. M. & Dolgof, R. (1996). *Ethical decisions for social work practice*. Itaca: F. E. Peacock.

Lowe, C. M. (1966). *Value orientations in counseling and psychotherapy*. Chandler.

Lowe, C. M. (1956). Value orientations: An ethical dilemma. *American Psychologists, 14*, 687-693.

Luborsky, L., McClellan, A. T., Diguer, L., Woody, G., & Seligman, D. A. (1997). *Clinical Psychology: Science and Practice, 4*, 53-65.

Ludwig Binswanger (1964). Grundformen und Erkentnis menshlichen Dasein, 4, Aufl. Ernst Reinhardt.

MacIntyre, A. (1997). 덕의 상실. (이진우 역). 서울: 문예출판사.

Margolin, G. (1982). Ethical and legal considerations in marital and family therapy. *American Psychologist, 38*, 788-801.

Marinoff, L. (1999). *Plato not prozac: Applying philosophy to everyday problems.* New York: Harper Collins.

Marinoff, L. (2004). *The Big questions: How philosophy can change your life.* New York: Bloomsbury.

Marquard, O. (1989). Philosophische Praxis. *Historisches Wärterbuch der Philosophie.* Bd. 7. Basel: Schwabe Verlag, 1307.

May, R. (1983). *The discovery of being: Writing in existential psychology.* New York: W. W. Norton & Company.

Matsumoto, D. (2000). *Culture and Psychology: People around the world* (2nd ed.). Belmont, CA: Wadsworth.

McCarthy, P., Sugden, S., Koker, M., Lamendola, F., Maurer, S., & Renninger, S. (1995). A practical guide to informed consent in clinical supervision. *Counselor Education & Supervision, 35*, 130-138.

Meara, N. M., Schmidt, L. D., & Day, J. D. (1996). Principles and virtues: A foundation for ethical decisions, policies and character. *Counselor Education & Supervision, 39*(2), 189-202.

National Board of Certified Counselors. (2001). *The practice of internet counseling.* Greensboro, NC: National Board for Certified Counselors and Center for Credentialism and Education.

Negash, S. M. & Hecker, L. L. (2010). Ethical issues endemic to couple and family therapy. In L. Hecker (Ed.), *Ethics and professional issues in couple and family therapy* (pp. 225-241). New York: Routledge.

Neukrug, E. S. (2011). *Counseling theory and practice.* Brooks/Cole.

Patrick, K. D. (1989). Unique ethical dilemmas in counselor training. *Counselor Education & Supervision, 28*, 337-341.

Peterson, C. M. (2001). Multiple relationships. In R. H. Woody & J. D. Woody (Eds.), *Ethics in marriage and family therapy* (pp. 43-60). Alexandria, VA: AAMFT.

Peterson, J. A. (1970). *Counseling and values: A philosophical examination.*

International Press

Peterson, M. (1993). Covert agendas in supervision. *Supervision Bulletin, 6*(1), 7-8.

Platon (2003). 플라톤의 네 대화 편: 에우티프론 소크라테스의 변론, 크리톤, 파이돈. (박종현 역). 서울: 서광사.

Pope, K. S. & Bajt, T. R. (1988). When laws and values conflict: A dilemma for psychologists. *American Psychologist, 43*(10), 828-829.

Pope, K. S. & Vasquez, M. J. T. (1991). *Ethics in psychotherapy and counseling: A practical guide for psychologists.* San Francisco: Jossey-Bass.

Pope, K. S. & Vasquez, M. J. T. (2011). *Ethics in psychotherapy and counseling: A practical guide* (4th ed.). Hoboken, NJ: Wiley & Sons.

Pope, K. S. & Vasquez. M. T. (2016). *Ethics in psychotherapy and counseling: A practical guide* (5th ed.). Hoboken, NJ: Wiley & Sons.

Pope, K. S. & Vetter, V. A. (1992). Ethical dilemmas encountered by members of the American Psychological Association. *American Psychologist, 47*, 397-411.

Pope, K. S., Keith-Spiegel, P., & Tabachnick, B. G. (1986). Sexual attraction to clients: The human therapist and the (sometimes) inhuman training system. *American Psychologist, 41*, 147-158.

Pope, K. S., Levenson, H., & Schover, L. R. (1979). Sexual intimacy in psychology training: Results and implications of a national survey. *American Psychologist, 34*, 682-689.

Reamer, F. G. (1983). *Ethical dilemmas in social work practice.* Social Work.

Reamer, F. G. (1995). *Social Work Values and Ethics.* Columbia University Press.

Remley, T. P. Jr. & Herlihy, B. (2005). *Ethical, legal and professional issues in counseling* (2nd ed.). Upper Saddle River, NJ: Pearson.

Ramley, T. P. & Helihy, B. P. (2013). *Ethical, legal, and professional issues in counseling* (4th ed.). Pearson.

Richards, P. S., Rector, J. M., & Tjeltveit, A. C. (1999). Values, spirituality, and psychotherapy. In W.R. Miller (Ed.), *Integrating spirituality in treatment: Resources for practitioners* (pp.133-160). Washington, DC, American Psychological Association.

Ritchie, M. H. & Partin, R. L. (1994). Parent education and consultation about activities of school counselors. *The School Counselor, 41*, 165-170.

Rodolfa, E., Rowen, H., Steier, D., Nicassio, T., & Gordon, J. (1994). Sexual dilemmas in internship training: What's a good training director to do? *APPIC Newsletter, 19*(2), 1.

Rogers, C. R. (1961). *On becoming a person.* Boston: Houghton Mifflim.

Rogers, C. R. (2007). 칼 로저스의 사람-중심 상담. (오제은 역). 서울: 학지사. (원전은 1951년에 출판).

Russell, R. K. & Petrie, T. (1994). Issues in training effective supervisors. *Applied & Preventive Psychology, 3,* 27-42.

Schon, D. A. (1983). *The reflective practitioner: How professionals think in action.* New York: Basic Books.

Schopenhauer, A. (2006a). *Die Welt als Wille und Vorstellung II.* Arthur Schopenhauers Werke, Bd. 2. Frankfurt am Main: Haffmans Verlag.

Schopenhauer, A. (2006b). *Parerga und Paralipomena II.* Arthur Schopenhauers Werke, Bd. 5. Frankfurt am Main: Haffmans Verlag.

Schulz, W. E. (2000). *Counseling ethics casebook 2000.* Canadian Counseling Association.

Sciarra, D. T. (2004). *School counseling: Foundations and contemporary issues.* Belmont, CA: Brooks/Cole.

Segal, Z. V. (1988). Appraisal of the self-schema construct in cognitive models of depression. *Psychological Bulletin, 103*(2), 147-162.

Sherry, P. (1991). Ethical issues in the conduct of supervision. *Counseling Psychologist, 19,* 566-584.

Skovholt, T. (2001). *The resilient practitioner: Burnout prevention and self-care strategies.* Boston: Allyn and Bacon.

Skovholt, T. & Jennings, L. (2004). *Master therapist: Exploring expertise in therapy and counseling.* Boston: Allyn and Bacon.

Slimp, P. A. O. & Burian, B. K. (1994). Multiple role relationships during internship: Consequences and recommendations. *Professional Psychology: Research & Practice, 25,* 39-45.

Sori, C. F. & Hecker, L. L. (2006). Ethical and legal considertions when counseling children and families. In C. F. Sori (Ed.), *Engaging children in family therapy: Creative approaches to integrating theory and research in clinical practice* (pp. 139-158). New York: Routledge.

Sori, C. F., Dermer, S., & Wesolowski, G. (2006). Involving children in family counseling and involving parents in children's counseling: Theoretical and practical guidelines. In C. F. Sori (Ed.), *Engaging children in family therapy: Creative approaches to integrating theory and research in clinical practice* (pp. 139–158). New York: Routledge.

Sperry, L. (2005). Health counseling with individual couples, and families: Three perspectives on ethical and professional practice. *The Familiy Journal: Counseling and Therapy for Couples & Families, 22*(1), 10.

Sperry, L. (2007). *The ethical and professional practice of counseling and psychotherapy.* Boston: Pearson.

Stoltenberg, C. D., Delworth, U., & McNeill, M. (1998). *An integrated developmental model for supervising counselors and therapists.* San Francisco: Jossey-Bass.

Stoltenverg, C. D. & McNeill, M. (2009). *IDM Suvervision: An Integrated Developmental Model for Supervising Counselors and Therapists.* Routledge.

Storm, C. L. (2001). Relationships with supervisees, students, orther professionals, employees, and research subjects. In R. H. Woody & J. D. Woody (Eds.), *Ethics in marriage and family therapy* (pp. 61–82). Alexandria, VA: AAMFT.

Stout, C. E. (1987). The role of ethical standards in the supervision of psychotherapy. *Clinical Supervisor, 5*(1), 89–97.

Strein, W. & Hershenson, D. B. (1991). Confidentiality in nondyadic counseling situations. *Journal of Counseling & Development, 69*, 312–316.

Supervision Interest Network, Association for Counselor Education and Supervision (1900). Standards for counseling supervisors. *Journal of Counseling & Development, 69*, 30–32.

Supervision Interest Network, Association for Counselor Education and Supervision (1993). ACES ethical guidelines for counseling supervisors. *ACES Spectrum, 53*(4), 5–8.

Swenson, L. C. (1993). *Psychology and law for the helping professions.* Pacific Grove, CA: Brooks/Cole.

Tabachnick, B. G., Keith-Spiegel, P., & Pope, K. S. (1991). Ethics of teaching beliefs and behaviors of psychologist as educators. *American Psychologist, 46*, 506–515.

Tarvydas, V. M. (1995). Ethics and the practice of rehabilitation counselor supervision. *Rehabilitation Counseling Bulletin, 38*(4), 294–308.

Teismann, M. W. (1980). Convening strategies in family therapy. *Family Process, 19*, 393-400.

Thoreson, R. W., Shaughnessy, P., & Frazier, P. A. (1995). Sexual contact during and after professional relationships: Practices and attitudes of female counselors. *Journal of Counseling & Development, 74*, 84-89.

Thoreson, R. W., Shaughnessy, P., Heppner, P. P., & Cook, S. W. (1993). Sexual contact during and after the professional relationship: Attitudes and practices of male counselors. *Journal of Counseling & Development, 71*, 429-434.

Timmons, S., Bryant, J., Platt, R. A., & Netko, D. (2010). Ethical and clinical issues with intimate partner violence. In L. Hecker (Ed.), *Ethics and professional issues in couple and family therapy* (pp. 107-129). New York: Routledge.

Trippany, R. L., Kress, V. E. W., & Wilcoxon, S. A. (2004). Preventing vicarious trauma: What counselors should know when working with trauma survivors. *Journal of Trauma Practice, 2*(1), 47-60.

Upchurch, D. W. (1985). Ethical standards and the supervisory process. *Counselor Education and Supervision, 25*, 90-98.

Vasquez, M. J. T. (1992). Psychologist as clinical supervisor: Promoting ethical practice. *Professional Psychology: Research and Practice, 23*, 196-202.

Wampold, B. E. (2001). *The great psychotherapy debate: Models, methods and findings.* Mahwah, NJ: Lawrence Erlbaum Associates.

Weishaar, M. E. (2007). 아론 벡. (권석만 역). 서울: 학지사. (원전은 1993년에 출판).

Welfel, E. R. (2006). *Ethics in counseling and psychotherapy: Standards, research, and emerging Issues* (3rd ed.). Wadsworth Publishing.

Welfel, E. R. (2010). *Ethics in counseling and psychotherapy: Standards, research, and emerging issues* (4th ed.). Belmont, CA: Brooks/Cole.

Whiston, S. C. & Emerson, S. (1989). Ethical implications for supervisors in counseling of trainees. *Counselor Education & Supervision, 28*, 319-325.

Wilcoxon, S. A., Remley, T. P. Jr., & Gladding, S. T. (2012). *Ethical, legal, and professional issues in the practice of marriage and family therapy* (5th ed.). Boston, MA: Pearson.

Williams, A. (1995). *Visual and active supervision: Roles, focus, technique.* New York: W. W. Norton.

Williamson, E. G. (1958). Value orientation in counseling. *Personnel & Guidance*

Journal, 36, 520-528.

Williamson, E. G. (1966). Value options and the counseling relationship. *Personnel and Guidance Journal, 44*, 617-623.

Wise, P. S., Lowery, S., & Silverglade, L. (1989). Personal counseling for counselors in training: Guidelines for supervisors. *Counselor Education and Supervision, 28*, 326-336.

Woody, R. H. & Woody, J. D. (2001a). Children in family therapy. In R. H. Woody & J. D. Woody (Eds.), *Ethics in marriage and family therapy* (pp. 103-124). Alexandria, VA: AAMFT.

Woody, R. H. & Woody, J. D. (2001b). Ethics, professionalism, and decision making: A theoretical and practical perspective. In R. H. Woody & J. D. Woody (Eds.), *Ethics in marriage and family therapy* (pp. 1-11). Alexandria, VA: AAMFT.

Woody, R. H. & Woody, J. D. (2001c). Protecting and benefiting the client: The therapeutic alliance, informed consent, and confidentiality. In R. H. Woody & J. D. Woody (Eds.), *Ethics in marriage and family therapy* (pp. 13-41). Alexandria, VA: AAMFT.

Wosniak, R. H. (2011). 마음 · 뇌 · 심리: 데카르트에서 제임스까지. (진영선, 한일조 역). 서울: 학지사.

Yasuo Yuasa (2013). 몸의 우주성-동서양의 고전을 통해 읽는 몸 이야기. (이정배, 이한영 역). 서울: 모시는 사람들. (원전은 1993년에 출판).

Yalom, I, D. (2007). 실존주의 심리치료. (임경수 역). 서울: 학지사. (원전은 1980년에 출판).

Yalom, I, D. (2008). 보다 냉정하게 보다 용기 있게. (이혜성 역). 서울: 시그마프레스. (원전은 1980년에 출판).

Yankura, J. & Dryden, W. (2011). 앨버트 엘리스. (이동귀 역). 서울: 학지사. (원전은 1994년에 출판).

Yu Ying Shih (2007). 동양적 가치의 재발견. (김병환 역). 서울: 동아시아. (원전은 1989년에 출판).

Zimmermann, F. (1977). *Einführung in die Philosophie*. Darmstadt: Wissenschaftliche Buchgesellschaft.

교수신문(2010. 10. 5.). 3년간 28개大에서 논문표절 49건 발생. http://kyosu.net/news /articleView.html?idxno=21425

국제신문(2012. 4. 12.). 학문적 글쓰기와 표절. http://www.kookje.co.kr/news 2011/
　　　asp /newsbody.asp?code=1700&key=20120412.22027012152

오마이뉴스(2011. 11. 11.). 군대 안 가도 돼요…이 주사만 맞으면. http://www.
　　　ohmynews. com/NWS_Web/view/at_pg.aspx?CNTN_CD=A0001653992

한겨레신문(2006. 3. 17.). 마루타의 권리 선언. http://www.hani.co.kr/arti/BOOK/
　　　109262.html.

한겨레신문(2008. 5. 7.). 미술학계 '논문표절' 무더기 의혹. http://www.hani.co.kr/arti
　　　/society/ society_general/286306.html

[찾아보기]

인명

내용

[저자 소개]

김현아
경북대학교 대학원 교육학박사(상담심리 전공)
현 서울사이버대학교 상담심리학과 교수

공윤정
미국 퍼듀 대학교 철학박사(상담심리 전공)
현 경인교육대학교 교육학과 교수

김봉환
서울대학교 대학원 교육학박사(교육상담 전공)
현 숙명여자대학교 교육학부 교수

김옥진
홍익대학교 대학원 교육학박사(상담심리 전공)
현 루터대학교 상담심리학과 교수

김요완
연세대학교 대학원 교육학박사(상담심리 전공)
현 서울사이버대학교 가족코칭상담학과 교수

노성숙
독일 프라이부르크 대학교 철학박사(현대철학 및 철학상담 전공)
현 한국상담대학원대학교 교수

박성현
가톨릭대학교 대학원 상담심리학박사(상담심리 전공)
현 서울불교대학원대학교 상담심리학과 교수

방기연
미국 아이오와 주립대학교 철학박사(상담자 교육 및 수퍼비전 전공)
현 고려사이버대학교 상담심리학과 교수

임정선
독일 함부르크 대학교 철학박사(심리학 전공)
현 서울사이버대학교 특수심리치료학과 교수

정성진
가톨릭대학교 대학원 심리학박사(상담심리 전공)
현 삼육대학교 상담심리학과 교수

정혜정
미국 텍사스 테크 대학교 철학박사(가족학 전공)
현 전북대학교 아동학과 교수

황임란
한국교원대학교 대학원 교육학박사(교육심리 및 상담 전공)
현 한남대학교 교육학과 겸임교수

KCA 한국상담학회 상담학 총서 02

상담철학과 윤리(2판)
Philosophy of Counseling and Counseling ethics (2nd ed.)

2013년 3월 30일 1판 1쇄 발행
2018년 3월 15일 1판 3쇄 발행
2018년 9월 10일 2판 1쇄 발행
2022년 8월 10일 2판 4쇄 발행

지은이 • 김현아 · 공윤정 · 김봉환 · 김옥진 · 김요완 · 노성숙
　　　　박성현 · 방기연 · 임정선 · 정성진 · 정혜정 · 황임란
펴낸이 • 김진환
펴낸곳 • (주) 학지사
　　　　04031 서울특별시 마포구 양화로 15길 20 마인드월드빌딩
대표전화 • 02)330-5114　　　　팩스 • 02)324-2345
등록번호 • 제313-2006-000265호

홈페이지 • http://www.hakjisa.co.kr
페이스북 • https://www.facebook.com/hakjisabook

ISBN 978-89-997-1610-2 93180

정가 22,000원

이 도서의 국립중앙도서관 출판시도서목록(CIP)은 서지정보유통지
원시스템 홈페이지(http://seoji.nl.go.kr)와 국가자료공동목록시스템
(http://www.nl.go.kr/kolisnet)에서 이용하실 수 있습니다.
(CIP 제어번호: CIP2018024196)

출판미디어기업 학지사

간호보건의학출판 학지사메디컬 www.hakjisamd.co.kr
심리검사연구소 인싸이트 www.inpsyt.co.kr
학술논문서비스 뉴논문 www.newnonmun.com
교육연수원 카운피아 www.counpia.com